汽车制造工艺学

主　编　王瑞红
副主编　王　凯　王彦婷

北京理工大学出版社
BEIJING INSTITUTE OF TECHNOLOGY PRESS

内 容 简 介

本书为适应国家"十四五"期间对车辆工程相关专业应用型本科的教育发展要求而编写。

本书系统地阐述了汽车设计与制造所需要的工艺基础理论知识。全书分为 11 章,内容包括汽车制造工艺过程概论、汽车生产用工程材料、汽车零部件毛坯制造工艺基础、机械加工质量、工件的定位与机床夹具、汽车零件加工工艺规程的制订、汽车装配工艺过程、汽车车身制造工艺、产品设计的结构工艺性、汽车典型零件的制造工艺、汽车先进制造技术与轻量化。本书每章后附有与课程内容密切相关的习题作为课后练习。

本书可作为高等院校应用型本科车辆工程、汽车服务工程等专业的教材,还可供汽车设计、制造、使用和维修部门技术人员参考。

图书在版编目(CIP)数据

汽车制造工艺学 / 王瑞红主编. --北京:北京理工大学出版社,2022.7

ISBN 978-7-5763-1473-1

Ⅰ.①汽… Ⅱ.①王… Ⅲ.①汽车-生产工艺-高等学校-教材 Ⅳ.①U466

中国版本图书馆 CIP 数据核字(2022)第 118367 号

出版发行 / 北京理工大学出版社有限责任公司		
社　　址 / 北京市海淀区中关村南大街 5 号		
邮　　编 / 100081		
电　　话 / (010)68914775(总编室)		
(010)82562903(教材售后服务热线)		
(010)68944723(其他图书服务热线)		
网　　址 / http://www.bitpress.com.cn		
经　　销 / 全国各地新华书店		
印　　刷 / 三河市天利华印刷装订有限公司		
开　　本 / 787 毫米×1092 毫米　1/16		
印　　张 / 21.25		责任编辑 / 陆世立
字　　数 / 499 千字		文案编辑 / 李　硕
版　　次 / 2022 年 7 月第 1 版　2022 年 7 月第 1 次印刷		责任校对 / 刘亚男
定　　价 / 90.00 元		责任印制 / 李志强

图书出现印装质量问题,请拨打售后服务热线,本社负责调换

前 言

本书是根据汽车类专业应用型本科人才培养方案及教材规划编写的。本着实用为主、够用为度的原则，围绕汽车制造工艺的理论基础，结合生产实际，介绍了汽车零部件应用的典型工艺过程，同时结合汽车工业发展，介绍了最新的工艺与技术，内容新颖，紧跟时代及汽车行业的发展；以汽车制造中的工艺方法为主线，详细介绍了从毛坯制造到零部件机械加工，再到总成及整车装配等汽车制造全过程中所涉及的工艺基础知识，使学生熟悉汽车常用的加工材料，毛坯制造工艺及机械加工工艺规程，能制订汽车零件加工工艺规程；为跟上我国近年来快速发展的现代汽车技术，介绍了国内外先进制造技术现状和发展动态；同时，为进一步突出实用性，书中习题、案例几乎均与汽车零部件加工、装配有关，使读者通过阅读，对汽车生产加工过程有一个系统清晰的认识。

本书由黄河交通学院王瑞红任主编，黄河交通学院王凯、王彦婷任副主编。编写分工如下：黄河交通学院杨艳艳（第 1、11 章），黄河交通学院王彦婷（第 2、8 章），黄河交通学院王凯（第 3、4 章），黄河交通学院王瑞红（第 5、6 章），黄河交通学院尚霞（第 7、9 章），河南工业贸易职业学院任恒（第 10 章）。

由于水平有限，书中难免存在不妥和疏漏之处，欢迎广大读者批评指正。

编　者

2022 年 3 月

目　录

第1章　汽车制造工艺过程概论 ································· （1）
　1.1　汽车的主要工艺过程和生产组织形式 ················· （1）
　1.2　汽车零件毛坯成型工艺的应用 ······················ （8）
　1.3　汽车零件机械加工中尺寸、形状和位置精度的获得方法 ··· （17）
　1.4　先进制造技术对于汽车工业的重要性 ················· （21）
第2章　汽车生产用工程材料 ····························· （25）
　2.1　汽车生产用常规工程材料 ·························· （25）
　2.2　汽车生产用新型材料 ····························· （45）
第3章　汽车零部件毛坯制造工艺基础 ··················· （57）
　3.1　铸造工艺基础 ································· （57）
　3.2　锻造工艺基础 ································· （66）
　3.3　冲压工艺基础 ································· （73）
　3.4　焊接工艺基础 ································· （76）
　3.5　粉末冶金工艺基础 ····························· （82）
　3.6　塑料成型工艺基础 ····························· （86）
　3.7　毛坯的选择 ·································· （89）
第4章　机械加工质量 ································· （94）
　4.1　机械加工质量的基本概念 ·························· （94）
　4.2　影响加工精度的因素 ····························· （96）
　4.3　影响表面质量的因素 ····························· （112）
　4.4　表面质量对机器零件使用性能的影响 ················· （118）
第5章　工件的定位与机床夹具 ························· （122）
　5.1　基准 ····································· （122）
　5.2　工件定位原理及其应用 ··························· （124）
　5.3　工件定位方式及定位元件 ························· （125）
　5.4　工件的夹紧及夹紧装置 ··························· （134）
　5.5　典型的机床夹具 ······························· （142）
第6章　汽车零件加工工艺规程的制订 ··················· （155）
　6.1　概述 ····································· （155）

6.2 工艺路线分析与设计 ··· (160)

6.3 工序内容的确定 ··· (171)

6.4 尺寸链的分析 ··· (173)

6.5 工艺方案的经济性评价 ··· (178)

第7章 汽车装配工艺过程 ··· (182)

7.1 概述 ··· (182)

7.2 装配工艺规程 ··· (184)

7.3 保证装配精度的装配方法 ··· (189)

7.4 汽车总装配 ··· (194)

第8章 汽车车身制造工艺 ··· (200)

8.1 汽车车身概述 ··· (200)

8.2 汽车车身覆盖件冲压工艺 ··· (203)

8.3 汽车车身装焊工艺 ··· (213)

8.4 车身涂装工艺 ··· (225)

第9章 产品设计的结构工艺性 ··· (231)

9.1 概述 ··· (231)

9.2 零件的切削工艺性 ··· (232)

9.3 零件的装配工艺性 ··· (241)

第10章 汽车典型零件的制造工艺 ··· (249)

10.1 齿轮制造工艺 ··· (249)

10.2 连杆制造工艺 ··· (256)

10.3 箱体零件制造工艺 ··· (265)

第11章 汽车先进制造技术与轻量化 ······································· (278)

11.1 机械制造系统自动化与计算机辅助制造 ····························· (278)

11.2 汽车用主要塑料制品及其成型工艺 ································· (295)

11.3 纤维增强复合材料及其在汽车中的应用 ····························· (313)

11.4 汽车制造中的黏接工艺 ··· (319)

参考文献 ··· (332)

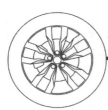

第 1 章
汽车制造工艺过程概论

　　本章从宏观上说明汽车生产过程与工艺过程的概念和组织形式，介绍汽车零件毛坯成型工艺的应用，以及汽车零件机械加工尺寸、形状、位置精度的获得方法及其经济精度等。同时，阐述了先进制造技术对汽车工业可持续发展的重要意义。学生通过学习应了解汽车生产过程，掌握工艺过程与工序的划分和组织，以及毛坯制造方法与本质，逐步学会应用与创新。

1.1　汽车的主要工艺过程和生产组织形式

1.1.1　汽车生产过程及其组成

1. 汽车生产过程

　　汽车生产过程是指将原材料或半成品通过各种加工工艺过程制成汽车零件，并将零件装配成各种总成，最后将总成通过总装配组装和调整为整车的全过程。图 1-1 为汽车生产过程方框图，它包括各种毛坯的制造、零件的机械加工、毛坯与零件的热处理和表面处理、部件（总成）装配和产品总装配。此外，还包括毛坯、半成品及零部件的采购、运输与储存、质量检验、性能测试等。整个汽车的生产过程形成了一个庞大的信息流与物资流，其核心是按照既定的工艺信息科学地组织生产与协作。

　　一辆汽车的生产过程往往是由许多工厂联合完成的。这样做有利于汽车零部件的标准化和组织专业化生产，提高产品质量，降低生产成本。

　　例如，一辆汽车的生产过程，常常是由铸造厂、锻造厂、发动机厂、变速箱厂、底盘厂等有关部件的制造厂，玻璃厂、电气设备厂、轮胎厂、仪表厂等配件制造厂，以及总装配厂共同完成的。工厂的生产过程又可分为若干个车间的生产过程。某一车间的成品可能是另一车间的原材料（或半成品）。例如，铸造车间、锻造车间的成品是机械加工车间的原材料（或半成品），而机械加工车间的成品又是装配车间的原材料（或半成品），等等。

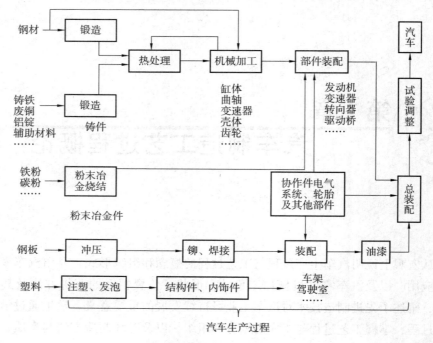

图1-1 汽车生产过程方框图

2. 汽车生产过程的组成

汽车生产过程由基本生产过程、辅助生产过程、生产服务和技术准备过程组成。

1）基本生产过程包括毛坯成型（铸造、锻造、冲压、焊装、粉末冶金）、零件机械加工、毛坯或半成品热处理、涂装、总成和整车装配等工艺过程。它是产品整个生产过程的中心环节。

2）辅助生产过程包括动能供应、非标准设备及工装夹具等准备过程。

3）生产服务和技术准备过程包括运输、材料与配件采集、产品销售与服务等，形成了一个庞大的物流、信息流和协作网。

1.1.2 汽车生产工艺过程

1. 工艺过程

改变生产对象的形状、尺寸、相互位置和性质等，使其成为成品或半成品的过程，称为工艺过程。其中包括：

毛坯制造工艺过程（铸造、锻造、冲压等，改变上述各种特征）；

零件机械加工工艺过程（改变加工对象的尺寸和形状）；

热处理工艺过程（改变材料的物理、化学、机械性能）；

装配工艺过程（改变零部件之间的相互位置）；

油漆工艺过程（改变产品的外观状态）。

工艺过程是生产对象本身发生变化的过程。生产过程中，除了工艺过程以外的过程（如生产准备、检验、运输、仓库保管等），称为辅助过程。需要正确划分工艺过程与辅助过程。例如，在机床上加工一个零件，加工前要将它装夹到机床上，加工后要测量它的尺寸等，这些工作虽然不直接改变加工件的尺寸、形状、性能，但由于它们与加工过程密切相关，不便分割，因此还是把它们列入工艺过程范围内。

汽车制造工艺学只研究机械加工工艺过程和装配工艺过程。

（1）毛坯制造工艺过程

毛坯制造工艺过程是指通过铸造、锻造等方法将合金材料制成具有一定形状、尺寸和性能的铸件或锻件的过程。图1-2为生产过程中典型铸、锻件的毛坯形态，其中图1-2（a）为刚凝固并带浇注系统的缸体毛坯；图1-2（b）为锻造飞边切除后的齿轮锻件毛坯和飞边。

（a） （b）

图1-2 生产过程中典型铸、锻件的毛坯形态

(a) 刚凝固并带浇注系统的缸体毛坯；(b) 锻造飞边切除后的齿轮锻件毛坯和飞边

铸造属于金属液态成型，它是将熔化后温度、成分合格的合金液浇注到与零件内外形状相适应的型腔中，待其冷却凝固（结晶）后得到铸件的生产方法。汽车曲轴、气缸体、气缸盖、变速器壳体和铝合金车轮、铝活塞等都是铸件。

锻造属于金属塑性成型，它是指合金材料受力产生不可恢复的塑性变形而形成所需形状、尺寸与高性能的零件毛坯的加工方法。齿轮、连杆、十字轴和载重车前梁等都是模锻件。汽车模锻件是通过锻模锻造得到的，即利用锻模对加热坯料施压而使之在模膛内依靠塑性变形而成型。

冲压也属于金属塑性成型，它是把一定厚度的薄板在室温条件下受力分离，并通过弯曲、拉深、翻边、成型等工序而得到各式壳体与加强筋零件。汽车车身覆盖件和骨架零件大多由金属板料冲压成型。

金属焊接在汽车制造中应用很广，属于金属构件的连接成型技术。汽车车身主要通过焊接进行装配。

粉末冶金成型属于毛坯或制品成型，其包括配料混粉、模压成型和高温烧结三大主要生产环节，属于粉末烧结成型技术。

塑料为高分子材料。塑料的成型与应用是汽车轻量化的重要途径。

在现代汽车制造中，通过精密铸造、精密锻造、精密冲裁、冷镦、冷挤、轧制等都可以直接成型零件制品，实现少、无切削加工。同样，也可以通过粉末冶金与注塑等方法直接得到零件制品而无须加工。

（2）零件机械加工工艺过程

零件机械加工工艺过程是指在机床设备上利用切削刀具或其他工具，将毛坯或型材、棒料通过切削加工制成零件的工艺过程，如图1-3（a）、（b）所示。

零件机械加工工艺过程是进一步改变毛坯形状和尺寸的过程，也称其为提高零件尺寸精度和表面质量的机械加工工艺过程。机械加工对象主要集中于汽车零件的型面加工。型面加工包括平面、旋转面、孔及齿轮齿面轮廓、球面、沟槽等各种表面的加工。

汽车零件制造中常采用车、钻、刨、铣、拉、镗、铰、磨、超精加工和齿轮轮齿加工中的滚齿、插齿、剃齿、拉齿，以及无切削加工中的滚挤压、轧制、拉拔等方法进行机械加工。

（3）热处理工艺过程

热处理工艺过程指用热处理方法（如退火、正火、淬火、回火、调质、表面热处理等），不改变毛坯或零件的形状，只改善毛坯或零件的使用性能和工艺性能，以挖掘材料性能潜力、提高产品质量、延长零件使用寿命的工艺过程，如汽车零件制造中的铸件、锻件等，毛坯退火、正火，曲轴、齿轮等的调质和耐磨面的表面热处理等。图1-3（c）为轴类零件表面高频感应淬火的现场情景。

（a） （b） （c）

图1-3 零件机械加工和轴类零件表面感应淬火

（a）车削；（b）铣削；（c）高频感应淬火

（4）装配工艺过程

装配工艺过程是指将半成品或成品通过焊接、铆接和螺旋紧固等方式连接成合件、组件、部件、分总成或装配成总成直至整车的工艺过程。

装配只是改变零件、总成或部件间的相对位置，不改变其尺寸、形状与性能，如车架、发动机、变速器等总成的装配和汽车整车的总装配等。产品装配是对产品相对位置的固定与调整，故称为装配工艺过程。

在生产中，若生产对象不同，则其制造、加工或装配工艺过程也完全不同。

2. 工艺规程

每个零件依次通过的全部加工内容称为工艺路线。为了将毛坯加工成符合要求的零件，必须制订零件的工艺路线。每个零件的工艺路线并不是唯一的，可根据优质、高产、低消耗的原则选择最优路线。

写成文件形式的工艺路线就是工艺规程。

3. 工艺过程的组成

工艺过程是由若干工序组成的。工序按一定顺序排列，是组成工艺过程的最基本单元。

工序内容在机械加工过程中划分较细，通常还可以划分出安装、工位、工步和走刀等环节与相应内容。材料成型加工依据形体加工要求与材料及成型工艺方法不同而确立工序内容与顺序。图1-4（a）为用钢板水平地靠在两联轴器的顶部外缘，进行粗找平找正。图1-4（b）、（c）分别为冲压材料准备和车架焊接中的一道工序。

  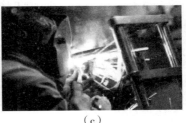

（b）　　　　　　　　　　（b）　　　　　　　　　　（c）

图 1-4　工序的内容举例

（a）用钢板尺水平地靠在两联轴器的顶部外缘上直尺粗找平找正；（b）冲压材料准备；（c）车架焊接

（1）工序的概念

工序是指一个（或一组）工人在一个工作地点（机床设备），对同一个（或同时对几个）工件所连续完成的那一部分工艺过程。

划分工序的主要依据是工作地点是否改变及对同一个（或同时对几个）工件是否连续加工完成。图 1-5 为铣削加工汽车变速器输入轴毛坯大、小头两端面的工序划分实例。

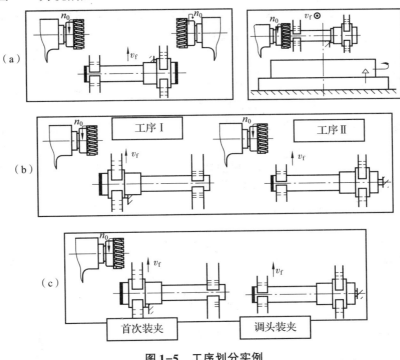

图 1-5　工序划分实例

（a）一次安装，一道工序；（b）两次安装，两道工序；（c）两次安装，一道工序

（2）工序内容

机械加工工序内容可分割成安装、工位、工步和走刀。

1）安装。安装是工件每次装夹后所完成的那一部分工序内容。一道工序可允许有两次或几次安装。

2）工位。工位与安装在概念上基本一样，其意义不在于名词本身，而是指工件在通过每一次装夹后所在空间位置上实际完成的那一部分工艺过程，即部分加工工序内容。如图 1-6 所示，在同一回转工作台上只完成一道工序，可分别在 4 个工位上实施装卸工件、钻孔、车孔和铰孔加工。

简单地讲，工位即通过分度或移位装置改变加工位置时，每一位置上所完成的加工内容。工位的变换必须借助机床夹具分度机构和工作台移位或转位来实现。如图 1-7 所示，借助卧式铣床的回转工作台夹具可实现一道工序、一次安装、两个工位和连续加工。该方案比掉过头来加工（一道工序、两次安装）更省时、效率更高、位置误差更小。

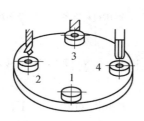
1—装卸工件；2—钻孔；3—车孔；4—铰孔。

图 1-6　回转工作台上 4 个工位

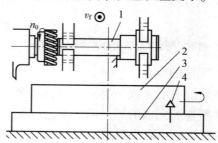
1—工件；2—回转工作台；3—夹具底座；4—分度机构。

图 1-7　借助卧式铣床的回转工作台加工

3）工步与复合工步。工步是指工件同一工位内，在加工表面、刀具和切削用量不变的条件下所连续完成的那一部分工序内容（工艺过程）。图 1-8 所示的车削变速器第一轴阶梯外圆为 5 个工步连续加工。

复合工步是指采用多把刀具同时加工工件的几个表面的加工过程。如图 1-9 所示，在立轴转塔车床上用多把调整好的刀具，采用一个复合工步来完成钻孔及多个外圆和端面的加工。

4）走刀。走刀是切削刀具在加工表面切削一次所完成的部分工艺过程，如图 1-10 所示。根据被切除金属厚度的不同，一个工步可以包括一次或数次走刀。

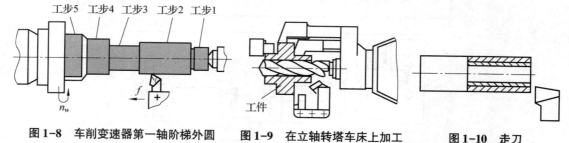

图 1-8　车削变速器第一轴阶梯外圆　　**图 1-9　在立轴转塔车床上加工**　　**图 1-10　走刀**

1.1.3　汽车生产组织形式

现代汽车制造业都以专业化分工与协作的方式组织规模化生产，是通过生产纲领和生产类型来实施的。

1. 生产纲领

生产纲领是制订和修改工艺规程的重要依据，是企业按市场需求和自身的生产能力，在一定计划期内（如一年）所应生产的产品产量和进度计划。

汽车零件的年生产纲领（N）一般按下式计算：

$$N = Qn(1 + a)(1 + b) \tag{1-1}$$

式中，Q——同一产品年生产计划（辆）；

n——1辆（台）汽车中的相同零件数；

a——备品率（%）；

b——废品率（%）。

2. 生产类型及其工艺特征

根据企业（车间）专业化生产程度的分工和生产纲领中产品年产量的不同，汽车产品和零件的生产类型可以划分为大量生产、成批生产和单件生产。

汽车产品和零件的生产类型取决于产品特征（重、中、轻、微、轿）和生产纲领。

汽车制造厂生产类型与汽车种类及年产量之间的关系如表1-1所示。

表1-1 汽车制造厂生产类型与汽车种类及年产量之间的关系

生产类型		年产量/辆		
		1.5 t以下轿车或商用车	商用车或特种车	
			2~6 t	8~15 t
大量生产		>50 000	>30 000	>10 000
成批生产	小批生产	<2 000	<1 000	<500
	中批生产	2 000~10 000	1 000~10 000	500~5 000
	大批生产	10 000~50 000	10 000~30 000	5 000~10 000
单件生产		各类汽车新产品的试制，数量一般为一辆或几十辆		

（1）大量生产

大量生产指每年产品品种单一稳定，每个产品年产量大，一台机床设备可长期固定地重复进行某个或某几个相似零件的某一工序内容的加工。例如，汽车、轴承、空调等的制造。

（2）成批生产

成批生产指每年生产的产品品种较多，每种产品产量较大，产品或零件呈周期性地成批投入生产。例如，每台机床或某一个工作地点担负较多机械加工工序，乃至成批重复完成不同零件或同一零件相似工序的加工。

成批生产又可分为大批、中批和小批生产。

大批生产和大量生产的工艺特征相似，小批生产又和单件生产工艺特征相似。因此，人们常常只统称大批大量生产和单件小批生产。

一般情况下，轿车制造多属于大量生产，中、轻型货车制造多属于大批生产，重型车、特种车制造多属于中批生产。

（3）单件生产

单件生产一般指每年生产的产品品种多而不确定，每个品种数量少而不定型，每台设备或工作地点只能单个生产不同的产品，很少重复，如重型机器制造、专用设备制造以及汽车制造厂中新产品试制等均属单件小批生产。

1.2 汽车零件毛坯成型工艺的应用

前面已经提到，汽车上许多零件毛坯均由铸造、模锻和冲压成型。

气缸体、变速器箱体、铝质活塞与轮毂等，采用铸造毛坯并经机械加工而制成。对于连杆、十字轴、载重车前梁、军用车曲轴、齿轮等要求高的重要零件，则采用模锻件毛坯，再经相应热处理和机械加工来制成。

车身覆盖件与加强件、车架等，直接采用冲压成型方法制成半成品或成品。

铸件、模锻件和冲压件占汽车质量的 70% 左右，因此，铸造、锻造和冲压加工技术在汽车生产过程中占有举足轻重的地位。毛坯成型精度越高，机械加工负荷越小。

1.2.1 铸造成型方法应用

1. 铸造成型方法

铸造按成型方法和工艺条件不同分为砂型铸造和特种铸造。

特种铸造包括熔模铸造、金属型铸造、压力铸造、低压铸造、离心铸造和实型铸造等。

2. 铸造成型工艺过程

砂型铸造工艺过程如图 1-11 所示。造型材料是指用来制造铸（砂）型与型芯的混合物，以原砂为主。砂型铸造的造型材料包括型砂、芯砂与铸型涂料等。汽车铸件一般采用机械化流水线生产。

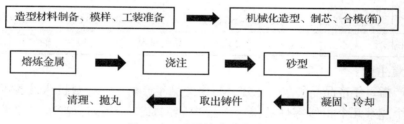

图 1-11 砂型铸造工艺过程

型砂、芯砂混合物中均匀混合有原砂、旧砂、黏土、树脂和少量水分，它们分别用以造型与制芯，并具有成型性、耐火性、黏合性和透气性等工艺性能。型芯主要用于成型铸件的内部空腔与孔洞。金属熔炼必须保证获得成分和温度合格的合金液，把合格的合金液浇注到装配固定好的砂型中，通过冷却、凝固、开箱和铸件清理，即可获得铸件。

除熔模铸造与实型铸造外，金属型铸造、压力铸造、低压铸造和离心铸造等还需金属铸型。金属铸型应用热作模具钢等耐高温材料进行加工制作，其结构工艺特点为强度大，一型多铸，使用寿命长，生产效率高；型腔表面光洁，合金液冷却快，结晶细密，产品力学性能好。但金属铸型制造周期较长，设备投资较高。

熔模铸造与实型铸造仍采用砂型混合物制造铸型，其造型方法基本相同。

3. 铸造成型工艺的优点

铸造是成批或大量生产汽车零件毛坯的主要制造方法，其优点是成本低、工艺灵活性大、适用范围广。铸造几乎不受零件尺寸大小、形状结构复杂程度、金属材料种类、生产批量的限制。例如，气缸体、气缸盖等极为复杂的零件毛坯等只能铸造加工，而其他成型工艺是无法加工制作的。图 1-12 列举了 4 种形状复杂的汽车铸件。

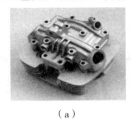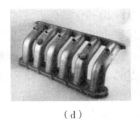

（a）　　　　　　　　（b）　　　　　　　　（c）　　　　　　　　（d）

图 1-12　形状复杂的汽车铸件

（a）气缸头；（b）气缸体；（c）曲轴；（d）排气管

4. 汽车铸件类型

汽车铸件根据铸造合金材质与相应铸造方法不同而分为铸铁结构件、铝合金铸件、铜合金铸件和少量小型铸钢件等。铸铁结构件主要采用砂型铸造生产；铝合金铸件、铜合金铸件多采用金属型铸造、低压铸造和压力铸造生产，如活塞、轮毂与汽车变速箱盖等；像汽车上的风路、油路、水路管接头和三通等小型铜合金件、商用车挂钩等铸钢件，一般采用熔模铸造生产。

（1）铸铁结构件

汽车铸铁结构件可以大致分为箱体、盘类，汽车飞轮壳、桥壳及许多安保件类，发动机曲轴类等 3 类。例如，气缸体、气缸盖、变速器壳体等属于箱体、盘类，其常选用普通灰口铸铁 HT250（抗拉强度≥250 MPa）铸造；汽车飞轮壳、桥壳及许多安保件类则采用铁素体基体球墨铸铁（如 QT420-10）铸造；发动机曲轴等高强度铸件则采用珠光体基体球墨铸铁（如 QT700-02）铸造。以上采用的铸造形式一般为砂型铸造，如图 1-13 所示。

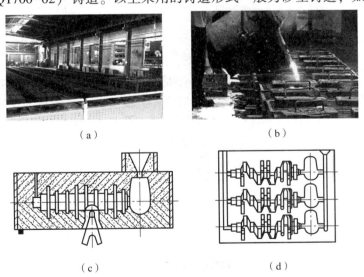

（a）　　　　　　　　　　　　　　（b）

（c）　　　　　　　　　　　　　　（d）

图 1-13　型砂铸造

（a）型砂铸造生产线；（b）浇注；（c）球铁曲轴卧浇立冷工艺；（d）球铁曲轴侧浇侧冷工艺

所谓铁素体基体球墨铸铁和珠光体基体球墨铸铁即在其石墨晶体满足合格的球状条件下，铁素体基体球墨铸铁的结晶基体组织必须保证 75% 以上是铁素体，不允许有多量的珠光体出现，以保证足够的塑性和韧度；珠光体基体球墨铸铁必须保证 75% 以上是珠光体，不允许有多量的铁素体出现，这样才能满足高强度要求。其牌号所规定的力学性能为：QT420-10的抗拉强度与伸长率分别要求达到420 MPa和10%以上；QT700-02的抗拉强度与伸长率要求分别达到700 MPa和2%以上。

发动机凸轮轴一般采用冷激铸铁铸造毛坯。其凸轮表面通过安放在砂型中的成型冷铁的冷激（快速冷却）作用而形成一层耐磨性非常好的细微渗碳体组织，且轴体与凸轮中心仍然保证得到良好的高强度球墨铸铁。

在当前东风汽车公司和一汽集团的汽车生产中，汽车零件的砂型铸造都实现了机械化与自动流水线方式生产和计算机辅助控制。

（2）铝合金铸件

汽车铝合金铸件通常采用金属型铸造、压力铸造与低压铸造成型。

1）金属型铸造的应用。金属型铸造是指将合格的铝合金液浇入周围实施循环水冷的金属型腔内得到铸件毛坯的过程。汽车活塞是铝硅合金材料（硅含量一般为13%），采用金属型铸造成型。金属型铸造具有尺寸精度高、表面光洁、结晶组织致密、力学性能良好、生产效率高等优点。但是，比起砂型铸造来，其铸造工艺相对复杂，且制造成本较高。铝活塞金属型铸造如图1-14所示。

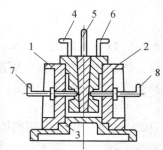

1，2—左右半型；3—底型；4，5，6—分块金属型芯；7，8—销孔金属型芯。

图1-14　铝活塞金属型铸造

2）压力铸造与低压铸造的应用。轿车自动变速器壳体、车轮（轮辋）甚至气缸体等，目前多数采用铝镁合金实施压力铸造或低压铸造成型。压力铸造的本质是铝镁合金或铜合金液借助压铸机的高压以高速注入压铸模型腔内并在高压作用下结晶凝固，其铸件质量好、生产效率高。当然，由于设备与模具的提前投入，其成本相对较高。

（3）用离心铸造成型的气缸套铸件

气缸套为薄壁环形铸件，采用耐磨合金铸铁制造，适宜用离心铸造方法成型，如图1-15所示。

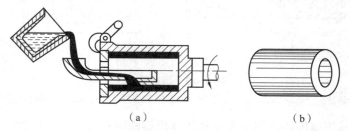

（a）　　　　　　　　　　　　（b）

图1-15　气缸套离心铸造成型

（a）气缸套离心浇注过程；（b）气缸套毛坯

1.2.2　锻造成型工艺应用

锻造分为自由锻造和模型锻造，属于金属热塑性成型。锻造是指金属被加热到一定温度后受力能产生塑性流动变形而获得高力学性能汽车锻件的方法。

因汽车制造为大量生产，故必须采用模型锻造才能满足其生产与毛坯质量要求。

1. 模型锻造

模型锻造简称模锻，是加热金属坯料在锻模模膛内受力成型，使得锻件与模膛形状正好相反的塑性成型工艺。锻件是实体（有时带孔），模膛是空腔，加热坯料在模膛空腔内受力塑性流动而形成锻件。图 1-16 为汽车前梁模锻成型后等待校正的瞬时状态。

图 1-16　汽车前梁模锻成型后等待校正的瞬时状态

按使用设备不同，模锻可分为锤上模锻和压力机上模锻等。东风汽车公司等多家企业已采用基于 1 200 MN 的热模锻压力机的锻造自动生产线，主要用来生产质量为 75 kg 左右的前梁与军工要求的汽车曲轴等大型模锻件。

模锻在汽车生产中应用很广，如连杆、转向节、摇臂、万向节及大多数齿轮等都采用模锻获得锻造毛坯件。汽车各种典型模锻件毛坯如图 1-17 所示。

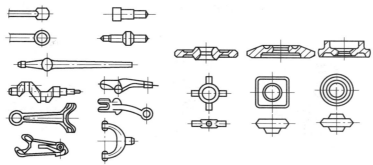

图 1-17　汽车各种典型模锻件毛坯

2. 模锻成型过程

以在热模锻压力机上进行模锻为例，模锻成型过程如图 1-18 所示。

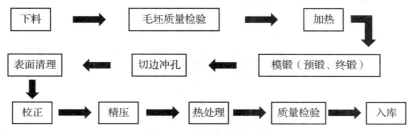

图 1-18　模锻成型过程

3. 模锻成型工艺优点

模锻是成批或大量生产汽车锻件毛坯的主要制造工艺方法，适用于中、小型盘类和轴

类锻件的大量生产。相对自由锻造,其优点是:

1) 生产效率高,劳动条件得到改善;

2) 可锻制形状较复杂的锻件,形状、尺寸精度和表面质量高;

3) 锻件内金属流线分布合理,力学性能好;

4) 锻件的机械加工余量小,材料利用率较高;

5) 易于组织机械化、自动化生产。

1.2.3 毛坯精化及特种成型工艺

一般铸件和模锻件等毛坯,由于附有机械加工余量、毛边、工艺敷料等,其材料利用率通常为50%~70%。为提高生产率和材料利用率,现代汽车制造业不断应用精密铸造和精密模锻等近净成型工艺,以提高铸、锻件毛坯精度,使毛坯精化,实现少、无切削加工。

下面列举一些汽车零件毛坯精化及特种成型工艺实例。

1. 铸件精化途径与应用

(1) 压力铸造

前面已经指出,压力铸造是指合金液借助压铸机的高压以高速注入压铸模型腔内并在高压作用下结晶凝固的铸造方法,如图1-19所示。压力铸造的原理为:在金属模(压铸模)内成型;借助于高压作用结晶,因此,汽车压铸件的铸造精度高、表面质量好、内部结晶组织致密。压铸件的质量表现为:尺寸精度可达到IT13~IT11;表面粗糙度值为 Ra 3.2~0.8 μm;强度提高25%~30%,可实现少、无切削加工。硬铝合金精密压铸件——气门摇臂如图1-20所示。

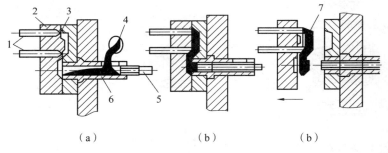

(a)   (b)   (b)

1—顶杆;2—活动半型;3—固定半型;4—金属液;5—压射冲头;6—压射室;7—铸件。

图1-19 压力铸造

(a) 合型浇注;(b) 施压成型;(c) 开模取件

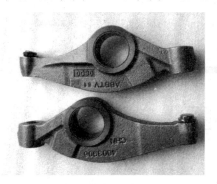

图1-20 硬铝合金精密压铸件——气门摇臂

（2）熔模铸造

熔模铸造又称失蜡铸造，俗称精密铸造。熔模铸造工艺过程如图 1-21 所示，即先压蜡制模，在蜡模表面制壳，然后熔模流失脱水、烧结，金属熔炼浇注、凝固和铸件清理等。

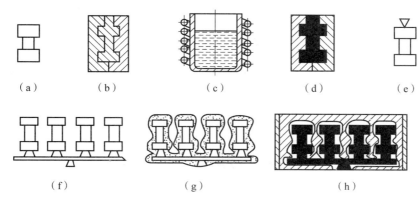

（a）　　（b）　　　　（c）　　　　　（d）　　　　（e）

（f）　　　　　　（g）　　　　　　　（h）

图 1-21　熔模铸造工艺过程

（a）母模；（b）压型；（c）熔模；（d）压蜡；（e）蜡模；（f）蜡模组合；（g）制壳；（h）造型、浇注

熔模铸造特点：

1）铸型是一个内空壳体，无分型面；铸件无披缝，表面光洁，尺寸、形状精确，尺寸精度可达 IT14 ~ IT11，表面粗糙度值为 Ra 12.5 ~ 1.6 μm。

2）铸造合金不受限制，任何性质的合金铸件都可以采用熔模铸造成型。

3）可制造形状特别复杂且难以加工的薄壁（最小壁厚 0.7 mm）精密铸件，像汽车上的小型风路、油路、水路管接头与三通等小型铜合金和合金钢铸件等，一般都采用熔模铸造生产。

熔模铸造广泛应用于汽车、拖拉机、航空、兵器等制造业，已成为少、无切削加工中最重要的工艺方法，特别是那些形状复杂、难以加工的精密合金铸钢件，如商用车挂钩等，都要采用熔模铸造。

2. 精密模锻的应用

精密模锻可直接锻制形状复杂、表面光洁、锻后不必切削加工或少量切削加工的高精度锻件，是精化毛坯或直接获得成品零件的一种先进模锻工艺，如精锻汽车差速器行星锥齿轮零件，锻件尺寸公差可达到±0.02 mm 以内。

（1）汽车差速器行星齿轮的精密模锻

汽车差速器行星齿轮结构与形状如图 1-22 所示，其精密模锻工艺要求将锥齿轮齿形直接锻造出来。通过精密模锻所得到的行星锥齿轮精锻件如图 1-23 所示。

精锻工艺流程：下料→车（或磨）削外圆以除去表面缺陷层→加热→精密模锻→冷切边→酸洗→加热→精压→冷切边→检验。

汽车差速器行星锥齿轮精锻锻模结构如图 1-24 所示，这是典型的开式精密锻模。为便于放置毛坯和顶出锻件，其凹模安放在下模板上，且采用双层组合凹模，并用预应力圈加强，而凹模压圈只起紧固凹模的作用。顶杆可将锻件从凹模中顶出。

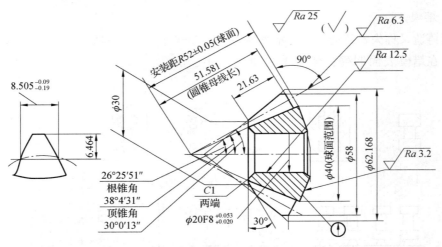

图1-22　汽车差速器行星齿轮结构与形状

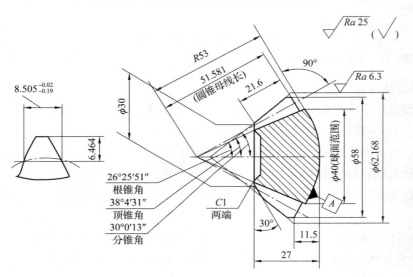

图1-23　行星锥齿轮精锻件

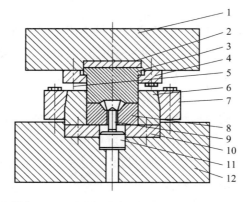

1—上模板；2—上模垫板；3—上模；4—压板；5—螺栓；6—预应圈；7—凹模压圈；
8—凹模；9—顶杆；10—凹模垫板；11—垫板；12—下模板。

图1-24　汽车差速器行星锥齿轮精锻锻模结构

（2）轿车连杆的精密模锻

为保证连杆锻件的精度和质量公差（轿车发动机连杆质量公差为 ±5 g），汽车发动机连杆常采用精密模锻成型，如图 1-25 所示。

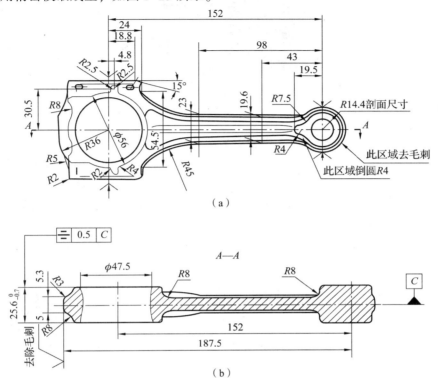

（a）

（b）

图 1-25　轿车发动机连杆精密锻件

（a）零件图；（b）精锻毛坯图

某轿车 1.6 L 发动机连杆精锻工艺流程为：精密下料→电加热→锟锻制坯→精密模锻（预锻、终锻）→热切边→热校正→热处理→喷丸→金相组织检验→力学性能检验→探伤→精压→外观检查→称重→弯检。

3. 金属辊压回转加工

（1）金属辊压回转加工工艺原理、特点及应用

金属辊压回转加工是指利用成型轧辊与轧件（金属毛坯）作相对转动（轧件回转或轧辐回转或两者都回转）的塑性加工方法，如辊锻制坯、特种轧制、辗压、辗环和旋压等。

金属辊压回转加工的特点是在回转过程中使毛坯发生连续局部塑性变形，使得难以成型的环形或截面积保持不变的异形零件能够在相对回转过程中渐次变形而成型。

金属辊压回转加工可分别在加热或室温条件下进行。例如，辊锻制坯和特种轧制等，一般就控制在锻造温度范围内成型；钢制车轮辊压或旋压等，一般在室温下成型。

金属辊压回转加工在汽车制造中可用于加工齿轮、半轴套管、车轮等，以获得少、无切削加工的精密锻件。辊压与轧制成型工艺技术已在 CA1040 轻型车、CA67800 轻型车及 BJ2310、BJ2815 农用车上成功应用。该工艺比模锻工艺的材料利用率提高了 20%，减少了 33% 的机械加工量，使生产效率提高了 1~3 倍。图 1-26 为连杆辊锻制坯现场操作情景。

图 1-26　连杆辊锻制坯现场操作情景

（2）实例

1）后桥半轴套管的正挤与横轧成型工艺。

后桥半轴套管是变径、变截面的中空管形件，不少国家采用整体模锻工艺生产，其致命弱点是材料利用率很低（<35%），后续机械加工量大，生产率低，制造成本高。我国自主开发的正挤与横轧中空半轴套管成型工艺实现了该类锻件的精化特种成型。

半轴套管正挤与横轧成型工艺原理如图 1-27 所示，局部加热的管坯由芯模推进到由3 个成型轧辊组成的回转型腔中。半轴套管的外形由轧辊成型面形成，内腔则由芯模保证。

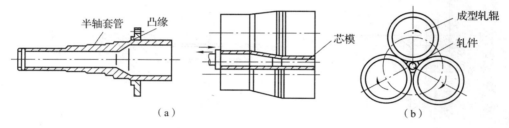

（a）　　　　　　　　　　　　　　　　　　　　（b）

图 1-27　半轴套管正挤与横轧成型工艺原理
（a）产品结构；（b）正挤与横轧原理

2）汽车从动锥齿轮辗环成型。

①工艺原理。

辗环成型是在旋转的轧辐间进行辗扩的成型方法，如图 1-28 所示。此工艺可用于生产轴承内外圈、凸缘、齿轮等环形锻件。

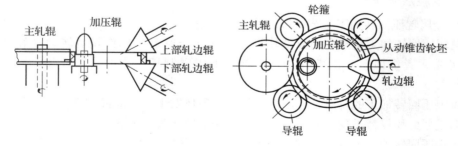

图 1-28　辗环成型工艺原理

②工艺流程。

辗环成型工艺可取代模锻工艺生产汽车从动锥齿轮坯。其工艺流程为：下料→加热→镦粗、规圆→冲孔→卡压→辗环→热处理→喷丸。该工艺已在东风 EQ1090 型与解放CA150P 商用车的从动锥齿轮生产中得到成功应用，其不仅可使材料利用率提高 15%，而且可使锻件精化，并减少25%的机械加工量。

1.3　汽车零件机械加工中尺寸、形状和位置精度的获得方法

机械加工的目的是使被加工零件获得技术要求的尺寸、形状、位置精度和表面质量。

1.3.1　尺寸精度的获得方法

汽车零件机械加工中尺寸精度的获得方法通常有试切法、调整法、定尺寸刀具法、主动及自动测量控制法。

1. 试切法

试切法是指通过在机床上试切、测量、调整、再试切，经多次反复进行直到被加工尺寸精度达到要求为止的方法。其特点是：生产率低，工件尺寸误差取决于工人的技术水平，适用于单件和小批生产。

2. 调整法

调整法是指在加工一批工件之前，先用对刀装置或试切法调整好刀具与工件（或机床夹具）间的正确位置，并在加工过程中保持位置不变而获得一定尺寸精度的方法，如图1-29所示。

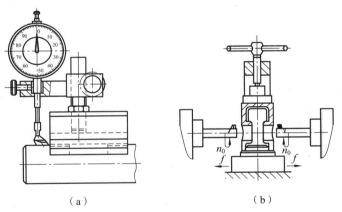

（a）　　　　　　　　　　　（b）

图1-29　用调整法获得镗孔尺寸精度
（a）镗刀经向伸长尺寸调整；（b）镗活塞销孔

图1-29（a）为镗刀调整器，图中百分表对准刀尖。图1-29（b）为活塞夹紧后正处于往返进给状态。在加工一批活塞销孔之前，必须保持刀具与工件间的正确位置不变，即需要将镗刀径向伸长尺寸调整到位并保证被加工活塞销孔的尺寸精度。

调整法的特点是：生产率高，加工尺寸稳定，适用于大批生产，广泛用于半自动机床或自动生产线加工。

3. 定尺寸刀具法

定尺寸刀具法是利用刀具的相应形状和尺寸来保证被加工表面尺寸精度的方法，如用钻头、铰刀、拉刀加工孔，用丝锥攻制螺纹孔，用齿轮铣刀、拉刀加工齿轮齿形等。其特点是：生产率高，加工尺寸精度取决于刀具尺寸精度，适用于大批量生产。

图1-30为圆孔拉削简图，圆孔拉削用的是定尺寸圆孔拉刀。

4. 主动及自动测量控制法

加工过程中，在精密机床上利用检测装置对加工尺寸进行跟踪测量并通过数显控制系统实现自动进给，以保证表面加工尺寸达到精度要求的方法，称为主动及自动测量控制法。

图1-31为在汽车传动轴类外圆磨削加工中常采用的挂表式主动测量控制装置，其工作原理是：挂表是一只百分表，先按标准样件尺寸调整对零；针对外圆磨削，将装置的3个触点（2个固定触点、1个活动触点）与被磨外圆表面相接触，其中活动触点通过弹性量杆端面与百分表触头接触；随着被磨外圆表面尺寸逐渐减小，百分表指针向一个方向不断摆动。当指针对零时，表示外圆磨削达到标准样件尺寸，然后退出砂轮，完成外圆磨削工序。

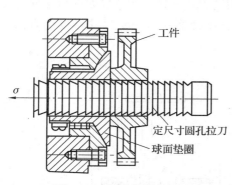

图1-30　圆孔拉削简图

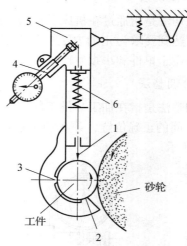

1—活动触点；2，3—固定触点；
4—百分表；5—量杆；6—弹簧

图1-31　挂表式主动测量控制装置

自动测量控制法是一种对被加工零件表面尺寸进行自动控制的方法，其创新思路是将测量、进给装置和控制系统组成一个自动加工控制系统，并依靠该系统自动完成加工过程。这种系统常应用在自动及半自动内、外圆磨床或数控机床上，能适应加工过程中加工条件的变化和自动调整切削用量等。

自动测量控制法的特点是：生产率高，加工尺寸误差小，尺寸稳定性高，适用于大批量生产的汽车制造业。

1.3.2　形状精度的获得方法

汽车零件机械加工中形状精度的获得方法有轨迹法、仿形法、成型刀具法和展成法。

1. 轨迹法

轨迹法是依靠刀具的运动轨迹而获得工件所需形状的方法。刀具运动轨迹取决于刀具和工件相对位置的切削成型运动，其形状精度取决于成型运动的精度。

机械加工中，普通车削、铣削、刨削、磨削等均属于轨迹法。

2. 仿形法

刀具按照仿形装置（样板或靠模）表面形状轨迹运动进给而获得工件形状的加工方

法，称为仿形法（实属轨迹法）。仿形车削、仿形铣削等均属于仿形加工。

其特点是：生产率较高，工件形状精度取决于仿形机构和机床主轴精度，应用于大批量、形状较复杂的零件加工。

采用仿形机构加工凸轮轴上的凸轮比用数控机床加工生产率要高出很多。

3. 成型刀具法

成型刀具法是指使用成型刀具加工获得工件表面的方法，如车外螺纹，拉键槽、花键孔等。齿轮铣刀如图 1-32 所示。

4. 展成法

展成法又称范成法、包络法、滚切法，是指在刀具与工件作相对运动时，刀刃包络出被加工表面形状的方法，如滚齿、插齿即属展成法加工。图 1-33 为插齿示意图，即利用插齿刀具与被切齿轮坯的啮合运动切出齿形。

图 1-32　齿轮铣刀

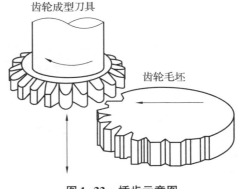

图 1-33　插齿示意图

1.3.3　位置精度的获得方法

1. 一次装夹法

一次装夹法是指工件上几个加工表面（包括基准面）的位置精度能够在一次装夹中获得的方法，如图 1-34 所示的变速器箱体在专用夹具中铣削加工。一次装夹加工出的各表面间的位置精度不受定位、夹紧影响，只与机床精度相关，其位置精度能得以保证。

图 1-34　变速器箱体在专用夹具中铣削加工（一次装夹）

2. 多次装夹法

工件受加工表面形状、位置和加工方法等的限制，不可能通过一次装夹就可加工出所有型面和尺寸，因而需要采用多次装夹才能完成加工，此种加工方法称为多次装夹法。图1-35 为在一台普通车床上通过多次装夹法加工一轴类零件。由于工件各个表面的加工是在多次装夹中进行的，因此，位置精度需要在几次装夹中通过多次调整才能获得，容易出现位置误差。

图1-35 在普通车床上加工（多次装夹）

零件加工表面的位置精度与诸多因素有关，如机床夹具精度、定位和夹紧方式，以及夹具本身精度等。采用夹具装夹加工所得到的位置精度相对较高，适用于汽车零件的大批量生产。

在加工过程中，同时获得的零件尺寸、形状和位置三方面的精度有一定的相依关系。一般来说，形状精度高于尺寸精度，位置精度大多高于相应的尺寸精度。也就是说，尺寸精度得到保证时，形状精度和位置精度一般能够得到保证。

1.3.4 经济加工精度及其与表面粗糙度的关系

1. 经济加工精度

经济加工精度指在正常生产条件下所能保证的公差等级和表面粗糙度。正常生产条件包括采用符合质量标准的设备和工艺装备、使用标准技术等级的工人和不延长加工时间等。

各种加工方法都对应一定经济加工精度和表面粗糙度范围。在选择表面加工方法时，应当满足与工件加工要求相适应的要求。

2. 经济加工精度与表面粗糙度的关系

经济加工精度和表面粗糙度对应一定的公差等级和表面粗糙度等级范围。一般情况下，被加工表面尺寸公差值小，对应的表面粗糙度值也一定小；但表面粗糙度值小的，尺寸公差值不一定小。例如，机床手柄表面、一些要求抗腐蚀或提高疲劳强度的零件表面，规定的表面粗糙度值较小，但尺寸公差却可稍大一些。

1.4　先进制造技术对于汽车工业的重要性

为了应对激烈的国际竞争形势，保证我国汽车工业持续发展和促进产业结构升级，必须大力推广先进制造技术在汽车工业中的应用，国家中长期科学和技术发展纲要已将其列为重大专项之一。因此，从事汽车制造和汽车工程教育的相关人员应当对这一重要战略决策予以高度重视。

1.4.1　先进制造技术的内涵与特点

先进制造技术（Advanced Manufacturing Technology，AMT）是世界制造业为适应时代要求，不断吸收机械科学、电子信息、材料科学、能源环保及管理学科的最新成果，将其与传统制造技术相结合，并综合运用于市场分析、产品设计、制造过程、监控控制、生产管理和质量保证、售后服务等制造全过程，不断优化并推陈出新，以实现优质、高效、精简、清洁、敏捷生产，并取得理想的技术经济效益的制造技术的总称。

先进制造技术必须以工艺过程为主体，重视制造技术中的最活跃的因素——工艺过程技术，并强调以工艺为中心，实行多学科交叉，把制造过程中的产品设计、生产流程设计、加工技术、装配与质量检验等作为一个可控的技术群，进行优化，以保证制造过程高效、高精和成套连线。

1. 先进制造技术的重要性

先进制造技术是制造业赖以生存和可持续发展的主体技术。环视当今世界，综合国力的竞争，首先是制造技术水平的竞争。因此，先进制造技术已成为衡量一个国家先进与发达程度的重要因素。

必须强调，基于先进制造技术的重要性，相应的工程教育也应当转变观念。应当使学生在保持较宽学科基础的前提下，通过系统的工程训练，具备设计和开发具有竞争力产品的能力、集成知识系统的开发能力，以及开发市场与管理企业的综合能力。

概括起来，提升思维方式，强化实践能力，具备创新能力、融合能力和团队创造协作能力是先进制造技术对工程教育在能力培养方面提出的综合要求。只有这样，才能培养出符合时代要求的复合型、实用型人才。

2. 先进制造技术的主要特点

（1）多学科交叉、融合一体化

先进制造技术是在传统制造技术基础上将计算机、信息、自动化、管理等科学技术综合应用于制造全过程，从而形成了一系列新技术，如机电一体化技术群（含数控机床与加工中心、柔性制造技术、计算机集成制造系统）。它综合运用机械、电子、传感器、计算机、自动控制与网络技术等，实现了加工设备的升级换代和生产过程布局的革新，达到保证生产高效、高精的目的。

（2）设计与制造工艺一体化

产品设计与制造工艺是相互制约又相互促进的一对矛盾。多数情况下设计是产品研发的主宰，工艺应服从产品设计而处于次要地位。但是，随着市场竞争的激烈化，为了缩短设计周期和制造周期，达到质优价廉的目的，当前的工艺问题便成了矛盾的主导方面，这就需要解决设计与工艺的统一问题。于是就出现了 CAD/CAE/CAM 一体化技术和快速成型（Rapid Prototyping Manufacturing，RPM）技术，实现了设计与工艺一体化。

（3）制造科学与制造技术一体化

由于信息与网络技术的融合与支撑，利用 CAD，并通过计算机分级网络监测以控制和管理制造系统的各阶段的工作，形成精良、敏捷和柔性的新型制造模式，即制造科学系统。该综合学科的基础是数学，即采用数学模型实现信息的组织、处理与传递，变成本质为数字化的系统，从而把设计、制造和管理集成起来构成科学的制造系统，其典型是数字化工厂，目前已应用于解决复杂的制造技术，如发动机制造与装配等。

（4）制造技术与管理科学一体化

先进制造技术突出了以人为中心的先进的生产组织与管理的重要性，即"向管理要效益"。在先进制造技术中，人的主观能动性处于核心地位，而且对人的综合素质要求很高，如对数控机床的操作者、计算机分级监控人员等必须事先进行专业培训。

3. 现代先进制造技术的主要发展领域

先进制造技术本身是动态变化的，它反映在不同时期、不同地区与国家之间的先进制造技术有本身重点发展的目标与内容。在我国现阶段，为确保生产可持续发展，效益稳步提高，变制造大国为制造强国，主要应在下述领域中大力推动先进制造技术的应用。

（1）加速市场响应能力和原创性设计

为应对激烈的市场竞争，提高自主开发能力，抢占先机，应该加速并行工程、RPM 技术、客户化生产方式的应用。其中，RPM 技术是利用分层离散、逐层堆积成型的先进制造技术，它综合利用 CAD、逆向工程、先进材料、激光和数控技术，能在短期内加工出工件的快速原型；经过分析、修改后定型，为产品开发提供了快捷、价格低廉的捷径，也为原创性设计提供了模型与样件。这对提高自主开发能力和市场快速响应能力至关重要。

（2）研发超精密加工技术

目前普遍认同，被加工工件尺寸精度为 1 μm，表面粗糙度 Ra<0.025 μm 及加工机床的精度高于 0.01 μm 者称为超精密加工。超精密加工技术是一个国家制造技术水平的重要标志。精密机床、仪器仪表、计算机、电子和微电子技术的性能、质量及可靠性均依赖于超精密加工技术，如计算机芯片、光盘基面、光学精密仪器、汽车与航空发动机、精密模具等，均靠超精密加工来制造。因此，发展和应用超精密加工技术对提升我国制造业技术水平和增强综合国力均具有重要意义。

（3）应用与开发先进成型及改性技术

将原来的粗犷形的成型技术转变为近净成型技术，即可免去繁琐的多次机械加工，获得节材、节能和节约机械加工费用的综合效益，显著减少加工过程链，还具有降低环境污染的绿色制造特征。

目前，工业发达国家皆致力于先进成型技术的研发与应用，尤其是在汽车制造业中推广诸如精密锻造、精冲、精密铸造、液压胀形、激光加工等先进成型技术。我国高度重视该领域的研发与应用，已将其列入"863 项目"及国家科技攻关项目，并取得了可喜的成果。

（4）开发与应用先进材料

材料科学是当代重点发展的领域，材料是制造业的基础，先进材料是推动产品更新和提高其性能的动力，也是发展先进制造工艺及制造装备的源头。

目前，随着科学技术的发展，已开发出诸如功能材料、轻量化材料和复合材料等新材料，其用于特殊需要和满足轻量化要求，正日益取代传统的工程材料。对此种情况我们应给予高度重视。

1.4.2 先进制造技术在汽车工业中的应用综述

1. 汽车工业是先进制造技术的重要载体

经过多年的发展历程，汽车工业已成为当今世界的支柱产业和自成系统的庞大的制造业龙头。一方面，汽车工业能拉动其他产业发展；另一方面，汽车工业作为先进制造技术的重要载体，更需要应用先进制造技术来提高自身的技术水平、产品质量。

高效、高精、成套是汽车工业对工艺及装备的基本要求。汽车工业是大批量生产部门，其整车性能要求满足安全性、可靠性，其配套零件则应按"高起点、大批量、优质量"的原则组织生产。因此，为了实现高效、高精与成套的目标，就必须采用先进制造技术改变传统的制造模式，其重点则是工艺及装备的先进性、高精性及成套性。

1）高效率生产零件。应尽量采用高端的、高效的专用设备，来进行复杂零部件的加工，如用于加工曲轴、凸轮轴、十字轴等零件的高效专用数控机床；其次是采用加工中心及数控高速机床构成的高效柔性自动生产线。另外，还要采用近净成型技术，如精锻、精铸、激光加工等，尽量减少机械加工的切削工作量，并为采用高效专用数控机床做好前期准备。

2）采用高精度机床保证关键零件的高精度。重点是解决以汽车发动机总成为代表的高精度零件的制造、精密模具的制造及汽车电子产品的制造。

3）先进工艺与高效、高精装备的成套技术。现代汽车制造能充分采用先进制造技术，来体现其适用于大批量生产中的高效、高精及成套技术与装备的特点和优势。近年来，世界各大知名汽车公司均已采用各种自动生产线、柔性生产线及制造单元的系统集成来解决整车各大总成和发动机关键零部件的制造问题。在这些自动生产线或系统集成中具有将工艺（机床、刀具、量检具、夹具等），物流系统（原材料处理、存储、上下料装置、设备之间工件传输装置等），信息系统（生产线控制、刀具和模具更换、工装及附件更换、工件调度、自动编程、自动监控、自动补偿、工件质量自动检测、刀具磨损或破损后的自动更换及报警等部分）集成为柔性自动生产线的能力，且进一步能将各种现代高新技术（如数字化技术、柔性自动化技术、数控高速加工技术、仿真技术、绿色制造技术等）按照精益、快捷理念集成为新一代柔性自动生产线，涌现出诸如发动机零部件柔性自动生产线、车身覆盖件柔性冲压自动生产线、自车身焊装柔性加工生产线及油漆自动生产线等。这些工艺与技术可以极大地提高汽车制造的技术水平，彻底改变传统的制造模式，并收到显著的经济效益。

2. 先进制造技术在汽车三大总成制造中的应用实例

（1）发动机关键零部件的柔性机械加工生产线

为了提高生产效率和加工精度，目前已形成了以高速加工中心为主的气缸体、气缸盖柔性机械加工生产线，曲轴、连杆加工的高效柔性生产线。

（2）底盘系统的毛坯近净成型技术

1）齿轮与轴件的近净成型。对于传动齿轮中的从动螺旋齿轮坯广泛采用辗扩成型，而相应的主动齿轮则采用楔横轧工艺成型；变速器等齿轮采用闭塞精锻成型或粉末冶金成型；传动轴采用管材旋压成型，转向节、十字轴等采用精锻成型；货车的驱动桥壳应用液压胀型或机械热扩胀成型。这些近净成型技术的应用，显著地减少了机械加工量、收到显著经济效益。

2）高速、高精机械加工自动生产线。在采用近净成型制取齿轮坯轴坯等的基础上，采用数控机床加工齿坯和切齿，不仅提高了生产效率，还提高了齿轮的精度。

对于差速器壳体、十字轴等则采用高速、高精加工自动生产线生产。

（3）汽车车身的轻量化及相关新材料、新技术

车身轻量化是整车轻量化的重要内容，为解决车身轻量化，开发与应用了如下新材料与新工艺。

1）对于钢制车身，已广泛采用高强度钢板、激光拼焊板。同时，应用管材液压胀型工艺来生产副车架、车窗框、座椅骨架等结构件。

2）扩大轻质材料的应用，其中塑料已广泛用于制作内饰件、外装件。铝、镁合金的应用也在逐年增加。

3）大型多工位压力机车身覆盖件冲压柔性生产线。近年来，随着大型多工位压力机及柔性技术的日趋成熟，轿车车身覆盖件生产发生了重大变革。带数控液压气垫的大型多工位压力机的出现及其周边自动化系统的成套装置的运用，彻底摒弃了传统的双动拉深生产覆盖件的理念。在该冲压柔性生产线上，真正将覆盖件的拉深成型工序与其他冲压工序组合到一台多工位压力机上完成，其主机是带数控液压气垫的多工位压力机。其中，数控液压气垫是该设备的技术核心，它通过四角控制即可调节拉深工作的压边力，从而实现单动拉深。多工位压力机能按顺序完成覆盖件冲压的不同工序。生产线的其他硬件组成拆垛装置、码垛装置、传送系统、检验系统等。整条生产线采用现场总线控制，各单元控制与总线控制相结合。根据所生产的覆盖件具体形状及所需工序，通过程序控制及时调整并更换模具和传送装置，就可在一台大型多工位压力机上实现某一品种多批量生产，从而节约多台大型压力机，减少占地面积，提高生产效率。

综上所述，现代汽车工业必须采用先进制造技术，才能在激烈的市场竞争中持续、健康地发展，必须在应用先进制造技术中谋求高效、高精与优质的综合效益。

习题

1-1 综述汽车制造方法与基本技术内容（不少于300字）。

1-2 何谓汽车生产过程？汽车生产过程由哪几部分组成？如果现在要你去考察一个汽车制造厂，你将如何安排考察路线？

1-3 何谓汽车制造工艺过程？汽车制造工艺过程包含哪些子过程？从汽车生产组织需要来说明（顺序不能颠倒）。

1-4 汽车零件年生产纲领是如何计算的？如何划分汽车产品和零件的生产类型？

1-5 以砂型铸造为例，说明其工艺过程是如何组成的。

1-6 说明模型锻造工艺过程、生产条件和在汽车制造中的应用，并说明模锻件有何优点。

1-7 特种铸造包括哪些主要方法？说明各种铸件毛坯精化途径及其在汽车制造中的应用。

1-8 什么叫工序？如何组织与安排机械加工工序？

1-9 如何区分安装、工位、工步和走刀？

1-10 综述汽车零件机械加工尺寸和形状的获得方法。

1-11 综述先进制造技术的主要特点和发展领域。

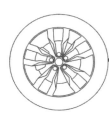

第 2 章
汽车生产用工程材料

汽车诞生仅仅百余年，却早已遍布世界的每一个角落，与每个人的生活出行密切相关。从车辆的设计、选材、制造加工到使用、维修保养无一不涉及材料，学习了解汽车生产用工程材料尤其重要。

目前所应用的汽车车身材料主要有低合金高强度钢板，铝合金、镁合金、钛合金、泡沫合金板，蜂窝夹芯复合板，工程塑料和高强度纤维复合材料等。对此，可以将其归结为 4 类，即钢板、薄钢板卷料，铝、镁、钛等轻型合金，非金属材料，其他新材料。

2.1 汽车生产用常规工程材料

2.1.1 汽车材料概述

一辆车由几百到几万个零部件组装而成，车辆零件的生产制造都涉及材料问题，材料是汽车工业的基础。汽车材料既包括汽车使用过程中使用的汽车燃料、汽车润滑材料、汽车工作液等汽车运行材料，又包括制造汽车各种零部件的汽车工程材料及汽车美容材料。据统计，汽车上的零部件采用了几千种不同的材料加工制造。以现代轿车用材为例，按照质量来换算，目前汽车制造用材仍以金属材料为主，塑料、橡胶、陶瓷等非金属材料占有一定的比例。汽车各部件材料分布如图 2-1 所示。

图 2-1 汽车各部件材料分布

1. 车辆金属材料

金属材料是车辆用材的主体，单以质量而言，金属材料就占到全车的 65% ~ 80%。金属材料包括黑色金属材料和有色金属材料，黑色金属材料是工业上对铁、铬和锰的统称，亦包括这 3 种金属的合金，尤其是合金钢及钢铁；除了铁、锰、铬以外，其他的金属都算是有色金属。在汽车上采用的黑色金属材料主要包括碳钢、合金钢和铸铁，有色金属材料主要包括铝、铜及它们的合金。

2. 车辆非金属材料

车辆非金属材料可分为无机材料、有机材料和复合材料 3 类。属于无机材料的有耐火材料、陶瓷、碳和石墨材料、玻璃等；属于有机材料的有天然橡胶、皮革、胶黏剂和高分子合成材料（合成橡胶、合成树脂、合成纤维、塑料、涂料）等；复合材料由非金属纤维增强树脂基构成。

3. 车辆运行材料

车辆运行材料主要指燃料、润滑材料、工作液、轮胎等。燃料通常指能够将自身存储的化学能通过化学反应（燃烧）转变为热能的物质，车辆所使用的燃料主要是汽油、柴油和各种代用燃料，目前国内开发使用的发动机代用燃料包括天然气、液化石油气、甲醇、乙醇、生物质燃料、氢气及二甲基醚等。润滑材料主要包括发动机润滑油、齿轮油和润滑脂。工作液主要有以下几种。

1）液力传动油：用于高级轿车和重型载货汽车的液力变扭器，作为传递扭矩的介质。

2）制动液：液压制动系统传递压力的工作介质，具有沸点高、吸湿性好、黏度适中等特点。

3）防冻冷却液：不仅具有防止散热器冻裂的功能，而且具有防腐蚀、防锈、防结垢、高沸点（防开锅）和无泡沫的功能，以有效保护散热器，改善散热效果，提高发动机效率，保障汽车安全行驶。

4）动力转向器液：用于重型载货汽车或客车的助力式转向器，作为传递转向力的介质，常与液力传动油通用。

5）减振器液：用于减振器，应具有良好的黏温性，以减少温度变化对黏度的影响。

6）电解液：用于铅蓄电池，由蒸馏水和硫酸按一定比例配制而成。

2.1.2 金属材料的性能

金属材料是目前汽车上应用最广泛的材料，品种很多，并具有各种不同的性能，能满足各种机械的使用和加工要求。

金属材料的性能直接决定材料的实验范围和应用的合理性。金属材料的性能主要有使用性能和工艺性能。使用性能是指正常使用条件下保证零件安全、可靠工作所必备的性能，主要包括金属材料的热学性能、力学性能、电学性能、磁学性能、光学性能和化学性能等（本书仅介绍金属材料的力学性能）；工艺性能主要指金属材料的可加工性，包括铸造性能、锻造性能、焊接性能和可切削加工性能等。

1. 金属材料的力学性能

金属材料的力学性能是指金属在不同环境因素（温度、介质）下，承受外加载荷作用时所表现的行为。这种行为通常表现为金属的变形和断裂。因此，金属材料的力学性能可以理解为金属抵抗外加载荷引起的变形和断裂的能力。

在机械制造业中，大多数机械零件或构件都是用金属材料制成的，并在不同的载荷与环境条件下服役。如果金属材料对变形和断裂的抗力与预设条件不相适应，就会使机件失去预定的效能而损坏，即产生所谓"失效现象"。常见的失效形式有断裂、磨损、过量弹性变形和过量塑性变形等。从零件的服役条件和失效分析出发，找出各种失效抗力指标，就是该零件应具备的力学性能指标。显然，掌握材料的力学性能不仅是设计零件、选用材料时的重要依据，而且是按验收技术标准来鉴定材料的依据，以及对产品的工艺进行质量控制的重要参数。

当外加载荷的性质、环境的温度与介质等外在因素不同时，对金属材料要求的力学性能也将不同。常用的力学性能有：强度、塑性、硬度、冲击韧性和疲劳强度等。

（1）强度

金属材料在外力作用下，抵抗塑性变形和断裂的能力称为强度。金属材料在外加载荷作用下，其几何尺寸和形状所产生的变化称为变形，可以分为弹性变形和塑性变形（永久变形）两种。弹性变形是指随外力作用而产生，随外力的去除而消失的变形。塑性变形是指在外力作用下产生，不能随着外力的去除而消失的变形。

强度的大小通常用应力来表示，符号为 σ，单位为帕（Pa）。

金属材料在使用过程中所受的外力也称为载荷。根据载荷作用性质的不同，载荷分为静载荷、冲击载荷及交变载荷 3 种。

1）静载荷：大小不变或变化过程缓慢的载荷。

2）冲击载荷：在短时间内以较高速度作用在零件上的载荷。

3）交变载荷：大小和方向随时间作周期性变化的载荷。

根据载荷作用方式的不同，载荷又可分为拉伸载荷、压缩载荷、弯曲载荷、剪切载荷和扭转载荷等。

金属受拉伸载荷或压缩载荷作用时，其横截面积上应力的计算公式为

$$\sigma = \frac{F}{S} \tag{2-1}$$

式中，F——外力（N）；

$\quad\quad S$——横截面积（m^2）。

（2）塑性

塑性是指金属材料在静力作用下，产生塑性变形而不被破坏的能力，伸长率 δ 和断面收缩率 ψ 是表示材料塑性好坏的指标。

1）伸长率：试样被拉断后，标距的伸长量与原始标距的百分比称为伸长率，用符号 δ 表示。计算公式为

$$\delta = \frac{l_1 - l_0}{l_0} \times 100\% \tag{2-2}$$

式中，l_0——试样原始标距（mm）；

$\quad\quad l_1$——试样断裂后的标距（mm）。

2）断面收缩率：试样被拉断后，断口处横截面积的减小量与试样原始横截面积之比的百分数，用符号 ψ 表示。计算公式为

$$\psi = \frac{S_0 - S_1}{S_0} \times 100\% \tag{2-3}$$

式中，S_0——试样原始横截面积（mm^2）；

S_1——试样拉断处断口的横截面积（mm^2）。

虽然塑性指标通常不直接用于工程设计计算，但任何零件都要求材料具有一定塑性，因为零件使用过程中，偶然过载时，能发生一定的塑性变形而不至于突然脆断。同时，塑性变形还有缓和应力集中、削减应力峰值的作用，在一定程度上保证了零件的工作安全。此外，各种成型加工（如锻压、轧制、冷冲压等）都要求材料具有一定的塑性。

（3）硬度

硬度是指金属材料抵抗局部弹性变形、塑性变形、压痕、划痕或破裂的能力。

目前生产中，测定硬度最常用的方法是压入硬度法，它是用一定几何形状的压头，在一定试验力下，压入被测试的金属材料表面，根据被压入程度来测定材料硬度值的方法。用同样的压头，在相同试验力作用下，压入金属材料表面时，压入程度越大，则材料的硬度值越低；反之，材料的硬度值就越高。因此，压入硬度法所表示的硬度是指材料表面抵抗更硬物体压入的能力。

硬度试验设备简单，操作迅速方便，又可直接在零件或工具上进行试验而不破坏工件，还可根据测得的硬度值估计出材料的近似抗拉强度和耐磨性（耐磨性是指材料抵抗磨损的能力）。此外，硬度与材料的冷成型性、可加工性、焊接性等工艺性能间也存在着一定联系，可作为选择加工工艺时的参考。基于以上原因，硬度试验在实际生产中成为产品质量检查、制订合理加工工艺的最常用的重要试验方法。在产品设计图样的技术条件中，硬度也是一项主要技术指标。

测定硬度的方法很多，生产中应用较多的有布氏硬度、洛氏硬度和维氏硬度等试验方法。

1）布氏硬度。

①测试原理。布氏硬度（HBW）指在布氏硬度计上测得的材料硬度。布氏硬度计如图 2-2 所示。

如图 2-3 所示，使用直径为 D 的硬质合金球作为压头，在规定载荷 F 作用下压入被测金属的表面，按规定保持一定时间后卸除载荷，测出压痕直径 d，根据压痕直径 d 的大小，从硬度对照表（见表 2-1）中查出相应的布氏硬度。

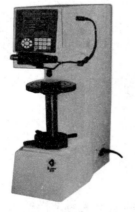

图 2-2　布氏硬度计

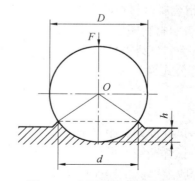

图 2-3　布氏硬度实验示意

表 2-1 压痕平均直径与布氏硬度对照表 (部分)

压痕平均直径 d/mm	HBW ($D=10$ mm, $F=29.42$ kN)	压痕平均直径 d/mm	HBW ($D=10$ mm, $F=29.42$ kN)	压痕平均直径 d/mm	HBW ($D=10$ mm, $F=29.42$ kN)
2.40	653	3.02	409	3.64	278
2.42	643	3.04	404	3.66	275
2.44	632	3.06	398	3.68	272
2.46	621	3.08	393	3.70	269
2.48	611	3.10	388	3.72	266

由表 2-1 可知, 当试验力 F 和硬质合金球直径 D 不变时, 压痕直径 d 越小, 被测金属材料的布氏硬度值越大, 其硬度越大。

②表示方法。布氏硬度用符号 HBW 表示, 单位是 N/mm^2, 习惯上只标明硬度值不标注单位。一般 HBW 前面表示硬度值, HBW 后面表示球体直径、试验力大小和试验力保持的时间 (保持时间 10~15 s 不标注)。举例分析如下:

$$500 \ HBW5/750$$

其中, 500 表示布氏硬度值的大小; 5 表示硬质合金的直径为 5 mm; 750 表示试验力为 7.355 kN。

因此, 500 HBW5/750 的含义为: 用直径为 5 mm 的硬质合金球, 在 7.355 kN 的试验力下保持 10~15 s, 测得金属材料的布氏硬度值为 500。

2) 洛氏硬度。

①测试原理。洛氏硬度 (HR) 指在洛氏硬度计上测得的材料硬度。洛氏硬度计如图 2-4 所示。

如图 2-5 所示, 用顶角为 120° 的金刚石圆锥或直径为 1.588 mm 的淬火钢球 (或硬质合金球) 作为压头, 在初试验力 F_0 和主试验力 F_1 的先后作用下压入被测材料表面, 保持规定时间后, 卸除主试验力 F_1, 在保留初试验力 F_0 的情况下, 根据测得的压痕深度, 直接从硬度计的刻度盘上读取洛氏硬度值。

图 2-4 洛氏硬度计

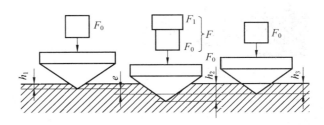

图 2-5 洛氏硬度试验示意

注意: 图 2-5 中, h_1 为压头受到初试验力 F_0 的作用下压痕的深度, h_2 为压头在主试

验力的 F_1 的作用下的压痕深度，h_3 为卸除主试验力试样弹性变形后的压痕深度，h_3 和 h_1 的差 e 越小，说明金属硬度越高，并以此来衡量金属材料的硬度。

②表示方法。洛氏硬度用符号 HR 表示。为了能用同一硬度计测定从极软到不同金属材料的硬度值，需采用不同的压头与试验力组成不同的硬度标尺，其中最常用的有 HRA、HRB 和 HRC 这 3 种标尺，如表 2-2 所示。

表 2-2　A、B、C 标尺下的洛氏硬度试验规范

标尺	硬度符号	所用压头	总试验力 F/N	测量范围 /HR	应用范围
A	HRA	金刚石圆锥	588.4	20~88	碳化物、硬质合金、淬火工具钢、浅层表面硬化钢
B	HRB	直径 1.588 mm 钢球	980.7	20~100	软钢、铜合金、铝合金、可锻铸铁
C	HRC	金刚石圆锥	1 471	20~70	淬火钢、调质钢、深层表面硬化钢

3）维氏硬度。

①测试原理。维氏硬度（HV）指在维氏硬度计上测得的材料硬度。维氏硬度计如图 2-6 所示。

维氏硬度（HV）测试原理与布氏硬度相同，也是根据压痕单位面积所承受的试验力计算硬度值，不同的是维氏硬度计压头采用两相对面夹角为 136° 的金刚石正四棱锥。如图 2-7 所示，在选定的载荷 F 作用下，将压头压入试样表面，按要求保持规定时间后卸除载荷，测量四方锥形压痕对角线的平均长度 d，计算出压痕的表面积 S，求出压痕表面积上的平均压力，以此作为被测试金属的维氏硬度值。通常也可根据压痕对角线的平均长度查表获得。

图 2-6　维氏硬度计

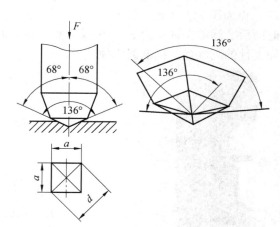

图 2-7　维氏硬度试验示意

②表示方法。维氏硬度用 HV 符号表示，HV 符号前面的数值为硬度值，HV 后面的数值，按试验力、试验力保持时间的顺序标注，试验力保持时间为 10~15 s 时不用标注。

维氏硬度计的测量范围一般为 10~1 000 HV。其缺点是测试方法较繁琐，对被测件表面质量要求较高，测量工作效率低于洛氏硬度测量。

部分常用汽车零部件材料的硬度值如表 2-3 所示。

表 2-3　部分常用汽车零部件材料的硬度值

零部件名称	材料	硬度值
电机轴承	GCr15	58 ~ 64 HRC
汽车轮毂	铸铁	120 ~ 200 HBW
曲轴	球墨铸铁	130 ~ 240 HBW
曲轴	碳钢	240 ~ 260 HBW
仪表板盖	ABS 塑料	70 HRM

（4）冲击韧性

以很大速度作用于工件上的力称为冲击力。许多零件和工具在工作过程中，往往受到冲击力的作用，如冲床的冲头、内燃机的活塞销与连杆、风动工具等。较多的汽车零件受到的是冲击载荷，例如：汽车在不平的路面上行驶时，车身对悬架的冲击就是冲击载荷；汽车起步、加速、紧急制动、停车时，变速器中的齿轮、传动轴、后桥中的半轴、差速器齿轮等零件受到的也是冲击载荷。由于冲击力的加速度高，作用时间短，金属在受冲击时，应力分布与变形很不均匀，故对承受冲击力的零件来说，仅具有足够的静力强度指标是不够的，还必须具有足够抵抗冲击力的能力。

金属材料在冲击力作用下，抵抗破坏的能力叫作冲击韧性，为了评定金属材料的冲击韧性，需进行冲击试验。一次冲击试验是一种动力试验，它包括冲击弯曲、冲击拉伸、冲击扭转等几种试验方法。

（5）疲劳强度

1）基本概念。

①交变应力。大小和方向随时间作周期性变化的应力称为交变应力，如图 2-8 所示。应力用符号 σ 表示。

②疲劳。零部件在循环应力或重复应力作用下，在一处或几处逐渐产生局部永久性累积损伤，经一定循环次数后产生裂纹或突然完全断裂的过程称为疲劳。

③金属疲劳。在交变应力的作用下，在一处或几处产生局部永久性积累损伤经一定循环次数后产生裂纹或突然完全断裂的过程称为金属疲劳。

2）疲劳的特点和危害。

①疲劳断裂是金属零件在交变应力或重复应力长期作用下，由于累计损伤而引起的断裂现象。

②疲劳破坏需要经过一定数量的应力循环，是有寿命的。

③断裂时，工作应力低于屈服强度；疲劳对于材料缺陷（缺口、裂纹或者微观缺陷）十分敏感。

④疲劳断口一般都有明显的特征，能清楚地显示出裂纹的形成过程。

⑤一般情况下，疲劳断裂是突然发生的，事先没有任何塑性变形的征兆，很难预测，因此有很大的危害性。

金属部件中有 80% 以上的断裂是由疲劳引起的，极易造成人身伤害事故和经济损失。例如：汽车上的齿轮、弹簧、缸盖、轴颈等零部件的损坏多属于疲劳破坏。

3）疲劳曲线。

疲劳曲线是指交变应力 σ 与循环次数 N 的关系曲线，如图 2-9 所示。从图中可以看出，金属材料承受的交变应力 σ 越大，则断裂前的应力循环次数 N 越少，反之越多。当应力低于一定值 σ_5 时，循环次数 N 为无穷大，即试样可以经受无限次交变应力的作用而不被破坏。

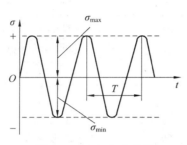
图 2-8　交变应力曲线

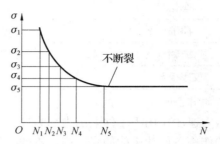
图 2-9　疲劳曲线

4）其他疲劳。

①低周疲劳。

上述的疲劳现象是在机件承受的交变应力（或重复应力）较低，加载频率较高，而断裂前所经受循环周次也较高的情况下发生的，故也称为高周疲劳。而工程中有些机件是在承受交变应力（或重复应力）较高（接近或超过材料的屈服强度），加载频率较低，并经受循环周次较低（$10^2 \sim 10^5$ 周次）时发生了疲劳断裂，这种疲劳称为低周疲劳。

低周疲劳的交变应力（或重复应力）接近或超过材料的屈服强度，且其加载频率又较低，致使每一循环周次中，在机件的应力集中部位（如拐角、圆孔、沟槽、过渡截面等）都会发生一定量的塑性变形，这种循环应变促使疲劳裂纹产生，并在塑性区中不断扩张直至机件断裂。在工程中有许多机件是由于低周疲劳而损坏的。例如，风暴席卷海船的壳体、常年阵风吹刮的桥梁、飞机在起飞和降落时的起落架、经常充气的高压容器等，往往都是因承受循环塑性应变作用而发生低周疲劳断裂。

应当指出，当机件在高周疲劳下服役时，应主要考虑材料的强度，即选用高强度的材料。而低周疲劳的寿命与材料的强度及各种表面强化处理关系不大，它主要取决于材料的塑性。因而，当机件在低周疲劳下服役时，应在满足强度要求的前提下，选用塑性较高的材料。

②冲击疲劳。

工程上许多承受冲击力的零件，很少在服役期间只经受一次或几次大能量的冲击就断裂失效，一般都是承受多次（$>10^5$ 次）小能量的冲击才断裂。这种多次小能量冲击断裂和前述的一次大能量冲击断裂有本质的不同。它是多次冲击力引起的损伤积累和裂纹扩展的结果，断裂后具有疲劳断口的特征，故属于疲劳断裂。这种承受小能量冲击力的零件，在经过千百万次冲击后发生断裂的现象，称为冲击疲劳。

③热疲劳。

工程上有许多零件，如热锻模、热轧辊、涡轮机叶片、加热炉零件及热处理夹具等都是在温度反复循环变化下工作的。温度循环变化会产生热应力循环变化，这种循环热应力引起的疲劳称为热疲劳。

产生热应力的原因是温度变化时，材料的热胀冷缩受到来自外部或内部的约束，会使材料不能自由膨胀或收缩。

提高热疲劳抗力的主要途径有：降低材料的线膨胀系数，提高材料的高温强度和导热性，尽可能减少应力集中和使热应力得到应有的塑性松弛等。

④接触疲劳。

接触疲劳通常发生在滚动轴承、齿轮、钢轨等一类零件的接触表面。接触表面在接触压应力的反复长期作用后，会引起材料表面因疲劳损伤而使局部区域产生小片金属剥落，这种疲劳破坏现象称为接触疲劳。

⑤腐蚀疲劳。

腐蚀疲劳是零件在腐蚀性环境中承受变动载荷所产生的一种疲劳破坏现象，由于材料同时受到腐蚀和疲劳两个因素的组合作用，加速了疲劳裂纹的产生和扩展，因此它比这两个因素单独作用时的危害性大得多。在国内外如船舶推进器、压缩机和燃气轮机叶片等产生腐蚀疲劳破坏的事故常有报道，故腐蚀疲劳也应引起人们重视。

2. 金属材料的工艺性能

工艺性能是指机械零件在加工制造过程中，材料所具备的适应能力，它是决定材料能否进行加工或如何进行加工的重要因素。材料的工艺性能直接影响机械零件的工艺方法、加工质量、制造成本等。材料的工艺性能主要包括铸造性能、锻造性能、焊接性能、热处理性能、切削加工性能等。

（1）铸造性能

铸造性能是指材料易于铸造成型并获得优质铸件的能力，衡量材料铸造性能的指标主要有流动性、收缩性、热裂纹倾向、偏析和吸气性等。流动性是指熔融材料的流动能力，主要受化学成分和浇注温度的影响，流动性好的材料容易充满铸型型腔，从而获得外形完整、尺寸精确、轮廓清晰的铸件。收缩性是指铸件在冷却凝固过程中其体积和尺寸减小的现象，铸件收缩不仅影响其尺寸，还会使铸件产生缩孔、疏松、内应力、变形和开裂等缺陷。

（2）锻造性能

锻造性能是指材料是否容易进行压力加工的性能，它取决于材料的塑性和变形抗力的大小，材料的塑性越好，变形抗力越小，锻造性能越好。例如，纯铜在室温下有良好的锻造性能，碳钢的锻造性能优于合金钢，铸铁则不能锻造。

（3）焊接性能

焊接性能是指材料是否易于焊接并能获得优质焊缝的能力。碳钢的焊接性能主要取决于钢的化学成分，特别是钢的碳含量影响最大。低碳钢具有良好的焊接性能，而高碳钢、铸铁等材料的焊接性能较差。

（4）热处理性能

热处理性能是指材料进行热处理的难易程度。热处理可以提高材料的力学性能，充分发挥材料的潜力。

（5）切削加工性能

切削加工性能是指材料接受切削加工的难易程度，主要包括切削速度、表面粗糙度、使用寿命等。一般来说，材料的硬度适中（180～220 HB），其切削加工性能良好，所以灰铸铁的切削加工性能比钢好，碳钢的切削加工性能比合金钢好。改变钢的成分和显微组织可改善钢的切削加工性能。

2.1.3 汽车用钢材料

钢是目前车辆上应用最广泛的材料，在车辆制造业中占有极其重要的地位。钢是碳的质量分数在 0.021 8% ~2.11% 之间的铁碳合金；铸铁是碳的质量分数大于 2.11% （一般是 2.5% ~4%） 的铁碳合金。钢的热处理是指钢在固态下采用适当的方式进行加热、保温和冷却以获得所需要的组织结构和性能。

钢是一种非常重要的工程材料，它按化学成分分为碳素钢（简称碳钢）和合金钢两大类。碳钢除以铁、碳为其主要成分外，还含有少量的锰、硅、硫、磷等元素。由于碳钢容易冶炼，价格低廉，性能可以满足一般工程机械、普通机械零件、工具及日常轻工业产品的使用要求，因此在工业上得到广泛的应用。我国碳钢产量约占全部钢产量的 90%。合金钢是在碳钢的基础上，有目的地加入某些元素（称为合金元素）而得到的多元合金。与碳钢相比，合金钢的性能有显著的提高，故应用日益广泛。

1. 钢的分类

钢的种类很多，从不同角度可把它们分成若干类别。

（1）按用途分类

1）结构钢。

①工程结构用钢：主要有碳素结构钢、低合金高强度结构钢等。

②机械结构用钢：主要有优质碳素结构钢、合金结构钢、弹簧钢及滚动轴承钢等。

2）工具钢：根据用途不同，可分为刃具钢、模具钢与量具钢。

3）特殊性能钢：主要有不锈钢、耐热钢、耐磨钢、磁钢等。

（2）按冶金质量分类

按冶金质量和有害元素磷、硫的含量，可把钢分为以下类别。

1）普通质量钢（$W_P = 0.035\%$ ~0.045%、$W_S = 0.035\%$ ~0.050%）。

2）优质钢（W_P、W_S 均≤0.035%）。

3）高级优质钢（W_P、W_S 均≤0.025%，牌号后加 "A" 表示）

（3）按化学成分分类

1）碳素钢按含碳量又可分为低碳钢（$W_C < 0.25\%$）、中碳钢（$W_C = 0.25\%$ ~0.6%）和高碳钢（$W_C > 0.6\%$）。

2）合金钢按合金元素含量又可分为低合金钢（$W_{Me} < 5\%$）、中合金钢（$W_{Me} = 5\%$ ~10%）和高合金钢（$W_{Me} > 10\%$）。

另外，还可根据钢中所含主要合金元素种类不同来分类，如锰钢、铬钢、铬锰钢、铬镍钢等。

钢厂在给钢的产品命名时，往往将用途、冶金质量、化学成分这 3 种分类方法结合起来，如将钢称为优质碳素结构钢、碳素工具钢、高级优质合金结构钢、合金工具钢等。

2. 常用的钢材料

（1）碳钢

不同的碳钢其特点和用途也不同。碳钢一般按如下方式分类。

1）按碳的质量百分数分类。

①低碳钢（$W_C ≤ 0.25\%$）。优质低碳钢一般轧成薄板，用于制作汽车驾驶室、发动机罩等深冲制品。

②中碳钢（$W_C = 0.25\% \sim 0.60\%$），具有良好的综合力学性能。

③高碳钢（$W_C \geqslant 0.60\%$）。

注意：含碳量越高，硬度、强度越大，但塑性降低。

2）按钢的品质分类。

①普通碳素钢（$W_S \leqslant 0.055\%$，$W_P \leqslant 0.045\%$）。

②优质碳素钢（$W_S \leqslant 0.045\%$，$W_P \leqslant 0.040\%$）。

③高级优质碳素钢（$W_S \leqslant 0.030\%$，$W_P \leqslant 0.035\%$）。

④特级优质碳素钢（$W_S \leqslant 0.025\%$，$W_P \leqslant 0.030\%$）。

3）按用途分类。

①碳素结构钢：用于制造工程构件（如桥梁、船舶、建筑构件等）及机器零件（如齿轮、轴、连杆、螺钉、螺母等）。

②碳素工具钢：用于制造各种刃具、量具、模具等，一般为高碳钢，在质量上都是优质钢或高级优质钢。

4）按冶炼时脱氧程度分类。

①沸腾钢：脱氧程度不完全的钢。

②镇静钢：脱氧程度完全的钢。

③半镇静钢：脱氧程度介于沸腾钢与镇静钢之间的钢。

（2）碳素结构钢

碳素结构钢的 W_C 在 $0.06\% \sim 0.38\%$ 范围内，钢中含有害元素和非金属夹杂物较多，但性能上能满足一般工程结构及普通零件的要求，因而应用较广。它通常被轧制成钢板或各种型材（圆钢、方钢、工字钢、钢筋等）。

1）普通碳素结构钢。

①牌号。

碳素结构钢牌号表示方法是由代表屈服强度的字母（Q）、屈服强度数值、质量等级符号（A、B、C、D）及脱氧方法符号（F、Z、TZ）4 个部分按顺序组成。质量等级符号反映了碳素结构钢中有害元素（磷、硫）含量的多少，从 A 级到 D 级，磷、硫含量依次减少。C、D 级的碳素结构钢磷、硫含量低，质量好，可作重要焊接结构件。脱氧方法符号 F、Z、TZ 分别表示沸腾钢、镇静钢及特殊镇静钢。镇静钢和特殊镇静钢的牌号中脱氧方法符号可省略。例如：

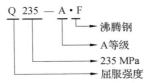

Q235—A·F 表示屈服强度为 235 MPa 的 A 级沸腾钢。

②应用。

常见的普通碳素结构钢牌号和用途如表 2-4 所示。

2）优质碳素结构钢。

优质碳素结构钢的牌号用两位数字表示，这两位数字表示平均碳质量分数的万分之几，如 45 钢表示钢中含碳量为 0.45%，08 钢表示钢中含碳量为 0.08%。若钢中含锰量较高，则须将锰元素标出，如含 0.45% C，含 0.70% ~ 1.00% Mn 的钢即 45Mn。常见的优质碳素钢牌号和用途如表 2-5 所示。

（3）碳素工具钢

碳素工具钢可分为优质碳素工具钢（简称为碳素工具钢）与高级优质碳素工具钢两类。碳素工具钢的牌号冠以"T"表示，其后数字表示平均碳质量分数的千倍。若为高级优质钢，则在数字后面再加"A"表示。例如，T8 钢表示 $\overline{W}_C = 0.8\%$ 的优质碳素工具钢；T10A 钢表示 $\overline{W}_C = 1.0\%$ 的高级优质碳素工具钢。含锰量较高者，在牌号后标以"Mn"，如 T8Mn。常见的碳素工具钢的牌号及用途如表 2-6 所示。

表 2-4　常见的普通碳素结构钢牌号和用途

牌号	用途举例
Q195	用于制造承载较小的零件、铁丝、铁圈、垫铁、开口销、拉杆、冲压件及焊接件等
Q215	用于制造拉杆、套圈、垫圈、渗碳零件及焊接件等
Q235	A、B 级用于制造金属结构件、心部强度要求不高的渗碳件或碳氮共渗件、拉杆、连杆、吊钩、车钩、螺栓、螺母、套筒、轴及连接件；C、D 级用于制造重要的焊接结构件
Q255	A 级用于制造转轴、心轴、吊钩、拉杆、摇杆、楔等强度要求不高的零件
Q275	用于制造轴类、链轮、齿轮、吊钩等强度要求高的零件

表 2-5　常见的优质碳素钢牌号和用途

牌号	用途举例
08 钢 08F 钢	用于制造薄板、深冲制品、油桶、高级搪瓷制品，也可用于制造管子、垫片及心部强度要求不高的渗碳和氰化零件、电焊条等
10 钢 10F 钢	用于制造 4 mm 以下冷压深冲制品，如深冲器皿、炮弹弹体；也可用于制造锅炉管、油桶顶盖及钢带、钢丝、焊接件等
15 钢 15F 钢	用于制造机上的渗碳零件、紧固零件、冲锻模件及不需热处理的低负荷零件，如螺栓、螺钉、法兰盘及蒸汽锅炉等
20 钢	用于制造不经受很大应力而要求韧性强的各种机械零件，如拉杆、轴套、螺钉、起重钩等；也可用于制造在 6.08 MPa、450 ℃ 以下非腐蚀介质中使用的管子、导管等；还可以用于心部强度不大的渗碳及氰化零件，如轴套、链条的滚子、轴及不重要的齿轮、链轮等
25 钢	用于制造热锻和热冲压的机械零件，金属切削机床上氰化零件，以及重型和中型机械制造中负荷不大的轴、垫圈、螺栓、螺帽等，还可用于制造铸钢件
30 钢	用于制造热锻和热冲压的机械零件，冷拉丝，重型和一般机械用的轴、拉杆、套环及机械上用的铸件，如汽轮机机架、轧钢机机架和零件、机床机架及飞轮等
35 钢	用于制造热锻和热压的机械零件，冷拉和冷锻钢材，无缝钢管、铸件、重型和中型机械中的锻制机轴、减速器轴，也可用来制造汽轮机机身、飞轮和均衡器等
40 钢	用于制造机器的运动零件，如辊子、轴、连杆、圆盘，以及火车的车轴，还可用于制造冷拉丝、钢板、钢带、无缝管等

牌号	用途举例
45 钢	用于制造蒸汽透平机、压缩机、泵的运动零件；还可代替渗碳钢制造齿轮、轴、活塞销等零件（零件需经高频或火焰表面淬火）；并可用于制造铸件
50 钢	用于制造耐磨性要求高、动载荷及冲击作用不大的零件，如齿轮、拉杆、轧辊等；用于制造比较次要的弹簧、农机上的掘土犁铧、重负荷的心轴与轴等，并可用于制造铸件
55 钢	用于制造连杆、轧辊、齿轮、扁弹簧、轮圈、轮缘等，也可用于制造铸件
60 65 钢	用于制造弹簧、弹簧圈、各种垫圈、离合器，以及一般机械中的轴、轧辊、偏心轴等
70～85 钢	用于制造弹簧和发条、钢丝绳用的钢丝及高硬度的机件，如犁、铧、电车车轮等
15～25Mn	用于制造中心部分的机械性能要求较高且需渗碳的零件
30～35Mn	主要用于制造螺栓、螺帽、螺钉、杠杆、制动踏板等；并可用冷拉制造在高应力下工作的细小零件，如农机上的钩、环、链等
40～45Mn	用于制造承受疲劳负荷下的零件，如曲轴、连杆等；也可用于制造高应力下工作的螺钉、螺帽等
50～55Mn	用于制造耐磨性要求高、在高负荷下热处理的零件，如齿轮、齿轮轴、摩擦盘、滚子及弹簧等
60～70Mn	用于制造弹簧、犁铧等

表 2-6　常见的碳素工具钢的牌号和用途

牌号	用途举例
T7	用于制造要求适当硬度、能承受冲击载荷并具有较好韧性的各种工具，如凿子、钻子、钢印、石钻、打铁用模、铆钉模、打印皮革印模、机床顶尖、剪铁皮用剪子等；还可用于制造大、小锤子、瓦工用镘刀、木工工具、矿山凿岩钎子等
T8、T8Mn	用于制造要求较高硬度、耐磨、承受冲击载荷不大的各种工具，如冲头、虎钳牙、穿孔工具、锉刀、锯条、剪刀、车刀、矿用凿、石工用凿等，其他用途与 T7 钢大体相同
T9	用于制造较高硬度且有一定韧性的工具，如锉刀、丝锥、板牙、凿岩工具等
T10	用于制造要求耐磨、刀口锋利且有一定韧性的工具，如车刀、铣刀、铰刀、切纸刀、烟叶刀、钻头、冲模、冷镦模、拉丝模、货币压模、丝锥、板牙、锉刀、锯条、金属及石材加工工具等
T11	用于制造工作时切削刃口不易变热的工具，如丝锥、锉刀、扩孔铰刀、板牙、刮刀、量规、烟叶刀、尺寸不大的冷冲模及切边模等
T12	用于制造不受冲击载荷、切削速度不高、切削刃口不变热的工具，如车刀、铣刀、刮刀、铰刀、锉刀、切烟叶刀、钻头、丝锥、板牙及小断面的冲孔模等
T13	用于制造硬金属切削工具、剃刀、刮刀、锉刀、拉丝工具、刻纹用工具、硬石加工工具、雕刻用工具等

（4）铸钢

牌号组成是由"铸钢"汉语拼音的首字母"ZG"为符号，再连接两组数字，第一组数字代表屈服强度，第二组数字代表抗拉强度。

例如，ZG310-570 表示屈服强度不小于 310 MPa，抗拉强度不小于 570 MPa 的铸钢。

（5）合金钢

为了改善碳钢的性能，特意向碳钢中加入一些合金元素而炼成的钢称为合金钢。

常用的合金元素有：锰（W_{Mn}>1.0%）、硅（W_{Si}>0.5%）、铬、镍、钼、钨、钒、钛、锆、铝、硼、稀土（RE）等。磷、硫、氮等在某些情况下也起合金元素的作用。钢中合金元素含量高者达百分之几十，如铬、镍、锰等；有的则低至万分之几。

合金元素与钢中的铁、碳两个基本组元的作用，以及它们彼此间作用，促使钢中晶体结构和显微组织发生有利的变化。因此，通过合金化可提高和改善钢的性能。

1）合金钢的分类和用途。

①按用途分类。

a. 合金结构钢：用于制造机械零件和工程结构的钢，又可以分为低合金高强度钢、渗碳钢、弹簧钢、滚动轴承钢等。

b. 合金工具钢：用于制造各种工具的钢，可分为刃具钢、模具钢和量具钢等。

c. 特殊性能合金钢：具有某种特殊物理、化学性能的合金钢，如不锈钢、耐热钢、耐磨钢等。

②按合金元素总含量分类。

a. 低合金钢：合金元素总含量小于 5% 的合金钢。

b. 中合金钢：合金元素总含量在 5% ~10% 之间的合金钢。

c. 高合金钢：合金元素总含量大于 10% 的合金钢。

2）合金元素的作用。

合金元素的作用如表 2-7 所示。

表 2-7　合金元素的作用

元素名称	作用
锰（Mn）	提高钢的淬透性、强度、硬度和耐磨性，降低钢的淬火温度
钨（W）	提高钢的硬度、耐磨性、热硬性、热强性
钛（Ti）	提高耐热钢的抗氧化性和热强性，有利于提高不锈钢的防腐作用
镍（Ni）	提高钢的淬透性和强度，又能保持良好的塑性和韧性
硅（Si）	提高钢的弹性极限、屈服强度、抗拉强度、耐蚀性及抗氧化性
铬（Cr）	提高钢的淬透性，使钢具有高强度、高韧性
钒（V）	细化晶粒，改善强度和韧性，提高耐磨性与回火稳定性
铝（Al）	细化晶粒，提高钢的抗氧化性
稀土元素（RE）	去除钢的有害杂质、细化晶粒、提高钢的韧性、塑性，改善钢的耐热、耐蚀性

3）低合金结构钢的特点及应用。

低合金结构钢的牌号由代表屈服强度的汉语拼音 Q、屈服强度值、质量等级符号（A、B、C、D、E）3 个部分组成。

合金结构钢具有较高的屈服强度，良好的塑性、韧性、耐蚀性、焊接性和冷塑性加工性。

常见的低合金高强度结构钢的牌号和用途如表 2-8 所示。低合金高强度结构钢在汽车上的典型应用实例如图 2-10 所示。

表 2-8　常见的低合金高强度结构钢的牌号和用途

牌号	用途举例
Q295	汽车冲压件、汽车水箱固定架地板、风扇叶片、横梁
Q345	纵梁前加强板、横梁、角撑、保险杠
Q390	汽车纵横梁、保险杠、蓄电池固定框后板、汽油箱托架
Q420	桥梁、大型船舶、高压容器
Q460	大型建筑构件，如鸟巢钢结构；石化中温高压容器

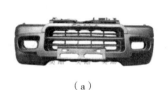
（a）

（b）

图 2-10　低合金高强度结构钢在汽车上的典型应用实例
（a）保险杠；（b）横梁

4）合金渗碳钢。

渗碳钢指的是经渗碳淬火、低温回火后的钢。碳含量在 0.10% ~ 0.25% 之间，加入一定的合金元素，如铬、镍、锰、硼等，以提高钢的淬透性。

合金渗碳钢主要用于制造性能要求高或截面尺寸较大，表面要求有高的硬度和耐磨性，而心部要求具有较高强度和足够韧性的零件，如发动机的气门挺杆和活塞销、汽车变速器齿轮、后桥主减速器齿轮、差速器十字轴、万向节等。

合金渗碳钢种类很多，通常按淬透性分为低淬透性、中淬透性及高淬透性 3 类。合金渗碳钢的典型牌号、性能特点和应用举例如表 2-9 所示。合金渗碳钢在汽车上的典型应用实例如图 2-11 所示。

表 2-9　合金渗碳钢的典型牌号、性能特点和应用举例

类型	典型牌号	性能特点	应用举例
低淬透性合金渗碳钢	20Cr、20Mn2	合金元素含量较少，淬透性不高，所以心部性能较差（800 ~ 1 000 MPa）	主要用于制造受冲击力较小，截面尺寸不大的耐磨零件，如发动机的凸轮轴、气门挺杆、气门弹簧座等
中淬透性合金渗碳钢	20CrMnTi、20MnVB	合金元素含量较高，合金渗碳钢淬透性较好，淬火后心部强度高（可达 1 000 ~ 1 200 MPa）	常用于制造承受高速、中等载荷，并要求有足够的韧性、耐磨性及抗冲击性的零件，如汽车花键轴、变速器齿轮、驱动桥齿轮等
高淬透性合金渗碳钢	20Cr2Ni4、18Cr2Ni4WA	含有较多的铬、镍等元素，钢淬透性高，渗碳层和心部的性能都非常优异，心部强度可达 1 200 MPa 以上	用于制造承受重载荷且磨损严重的重、大型零件，如增压柴油机齿轮等

（a） （b）

图2-11 合金渗碳钢在汽车上的典型应用实例

（a）活塞销；（b）曲轴

5）合金调质钢。

合金调质钢是在中碳钢（30、35、40、45、50钢）的基础上加入一种或几种合金元素，以提高其淬透性和耐回火性，使其在调质处理后具有良好综合力学性能的调质钢，具有优良的综合力学性能，既强又韧。

合金调质钢的典型牌号和应用举例如表2-10所示。合金调质钢在汽车上的典型应用实例如图2-12所示。

表2-10 合金调质钢的典型牌号和应用举例

典型牌号	应用举例
40Cr、40MnB	用于制造一般尺寸的重要零件，如齿轮、主轴
35CrMo	用于制造截面尺寸较大零件，如曲轴、连杆
40CrNiMo	用于制造大截面、重载的重要零件，如航空发动机轴、汽轮机主轴和叶轮

（a） （b）

图2-12 合金调质钢在汽车上的典型应用实例

（a）齿轮；（b）连杆

2.1.4 汽车用铸铁材料

铸铁是碳的质量分数大于2.11%（一般是2.5%~4%）的铁碳合金，是以铁、碳、硅为主要组成元素，并比碳钢含有更多的硫、磷等杂质元素的多元合金。为了提高铸铁的力学性能或物理、化学性能，还可加入一定量的合金元素，得到合金铸铁。铸铁由于具有良好的铸造性能、切削性能及一定的力学性能，因此在机械制造中应用很广。

1. 铸铁的分类

碳在铸铁中既可形成化合状态的渗碳体（Fe_3C），也可形成游离状态的石墨（C）。

根据碳在铸铁中存在形式的不同，铸铁可分为以下 3 类。

1）白口铸铁：碳除少量溶于铁素体外，其余都以渗碳体的形式存在于铸铁中，其断口呈银白色，故称白口铸铁。$Fe-Fe_3C$ 相图中的亚共晶、共晶、过共晶合金即属这类铸铁。这类铸铁组织中都存在着共晶莱氏体，特点是硬而脆，很难切削加工，所以很少直接用来制造各种零件。

2）灰口铸铁：碳全部或大部分以游离状态的石墨形式存在于铸铁中，其断口呈暗灰色，故称灰口铸铁。

3）麻口铸铁：碳一部分以石墨形式存在（类似灰口铸铁），另一部分以渗碳体形式存在（类似白口铸铁），断口上呈黑白相间的麻点，故称麻口铸铁。这类铸铁也具有较大的脆性，故工业上很少应用。

由于灰口铸铁中的碳主要以石墨形式存在，使它具有良好的可加工性、减摩性、减振性及铸造性能等，而且熔炼的工艺与设备简单，成本低廉，因此目前工业生产中主要应用这类铸铁。

根据灰口铸铁中石墨形态不同，它又可分为以下 4 种。

1）灰铸铁：铸铁中石墨呈片状存在。这类铸铁的力学性能不高，但它的生产工艺简单，价格低廉，故工业上应用最广。

2）球墨铸铁：铸铁中石墨呈球状存在。它不仅力学性能比灰铸铁高，而且还可以通过热处理进一步提高其力学性能，所以在生产中的应用日益广泛。

3）蠕墨铸铁：20 世纪 70 年代发展起来的一种新型铸铁，石墨形态介于片状与球状之间，故性能也介于灰铸铁与球墨铸铁之间。

4）可锻铸铁：铸铁中石墨呈团絮状存在。其力学性能（特别是韧性和塑性）较灰铸铁高，并接近于球墨铸铁。

2. 常用的铸铁材料

（1）灰铸铁

1）概述。

灰铸铁产量占铸铁总产量的 80% 以上，常用来制造各种机器的底座、机架、机身、齿轮箱箱体、阀体及内燃机的气缸体、气缸盖等。灰铸铁中碳的质量分数较大（2.7% ~ 4.0%），碳主要以片状石墨形态存在，断口呈灰色。

灰铸铁的牌号以 HT 和其后的一组数字表示，其中 HT 为 "灰铁" 汉语拼音的首字母，其后一组数字表示最小抗拉强度，如 HT250 表示最小抗拉强度为 250 MPa 的灰铸铁。

2）灰铸铁的优点。

石墨虽然会降低铸铁的抗拉强度、塑性和韧性，但也会使铸铁具有一系列其他优良性能。

①铸造性能良好。由于灰铸铁的碳当量接近共晶成分，故与钢相比，不仅熔点低、流动性好，而且在凝固过程中要析出比容较大的石墨，部分地补偿了基体的收缩，从而减小了收缩率，所以能浇注形状复杂且壁薄的铸件。

②减摩性好。所谓减摩性是指减少对偶件被磨损的性能。灰铸铁中石墨本身具有润滑作用，而且当它从铸铁表面掉落后，所遗留下的孔隙具有吸附和储存润滑油的能力，使摩擦面上的油膜易于保持而具有良好的减摩性。所以，承受摩擦的机床导轨、气缸体等零件可用灰铸铁制造。

③减振性强。铸铁在受到振动时，石墨能起缓冲作用，并阻止振动的传播，把振动能

量转变为热能，使灰铸铁减振能力约比钢大 10 倍。因此，铸铁常用于制造承受压力和振动的机床底座、机架、机身和箱体等零件。

④切削加工性良好。石墨割裂了基体的连续性，使铸铁切削时易断屑和排屑，且石墨对刀具具有一定润滑作用，可使刀具磨损减小。

⑤缺口敏感性较低。钢常因表面有缺口（如油孔、键槽、刀痕等）造成应力集中，使力学性能显著降低，故缺口敏感性高。灰铸铁中石墨本身就相当于很多小的缺口，致使外加缺口的作用相对减弱，所以灰铸铁具有低的缺口敏感性。

正由于灰铸铁具有以上一系列的优良性能，而且价廉，易于获得，因此在目前工业生产中，它仍然是应用最广泛的金属材料之一，常用于制造机床床身、气缸、箱体等结构件。灰铸铁典型牌号及应用举例如表 2-11 所示。

表 2-11　灰铸铁典型牌号及应用举例

典型牌号	应用举例
HT100	用于制造低载荷和不重要零件，如盖、外罩、手轮、支架、重锤等
HT200、HT250	用于制造承受大载荷的重要零件，如气缸体、齿轮、机座、飞轮、床身、气缸套、活塞、刹车轮、联轴器、齿轮箱、轴承座、液压缸等
HT300、HT350	用于制造承受高载荷、要求耐磨和高气密性的重要零件，如大型发动机的气缸体、气缸盖、气缸套、油缸、泵体、阀体等

（2）可锻铸铁

可锻铸铁又称马铁、玛钢、展性铸铁或韧性铸铁。它是由白口铸铁通过可锻化退火而获得的具有团絮状石墨的铸铁。

可锻铸铁的牌号由 3 个字母及后面两组数字组成，前两个字母为 "KT"，分别是"可""铁"两个字汉语拼音的首字母；第三个字母 Z 或 H 代表可锻铸铁的类别，Z 表示珠光体可锻铸铁，H 表示黑心可锻铸铁；后面两组数字分别代表最低抗拉强度和伸长率的数值。

可锻铸铁耐磨损，有良好的塑性和韧性；与灰铸铁相比，可锻铸铁有较好的强度和塑性，特别是低温冲击性能较好，但不能进行锻压加工；耐磨性和减振性优于普通碳素钢。

可锻铸铁典型牌号及应用举例如表 2-12 所示。

表 2-12　可锻铸铁典型牌号及应用举例

典型牌号	应用举例
KTH300-06、KH330-08、KTH350-10、KTH370-12	常用于制造管道配件、低压阀门、汽车拖拉机的后桥外壳、转向机构、机床零件等
KTZ450-06、KTZ550-04、KTZ650-02、KTZ700-02	用于制造强度要求较高、耐磨性较好的铸件，如齿轮箱、凸轮轴、曲轴、连杆、活塞环等

（3）球墨铸铁

球墨铸铁是在浇注前，向一定成分的铁液中加入适量使石墨球化的球化剂（纯镁或稀土硅铁镁合金）和促进石墨化的孕育剂（硅铁），获得具有球状石墨的铸铁。由于球墨铸铁是钢的基体上分布着球状石墨，使石墨对基体的割裂作用和应力集中作用减到最小，而且还通过热处理和合金化来改变其成分和组织，使基体组织的力学性能得以充分发挥，因此在铸铁中，球墨铸铁具有最高的力学性能，比普通灰口铸铁有更高的强度、更好的韧性和塑性。

球墨铸铁的牌号以 QT 后面附两组数字表示，第一组数字表示最低抗拉强度，第二组数字表示最低伸长率，如 QT450-5 表示最低抗拉强度为 450 MPa、最低伸长率为 5% 的球墨铸铁。

球墨铸铁典型牌号及应用举例如表 2-13 所示。

表 2-13　球墨铸铁典型牌号及应用举例

典型牌号	应用举例
QT450-5	用于制造汽车零部件及农机具等
QT400-18	用于制造汽车、拖拉机的牵引框、轮毂、离合器及减速器的壳体
QT700-2	用于制造柴油机和汽油机的曲轴、连杆、凸轮轴等零件

（4）合金铸铁

合金铸铁是指在普通铸铁中加入合金元素而具有特殊性能的铸铁，通常加入的合金元素有硅、锰、磷、镍、铬、钼、铜、铝、硼、钒、钛、锑、锡等。合金元素能使铸铁基体组织发生变化，从而使铸铁获得特殊的耐热耐磨、耐腐蚀、无磁和耐低温等物理、化学性能，因此这种铸铁也称"特殊性能铸铁"。合金铸铁广泛用于机器制造、冶金矿山、化工、仪表工业以及冷冻技术等领域。

（5）蠕墨铸铁

蠕墨铸铁是在一定成分的铁液中加入适量使石墨成蠕虫状的蠕化剂（稀土镁钛合金、稀土镁钙合金等）和孕育剂（硅铁），获得石墨形态介于片状与球状之间、形似蠕虫状的铸铁。因此，它兼备灰铸铁和球墨铸铁的某些优点，可用来代替高强度灰铸铁、合金铸铁、铁素体球墨铸铁及黑心可锻铸铁。

蠕墨铸铁的力学性能介于相同基体组织的灰铸铁和球墨铸铁之间，其强度、韧性、疲劳极限、耐磨性及抗热疲劳性能都比灰铸铁高，而且对断面的敏感性也较低。但由于蠕虫状石墨是互相连接的，因此其塑性、韧性和强度都比球墨铸铁低。

相对于球墨铸铁，蠕墨铸铁的铸造性能、减振性、导热性及切削加工性较好，接近于灰铸铁，主要用来制造大马力柴油机气缸盖、气缸套、电动机外壳、机座、机床床身、钢锭模、制动器鼓轮、阀体等零件。

2.1.5　铜及铜合金材料

通常将黑色金属以外的其他金属统称为有色金属，包括铝、镁、铜、锌、铅、锡、钛、金、银等金属及其合金。有色金属相比于钢铁材料具有更为优良的物理性能和化学性能，如铝、镁、钛及其合金的密度小，比强度（强度/密度）高；铜、锌、钛及其合金耐蚀性强；某些有色金属具有特殊的电、磁、热膨胀性能，可以满足汽车零件的特殊性能要求。因此，有色金属也是现代汽车工业中不可缺少的金属材料。

铜属于重有色金属，储量较少，是较为贵重的有色金属，其产量仅次于钢和铝。目前，汽车上使用的铜及其合金主要有工业纯铜、黄铜和青铜。据统计，一辆载货汽车需要使用 20 kg 左右的铜。

1. 工业纯铜

工业纯铜的熔点为 1 083 ℃，密度为 8.96 g/cm³，铜的质量分数为 99.7% ~ 99.95%，其表面呈玫瑰红色，表面形成氧化亚铜（Cu_2O）膜层后呈紫红色，俗称紫铜。纯铜在含有 CO_2 的湿空气中，表面容易生成碱性碳酸盐类的绿色薄膜（$CuCO_3$、$Cu(OH)_2$），俗称铜绿。纯铜具有面心立方晶格，无同素异构转变现象。

纯铜具有良好的导电性，其导电性仅次于银；属于抗磁性金属，导热性、抗大气腐蚀性、塑性很好，适用于冷、热加工；虽焊接性良好，但是强度低，不宜作结构材料。因此，纯铜广泛用作电线、电缆、电子元件、传热体、防磁器械、铜管及配制各种铜合金。

按照杂质含量的多少，工业纯铜的牌号用"T+数字"表示，"T"为"铜"的汉语拼音首字母，数字表示顺序号，数字越大，杂质含量越多，纯度越低，如 T1、T2 等。工业纯铜主要用来制造导电体与铜合金。

2. 铜合金

（1）铜合金分类

按化学成分的不同，铜合金可分为黄铜、白铜及青铜三大类。机器制造业中，应用较广的是黄铜和青铜。黄铜是以锌为主要合金元素的铜-锌合金。其中，不含其他合金元素的黄铜称普通黄铜（或简单黄铜）；含有其他合金元素的黄铜称为特殊黄铜（或复杂黄铜）。按生产方法的不同，铜合金可分为压力加工产品和铸造产品两类。

（2）铜合金性能优势

1）与工业纯铜相比，铜合金具有较高的强度和硬度，韧性好。

2）保持了纯铜的某些优良性能。

3）铸造铜合金有很好的铸造性能。

4）具有某些特殊机械性能。例如：优良的减摩性和耐磨性（如青铜及部分黄铜），高的弹性极限和疲劳极限（如铍青铜等）。

（3）黄铜

黄铜是以铜为基体，以锌为主要合金元素的铜合金。加入锌后，它的颜色呈金黄色，因此称为黄铜。根据化学成分不同，黄铜分为普通黄铜和特殊黄铜；根据工艺不同，黄铜分为加工黄铜和铸造黄铜。

黄铜典型牌号和应用举例如表 2-14 所示。

表 2-14　黄铜典型牌号和应用举例

分类	典型牌号	应用举例
普通黄铜	H62	水箱进出管、水箱盖、加水口座及支承、暖风散热器进出水管、曲轴箱通风阀
	H68	上、下水箱，水箱本体主片，水箱夹片，暖风散热器主片
	H70	水箱本体、排气管热密封圈外壳、暖风散热器的散热管及冷却管
特殊黄铜	HMn58-2	行星齿轮、转向节衬套及半轴齿轮支承垫圈
	HPb59-1	曲轴箱通风阀阀座、制动阀阀座、储气筒防水阀本体

（4）白铜

以铜为基体，以镍为主要合金元素的铜合金称为白铜。白铜分为普通白铜和特殊白铜。普通白铜是铜镍二元合金，用"B+镍的平均质量分数"表示，"B"表示"白铜"。

在固态下，铜与镍无限固溶，因此工业白铜的组织为单相固溶体，表现出以下良好的性能：

1）有较好的强度和优良的塑性，能进行冷、热变形；

2）冷变形能得到高的强度和硬度；

3）耐蚀性好，电阻率较高，如镍的质量分数为19%的白铜，具有很好的耐蚀性，能抵抗海水、有机酸和盐类的腐蚀，适合在船舶仪器的零件上应用。

（5）青铜

除了黄铜和白铜外，其余的铜合金都称为青铜，青铜是因铜与锡的合金颜色呈青黑色而得名。按照主加元素种类的不同，青铜可分为锡青铜（普通青铜）和特殊青铜两类；按加工方法的不同，青铜可分为加工青铜和铸造青铜两类。

青铜的牌号由"Q+主加元素的元素符号及其质量分数+其他加入元素的质量分数"组成。

例如：QSn4-3表示锡质量分数为4%、锌质量分数为3%、铜质量分数为93%的锡青铜；QAl7表示铝质量分数为7%、铜质量分数为93%的铝青铜。铸造青铜是在编号前加"Z"。例如：ZCuSn10Pb1表示锡质量分数为10%、铅质量分数为1%、铜质量分数为89%的铸造锡青铜。

常用青铜的性能和应用如下。

1）锡青铜：以锡为主加元素的铜合金。锡青铜在大气及海水中的耐蚀性好，广泛用于制造耐蚀零件。

2）铝青铜：以铝为主加元素的铜合金。铝青铜具有更好的耐蚀性、耐磨性和耐热性，具有良好的力学性能，常用来铸造承受重载、耐蚀和耐磨的零件。

3）铍青铜：以铍为主加元素的铜合金。铍青铜具有较高的强度、硬度、耐腐蚀性和抗疲劳性，具有良好的导电性和导热性，主要用于弹性零件和有耐磨性要求的零件，如高级弹簧、膜片等。

4）硅青铜：以硅为主加元素的铜合金。硅青铜具有良好的铸造性能和冷热压力加工性能，常用来制造弹簧、齿轮、蜗轮、蜗杆等耐蚀和耐磨零件。

铜合金可用来制造汽车发动机摇臂衬套、活塞销衬套、制动系统管路、液压装置、齿轮轴承、刹车摩擦片、配电和电力系统配件、排气管热密圈外壳、水箱体、暖风散热器的散热管、冷却管、化油器进气阀本体、曲轴箱通风阀阀座、曲轴轴瓦、曲轴止推垫圈、储气筒放水阀本体及安全阀阀座等。

2.2　汽车生产用新型材料

汽车在给人们出行带来方便的同时，也带来了油耗、安全和环保三大问题。汽车行驶除不断消耗燃油外，还会排出大量有害气体，污染环境，对人的身体造成严重危害。要解决汽车油耗及其带来的严重环境污染问题，极为有效的措施之一是汽车轻量化，减少油耗和降低排放，保证汽车安全性的要求。因此，车辆的研发及生产阶段应该越来越多地采用新材料及新工艺，这也使得人们对汽车轻量化、低成本、智能化、经济性和可靠性的要求

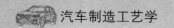

成为可能。

汽车轻量化，从材料应用方面考虑，应推广应用轻合金（密度小、比强度高）材料，发展工程塑料、复合材料等新型轻量化非金属结构材料；改进加工工艺，开创现代黏接工艺在汽车制造中应用的新纪元。

2.2.1 铝及铝合金材料

在汽车工业中，铝及铝合金的使用量和使用率正在逐渐增加，其用量已超过（铸）铁，成为仅次于钢的第二大汽车材料。

1. 工业纯铝

铝在地球上的储量居金属元素之首，约占地壳总质量的 8.2%。纯铝呈银白色，质量分数不低于 99.00%，密度为 2.72 g/cm³，熔点较低（660℃），基本无磁性。所以，纯铝具有密度小、熔点低、导电性和导热性良好等特点，并且耐大气腐蚀，易于加工成型，具有面心立方晶格，无同素异构转变。

工业纯铝的牌号用 1××× 共 4 位数字、字符来表示，后两位数表示铝的质量分数的最低值，如 1070A、1060、1050A、1035 等（化学成分近似于旧牌号 L1、L2、L3、L4、L5），数字越大，表示杂质量越高。

2. 铝合金

为了提高纯铝的强度，加入适量的硅、铜、镁、锌、锰等合金元素，形成铝合金，再经过冷变形和热处理后，强度可以明显提高。铝合金适用于制造各种汽车零件，如发动机气缸体、变速器壳体、轮毂等。

根据成分及生产工艺特点，铝合金可分为变形铝合金和铸造铝合金两大类。

（1）变形铝合金

变形铝合金塑性好，能承受压力加工。通常将变形铝合金加工成各种规格的型材，如铝板、铝带、铝管、铝线等。

根据 GB/T 16474—2011 规定，变形铝合金牌号用 4 位字符体系表示，牌号的第一、三、四位为数字，第二位为英文大写字母（C、I、L、N、O、P、Q、Z 字母除外）。牌号的第一位数字表示铝及铝合金的组别，主要合金元素应按 Cu、Mn、Si、Mg、Mg₂Si、Zn 的顺序来确定变形铝合金的组别。牌号的第二位字母表示原始纯铝或铝合金的改型情况。最后两位数字用以标识同一组中不同的铝合金或表示铝的纯度。

变形铝合金根据其主要性能特点可分为防锈铝合金、硬铝合金、超硬铝合金与锻造铝合金等。硬铝合金、超硬铝合金、锻造铝合金属于可热处理强化的铝合金。铝中加入铜、镁、锌是为了得到热处理强化所必需的溶质组元和第二相。经固溶、时效处理后，这些合金的强度较高，其中超硬铝合金的强化效果最突出。变形铝合金性能特点和主要用途如表 2-15 所示。

（2）铸造铝合金

铸造铝合金力学性能不如变形铝合金，但其铸造性能好，可进行各种成型铸造，生产形状复杂的零件。铸造铝合金的种类很多，主要有铝-硅系、铝-铜系、铝-镁系及铝-锌系 4 种，其中以铝-硅系应用最广泛。

表 2-15　变形铝合金性能特点和主要用途

类别	性能特点	主要用途
防锈铝合金	耐腐蚀性、焊接性、塑性及低温力学性能良好；强度较低，切削加工性能较差；不可热处理强化材料	主要用于制造焊接零件、构件、容器、管道、飞机蒙皮，以及深冲和弯曲件，在航空工业中应用广泛
硬铝合金	可热处理强化材料，强度高，与高强度钢接近	可用于制造铆钉、螺旋桨叶片、飞机翼肋、梁等
超硬铝合金	室温强度最高的铝合金，但耐蚀性差，高温软化快	主要用于制造受力大的重要结构件和承受高载荷的零件，如飞机大梁、起落架等
锻铝合金	具有优良的热塑性，适宜锻造，铸造性能、耐蚀性较好，力学性能与硬铝合金相近	主要用于制造航空及仪表业中形状复杂、要求比强度高的锻件，如叶轮、框架、支杆等

铸造铝合金的代号用"铸""铝"两字的汉语拼音的首字母"ZL"及 3 位数字表示。第一位数字表示合金类别（1 为铝-硅系，2 为铝-铜系，3 为铝-镁系，4 为铝-锌系）；第二、三位数字为合金顺序号，序号不同者，化学成分也不同。例如，ZL102 表示铝-硅系铸造铝合金。若为优质合金，则在代号后面加"A"。

铸造铝合金牌号由"Z"和基体金属铝的化学元素符号、主要合金化学元素符号，以及表明合金化学元素名义百分含量（质量分数）×100 的数字组成。若牌号后面加"A"则表示优质合金。

ZL102 是使用最普遍的铝-硅系铸造铝合金，其特点是液体流动性好、收缩小、不易产生裂纹、适宜铸造。此外，铝-硅系铸造铝合金导热性好、密度小、耐蚀性好，常用来浇铸或压铸密度小而质量轻、有一定强度和复杂形状的零件，尤其是薄壁零件，如汽车发动机机壳、气缸体，以及工作温度在 200 ℃以下、要求气密性好的承载零件。高强度的特殊铝-硅系铸造铝合金还可以制造机器支臂、托架、挂架等。

ZL108 是常用的铸造铝活塞材料，其性能特点是质量轻，耐蚀性好，线膨胀系数小，强度、硬度较高，铸造性能好。但这种合金对高温很敏感，工作温度一般控制在 300 ℃以下，超过这个温度其疲劳强度和屈服强度就迅速下降；当温度达到 400 ℃时，只要受到很小的载荷作用就会被破坏。另外，稀土铝合金常用于制造柴油发动机的活塞，其成分基本上与 ZL108 相同，只是又加入了少量（W_{RE}＝0.5%～1.5%）的稀土元素，这种铝合金的高温性能较好。

3. 铝合金材料在汽车上的应用

由于铝及铝合金的产量大、价格低，因此可以用铝合金代替钢材生产汽车轮毂、气缸体、气缸套、气缸盖、保险杠等零部件，制造汽车的散热器和冷气设备（冷凝器、蒸发器）的机油冷却器；用防锈铝合金制造汽车车身外板。

2.2.2　钛及钛合金材料

钛及其合金是一种新型结构材料，密度小、比强度高、耐高温、抗腐蚀、低温韧性好，且资源丰富，现已成为航空航天、汽车、化工、造船和国防工业生产中的重要结构材料。

1. 工业纯钛

纯钛是银白色金属，熔点为 1 678 ℃，密度小（4.508 g/cm³）。钛金属外观似钢，具有银灰光泽。钛具有同素异构现象，在 882 ℃以下为密排六方结构的 α-Ti，882.5 ℃以上为体心立方结构的 β-Ti。工业纯钛按纯度分为 3 个等级：TA1、TA2、TA3。其中，"T"为"钛"的汉语拼音首字母，序号表示纯度，序号越大纯度越低。

2. 钛合金

钛中加入合金元素形成钛合金，常加入的合金元素有铝、锡、铜、铬、钼、钒等。钛合金分为 α 型钛合金、β 型钛合金和 α+β 型钛合金。

1）α 型钛合金。α 型钛合金的典型牌号为 TA7，在 500 ℃以下使用，常用于制造导弹的燃料罐、超音速飞机涡轮机壳。

2）β 型钛合金。β 型钛合金的典型牌号为 TB1，常用于制造压气机叶片、轴、轮盘等重载回转件及飞机构件。

3）α+β 型钛合金。牌号为"TC+序号"，如 TC10 表示 10 号 α+β 型钛合金，常用于制造飞机压气机盘和叶片、舰艇耐压壳体、大尺寸锻件等。

3. 钛合金的特性

钛合金是具有电、磁、声、光、热等方面的特殊性质，或在其他作用下具有表面处理特殊功能的材料。钛合金特性如下。

1）密度小，比强度高。钛合金的密度为 4.51 g/cm³，高于铝和镁，仅为钢的 60%，纯钛的强度接近普通钢的强度，一些高强度钛合金的强度超过了许多合金结构钢的强度。钛合金可制出单位强度高、刚性好、质轻的零部件。目前，飞机的发动机结构件、骨架、蒙皮、紧固件及起落架等都使用钛合金。

2）耐低温性能好。钛合金在低温和超低温下，仍能保持其力学性能。低温性能好、间隙元素极低的钛合金，如 TA7，在 -253 ℃下还能保持一定的塑性，避免了金属的冷脆性，是低温容器和存储等设备的理想材料。

3）热强度高。钛合金的使用温度比铝合金高几百摄氏度，在中等温度下仍能保持所要求的强度，可在 450~500 ℃下长期工作。

4）吸气性能、耐腐蚀性能好。钛合金在潮湿的大气和海水介质中工作，其耐腐蚀性远优于不锈钢；对点蚀、酸蚀、应力腐蚀的抵抗力特别强；对碱、氯化物、氧的有机物、硝酸、硫酸等有优良的抗腐蚀能力。但在具有还原性氧及铬盐介质的环境中抗腐蚀性差。

4. 钛合金在汽车上的应用

钛合金因具有质量轻、比强度高、耐蚀性好等优点，故被广泛应用在汽车工业中，其中应用钛合金最多的是汽车发动机系统。钛合金在汽车中还用于制造汽车板簧、车轮、气门座圈、气门弹簧，可以降低汽车的整体质量，减小运动零件的惯性质量，从而使摩擦力减小，提高发动机的燃油效率，降低油耗；零部件惯性质量的降低，使得振动和噪声减弱，可以改善发动机的性能，提高车速。此外，用钛合金制造的排气门，其高温强度和使用寿命都有很大提高。例如，Ti-6Al-4V（TC4）主要用来制造需要高温强度的发动机零件，如发动机连杆。

钛合金在汽车工业上的应用，对节能降耗起到了不可估量的作用。钛合金零部件尽管具有如此优越的性能，但距钛及其合金普遍应用在汽车工业中还有很大的距离，原因包括成本过高、成型性不好及焊接性能差等。

随着近年来钛合金成型技术及电子束焊、等离子弧焊、激光焊等现代焊接技术的发展，钛合金的成型及焊接问题已不再是制约钛合金应用的关键因素，阻碍钛合金普遍应用于汽车工业的最主要原因还是成本过高。

2.2.3　镁及镁合金材料

随着汽车工业的不断发展，对汽车轻量化、减少排放污染的要求逐年提高，有色金属在汽车上的应用越来越广泛，镁合金的应用也越来越受到重视，在汽车上的用量也越来越多。

1. 工业纯镁

纯镁呈银白色、密度小，只有 1.74 g/cm^3，具有很高的化学活性，易在空气中形成疏松多孔的氧化膜。镁的电极电位低，耐蚀性很差。

2. 镁合金

镁合金是以镁为基加入铝、锌、锰等其他元素组成的合金。合金元素的质量分数一般为：铝 0.2% ~ 9.2%，锌 0.2% ~ 6.0%，锰 0.1% ~ 2.5%。镁合金根据加工方法分为变形镁合金和铸造镁合金两类。

镁合金密度小、比强度高、比弹性模量大、散热好、消振性好、承受冲击载荷能力比铝合金大、耐有机物和碱的腐蚀性能好、切削加工性好，加工成本低且易于回收，主要用于航空、航天、运输、化工等工业部门。

3. 镁合金在汽车中的应用

镁合金是实用的减重轻金属，被誉为 21 世纪绿色工程材料，有利于汽车轻量化、节能和减排，很适合用于制造汽车零件。

镁合金和钛合金都属于轻合金。镁的密度仅有 1.8 g/cm^3，但其比强度、比模量比铝更高，阻尼性、导热性好，电磁屏蔽能力强，尺寸稳定性更好。钛的密度为 4.6 g/cm^3，约为钢的 60%，但其强度和表面硬度超过钢，且不容易生锈。镁的减振系数远高于铝和钢且抗冲击性能好，有利于减振降噪，受冲击时能吸收更多的能量。

镁合金材料适合制造汽车零件，如汽车的车轮轮毂、齿轮箱、汽车座椅框架等，还可以制造耐高温部件，如气缸体。

镁合金材料经常用来制造支架、壳体、端盖或堵盖类零件，如仪表板、座椅框架、气缸体外壳、发动机主体等结构件；还可用于压铸大型部件，如转向轴、横梁、变速箱壳体等。

现在铝、镁合金与钛合金车身结构应用不广，不是因为性能低下或成型技术的不成熟，而是因为当前生产成本过高，其最终是一个关于性价比的科学评估问题。

2.2.4　陶瓷材料

1. 概述

陶瓷大致可分为传统陶瓷及特种陶瓷两大类，其生产过程比较复杂，但基本的工艺都是原料的制备、坯料的成型和制品的烧成或烧结三大步骤。

传统陶瓷（普通陶瓷）主要是以黏土为主要原料的制品，原料经粉碎、成型、烧结而成产品。特种陶瓷（新型陶瓷）是用化工原料（包括氧化物、氮化物、碳化物、氟化物等）采用烧结工艺制成的具有各种力学性能、物理或化学性能的陶瓷。若按性能特点或用途分类，传统陶瓷可分为：日用陶瓷、建筑陶瓷、卫生陶瓷、电气绝缘陶瓷、化工陶瓷、多孔陶瓷（过滤、隔热陶瓷）等，它们可满足各种工程的需要。特种陶瓷可分为：电容器陶瓷、压电陶瓷、磁性陶瓷、电光陶瓷、高温陶瓷等，广泛应用于尖端科学领域。

2. 陶瓷的性能

陶瓷材料具有耐高温、抗氧化、耐腐蚀等优良性能。陶瓷材料除了传统用途外，还有着许多新用途（特别是特种陶瓷）。

1）力学性能：弹性模量高、硬度高、抗压强度高，但脆性大、抗拉强度低、塑性和韧性很小。

2）热性能：熔点高（2 000 ℃以上）、抗蠕变能力强、热膨胀系数和导热系数小，在1 000 ℃以上仍能保持室温性能，已广泛用作高温材料，如耐火砖、炉衬、耐火泥等。

3）电学性能：大多数陶瓷是良好的绝缘体，在低温下具有高电阻率，因而大量用来制作低电压（1 kV以下）直到超高压（110 kV以上）的绝缘设备；个别特殊陶瓷具有导电性和导磁性，属新型功能材料。

4）化学性能：化学性能非常稳定，耐酸、碱、盐等的腐蚀，不老化、不氧化。

3. 陶瓷材料在车辆上的应用

（1）陶瓷在车辆传感器上的应用

陶瓷耐热、耐蚀、耐磨且具有优良的电磁、光学性能，所以广泛应用于车辆传感器，如温度传感器、废气传感器、湿度传感器、压电性传感器、硅压力传感器。

（2）陶瓷在车辆发动机上的应用

为了提高发动机的热效率，利用陶瓷耐热、耐磨、耐腐蚀、热膨胀系数小的特点可以制作陶瓷绝热发动机零件，如陶瓷活塞、陶瓷气缸套、陶瓷配气机构、陶瓷-复合排气管。某汽车公司开发的陶瓷发动机的气缸套、活塞、气门等燃烧室零件有40%为陶瓷零件，取消了散热器和冷却装置，可以提高功率10%，降低燃烧消耗30%。

（3）陶瓷在车辆制动器上的应用

陶瓷制动器是在碳纤维制动器的基础上制造而成的。陶瓷制动器的碳硅化合物表面的硬度接近金刚石，碟片内的碳纤维结构使它耐冲击、耐腐蚀、耐磨。此类技术除了在F1赛车中应用，在超级民用跑车中也有涉及，如奔驰的CL55 AMG。

（4）陶瓷在车辆减振器上的应用

高级轿车的减振装置是综合利用敏感陶瓷正压电效应、逆压电效应和电致伸缩效应研制的智能减振器。由于采用高灵敏度陶瓷元件，这种减振器具有识别路面和自我调节的功能，可以将轿车因粗糙路面引起的振动降到最低限度。

（5）陶瓷在车辆喷涂技术上的应用

在航天技术中广泛应用的陶瓷薄膜喷涂技术开始应用于车辆上。这种技术的优点是隔热效果好、能承受高温和高压、工艺成熟、质量稳定。为达到低散热的目标，可对发动机燃烧室部件进行陶瓷喷涂，如活塞顶喷的氧化锆、气缸套喷的氧化锆。经过这种处理的发动机可以降低散热损失、减轻发动机自身质量、减小发动机尺寸、减少燃油消耗量。

2.2.5　高分子材料

高分子化合物是相对分子质量大于 5 000 的有机化合物的总称，有时也叫聚合物或高聚物。一些常见的高分子材料的相对分子质量是很大的，如橡胶相对分子质量为 10 万左右，聚乙烯相对分子质量在几万至几百万之间。低分子化合物相对分子质量一般小于 500，很少超过 1 000，如水（H_2O）只有 18。

1. 高分子材料的分类

1）按材料来源可以分为天然高分子、半合成高分子及合成高分子。

2）按材料特性分。

①塑料。它是以合成树脂为基本原料，加入各种添加剂后在一定温度、压力下塑制成型的材料，其品种多，应用广泛。

②橡胶。它是一种具有显著高弹性的高聚物，经适当处理后，具有高的弹性模量和抗拉强度，是重要的高聚物材料。

③合成纤维。天然纤维的长径比在 1 000 ~ 3 000 范围内，合成纤维的长径比在 100 以上，且可以任意调节，其品种繁多，性能各异，是生产和生活中不可缺少的高聚物材料。

④胶黏剂。具有优良黏合力的材料称为胶黏剂，它是在富有黏性的物质中加入各种添加剂后组成的，能将各种零件、构件牢固胶结在一起。

⑤涂料。它可用于涂覆在物体表面，能形成完整均匀的坚韧涂膜，是物体表面防护和装饰的材料。

3）按材料用途可以分为普通高分子材料和功能高分子材料。

2. 常用高分子材料——塑料

塑料是以有机合成树脂为主要成分的高分子材料，可在加热、加压条件下塑制成型，故称塑料。在当前机械工业中，塑料是应用最广泛的高聚物材料。

（1）塑料的组成

1）合成树脂。树脂是决定塑料性能和使用范围的主要组成物，起黏接其他组分的作用，如酚醛树脂、聚乙烯等。

2）添加剂。

①填充剂。填充剂的作用是调整塑料的物理化学性能，提高材料强度，扩大使用范围以及减少合成树脂的用量，降低塑料成本。加入不同的填充剂，可以制成不同性能的塑料。

②增塑剂。增塑剂能提高树脂的可塑性和柔韧性，如在聚氯乙烯树脂中加入邻苯二甲酸二丁酯，可得到像橡胶一样的软塑料。

③稳定剂。稳定剂的作用是防止成型过程中高聚物受热分解和长期使用后塑料老化。

④润滑剂。润滑剂是为了防止在成型过程中发生黏模，并增加成型时的流动性，保证制品表面光洁。常用的润滑剂为硬脂酸及其盐类。

⑤固化剂。它能使树脂具有体型结构，成为较坚硬和稳定的塑料制品。固化剂常用胺类和酸类及过氧化物等化合物，如环氧树脂中加入乙二胺。

⑥着色剂。用于装饰的塑料制品常加入着色剂，使其具有不同的色彩。

⑦其他添加剂，如阻燃剂（阻止塑料燃烧或造成自熄）、抗静电剂（提高塑料表面的导电性，防止静电积聚，保证加工或使用过程中的安全）及发泡剂等。

（2）塑料的分类

1）按树脂的性质分类。

①热塑性塑料：加热时软化并熔融，易于加工成型，该过程可反复进行，具有较高的机械性能，但耐热性和刚度较低，如聚乙烯、聚氯乙烯、聚苯乙烯、聚甲醛、聚碳酸酯等。

②热固性塑料：初加热时软化，可塑造成型，但固化后再加热将不再软化，也不溶于溶剂，通常为网形结构，耐热性高，受压不易变形，有一定强度和刚度，较脆，如酚醛树脂、环氧树脂、不饱和聚酯等。

2）按使用范围分类。

①通用塑料：应用范围广、生产量大的塑料品种。它的产量大、价格低、性能一般，主要有聚氯乙烯、聚苯乙烯、聚烯烃、酚醛塑料和氨基塑料等，产量占塑料总产量的3/4以上。

②工程塑料：综合工程性能（机械性能、耐热耐寒性能、耐蚀性和绝缘性能等）良好的各种塑料。它可作为结构材料，和通用塑料相比产量较小，价格较高，但具有优异的力学性能、电性能、化学性能及尺寸稳定性等，故在汽车、机械、化工等部门用来制造机械零件及工程结构。

③耐热塑料：能在较高温度（100～200℃）工作的塑料，如聚四氟乙烯、聚三氟氯乙烯、有机硅树脂、环氧树脂等。

（3）塑料的性能

1）密度小。塑料的密度均较小，一般为 0.9～2.0 g/cm^2，相当于钢密度的1/7～1/4。可以大大降低零部件的质量。

2）化学稳定性好。塑料大分子链是以共价键结合，不存在自由电子或离子，不发生电化学过程，所以没有电化学腐蚀问题。又由于大分子链卷曲缠结，使链上的基团大多被包在内部，只有少数暴露在外面的基团才能与介质作用，因此化学稳定性很好。

3）绝缘性。由于塑料分子的化学键为共价键，不能电离，没有自由电子，因此是良好的电绝缘体。

4）强度、刚度和韧性。塑料的强度、刚度和韧性都很低，如45钢正火的 σ_b 为700～800 MPa，塑料的 σ_b 为30～150 MPa，刚度仅为金属的1/10，所以塑料只能制作承载不大的零件。但由于塑料的密度小，因此比强度、比模量还是很高的。

5）具有优良的耐磨性和减摩性。

6）具有良好的吸振性和消声性。

7）热学性能。塑料的热导率较小，一般为金属的1/600～1/500，所以具有良好的绝热性；但易摩擦发热，这对运转零件是不利的。

3. 塑料在汽车中的应用

汽车对塑料的性能要求如表2-16所示：

塑料在汽车上的应用分布如图2-13所示。

表 2-16 汽车对塑料的性能要求

性能	要求
力学性能	要求具有一定的抗拉强度、抗压强度、剪切强度和冲击强度
热学性能	要求具有一定的耐热性。在发动机室里使用的部件工作温度一般为 120 ℃，有时高达 150～170 ℃，塑料的性能受高温影响很大，高温下性能降低，低温易发生脆化
长期使用性能	要求具有抗蠕变性能。塑料黏弹性体有蠕变特性，长期承受载荷时易发生变形
尺寸稳定性	要求在使用过程中尺寸稳定。塑料比金属材料收缩率大，固化后达到稳定尺寸也需要一定时间

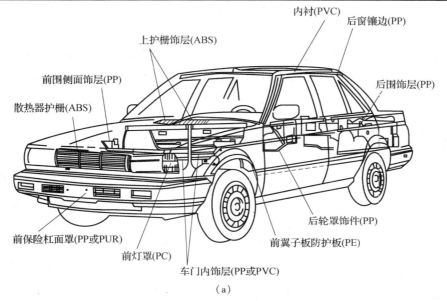

（a）

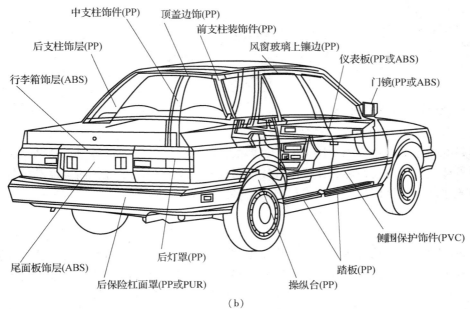

（b）

图 2-13 塑料在汽车上应用分布

2.2.6 复合材料

自 20 世纪 40 年代的玻璃钢（玻璃纤维增强塑料）问世以来，相继出现了性能更好的高强度纤维，如碳纤维、碳化硅纤维、氧化铝纤维、氮化硝纤维及有机纤维等。这些纤维不仅可与高聚物基体复合，还可与金属、陶瓷等基体复合。这些高级复合材料是制造飞机、火箭、卫星、飞船等航空航天飞行器构件的理想材料。预计复合材料将会很快向各工业领域中扩展，获得越来越广泛的应用。

1. 复合材料的概念

复合材料是指由两种或两种以上物理、化学性质不同的物质，经人工合成的多相材料。它不仅具有各组成材料的优点，还具有单一材料无法具备的优越性能。

自然界中，许多物质都可称为复合材料，如树木、竹子是由纤维素和木质素组成的复合材料；动物的骨骼是由硬而脆的无机磷酸盐和软而韧的蛋白质骨胶组成的复合材料。人工合成的复合材料一般由高韧性、低强度、低模量的基体和高强度、高模量的增强组分组成。

2. 复合材料的分类

复合材料的分类至今尚不统一，目前主要采用表 2-17 所示的分类方法。

表 2-17　复合材料的分类

分类方法	种类	增强体分布形态	备注
按增强体特征分	颗粒增强复合材料（PRC）	硬质颗粒弥散而均匀地分布在基体中	发展最快，应用最广的各种纤维（玻璃纤维、碳纤维、硼纤维、SiC 纤维、Al_2O_3）
	纤维增强复合材料（FRC）	连续或短纤维增强基体材料	
	层叠复合材料（LC）	两种以上层片状材料	
按基体材料种类分	高分子基复合材料（PMC）	颗粒、纤维、层叠增强均可	应用最多的是高分子基复合材料和金属基复合材料
	金属基复合材料（MMC）	颗粒、纤维、层叠增强均可	
	陶瓷基复合材料（CMC）	颗粒、纤维、层叠增强均可	

3. 复合材料的性能特点

（1）比强度和比模量高

材料的强度除以密度称为比强度，材料的模量除以密度称为比模量。这两个参数是衡量材料承载能力的重要指标。比强度和比模量较高说明材料质量轻，而强度和模量大。复合材料的比强度和比模量要比金属材料高得多，如表 2-18 所示。

（2）良好的抗疲劳性能

一般金属的疲劳强度为抗拉强度的 40% ~ 50%，而某些复合材料可高达 70% ~ 80%。复合材料的疲劳断裂从基体开始，逐渐扩展到纤维和基体的界面上，没有突发性的变化。因此，复合材料在破坏前有预兆，可以检查和补救。纤维复合材料还具有较好的抗声振疲劳性能。用复合材料制成的直升机旋翼，其疲劳寿命比用金属的长数倍。

表 2-18　常见金属材料和复合材料的性能比较

材料名称	密度/(g·cm⁻³)	抗拉强度/MPa	弹性模量/MPa	比强度/m	比模量/m
钢	7.8	1 030	210 000	1.3×10^5	2.7×10^7
硬铝	2.8	470	75 000	1.7×10^5	2.6×10^7
钛	4.5	960	114 000	2.1×10^5	2.5×10^7
玻璃钢	2.0	1 060	40 000	5.3×10^5	2.1×10^7
碳纤维–环氧树脂	1.45	1 500	140 000	1.03×10^6	2.1×10^7
有机纤维–环氧树脂	1.4	1 400	80 000	1.00×10^6	5.7×10^7
SiC 纤维–环氧树脂	2.2	1 090	102 000	5.0×10^5	4.6×10^7

（3）良好的减振性能

纤维复合材料的纤维和基体界面的阻尼较大，纤维与基体间的界面具有吸振能力。用同形状和同大小的两种梁分别做振动试验，轻合金梁需 9 s 才能停止振动，而碳纤维复合材料的梁却只要 2.5 s 就停止。

（4）良好的耐高温性

在高温下，用碳或其他纤维增强的金属，其强度和模量都比原金属的强度和模量高很多。普通铝合金在 400 ℃时，弹性模量大幅度下降，强度也下降；而在同一温度下，用碳纤维或硼纤维增强的铝合金的强度和弹性模量基本不变。复合材料的热导率一般都小，因而它的瞬时耐超高温性能比较好（最高工作温度一般不超过 900 ℃）。陶瓷粒子弥散型复合材料的最高工作温度可达到 1 200 ℃，而石墨纤维复合材料瞬时高温可达 2 000 ℃。

（5）工作安全性好

在纤维增强复合材料的基体中有成千上万根独立的纤维。当用这种材料制成的构件超载，并有少量纤维断裂时，载荷会迅速重新分配并传递到未破坏的纤维上，因此整个构件不至于在短时间内丧失承载能力。

（6）材料性能可以设计

可以通过选择合适的原材料和合理的铺层形式，使复合材料构件或复合材料结构满足使用要求。例如，在某种铺层形式下，材料在某一方向受拉而伸长时，在垂直于受拉的方向上材料也伸长，这与常用材料的性能完全不同。又如，利用复合材料的耦合效应，在平板模上铺层制作层板，加温固化后，板就自动成为所需要的曲板或壳体。

复合材料的成型工艺简单。纤维增强复合材料一般适用于整体成型，因而减少了零部件的数目，从而可减少设计计算工作量并有利于提高计算的准确性。另外，制作纤维增强复合材料部件的步骤是把纤维和基体黏结在一起，先用模具成型，而后加温固化，在制作过程中基体由流体变为固体，不易在材料中造成微小裂纹，而且固化后残余应力很小。

4. 复合材料在汽车上的应用

（1）玻璃纤维增强复合材料（玻璃钢）

纤维增强复合材料是由纤维增强材料均匀分布在基体材料内所组成的材料，它是复合材料中最重要的一类，应用最为广泛，其性能主要取决于纤维的特性、含量和排布方式，它在纤维方向上的强度可达垂直纤维方向的几十倍。

玻璃纤维增强复合塑料具有质量稳定、资源丰富、耐腐蚀、降噪、成本低等优点，而且可以吸收冲击能量，设计灵活，因此是目前汽车上应用最多的树脂基复合材料。

在欧洲、美国及日本等汽车制造业发达的国家和地区，已普遍采用玻璃钢制造汽车零部件，例如：内装饰件的仪表板、车门内板、座椅、发动机罩等；外装饰件的保险杠、挡泥板、导流罩等；功能与结构件的天然气气瓶、油箱、风扇叶片、油气踏板等。为适应轻量化的要求，欧美等国家和地区的重型卡车外包覆件几乎都是复合材料制造的。

在中国，大型、豪华客车中应用玻璃钢较多，涉及部件有前后围、前后保险杠、翼子板、轮护板、裙板、后视镜、仪表板等。在中小型客车中，玻璃钢也有应用，涉及部件有前后导流板、前后保险杠、前大灯反射罩等。

（2）碳纤维复合材料

碳纤维复合材料具有质量小、强度高、刚性高、良好的耐蠕变与耐蚀性等优点，是很理想的汽车轻量化材料。

碳纤维复合材料借助其优异的性能，如今在汽车的车身、尾翼、底盘，发动机罩、内饰等各个地方都有应用，可有效降低汽车自重并提高汽车性能。

（3）金属基复合材料

金属基复合材料用于汽车工业的主要是颗粒增强和短纤维增强的铝基复合材料和钛合金基复合材料。

铝基复合材料具有质量轻、比强度高和弹性模量高、耐热性和耐磨性好等优点，主要应用在汽车的制动盘，制动鼓，保持架，驱动轴，发动机零件（活塞、连杆）等地方，是汽车轻量化的理想材料。

钛合金基复合材料在高达 815 ℃时强度比镍基超耐热合金高 2 倍，是较理想的涡轮发动机材料。

（4）陶瓷基复合材料

陶瓷基复合材料具有耐高温、耐磨性好、耐蚀性好、膨胀系数低、隔热性能好、密度低等优点，主要应用在一些易磨损部件上，例如：轴承、刹车片、气缸盖、活塞、活塞销及排气管等。

习 题

2-1 汽车生产用常规工程材料有哪些？

2-2 汽车制造用材料主要包含哪几类？

2-3 低合金结构钢特点及在汽车上的应用有哪些？

2-4 灰铸铁的优良性能及在汽车上的应用有哪些？

2-5 非金属材料与金属材料相比有哪些优良性能？

2-6 针对汽车轻量化，在材料应用方面应主要考虑什么？哪些材料在汽车轻量化中的应用较广？

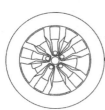

第3章
汽车零部件毛坯制造
工艺基础

　　汽车上许多零部件的毛坯均由铸造、锻造和冲压工艺制成。例如：气缸体、变速器箱体、铝质活塞与轮毂等，采用铸造毛坯并经机械加工而制成；对于连杆、十字轴、载重车前梁、军车曲轴、齿轮等要求高的重要零件，则采用模锻毛坯，再经相应热处理和机械加工来制成；对于车身覆盖件与加强件、车架等，直接采用冲压成型方法制成半成品或成品。由于铸件、模锻件和冲压件占汽车质量的70%左右，因此铸造、锻造和冲压加工技术在汽车生产过程中占有举足轻重的地位。

3.1　铸造工艺基础

3.1.1　概述

　　铸造是将固态金属熔化为液态倒入特定形状的铸型，待其冷却、凝固后，获得一定形状的零件或零件毛坯的成型方法。通过铸造获得的毛坯或零件称为铸件。

　　汽车用铸件的主要特点是壁薄、形状复杂、质量轻、可靠性好、尺寸精度高、年产批量大等。铸件一般占汽车自重的20%，仅次于钢材用量，居第二位。

　　铸造方法很多，按生产方法不同，铸造可分为砂型铸造和特种铸造两大类。砂型铸造是采用型砂为主要原材料直接形成铸型，且液态金属完全依靠重力充满整个铸型型腔的铸造方法。砂型铸造原料来源丰富，生产批量和铸件尺寸不受限制、成本低廉，是最常用的铸造方法。在汽车铸件生产中，砂型铸件目前约占整个汽车铸件总产量的90%。

　　砂型铸造以外的其他铸造方法一般称为特种铸造，常用的特种铸造有金属型铸造、压力铸造、离心铸造和熔模铸造等。此外，特种铸造还包括低压铸造、壳型铸造、陶瓷型铸造、密封铸造和连续铸造等。

3.1.2　铸造成型的造型工艺

1. 砂型铸造的工艺过程

　　造型工艺是指铸型的制作方法和过程，是砂型铸造工艺过程中最重要的组成部分。砂型铸造的工艺过程如图3-1所示。但需注意，不是每个工艺过程都包括上述全部内容，如铸件无内壁时无须造芯，湿型铸造无须烘干砂型等。

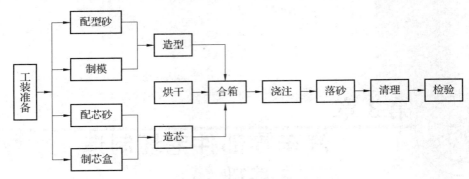

图 3-1　砂型铸造的工艺过程

2. 造型材料

造型材料是指用来制造砂型与型芯的混合物，这种混合物以原砂为主。砂型铸造的造型材料包括型砂、芯砂与铸型涂料等。汽车铸件一般采用机械化流水线生产。

此混合物中均匀混合有原砂、旧砂、黏土、树脂和少量水分，用以造型与造芯，并具有成型性、耐火性、黏合性和透气性等工艺性能。型芯主要用于成型铸件的内部空腔与孔洞。金属熔炼必须保证获得成分和温度合格的合金液，把合格的合金液浇注到装配固定好的砂型中，通过冷却、凝固、开箱和铸件清理，即可获得铸件。

3. 铸件浇注位置

铸件的浇注位置是指浇注时铸件在型内所处的状态和位置。浇注位置的确定是工艺设计中的重要环节，关系到铸件的内在品质、铸件的尺寸精度及造型工艺过程的难易。浇注位置与造型位置、铸件冷却位置可以不同。

浇注位置一般在选择造型方法之后确定，确定浇注位置在很大程度上着眼于控制铸件的凝固。浇注位置可根据对合金凝固理论的研究和生产经验确定，确定浇注位置时应考虑以下原则。

1）应有利于所确定的凝固顺序。实现顺序凝固的铸件，可消除缩孔、缩松，保证获得致密的铸件。

2）铸件的重要加工面应朝下，重要部分应尽量置于下部。浇注时，朝下的铸件表面比较光洁、干净；而朝上的表面，容易有砂孔、渣孔、夹砂等缺陷，表面粗糙度差；铸件下部的金属在凝固时，受到上部金属压力作用和补缩，比较致密，力学性能容易得到保证，因此铸件的重要加工面应朝下，如图 3-2 所示。

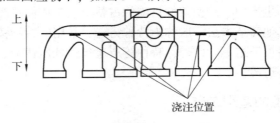

图 3-2　铸件浇注位置的选择

3）铸件的大平面朝下。由于浇注时的热辐射作用，铸型型腔上表面的型砂容易拱起和开裂，使铸件上表面产生夹砂结疤类缺陷，因此铸件的大表面应朝下。对于大的平板类铸件，可采用倾斜浇注，以便增大金属液面的上升速度，防止夹砂结疤类缺陷。

4）具有薄壁部分的铸件应放下部。薄壁部分易产生浇不足和冷隔等缺陷，放在下部可增加充型压力，提高金属充型能力，保证铸件能充满。

5）应使合型位置、浇注位置和铸件冷却位置相一致。这样，可避免在合型，或浇注后再次翻转铸型。翻转铸型不仅劳动量大，而且易引起砂芯移动、掉砂、甚至跑火等缺陷。

6）避免用吊砂、吊芯或悬臂式砂芯，否则不便于下芯、合型及检验。

4. 铸件分型面的选择

铸造分型面是指两半铸型或多个铸型相互接触、配合的表面。合理地选择分型面，对于简化铸造工艺、提高生产效率、降低成本、提高铸件质量等都有直接关系。气缸体分型面的选择如图 3-3 所示。

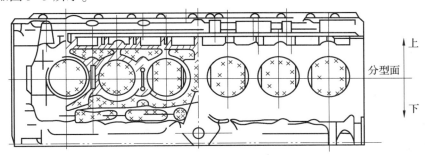

图 3-3　气缸体分型面的选择

分型面的选择应在保证铸件质量的前提下，使工艺尽量简化，节省人力物力。一般情况下，应先选择浇注位置后决定分型面。但在生产中由于浇注位置的选择和分型面的选择有时互相矛盾，因此必须综合分析各种方案的利弊，选择最佳方案。分型面的选择应考虑以下原则。

1）应尽量采用平面为分型面。采用平面分型面，少用曲面，可以避免挖砂造型，以简化制模和造型工艺，提高生产率。

2）应尽量减少分型面的数量。最好只有一个分型面，这样可简化操作过程，提高铸件精度（因多一个分型面，铸型就增加一些误差）。

3）应尽量减少型芯和活块的数量。减少型芯和活块的数量可以简化制模、合型等工序，提高生产率。

4）应使铸件全部或大部分位于同一砂型内。将铸件全部或大部分处于同一砂型中，以防错型，保证铸件尺寸精度，易于铸件的清理，便于造型和合型操作，且有利于批量生产。

5. 工艺参数的选择

铸造工艺方案确定之后，还需要选择各种工艺参数。铸造工艺参数通常包括加工余量、起模斜度、铸件线收缩率、最小铸出孔的尺寸、工艺补正量、分型负数、反变形量、分芯负数等，这些参数的选择对铸件质量、生产率和原材料消耗都有很大的影响。

（1）加工余量

加工余量是铸件加工面上，在铸造工艺设计时预先增加的，在机械加工时需切除的金属层厚度，其大小取决于铸造合金的种类、造型方法、铸件大小及加工面在铸型中的位置等诸多因素。

零件上需要加工的表面，如零件图上标有表面粗糙度符号的部位、注有尺寸公差的部位、标有螺纹符号的部位、注有表面形位尺寸公差代号的部位等应有适当的加工余量。

铸钢件表面粗糙，变形大，加工余量大；非铁合金表面较光洁，加工余量小；铸件越大、越复杂，加工余量越大；铸件的顶面比底面和侧面的加工余量大。

（2）起模斜度

为方便模样从铸型中取出，平行于起模方向在模样或芯盒壁上的斜度称为起模斜度。模样越高，斜度取值越小；内壁斜度比外壁斜度大；手工造型比机器造型的斜度大。铸件外壁斜度一般取 0.5°~4°。

当零件本身没有足够的结构斜度时，应在铸件设计或铸造工艺设计时给出铸件的起模斜度以保证铸型的起模操作。起模斜度可采取增加铸件壁厚或减少铸件壁厚的方式形成。

（3）铸件线收缩率

铸件从线收缩开始，温度冷却到室温时，线尺寸的相对收缩量为铸件的线收缩率。以模样与铸件的长度差除以模样长度的百分比表示，即

$$\varepsilon = \frac{L_1 - L_2}{L_1} \times 100\% \qquad (3-1)$$

式中，L_1——模样长度；

L_2——铸件长度。

铸件线收缩率 ε 是考虑了各种影响因素之后的铸件的实际收缩率，它不仅与铸造金属的收缩率和线收缩起始温度有关，而且与铸件结构、铸型种类、浇冒口系统结构、砂型和砂芯的退让性等因素有关。

（4）最小铸出孔的尺寸

零件上的孔应从铸件质量及经济方面考虑。较大的孔应铸出来，以便节约金属和机械加工工时，同时避免铸件局部过厚所造成的热节点，提高铸件的质量；较小的孔则不宜铸出，直接加工反而更方便；有特殊要求，且无法实行机械加工的孔如弯曲孔，则一定要铸出。铸件最小铸出孔的尺寸如表 3-1 所示。

表 3-1　铸件最小铸出孔的尺寸

生产批量	最小铸出孔直径/mm	
	灰铸铁	铸钢
大量生产	12~15	—
成批生产	15~30	30~50
单件、小批量生产	30~50	50

注：最小铸出孔直径指的是毛坯孔直径。

（5）型芯头

为了保证型芯在铸型中的定位、固定和排气，模样和型芯都要设计出型芯头。它们之间的尺寸和形状要留有装配用的芯头间隙。

（6）铸造圆角

为了防止铸件在壁的连接和拐角处产生应力和裂纹，防止铸型的尖角损坏和产生砂眼，在设计铸件时，铸件壁的连接和拐角部分应设计成圆角。

3.1.3 铸件结构的工艺性

铸件结构的工艺性是指铸件的结构设计不仅要考虑是否符合使用的要求，而且必须考虑是否符合铸造工艺及铸造性能的要求。合理地设计铸件结构，可简化铸造工艺、提高生产效率、改善铸件质量、降低生产成本。

1. 铸造工艺对铸件结构的要求

设计铸件时，应考虑铸造工艺过程对铸件结构的要求，即必须考虑模样制造、造型、制芯、合型、浇注、清理等工序的操作要求，以简化铸造工艺过程，提高生产率，保证铸件质量。

（1）铸件外形设计要求

1）铸件的外形应力求简化，造型时便于起模。设计时应尽量避免侧凹、窄槽和不必要的曲面。

2）铸件的外形应尽可能使铸件的分型面数目最少，且尽可能使分型面为平面，去掉不必要的外圆角。铸件的分型面数目减少，不仅减少砂箱数目、降低造型工时，还可以减少错箱、偏芯等的概率，提高铸件的尺寸精度。平面分型面可以避免挖砂和假箱造型，从而提高生产率。

（2）铸件内腔设计要求

1）尽量避免不必要的型芯。造芯不仅增加铸造工时，而且给下芯和合型浇注带来麻烦，且容易形成铸造缺陷。对于薄壁和耐压零件尽量不用芯撑，可采用工艺孔。

2）需要型芯时，应考虑便于固定、排气和清理。型芯在铸型中的固定必须依靠型芯头，当型芯头固定型芯有困难时必须由型芯撑辅助，但有时型芯撑不易与铸件熔合，造成渗漏。气密性好的铸件应尽量少用或不用型芯撑。

（3）铸件结构斜度设计要求

设计铸件结构时，考虑到起模方便，应在垂直于分型面的不加工立壁上设计出斜度。设计斜度要比制作模样时给出的起模斜度大，这样可使制作模样时不用考虑起模斜度，从而使起模方便、铸件精度提高。

2. 合金铸造性能对铸件结构的要求

合金铸造性能是表示合金铸造成型获得优质铸件的能力，常用流动性、收缩性等来衡量。

合金的流动性是指液态合金的流动能力。良好的流动性不仅易于铸造出薄而复杂的铸件，而且也利于铸件在凝固时的补缩以及气体和非金属夹杂物的逸出和上浮。流动性不好，铸件易产生浇不到、冷隔、气孔、夹杂、缩孔、热裂等缺陷。

合金的收缩性是指合金在冷却凝固过程中，其体积和尺寸减小的现象。合金从浇注温度冷却到室温要经过液态收缩、凝固收缩和固态收缩3个阶段。液态收缩和凝固收缩是铸件产生缩孔的基本原因，固态收缩是产生铸造应力、变形和裂纹的基本原因。影响铸件收缩的主要因素有合金成分、浇注温度、铸型和铸件结构等。

（1）铸件壁厚的设计要合理

不同的合金、不同的铸造条件，对合金的流动性影响很大。为了避免铸件的浇注不足和冷隔等缺陷，铸件的设计壁厚应不小于最小壁厚。砂型铸造条件下铸件的最小壁厚如表3-2所示。每一种铸造合金的铸件，都有其合适的壁厚范围，如果选择得当，则既可保证铸件的力学性能要求，又可方便铸造生产，同时还可节约金属材料，减轻铸件质量。

表 3-2 砂型铸造条件下铸件的最小壁厚 mm

铸件尺寸	最小壁厚					
	铸钢	普通灰铸铁	球墨铸铁	可锻铸铁	铝合金	铜合金
<200×200	8	4~6	6	5	3	3~5
200×200 ~ 500×500	10~12	6~10	12	8	4	6~8
>500×500	18~20	15~20	—	—	6	

各种铸造合金都存在一个临界壁厚，当铸件的壁厚超过这个厚度以后，铸件的强度并不是按比例地随着铸件厚度的增加而增加。在砂型铸造条件下，各种铸造合金的临界壁厚可按其最小壁厚的 3 倍来考虑，也可按表 3-3 确定。

表 3-3 砂型铸造条件下各种铸造合金的临界壁厚 mm

合金种类与牌号		临界壁厚		
		铸件大小		
		0.1~2.5 kg	2.5~10 kg	>10 kg
灰铸铁	HT100，HT150 HT200，HT250	8~10 12~15	10~15 12~15	20~25 12~18
	HT300 HT350	12~18 15~20	15~18 15~20	25 25
可锻铸铁	KTH300-06，KTH330-08 KTH350-10，KTH370-12	6~10 6~10	10~12 10~12	— —
球墨铸铁	QT400-15，QT450-10 QT500-07，QT600-03	10 14~18	15~20 18~20	50 60
碳素铸钢	ZG200-40，ZG230-450，ZG270-500， ZG310-570，ZG340-640	18 15	25 20	
铸造铝合金		6~10	6~12	10~14
铸造镁合金		10~14	12~18	—
铸造锡青铜		—	6~8	—

（2）铸件壁厚应尽可能均匀

铸件壁厚均匀是为了使铸件各部分冷却速度相接近，从而同时凝固，避免因壁厚差别而形成热节点，产生缩孔、缩松，也避免薄弱环节产生变形和裂纹。当铸件的壁厚有差别时，铸件的结构应便于实现顺序凝固，以利于补缩。

（3）铸件壁间连接的设计

在铸件结构设计中经常碰到两个、三个甚至更多的壁相连接的情况。正确地设计壁间连接，对防止缩孔、缩松、裂纹、变形、枯砂等铸造缺陷，提高铸件质量等有着十分重要的意义。

在连接形式的选用与设计中应注意以下几点。

1）优先选用 L 形连接，铸件壁之间的连接应有铸造圆角。

2）尽量减少和分散热节点，避免壁的交叉。

3）对于互相连接的壁，当壁厚不相等时，应采取逐渐过渡的方式连接，力求平缓过渡，避免截面突变。当壁厚差别较小时，可用圆角过渡。当壁厚之比在两倍以上时，应用楔形过渡。图 3-4 和图 3-5 为各种连接形式的合理与不合理对比实例。

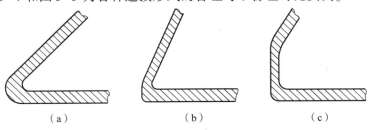

图 3-4　V 形连接形式

（a）不合理；（b）许可；（c）合理

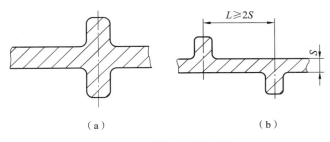

图 3-5　十字形连接形式

（a）不合理；（b）合理

（4）避免铸件收缩受阻的设计

铸件收缩受到阻碍时，易产生内应力，当产生的内应力超过合金的强度极限时，铸件会产生裂纹，故应尽量避免受阻收缩。

（5）避免铸件大平面

铸件的大平面受高温金属液烘烤时间长，易产生夹砂；金属液中气孔、夹渣上浮滞留在上表面，易产生气孔、渣孔；不利于金属液充填，易产生浇不足和冷隔。

3.1.4　特种铸造

1. 金属型铸造

金属型铸造是指金属液在重力作用下浇入金属铸型中获得铸件的一种铸造方法。铸型是用金属制成的，可反复使用几百到几千次，故又称永久型铸造。

金属型的结构按分型面的不同可分为整体式金属型、垂直分型式金属型、水平分型式金属型和综合分型式金属型。常用的垂直分型式金属型由定型和动型两个半型组成，如图 3-6 所示，分型面位于垂直位置，浇注时先使两个半型合紧，待熔融金属凝固、铸件定型后，再利用简单的机构使两个半型分离，取出铸件，其广泛应用于复杂铝合金铸件。水平分型式金属型如图 3-7 所示，多用于生产薄壁轮状铸件。

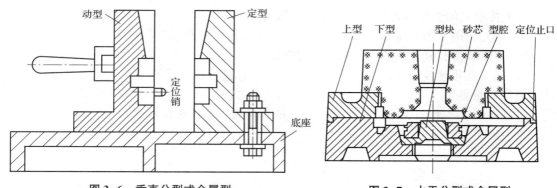

图 3-6　垂直分型式金属型　　　　　　图 3-7　水平分型式金属型

金属型铸造实现了"一型多铸"，具有尺寸精度高、表面光洁、结晶组织致密、力学性能良好、生产效率高等优点。在汽车行业中，铝合金气缸盖、进气管及活塞等形状不太复杂的中、小铸件的大批量生产均采用金属型铸造。但是，比起砂型铸造来，其铸造工艺相对复杂，且制造成本较高。

2. 压力铸造

压力铸造是在高压作用下，将液态或半液态金属快速压入金属铸型中，并在高压作用下凝固而获得铸件的方法。压铸过程主要由压铸机来实现，常用压铸机分为热压室和冷压室两大类。压室与坩埚相连的为热压室，适用于低熔点合金；压室与熔化设备分开的为冷压室，广泛用于压铸铝、镁、铜等合金。目前应用最多的是冷压室卧式压铸，如图 3-8 所示，首先使动型和静型合紧，将液态金属浇注其中，然后用活塞将压室中的熔融金属压射到型腔；凝固后打开铸型并用顶杆顶出铸件。

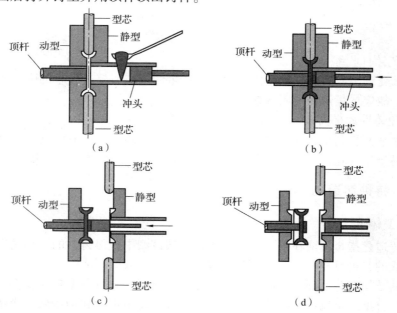

图 3-8　冷压式卧式压铸

（a）浇注；（b）压射；（c）开型；（d）顶出铸件

压力铸造以金属型铸造为基础，又增加了在高压下高速充型的功能，从根本上解决了金属的流动性问题。压力铸造可以直接铸出零件上的各种孔眼、螺纹、齿形等，铸件的精度和表面质量都较其他铸造方法高。但是，由于金属液注入和冷凝速度过快，型腔气体难以完全排出，厚壁处难以进行补缩，因此压铸件内部存有气孔、缩孔和缩松，不能进行热处理。在汽车行业，压力铸造的零件有上百种之多，其中最复杂的铝压铸件为气缸体、气缸盖等，压铸时除了要下很多型芯之外，对铝气缸体还要将铸铁气缸套压铸到气缸体中。

3. 离心铸造

离心铸造是将金属液浇入高速旋转的铸型中，使之在离心力作用下完成充填及凝固成型的一种铸造方法。根据铸型旋转轴线的空间位置，常见的离心铸造可分为立式离心铸造和卧式离心铸造。立式离心铸造如图 3-9 所示，铸型绕垂直轴旋转，浇入铸型中的熔融金属内表面呈抛物线形，因此多用来铸造高度小于直径的盘类、环类或成型铸件。卧式离心铸造如图 3-10 所示，铸型绕水平轴旋转，浇入铸型中的熔融金属的自由表面呈圆柱形，铸件壁厚均匀，因此主要用来生产套类、管类铸件。

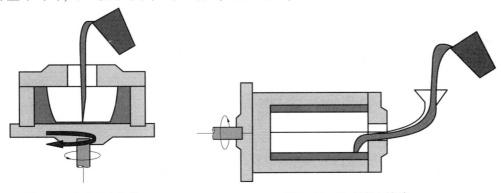

图 3-9　立式离心铸造　　　　　　　　　图 3-10　卧式离心铸造

离心铸造利用回转表面生产圆筒形铸件，省去型芯和浇注系统，大大简化了生产过程，节约了金属。在离心力的作用下，铸件按由外向内的顺序凝固，而气体和熔渣因密度低向内腔移动而排除，铸件组织致密，极少有缩孔、气孔、夹渣等缺陷。而且，合金的充型能力强，便于流动性差的合金及薄件的生产。离心铸造便于制造双金属铸件，其缺点是铸件容易产生偏析，铸件内表面较粗糙且内表面尺寸不易控制。

4. 熔模铸造

熔模铸造又称失蜡铸造，通常是在蜡模表面涂上数层耐火材料，待其硬化干燥后，将其中的蜡模熔去而制成型壳，再经过焙烧，然后进行浇注，从而获得铸件的一种方法，由于获得的铸件具有较高的尺寸精度和表面光洁度，故又称"熔模精密铸造"。

可用熔模铸造法生产的合金种类有碳素钢、合金钢、耐热合金、不锈钢、精密合金、永磁合金、轴承合金、铜合金、铝合金、钛合金和球墨铸铁等。熔模铸件的形状一般都比较复杂，铸件上可铸出孔的最小直径可达 0.5 mm，铸件的最小壁厚为 0.3 mm。在生产中可将一些原来由几个零件组合而成的部件，通过改变零件的结构，设计成为整体零件而直接由熔模铸造铸出，以节省加工工时和金属材料的消耗，使零件结构更为合理。

熔模铸造的工艺过程（见图 3-11）较复杂，且不易控制，使用和消耗的材料较贵，适用于生产形状复杂、精度要求高或很难进行其他加工的小型零件，如涡轮发动机的叶片等。

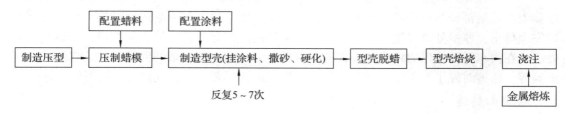

图 3-11　熔模铸造的工艺过程

3.2　锻造工艺基础

3.2.1　概述

锻造是利用手锤、锻锤或压力设备上的模具对加热的金属坯料施力，使金属材料在不分离条件下产生塑性变形，以获得形状、尺寸和性能符合要求的零件。为了使金属材料在高塑性下成型，锻造通常在热态下进行，因此锻造也称为热锻。

锻造是一种通过模具和工具利用压力使工件成型的工艺方法，它是最古老的金属加工方法之一，可以追溯到公元前 4000 ～ 8000 年。锻造生产广泛应用于机械、冶金、造船、航空、航天等工业部门。

锻造的生产能力及工艺水平，对一个国家的工业、农业、国防和科学技术的影响难以估量，在一定程度上标志着一个国家的工业水平。

1. 锻造的生产方式

锻造根据所用工具和生产工艺的不同可分为自由锻、模锻和特种锻造等类型，如图3-12 所示。锻造按照温度的不同可分为热锻、温锻、冷锻、等温锻等类型，其特点如表3-4 所示。

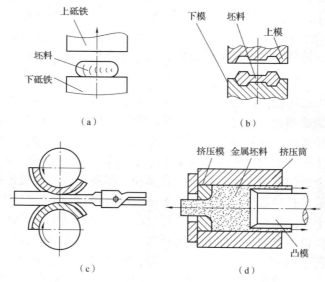

图 3-12　锻造生产方法示意图

（a）自由锻；（b）模锻；（c）特种锻造中的辊锻　（d）特种锻造中的挤压

表 3-4　锻造按照温度分类及其特点

名称	特点
热锻	终锻温度高于再结晶温度，工作温度高于模具温度
温锻	介于热锻和冷锻温度之间的加热锻造
冷锻	指在室温或低于工件再结晶温度进行的锻造
等温锻	模具带加热和保温装置，成型时模具与坯料等温

2. 锻造的特点

锻造制成的毛坯和零件应用广泛，它主要具有以下特点。

1）金属材料经过锻压后，可改善组织，提高力学性能。铸件材料经过锻造、轧制或挤压后，可使铸态组织的一些缺陷如气孔、缩孔等压合，晶粒细化，性能提高。

2）锻造加工主要依靠金属在塑性状态下体积的转移，不需要切除金属。因此，锻件的材料利用率高，流线分布合理，工件强度高。

3）用特种锻造方法制得的坯料或零件具有力学性能好、表面光洁、精度高、刚度大等特点，可做到少切削、无切削。

4）除自由锻外，其他锻压加工容易实现机械化、自动化，具有较高的生产率。

锻压生产是使金属在固态下流动成型的，因此，变形量不能太大，工件的形状不能太复杂；而且锻压设备和模具等投资较大；其中有些加工方法，如自由锻，其表面质量稍差，生产率也较低。

3. 锻造加工在汽车上的应用

锻件的强度及可靠性很高，广泛应用于汽车发动机、变速器、转向器、行走部分总成的零件上，主要有以下各类。

1）发动机：曲轴、连杆、连杆盖、凸轮轴、进排气阀门等。

2）前悬架：上悬臂架、下悬臂架、转向横拉杆球铰接头等。

3）前桥：转向节、转向节臂等。

4）转向：转向扇形轴、转向摇臂、变速器等。

5）后桥：后车轴、外壳末端等。

6）驱动轴：驱动轴、十字轴、轴叉、TM 齿轮等。

7）差速器：主动小齿轮、环齿轮、凸缘叉等。

8）等速万向节、半轴齿轮轴、轴承外座圈、轴承内座圈等。

4. 金属的锻造性能

金属的锻造性能（可锻性）是衡量材料经受塑性成型加工，获得优质锻件难易程度的一项工艺性能。常用金属的塑性变形能力和变形抗力两个指标来衡量金属锻造性能：金属塑性变形能力高，变形抗力低，则锻造性能好；反之，则锻造性能差。影响金属塑性变形能力和变形抗力的因素主要有化学成分、金属组织、变形温度和变形速度等。

3.2.2　自由锻

自由锻是利用冲击力或压力使金属坯料在上、下砧铁之间产生变形，以获得所需形状及尺寸锻件的方法。金属坯料在上、下砧铁平面间是自由流动的，故称为自由锻。一般由锻工控制金属的变形方向和形状尺寸。自由锻分手工锻造和机器锻造两种。

自由锻的任何一个锻件的成型过程，都是由一系列变形工步所组成的。自由锻工序一般可分为基本工序、辅助工序和修整工序3类，如图3-13所示。

1）基本工序：能够较大幅度地改变坯料形状和尺寸的工序，如镦粗、拔长、冲孔、弯曲等。

2）辅助工序：在坯料进入基本工序前预先产生少量变形的工序，如倒棱、压钳口、压肩等。

3）修整工序：用来精整锻件尺寸和形状使其完全达到锻件图纸要求的工序，如修整、校直、平整端面等。

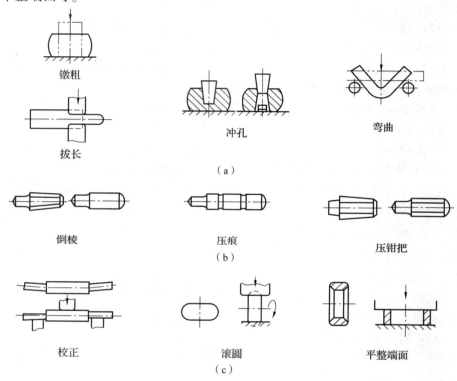

镦粗

拔长

冲孔

弯曲

（a）

倒棱

压痕

压钳把

（b）

校正

滚圆

平整端面

（c）

图3-13　自由锻的工序示意
（a）基本工序；（b）辅助工序；（c）修整工序

在任何一个自由锻锻件的成型过程中，上述3类工序中的各工步可以单独使用或穿插组合使用。

自由锻具有工艺灵活、设备通用性好、工具简单、适应性强等优点，同时它是生产大型锻件唯一的锻造方法。但是，自由锻生产率较低、工人劳动强度大；锻件精度低、加工量较大。

自由锻还可以借助简单模具进行锻造，称胎模锻。胎模锻是把加热好的坯料用自由锻方法预锻成近似锻件的形状，然后在自由锻设备上用胎模终锻成型（形状简单的锻件可直接把坯料放入胎模内成型）。胎模锻尺寸精度高于自由锻，设备比模锻简单，但人力操纵胎膜锻劳动强度大，仅适用于小型锻件的小、中批量生产。

3.2.3　模锻

模锻是将加热后的金属坯料放置在预先制出的模腔内，在冲击力或压力作用下使坯料在模腔内产生塑性变形，以获得锻件的方法。由于模腔对金属坯料流动的限制，最终得到与模腔形状相符的锻件。

模锻的生产效率高、劳动强度低，生产出的锻件尺寸精确、切削加工余量小、强度高，且可锻制形状复杂的锻件，适用于批量生产。但是，模锻的模具或本高，制造周期长，需有专用的模锻设备，不适用于单件或小批量生产。

根据使用设备不同，模锻分为锤上模锻、曲柄压力机模锻、平锻机模锻、摩擦压力机模锻等。目前最常用的模锻方法是锤上模锻，其工艺通用性强。其他模锻方法对锻件和锻模的要求与锤上模锻类似，故本书以锤上模锻为例进行介绍。

1. 锻模

锤上模锻用的锻模（见图 3-14）由活动上模 2 和固定下模 4 两部分组成，并分别用楔铁 10、7 紧固在锤头 1 和模座 5 上。上、下模合模后，其中部形成完整的模腔 9、分模面 8 和飞边槽 3。模腔可分为制坯模腔和模锻模腔两大类。

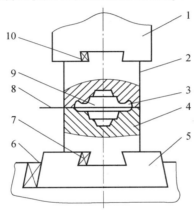

1—锤头；2—活动上模；3—飞边槽；4—固定下模；5—模座；

6、7、10—楔铁；8—分模面；9—模腔。

图 3-14　锻模

制坯模腔的主要作用是使坯料形状基本接近模锻件形状，合理分布金属材料，更易于充满模腔。一般有 3 种类型：拔长模腔，用于减小坯料某部分横截面积，增加该部分长度；滚压模腔，用于减小坯料某部分的横截面积，增大另一部分的横截面积，使金属按模锻件形状分布；弯曲模腔，用于弯曲杆类模锻件的坯料。

模锻模腔又分为预锻模腔和终锻模腔两种。预锻模腔的作用是使坯料变形到接近于锻件的形状和尺寸，使金属更容易充满终锻模腔，减少模腔磨损，增加模腔使用寿命。终锻模腔的形状和锻件形状相同。模腔设计应考虑到锻件冷却时的收缩量，使坯料最后变形，达到锻件所要求的形状和尺寸。

根据模锻件复杂程度的不同，锻模又可分为单腔锻模和多腔锻模，如图 3-15 所示。单腔锻模是指在一副锻模上只具有一个模腔（终锻模腔），坯料可直接成型；多腔锻模是指在一副锻模上具有两个以上的模腔，坯料需依次经过多次锻压才能成型。对于多腔锻模，最后使锻件成型的是终端模腔，此前的是制坯模腔和预制模腔。

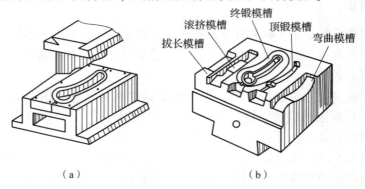

（a）   （b）

图 3-15 单腔锻膜和多腔锻膜

（a）单腔锻模；（b）多腔锻模

2. 模锻工艺流程

锻造工艺流程是指生产一个锻件所经过的锻造生产过程。锤上模锻工艺流程一般为：下料（切断毛坯）→加热→模锻→切边、冲孔→校正锻件→热处理→酸洗、清理→冷校正和冷精压→检验。

1）下料：将原材料切割成所需尺寸的坯料。

2）加热：提高金属的塑性，降低变形抗力，便于模锻成型。

3）模锻：得到所需锻件的形状和尺寸。

4）切边、冲孔：切去飞边或冲掉连皮。

5）校正锻件：使锻件形状和尺寸更准确。

6）热处理：保证合适的硬度和力学性能，常用正火和调质等方法。

7）酸洗、清理：应用喷砂、喷丸、滚筒抛光、酸洗等方法，清除氧化皮。

8）冷校正和冷精压：进一步提高锻件精度，降低表面粗糙度。

9）检验。

3. 模锻件结构工艺性

模锻件结构工艺性的要求如下。

1）模锻件应具有合理的分型面。

2）锻件上与分型面垂直的非加工表面应设计有结构斜度。

3）应尽量避免锻件上有窄沟、深槽、深孔或多孔结构。

4）在满足使用要求的前提下，锻件形状应力求简化。

5）对于形状复杂的模锻件，可采用锻-焊组合工艺，简化模锻工艺。

3.2.4 特种锻造

特种锻造是指在专用锻压设备上或在特殊模具型槽内使坯料成型的一种特殊锻造工艺，如零件的挤压、轧制、摆动辗压、精密模锻、液态模锻和超塑成型等。一般锻造方法很难达到要求时，可用特种锻造工艺。

1. 挤压

挤压是通过对挤压模内的坯料施加强大压力，使它发生塑性变形而获得毛坯或零件的加工方法。它的特点是使坯料三向受压，金属的流线分布好，力学性能好；材料利用率高；毛坯精度高。它主要应用于生产各种轴对称形状的小零件。

按照金属流动方向和凸模运动方向的不同，挤压可分为正挤压、反挤压、复合挤压和径向挤压。正挤压是指金属的流动方向与凸模的运动方向相同的挤压；反挤压是指金属的流动方向与凸模的运动方向相反的挤压；复合挤压是指挤压过程中，金属沿凸模运动方向和相反方向均有流动的挤压；径向挤压是指金属的流动方向与凸模的运动方向成 90°角的挤压。

2. 轧制

轧制是指利用金属坯料与轧辊接触表面的摩擦力，使金属坯料截面积减小、长度增加的加工方法。轧制一般为热轧，即将金属坯料加热到塑性状态进行加工，这样变形程度大。零件轧制工艺主要有辊锻、环形件轧制、横轧等。轧制工艺由于便于实现机械化、自动化，故生产率高，同时轧制锻件更接近零件形状，节约金属，因此在汽车零件制造中应用越来越广。

1）辊锻：坯料通过一对辊轮时，受挤压产生塑性变形的加工方法。

2）环形件轧制：扩大环形料的外径和内径，从而获得各种无接缝环状零件的轧制工艺，如图 3-16（a）、（b）所示。

3）横轧：轧辊轴线与坯料轴线互相平行的轧制工艺，如齿轮轧制（见图 3-16c）、高速列车车轮轧制。

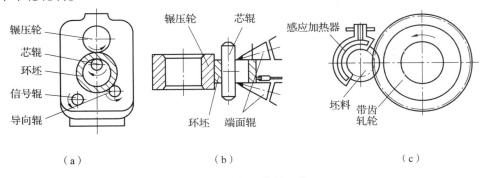

图 3-16　常见轧制工艺

（a）环形件轧制（径向辗环）；（b）环形件轧制（径向-轴向辗环）；（c）横轧（齿轮轧制）

3. 摆动辗压

摆动辗压又称为旋转成型，其工作原理如图 3-17 所示。上模 1 与垂直轴线成一倾斜角，上模作高频率的圆周摇摆运动，与坯料 2 顶面局部接触，同时，柱塞 3 推动下模 4 使坯料向上移动，对摆动的上模加压。当柱塞到达预定位置时，锻造完毕，柱塞下降，顶杆把成型锻件顶出。摆动辗压为冷锻，其锻造压力仅为一般冷锻设备所需的 5%～10%，这是因为模具与工件接触部分面积较小。与模锻相比，其材料变形较慢，是逐步进行的。用摆动辗压制造的锻件尺寸误差为 0.025 mm，表面粗糙度为 Ra 1.6～0.4 μm。

摆动辗压的特点是：可以用较小的设备辗压出较大的锻件；产品质量高、节约材料，可实现净成型加工；易于实现自动化；辗压设备所需吨位较小，设备费用也较低；主要应用于生产具有回转体的薄盘类锻件及带法兰的半轴类锻件，如齿轮坯、铣刀坯、汽车后半轴等。

4. 精密模锻

精密模锻是在模锻设备上直接锻造出形状复杂、精度高的锻件的模锻工艺。例如，精密模锻的齿轮，其齿形部分可直接锻出而不必再经切削加工。模锻件尺寸精度可达 IT15 ~ IT12，表面粗糙度为 $Ra\ 3.2 ~ 1.6\ \mu m$。精密模锻的工艺过程：原始坯料普通模锻成中间坯料，中间坯料除去氧化皮或缺陷，进行无氧化或少氧化加热后精锻。

5. 液态模锻

液态模锻是将熔融的金属直接浇注到锻模模腔内，然后在液态或半固态的金属上施加压力，使之在压力下流动充型和结晶，并产生一定程度的塑性变形，从而获得所需锻件的方法，如图 3-18 所示。

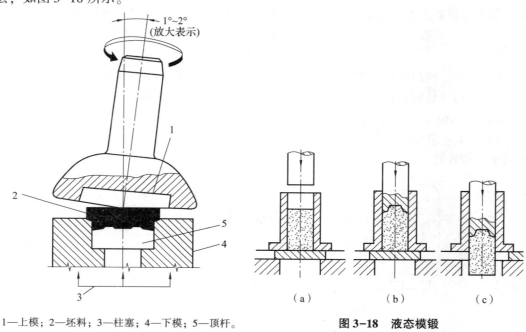

1—上模；2—坯料；3—柱塞；4—下模；5—顶杆。

图 3-17　摆动辗轧的工作原理

图 3-18　液态模锻

(a) 浇注；(b) 加压；(c) 顶出

6. 超塑成型

超塑成型是将超塑性板料放在模具中，将板料与模具同时加热到超塑性温度后，抽出模具内的空气或向模具内吹入压缩空气，利用模具内产生的压力将板料紧贴在模具上，从而获得所需形状的工件的方法。此方法是利用金属的超塑性，即金属及合金在特定的条件下（低的变形速率、一定的变形温度、均匀的细晶粒度）进行变形时，可呈现出异乎寻常的塑性（伸长率可超过 100%，甚至 1 000%），而变形抗力则大大降低。

超塑成型的特点是在超塑性状态下的金属在拉伸变形过程中不产生缩颈现象，变形应力仅为常态下金属变形应力的几分之一至几十分之一。因此，该种金属极易成型，可采用多种工艺方法制出复杂零件。

3.3 冲压工艺基础

3.3.1 概述

冲压是指在室温下，利用安装在压力机上的模具对材料施加压力，使其产生分离或塑性变形，从而获得所需零件的一种加工方法。冲压工艺是一种先进的金属加工方法，在汽车工业有着广泛的应用。汽车车身本体的零件基本上都是采用冲压工艺生产出来的，汽车车身对其冲压件的尺寸精度和表面质量的要求高，只有合格的冲压件才能焊装出合格的白车身，因此冲压件的质量是汽车车身制造质量的基础，冲压技术是汽车车身制造中的关键技术之一。

1. 冲压的特点

冲压件与铸件、锻件相比，具有薄、匀、轻、强的特点。冲压可制出其他方法难于制造的带有加强筋、肋、起伏或翻边的工件。冲压加工无论在技术方面还是经济方面都具有许多独特的优点，主要表现如下。

1）生产效率高，且操作简单，易于实现机械化与自动化。

2）冲压的零件具有足够高的精度和较低的表面粗糙度，互换性好。

3）可加工出尺寸范围较大、形状较复杂的零件，且冲压件的强度和刚度较高。

4）冲压加工一般不需其他加热设备，且材料消耗少。

2. 冲压工序的分类

冲压工序按加工后板料分离与否，可以分为分离工序和成型工序。

分离工序是将冲压件与毛坯在冲压过程中沿一定的轮廓使其分离，同时使分离断面满足一定的断面质量要求。常见的分离工序有落料、冲孔、切断、修边，如表 3-5 所示。

表 3-5 常见的分离工序

工序	图例	工序内容
落料		用冲模沿封闭曲线冲切，冲下的部分是零件。用于制造各种平板形状的零件
冲孔		用冲模沿封闭曲线冲切，冲下的部分是废料。用于制造各种平板形状的零件
切断		用冲模沿不封闭的曲线进行分切产生分离
修边		将成型零件边缘切齐或者按一定形状切成

成型工序是指板料在不被破坏的情况下产生塑性变形，获得所需求的形状及尺寸的工序。常见的成型工序有拉深、弯曲、翻边，如表 3-6 所示。

表 3-6　常见的成型工序

工序	图例	工序内容
拉深	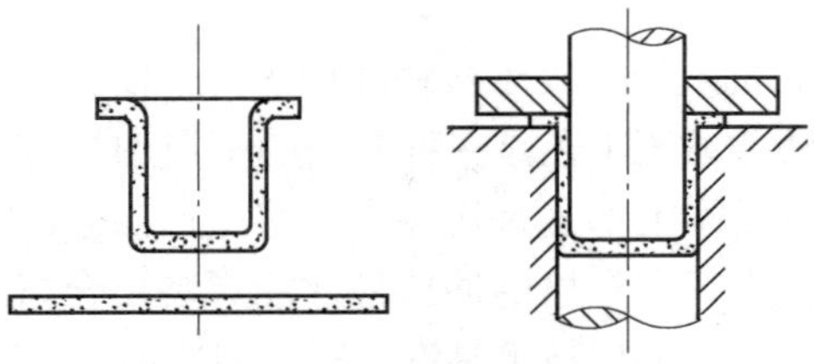	将板料毛坯制成各种开口空心的零件
弯曲	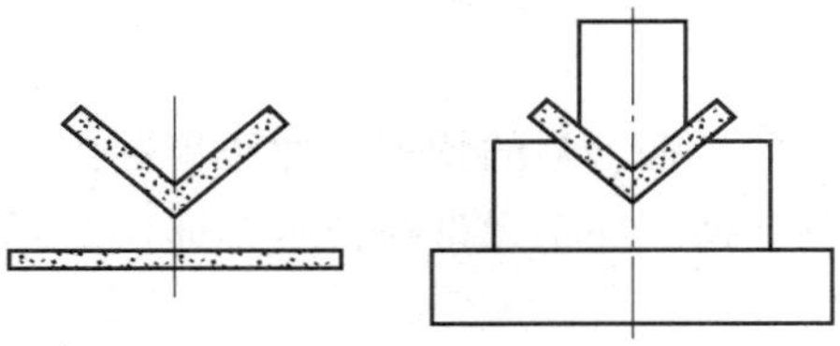	将板料沿直线弯成各种形状
翻边	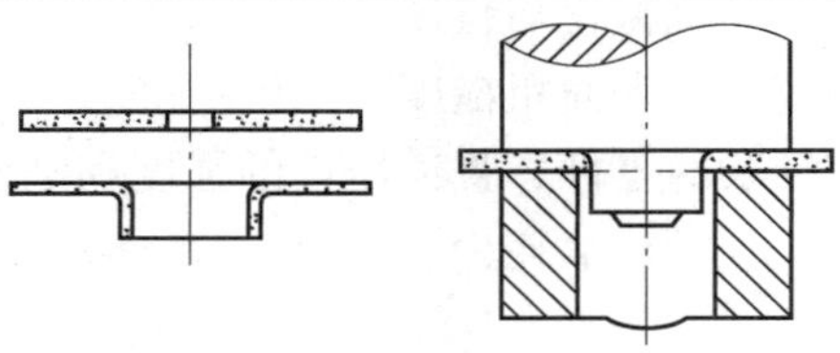	将工件的孔边缘或工件的外缘翻成竖立的边

3.3.2　冲压件的结构工艺性

零件的结构和技术指标是否适合采用冲压加工，评定这方面的指标称为冲压件的结构工艺性。对冲压件的结构进行设计时，不仅要保证其使用要求，还要满足冲压工艺性的要求。这样，可以减少材料的消耗和工序数，使模具寿命延长、产品质量稳定、操作简单、成本降低。一般而言，对冲压件结构性影响最大的是工件的几何形状、尺寸和精度要求。

1. 冲裁件的结构工艺性

1）工件的形状力求简单、对称，有利于排样、提高材料利用率。

2）工件的内外形转角处避免尖角，采用适当的圆角过渡。

3）工件的外形不要有过细长的槽、过长的悬臂，其宽度一般应大于 $(1.25 \sim 2)t$，凸出或凹入部分的宽度和深度一般应小于 $1.5t$（t 为料厚）。

4）工件孔的尺寸不宜过小，孔与孔之间及孔与边缘的距离不能过小。

2. 弯曲件的结构工艺性

1）弯曲件的圆角半径不能小于最小弯曲半径，也不宜过大，通常内弯曲半径 $r_内 \geq (1 \sim 2)t$，零件的形状尽量设计成对称，圆角半径对应相等。

2）弯曲件上的孔若有精度要求，则应先弯曲后冲孔；否则，一般先冲孔后弯曲，孔离边缘或直壁的距离，应等于弯曲半径加 $(1 \sim 2)t$。

3）弯曲件所能达到的经济精度一般为 IT15～IT13。

4）弯曲件弯边长度不宜过小，其直边高度 $H \geq 2t$。如果直边高度过小，则可先在毛坯上压槽之后再弯曲，槽深 $h = (0.1 \sim 0.3)t$。

5）圆钢弯曲时，其曲率半径一般不小于材料的直径。

6）对有局部弯曲的工件，为了防止破裂或形状不准确，可设置工艺缺口或工艺孔。

3. 拉深件的结构工艺性

1）拉深件的尺寸精度不能要求太高，一般情况下精度等级为 IT15 ~ IT13。

2）拉深件形状力求简单、对称、高度小，避免曲面空心、圆锥形、球面形和空间复杂曲面形，使零件变形均匀和模具加工制造方便。

3）对于半敞开或不对称的拉深件可采用合冲工艺，即将两个或几个零件合并成对称形状，一起冲压，然后切开，以减少工序、节约材料、保证质量。

4）对于带凸缘的拉深件，凸缘宽度要适当。凸缘的合理的尺寸为

$$d + 12t \leq d_\mathrm{T} \leq d + 25t$$

式中，d_T——凸缘直径；

$\quad\quad d$——工件直径；

$\quad\quad t$——板料厚度。

5）拉深圆筒形件时，筒形件的圆角半径不宜过小，否则需要增加整形工序。一般底与壁间的圆角半径取 $(3 ~ 5)t$，凸缘与壁间的圆角半径取 $(4 ~ 6)t$。

6）对于非轴对称零件，应尽量避免急剧的轮廓变化；对有局部内凹或外凸的零件，差异不能过大，尽量考虑留出工艺口或工艺缺口。

3.3.3　冲模

冲模是冲压生产必不可少的工艺装备，决定着产品的质量、效益和新产品的开发能力。冲模与冲压件有"一模一样"的关系。根据工艺性质分类：冲裁模、弯曲模、拉深模、成型模等。根据工序组合程度分类：单工序模、复合模、级进模。

1. 单工序模

在压力机一次工作行程中，只完成了一道冲压工序的模具称为单工序模，如图 3-19 所示。凸模 1 用固定板 6 固定在上模板 3 上，凹模 2 用压板 7 固定在下模板 4 上，上模板则通过模柄 5 与压力机的滑块连接，因此，凸模可随滑块作上、下运动。板料在凹模上沿导板 9 送进，碰到定位销 10 为止。当凸模下压时，冲下工件进入凹模孔，坯料在凸模回程时，碰到卸料板 8 时被推下，完成一次冲压。

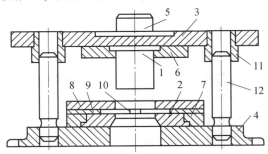

1—凸模；2—凹模；3—上模板；4—下模板；5—模柄；6—固定板；7—压板；
8—卸料板；9—导板；10—定位销；11—导套；12—导柱。

图 3-19　单工序模

2．复合模

复合模是指只有一个工位，在压力机的一次冲压过程中，在同一个工位上同时完成两道或两道以上冲压工序的模具。图3-20为冲孔落料复合模，图中左右两凸模分别用于落料、冲孔，两凸模的相应位置设有模孔，在落料凸模下侧设有定位销，以便对准预先冲出的工件。

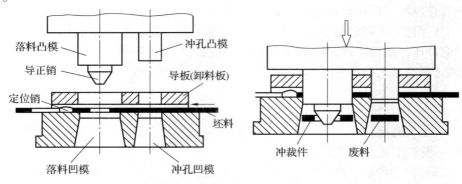

图3-20　冲孔落料复合模

3．级进模

级进模是指有两个或两个以上的工位，在压力机的一次冲压过程中，在不同的工位上逐次完成两道或两道以上冲压工序的模具。级进模是多任务工序冲模，在一副模具内，可以包括冲裁、弯曲和拉深等多种多道工序，具有很高的生产率，且操作安全、易于自动化，故应用于产量大、精度高的冲压件生产。

3.4　焊接工艺基础

3.4.1　概述

焊接是指被焊工件（同材质或者不同材质）通过加热或加压（或两者并用），采用或不用填充金属，使被焊工件达到原子间结合而形成永久性连接的工艺。

焊接是目前应用极为广泛的金属材料间进行连接的方法。

1．焊接的特点

焊接具有节省金属、生产率高、致密性好、操作条件好、易于实现机械化和自动化的特点。焊接的另一个特点是可以化大为小、以小拼大。在制造大型机件与结构件或复杂的机器零件时，焊接能够非常方便地利用型材和采用锻-焊、铸-焊、冲压-焊等复合工艺，并可把不同材质和不同形状尺寸的坯材连接成不可拆卸的整体，从而使许多大型复杂的铸件、锻件的生产过程由难变易，由不可能变为可能。焊接还可制造双金属结构，制造不同材料的复杂层容器，对焊不同材料的零件或工具等。

2．焊接的分类

焊接的方法很多，按焊接过程特点的不同可分为熔焊、压焊和钎焊3类。

1）熔焊。焊接过程中，将焊件接头加热至熔化状态，不加压力完成焊接的方法称为熔焊。根据热源不同，这类焊接方法分为气焊、电渣焊、气体保护焊、电子束焊等。

2）压焊。焊接过程中，必须对焊件施加压力（加热或不加热），以完成焊接的方法称为压焊。加热压焊有电阻焊、气压焊、高频焊、锻焊、接触焊、摩擦焊等，不加热压焊有冷压焊、超声波焊、爆炸焊等。

3）钎焊。钎焊是采用比母材熔点低的金属材料作钎料，将焊件和钎料加热到高于钎料熔点，低于母材熔点的温度，利用液态钎料润湿母材，填充接头间隙并与母材相互扩散实现连接焊件的方法。钎焊是硬钎焊与软钎焊的总称。采用硬钎料，钎料熔点在 450 ℃ 以上的是硬钎焊；采用软钎料，钎料熔点在 450 ℃ 以下的是软钎焊。常见的钎焊方法有烙铁钎焊和火焰钎焊。钎焊的主要特点是母材不熔化。

3.4.2　常用焊接方法

汽车车身上的许多零件都是通过焊接工艺装配成型的。薄钢板是构成车身结构的主要零件，目前最适合薄钢板连接的常用焊接方法如表 3-7 所示。

表 3-7　最适合薄钢板连接的常用焊接方法

焊接方法	焊接设备	实例
电阻焊	点焊机	分总成等
	固定电焊机	螺母、螺柱
电弧焊	CO_2 气体保护焊	车身总成
特种焊	激光焊	车身顶盖、车身地板

1. 电阻焊

电阻焊属于压焊的一种，它是将置于两电极之间的工件施加压力 F，并在焊接处通以电流 I，利用电流通过工件本身产生的热量使温度升高造成局部熔化，断电冷却时，在压力继续作用下该熔化处立即凝固，形成牢固焊接接头的方法，如图 3-21 所示。电阻焊是车身制造应用最广泛的焊接工艺，占整个焊接工作量的 70% 以上。

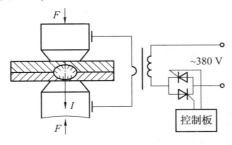

图 3-21　电阻焊原理

电阻焊的生产率高，焊接变形小，不需要填充金属，劳动条件好，操作简便，易于实现自动化生产；但焊接设备复杂，耗电量大，对焊件厚度和接头形式有一定限制，通常适用于大批量生产。

电阻焊按照焊接件焊点的状态可分为点焊、缝焊和凸焊，如图 3-22 所示。

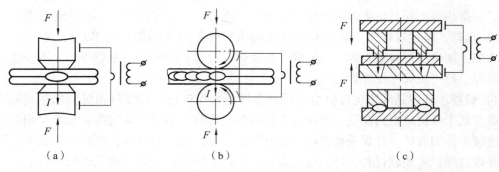

图 3-22　电阻焊分类

(a) 点焊；(b) 缝焊；(c) 凸焊

（1）点焊

点焊是将装配成搭接接头的焊件置于两个圆柱形电极间，预压紧并通电加热。电极是通有冷却水的铜合金，电极与焊件间的电阻热会被迅速传走，而两焊件接触处热量集中，将金属局部熔化形成熔核，然后断电，保持或增大压力使熔核金属在压力下凝固结晶，形成组织致密的焊点。点焊是汽车焊接生产中应用最广泛的工艺方法。

根据电极与工件的接触面的数量可将点焊分为单面点焊和双面点焊；根据同时完成的焊点数又可将点焊分为单点、双点和多点焊。双面点焊时，电极在工件的两侧向焊接处馈电，也可以一侧是电极，另一侧是接触面积较大的导电板，这样可以消除或减轻下面工件的压痕，常用于汽车车身外表面或装饰性面板的点焊。

（2）缝焊

缝焊属连续点焊，是以旋转的滚盘状电极代替点焊的柱状电极，焊件在滚轮间一边随滚轮转动而送进，一边受压通过脉冲电流，得到连续的相互重叠的焊点组成的焊缝。缝焊按滚盘转动与馈电方式可分为连续缝焊、断续缝焊和步进式缝焊等。在焊接工艺上常采用连续送进、间断通电的操作方法，以保证焊件和滚轮有足够的冷却时间，且能节约电能。

缝焊时焊点互相重叠，焊件密封性好，但分流现象严重，所以焊接相同条件的焊件时，缝焊的焊接电流为点焊的 1.5 ~ 2 倍。采用缝焊焊接时，两焊点要有足够的重叠部分。缝焊只适用于厚度在 3 mm 以下要求密封性好的薄壁结构，如汽车油箱等。

（3）凸焊

凸焊是点焊的一种变形，它是利用零件原有的型面、倒角、底面或预制的凸点作为焊接部位，焊接到一块面积较大的零件上。因为是凸点接触，所以凸焊提高了单位面积上的压力和电流，有利于板件表面氧化膜的破裂和热量的集中，减小了分流电流，可用于厚度比超过 1:6 零件的焊接。另外，因分流小，可采用多点凸焊，以提高生产率，降低接头的变形。凸焊时，一次可在接头处形成一个或多个熔核。在汽车车身制造中，凸焊主要用于螺母、螺钉等焊到薄铜板的焊件上。

2. 电弧焊

电弧焊是指以电弧作为热源，利用空气放电的物理现象，将电能转换为焊接所需的热能和机械能，从而达到连接金属的目的。主要方法有焊条电弧焊、埋弧焊、气体保护焊等，它是应用最广泛、最重要的熔焊方法，占焊接生产总量的 60% 以上，此处仅介绍 CO_2 气体保护焊。

CO_2 气体保护焊是利用 CO_2 气体作为保护气的气体保护电弧焊，简称 CO_2 焊。它利用焊丝与工件间产生的电弧来熔化金属，由气体作为保护气并利用焊丝作为填充金属，其原理如图 3-23 所示。

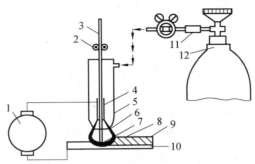

1—焊接电源；2—送丝滚轮；3—焊丝；4—导电嘴；5—喷嘴；6—CO_2 气体；7—电弧；
8—熔池；9—焊缝；10—焊件；11—预热干燥器；12—CO_2 气瓶。

图 3-23　CO_2 气体保护焊原理

CO_2 气体保护焊的特点如下：CO_2 气体来源广、价格低，其焊接成本甚至只有埋弧焊和手弧焊的 40%～50%；焊缝含氢量低，抗裂性能好，电弧集中，热影响区小，变形和裂纹倾向小；焊接时电流密度大，熔深大，焊接速度快，焊后无清渣过程，所以生产率高；可进行全方位焊接，并可焊接厚度为 1 mm 左右的薄钢板，生产中常用来焊接厚度在 30 mm 以下的低碳钢和低合金结构钢；由于是氧化性气体保护，因此焊接时造成液滴飞溅大，焊缝成型后不平滑，而且焊接时需要采用直流电源。

3. 特种焊

特种焊是指除常规焊接方法（如手弧焊、埋弧焊、气体保护焊等）之外的焊接方法，主要有激光焊、电子束焊、等离子弧焊、超声波焊等一些特殊的焊接方法。其不仅可以适用于普通材料的焊接，还适用于特殊材料（如铝、铜、镁合金）的焊接，以及异种材料的焊接；从普通的民用领域，到航空、航天领域都适用。随着现代技术的成熟及研究的深入，特种焊将会得到越来越多的运用，此处仅介绍激光焊。

激光焊是利用高能量密度的激光束作为能源轰击工件，使工件接受能量转变为热量从而使其熔接的方法。

激光焊可以使两块钢板形成分子之间的结合，也就是说焊接后的钢板硬度相当于一整块钢板，与传统的焊接方式相比，将车身强度提升 30%，从而使得车身的结合精度大大提升。它具有输入热量少、焊接速度高、接头热变形和热影响区小、熔池形状深宽比大、组织细、韧性好等优点。焊接时无机械接触，有利于实现在线质量监控和自动化生产，具有减少零件和模具数量、减少点焊数目、优化材料用量、减小零件质量、降低成本和提高尺寸精度等优点。一些车身生产厂家已经将激光焊用于地板拼接、顶盖与侧面车身的焊接、后围板总成等的焊接。

激光焊的原理：激光焊时，激光照射到金属表面，与金属发生相互作用，金属中的自由电子吸收光子导致温度升高，然后通过振动将能量传递给金属离子，使金属温度升高，光能转变为热能。

激光焊的加工设备主要包括激光器、光束检测器、光学偏转聚焦系统、工作台和控制系统，如图 3-24 所示。

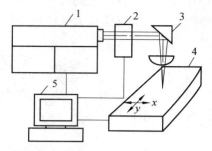

1—激光器；2—光束检测器；3—光学偏转聚焦系统；4—工作台；5—控制系统。

图 3-24　激光焊的加工设备

汽车制造业应用激光加工技术最活跃的领域就是激光焊，尤其是薄钢板激光对焊，其具有对焊后焊缝仍能进行冲压加工的特点，因而广泛应用在汽车车体薄钢板的冲压成型加工中。采用激光焊可以提高材料的利用率，同时能把多种不同材质和板厚的冲压件毛坯焊接在一起，减少冲压模具数量。

3.4.3　焊接件的结构工艺性

设计焊接件时，不仅要考虑焊件的使用性能，还要考虑焊件结构的工艺性能，使焊件生产简便、质量优良、成本低廉。焊件结构工艺性应包括焊接结构材料的选择、焊接接头形式的选择、焊缝的布置等方面。

1. 焊接结构材料的选择

在满足焊接结构件使用性能的前提下，应尽量选用焊接性良好的材料。低碳钢和普通低合金钢的焊接性良好、价格低廉、焊接工艺简单、易于保证焊接质量，应优先选用。

低碳钢的碳含量少，焊接性良好。焊接过程中不需任何特殊的工艺措施，几乎所有的焊接方法都能获得优质焊接接头。

中碳钢的 $W_C = 0.25\% \sim 0.60\%$，随着碳含量增加，焊接性变差，焊接时应适当进行预热。

高碳钢的碳含量高，焊接性很差，一般只对高碳钢工件进行焊补，而不进行结构焊接。

而 $W_C > 0.5\%$ 的碳钢和 $W_C > 0.6\%$ 的合金钢焊接性不好，应尽量避免采用。在采用两种不同材料进行焊接时，应注意它们焊接性的差异。

铸铁的碳、硅含量高，塑性很差，属于焊接性很差的材料。一般铸铁不考虑作为焊接结构件，而只能进行焊补。有色金属的焊接性较差。

2. 焊接接头形式的选择

焊接接头形式有对接接头、角接接头、T 形接头和搭接接头，如图 3-25 所示。焊接接头形式的选择主要根据结构形状、使用要求和焊接生产工艺而定。

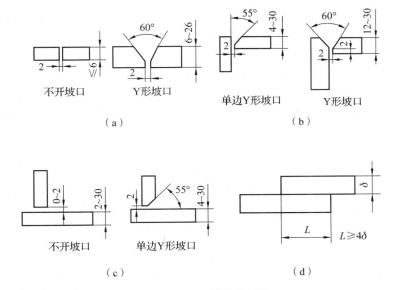

图 3-25 焊接的接头形式

（a）对接接头；（b）角接接头；（c）T 形接头；（d）搭接接头

对接接头是焊接结构中使用最多的一种接头形式，接头上应力分布比较均匀，焊接质量容易保证，但对焊前准备和装配质量要求相对较高。

角接接头便于组装，能获得美观的外形，但其承载能力较差，通常只起连接作用，不能用来传递工作载荷。

T 形接头也是一种应用非常广泛的接头形式，在船体结构中约有 70% 的焊缝采用 T 形接头，在机床焊接结构中的应用也十分广泛。

搭接接头便于组装，常用于对焊前准备和装配要求简单的结构，但焊缝受剪切力作用，应力分布不均，承载能力较低，且结构质量大，不经济。

当焊件厚度较大时，为保证焊透，接头处应根据工件厚度加工出各种坡口。坡口形式的选择主要应根据板厚和熔透要求，同时考虑坡口加工的经济性和焊接工艺性。通常，要求焊透的重要受力焊缝应尽量采用双面焊，以利于保证质量。

3. 焊缝的布置

焊缝位置对焊接接头的质量、焊接应力和变形以及焊接生产率均有较大影响，因此在布置焊缝时，应考虑以下几个方面。

1）焊缝位置应便于施焊，有利于保证焊缝质量。焊缝可分为平焊缝、横焊缝、立焊缝和仰焊缝 4 种形式，如图 3-26 所示。其中，施焊操作最方便、焊接质量最容易保证的是平焊缝，因此在布置焊缝时应尽量使焊缝能在水平位置进行焊接。

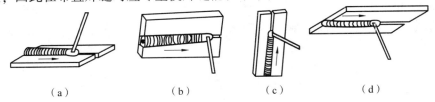

图 3-26 焊缝的 4 种形式

（a）平焊缝；（b）横焊缝；（c）立焊缝；（d）仰焊缝

除焊缝空间位置外，还应考虑各种焊接方法所需要的施焊操作空间。另外，还应注意焊接过程中对熔化金属的保护情况。气体保护焊时，要考虑气体的保护作用；埋弧焊时，要考虑接头处有利于熔渣形成封闭空间。

2）焊缝布置应有利于减少焊接应力和变形。通过合理布置焊缝来减小焊接应力和变形主要有以下途径。

①尽量减少焊缝数量，采用型材、管材、冲压件、锻件和铸钢件等作为被焊材料。这样，不仅能减小焊接应力和变形，还能减少焊接材料消耗，提高生产率。

②尽可能分散布置焊缝。焊缝集中分布容易使接头过热，材料的力学性能降低。两条焊缝的间距一般要求大于 3 倍的板厚。

③尽可能对称分布焊缝。焊缝的对称布置可以使各条焊缝的焊接变形相抵消，对减小梁柱结构的焊接变形有明显的效果。

3）焊缝应尽量避开最大应力和应力集中部位，以防止焊接应力与外加应力相互叠加，造成过大的应力而开裂。不可避免时，应附加刚性支承，以减小焊缝承受的应力。

4）焊缝应尽量避开机械加工面。一般情况下，焊接工序应在机械加工工序之前完成，以防止焊接损坏机械加工表面。此时，焊缝的布置也应尽量避开需要加工的表面，因为焊缝的机械加工性能不好，且焊接残余应力会影响加工精度。如果焊接结构上某一部位的加工精度要求较高，又必须在机械加工完成之后进行焊接工序，则应将焊缝布置在远离加工面处，以避免焊接应力和变形对已加工表面精度产生影响。

3.5　粉末冶金工艺基础

3.5.1　概述

粉末冶金是以金属粉末（或金属粉末与非金属粉末的混合物）为原料，通过成型、烧结或热成型制成金属制品或材料的一种冶金工艺技术。粉末冶金生产工艺与陶瓷制品的生产工艺类似，因此人们又常常称粉末冶金方法为"金属陶瓷法"。粉末冶金零件是机械制造工业中的一大类通用性基础零件。汽车工业中使用的各类粉末冶金零件，已占粉末冶金总产量的 70% ~80% 。

粉末冶金材料或制品种类较多，主要有难熔金属及其合金（如钨、钨-钼合金）、组元彼此不相熔或熔点悬殊的特殊性能材料（如钨-铜合金型电触头材料）、难熔的化合物和金属组成的各种复合材料（如硬质合金、金属陶瓷）等。

粉末冶金是某些特殊性能材料的唯一制造方法，其特点是：可直接制出尺寸准确、表面光洁的零件，是切削少甚至无切削的生产工艺；节约材料，缩短加工工时，成本低；制品强度较低、流动性较差，形状受限；压制成型的压强较高，制品尺寸较小；压模成本较高。

粉末冶金工艺过程包括粉料制备、粉末成型、烧结及后处理等工序，其工艺过程如图3-27 所示。

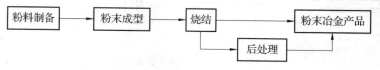

图 3-27　粉末冶金工艺过程

3.5.2　粉末的性能和制备

1. 粉末的性能

固态物质按分散程度不同可分成致密体、粉末体和胶体 3 类。粒径在 1 mm 以上的是致密体或常说的固体，粒径在 0.1 μm 以下的是胶体微粒，粒径介于二者之间的是粉末体或简称粉末。

金属粉末的性能对其成型和烧结过程以及制品的质量都有重大影响。金属粉末的性能可以用化学成分、物理性能和工艺性能来表征（此处仅介绍粉末的化学成分和物理性能）。

（1）粉末的化学成分

粉末的化学成分一般是指主要金属或组元的含量、杂质或夹杂物的含量以及气体的含量。金属或合金粉末中的主要金属含量都不能低于 98%。

粉末中的杂质主要指：与主要金属结合，形成固溶体或化合物的金属或非金属成分，如还原铁粉中的硅、锰、碳、硫、磷、氧等；从原料和粉末生产过程中带进的机械夹杂，如二氧化硅、氧化铝、硅酸盐、难熔金属或碳化物等酸不溶物；粉末表面吸附的氧、水蒸气和其他气体（N_2、CO_2 等）。

（2）粉末的物理性能

粉末的物理性能是指粉末颗粒形状与结构、粉末颗粒大小和粒度组成、显微硬度、粉末比表面、粉末真密度以及粉末颗粒的晶格状态。在技术条件中，通常只规定各级粉末颗粒的百分含量——粒度组成或筛分组成。

①颗粒形状：主要由粉末的生产方法决定，同时也与物质的分子或原子排列的结晶几何学因素有关，决定粉末的工艺性能。

②粒度组成：指不同粒度的颗粒占全部粉末的百分含量，又称粒度分布。

③粉末比表面：指每克粉末所具有的总表面积，通常用 cm^2/g 或 m^2/g 表示。

2. 粉末的制备

金属粉末的制备方法可分成两大类：物理化学法和机械法。物理化学法是在制备粉末过程中，使原材料受到化学或物理作用，而使其化学成分和集聚状态发生变化的工艺过程，如还原法和雾化法等。机械法是将原材料磨碎成粉而不改变原材料的化学成分的方法。

（1）还原法

还原法是从固态金属氧化物或金属化合物中还原制取金属粉末的方法。在工业上，还原法被广泛用来制取铁、铜、镍、钴、钨、钼等金属粉末，这是由于还原法制取的粉末不仅经济，而且制粉过程比较简单，在生产时容易控制粉末的颗粒大小和形状。还原法制得的粉末还具有很好的压制性和烧结性。

（2）雾化法

雾化法是指在气流的机械力和急冷作用下，液态金属被雾化，冷凝成细小粒状的一种方法。雾化制粉方法如图 3-28 所示，依靠自重从漏包中流出的金属液流被从喷嘴喷射出的高压气体或水冲击，雾化成粉。喷射流的主要作用是：把熔融液流击碎成细小的液滴，通过急冷使细小的液滴凝固。

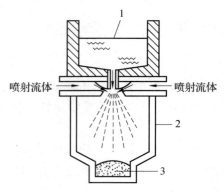

1—熔融金属；2—集气室；3—金属粉末。

图 3-28 雾化制粉方法

（3）机械法

机械法是指利用破碎机、锤击机或球磨机粉碎材料，生产细小颗粒的粉末。最常见的球磨机是利用回转筒内不断抛落的钢球破碎金属。其他生产粉末的方法，如电解法、化学沉积法和高速冲击法，一般应用较少。

3.5.3 粉末成型

1. 成型方法

成型是粉末冶金工艺的重要步骤。成型的目的是制得具有一定形状、尺寸、密度和强度的压坯。粉末冶金常用的成型方法有加压成型和无压成型两大类，其中加压成型包括模压成型、热压成型、等静压成型、轧制成型、离心成型、挤压成型、爆炸成型等；无压成型包括粉浆浇注和松装烧结等。

2. 粉末预处理和压制成型

（1）粉末预处理

粉末预处理包括：粉末退火、筛分、混合、制粒、加润滑剂等。

粉末的预先退火可使氧化物还原，降低碳和其他杂质的含量，提高粉末的纯度；同时，还能消除粉末的加工硬化、稳定粉末的晶体结构。筛分的目的在于把颗粒大小不同的原始粉末进行分级。混合是指将两种或两种以上不同成分的粉末混合均匀的过程。混合可采用机械法和化学法。制粒是将小颗粒的粉末制成大颗粒或团粒的工序，以此来改善粉末的流动性。

（2）压制成型

压模压制是对置于压模内的松散粉末施加一定的压力，使其成为具有一定尺寸、形状和一定密度、强度的压坯。

粉末的压缩过程一般采用压坯密度-成型压力曲线来表示，如图 3-29 所示。压坯密度变化分为 3 个阶段：在压力作用下粉末颗粒发生相对位移，填充孔隙，压坯密度随压力增加而急剧增加，如图 3-29 中阶段 Ⅰ；粉末体出现压缩阻力，即使再加压其孔隙度也不再减少，密度不随压力增高而明显变化，如图 3-29 中阶段 Ⅱ；当压力超过粉末颗粒的临界压力时，粉末颗粒开始变形，从而使其密度又随压力增高而增加，如图 3-29 中阶段 Ⅲ。

用石墨粉作隔层的单向压制实验，得到如图 3-30 所示的压坯形状，各层的厚度和形状均发生了变化。在任何垂直面上，上层密度比下层密度大；在水平面上，接近上模冲的截面的密度分布是两边大、中间小；而远离上模冲的截面的密度分别是中间大、两边小。

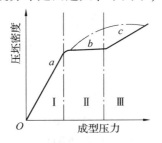

图 3-29　压坯密度-成型压力曲线

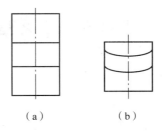

图 3-30　石墨粉作隔层的单向压制
（a）压制前；（b）压制后

因为粉末体在压模内受力后向各个方向流动，于是引起垂直于压模壁的侧压力。侧压力引起摩擦力，会使压坯在高度方向存在明显的压力降。

为了改善压坯密度的不均匀性，一般采取以下措施：在模具内壁上涂抹润滑油或采用内壁更光洁的模具来减小摩擦力，采用双向压制以改善压坯密度分布的不均匀性，模具设计时尽量降低高径比。

粉末的压制一般在普通机械式压力机或液压机上进行，常用的压力机规格为 500 ~ 5 000 kN。

3.5.4　烧结

烧结是将压坯按一定的规范加热到规定温度并保温一段时间，使压坯获得一定的物理及力学性能的工序。烧结的机理：粉末的表面能大，结构缺陷多，处于活性状态的原子也多，它们力图把本身的能量降低，将压坯加热到高温，为粉末原子释放所储存的能量创造了条件，由此引起粉末物质的迁移，使粉末体的接触面积增大，导致孔隙减少，密度增高，强度增加，形成了烧结。

固相烧结是烧结发生在低于其组成成分熔点的温度，如普通铁基粉末冶金轴承烧结。液相烧结是烧结发生在两种组成成分熔点之间，如硬质合金与金属陶瓷制品的烧结。液相烧结时，在液相表面张力的作用下，颗粒相互靠紧，故烧结速度快、制品强度高。

烧结时的影响因素包括烧结温度，烧结时间，大气环境，粉末材料、颗粒尺寸及形状、表面特性、压制压力等。烧结温度过高或时间过长，都会使压坯歪曲和变形，其晶粒亦大，产生所谓"过烧"的废品；如烧结温度过低或时间过短，则产品的结合强度等性能达不到要求，产生所谓"欠烧"的废品。

3.5.5　后处理

后处理指的是金属粉末压坯经烧结后的处理。后处理的方法按其目的不同，有以下几种。

1）为提高制件的物理及力学性能的方法有：复压、复烧、浸油、热锻与热复压、热处理及化学热处理。

2）为改善制件表面的耐蚀性的方法有：水蒸气处理、磷化处理、电镀等。

3）为提高制件的形状与尺寸精度的方法有：精整、机械加工等。

4）熔渗处理：将低熔点金属或合金渗入到多孔烧结制作的孔隙中，以增加烧结件的密度、强度、塑性或冲击韧度。

3.6 塑料成型工艺基础

3.6.1 概述

塑料是以合成树脂为主要成分，加入其他添加剂，在一定的温度和压力下能塑制成型的有机高分子固体材料，且在常温下能保持形状不变，因而得名为"塑料"。

1. 塑料的组成

（1）树脂

树脂是塑料的主要组分，在塑料中起黏结各组分的作用，也称为黏料。树脂占塑料的40%～100%，决定了塑料的类型（热塑性或热固性）和基本性能，因此塑料的名称也多用其原料树脂的名称来命名，如聚氯乙烯塑料、酚醛塑料等。

（2）添加剂

1）填充料：为了改善性能或降低成本等，在塑料中加入的惰性物质，如木粉、纸浆、石棉、炭黑、玻璃纤维等。

2）增塑剂：为了更好地改进塑料的可塑性、流动性和柔软性，改善制件的脆性与硬度而加入的液态或低熔点有机化合物，作用是加大分子间距离。

3）稳定剂：一种阻缓材料变质的物质，常用的有抗氧化剂、热稳定剂等。

4）着色剂：在塑料加工工艺中起美化、装饰、便于识别、提高耐候性、提高力学性能、改进光学性能等作用。

5）润滑剂：为防止塑料在成型过程中黏在模具或其他设备上，须加入少量润滑剂。润滑剂还可使塑料制品表面光亮美观。

6）固化剂：又称为交联剂、硬化剂，其作用在于通过交联使树脂由线型结构转变为体型结构。

2. 塑料的分类

塑料的种类繁多，常用的分类方法有以下两种。

1）按塑料分子结构和热性能进行分类，可分为热塑性塑料和热固性塑料。

①热塑性塑料：分子结构为线型或支链型，受热时软化或熔融，冷却时又会变硬，再加热时又会变软，可以反复加工，不起化学变化。优点是加工成型简便，具有较高的力学性能，废品回收后可以再利用；缺点是耐热性和刚性较差。常见的热塑性塑料有聚乙烯、聚丙烯、聚氯乙烯、聚苯乙烯、ABS、聚酰胺（尼龙）等。

②热固性塑料：开始受热时软化或熔融，可塑制成型，经过一定时间的加热或加入固化剂后，分子结构由线型变为体型即固化成型，固化后的塑料不熔。优点是耐热性好，抗压性好；缺点是较脆，韧性差，常常需加入填料增强。热固性塑料主要有酚醛树脂、环氧树脂、氨基树脂、不饱和聚酯等。

2）按塑料的使用特性进行分类，可分为通用塑料、工程塑料和功能塑料。

①通用塑料：一般只能作为非结构材料使用，产量大、用途广、价格低，主要品种有聚乙烯、聚氯乙烯、聚苯乙烯、聚丙烯、酚醛塑料（电木）和氨基塑料（电玉）等。其产量占塑料总产量的75％以上，是构成塑料工业的主体，也是一般工农业生产和日常生活不可缺少的廉价材料。

②工程塑料：作为工程结构材料使用，力学性能优良，能在较宽温度范围内承受机械应力和在较为苛刻的化学、物理环境中使用，主要有聚酰胺、聚碳酸酯、聚甲醛、聚苯醚、聚砜、聚酯及各种增强塑料等。

③功能塑料：用于特种环境中，具有某种特殊性能的塑料（又称特种塑料），产量少、价格较高，主要有医用塑料、光敏塑料、导磁塑料、高温耐热塑料、高频绝缘性塑料等。

3.6.2　塑料成型方法

塑料成型方法有很多，确定塑料成型方法应考虑所选择塑料种类、塑料生产批量、模具成本及不同成型方法的特点、应用范围；然后，依据不同成型方法工艺过程确定所生产塑料工艺过程。常用的塑料成型方法有注射成型、压缩成型、压注成型等。

1. 注射成型

注射成型是热塑性塑料成型的一个关键方法。它能一次成型形状复杂、尺寸精度高、带有金属或非金属嵌件的塑件。注射成型周期短、生产率高、易实现自动化生产。到现在为止，除氟塑料外，几乎全部热塑性塑料都能够用注射成型方法，部分流动性好的热固性塑料也可用注射成型方法。

（1）柱塞式注射机注射成型

柱塞式注射机注射成型工作原理如图3-31所示。首先，注射机合模机构带动模具活动部分（动模）和固定部分（定模）闭合；然后，注射机柱塞将料斗中粒料或粉料推进到加热料筒中；同时，料筒中已经熔融成黏流状态的塑料，在柱塞高压高速推进下，经过料筒端部喷嘴和模具浇注系统而射入已经闭合的型腔中；充满型腔的熔体在受压情况下，经冷却固化而保持型腔所给予的形状；最后，柱塞复位，料斗中落入料筒的粒料或粉料又落入料筒，合模机构带动动模部分打开模具，并由推件板将塑件推出模具，即完成一个注射成型周期。柱塞式注射机结构简单，但在注射成型中存在塑化不均匀、注射压力损失大、注射量提升受到限制等问题。

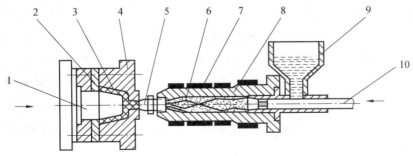

1—型芯；2—推件板；3—塑件；4—凹模；5—喷嘴；6—分流梭；

7—加热器；8—料筒；9—料斗；10—柱塞。

图3-31　柱塞式注射机注射成型工作原理

（2）螺杆式注射机注射成型

螺杆式注射机注射成型工作原理如图 3-32 所示。首先，将颗粒状或粉状塑料从注射机料斗送入高温的料筒，塑料受到料筒加热和螺杆的剪切摩擦热作用而逐渐熔融塑化，不断被螺杆压实，并被推向料筒前端，产生一定压力，使螺杆在转动的同时，缓慢地向后移动，当螺杆退到预定位置，触及限位开关时，螺杆即停止转动；然后，注射活塞带动螺杆按一定的压力和速度，将积存于料筒端部的塑料黏流态熔体经喷嘴注入模具型腔；最后，充满型腔的熔体经一定时间的保压冷却定型后，开模并分型脱模取出塑件，获得具有一定形状和尺寸的塑料制件。

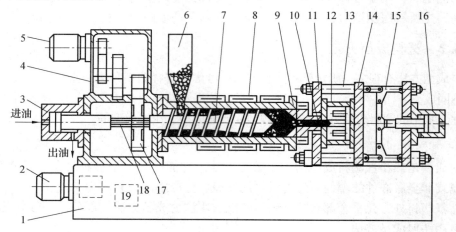

1—机身；2—电动机及液压泵；3—注射液压缸；4—齿轮箱；5—齿轮传动电动机；6—料斗；7—螺杆；
8—加热器；9—料筒；10—喷嘴；11—定模固定板；12—模具；13—拉杆；14—动模固定板；
15—合模机构；16—合模液压缸；17—螺杆传动齿轮；18—螺杆花键；19—油箱。

图 3-32　螺杆式注射机注射成型工作原理

2. 压缩成型

压缩成型又称压制成型、压塑成型、模压成型等，主要用于热固性塑料的加工，也可用于一些流动性很差的热塑性塑料的加工。和注射成型相比，其优点是：能够使用一般压力机进行生产；压缩模结构比较简单；塑件内取向组织少，性能比较均匀，成型收缩率小等。利用压缩成型还能够生产部分带有碎屑状、片状或长纤维状填充料，流动性很差的塑料制件，面积很大、厚度较小的大型扁平塑料制件。压缩成型的缺点是：周期长，生产环境差，生产操作多用手工而不易实现自动化，所以劳动强度大；塑件常常有溢料飞边，高度方向尺寸精度不易控制；模具易磨损，所以使用寿命短。压缩成型是将松散状（粉料、粒料、碎屑状或纤维状）固态物料直接加入加热压模型腔中，使其受热逐步软化熔融，并在压力下使物料充满模腔，塑料中高分子材料产生化学交联反应，经固化转变为塑料制品，其成型过程如图 3-33 所示。

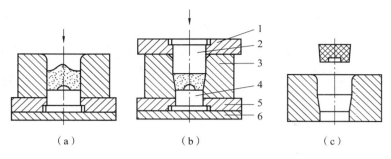

1—凸模；2—上凸模；3—凹模；4—下凸模；5—凸模固定板；6—下模座。

图 3-33　压缩成型过程

（a）加料；（b）压缩；（c）制品脱模

3. 压注成型

压注成型又称传输成型，它是在压缩成型基础上发展起来的一个热固性塑料加工方法。压注成型过程如图 3-34 所示，先将固态成型物料加入装在闭合压注模具上的加料腔内，使其受热软化成为黏流态，在压机柱塞压力作用下，经浇注系统充满模腔，塑料在模腔内继续受热受压，发生交联反应而固化定型，最终开模取出制件。

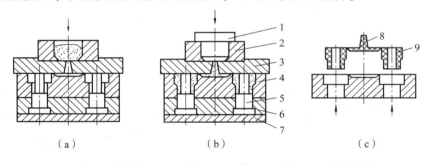

1—柱塞；2—加料腔；3—上模板；4—凹模；5—型芯；6—型芯固定板；
7—下模板；8—浇注系统；9—塑件。

图 3-34　压注成型过程

（a）加料；（b）压缩；（c）制品脱模

3.7　毛坯的选择

在机械零件的制造中，绝大多数零件是由原材料通过铸造、锻造、冲压或焊接等成型方法先制成毛坯，再经过切削加工制成的。切削加工只是为了提高毛坯件的精度和表面质量，它基本不改变毛坯件的物理、化学和力学性能，而毛坯的成型方法选择正确与否，对零件的制造质量、使用性能和生产成本等都有很大的影响。因此，正确地选择毛坯的种类和成型方法是零件设计与制造中的重要任务。

合理选择毛坯的类型，会使零件制造工艺简便、生产率高、质量稳定、成本降低。为能合理选用毛坯，需要清楚地了解各类毛坯的种类和成型方法的特点，掌握毛坯选用的原则等。

3.7.1 毛坯的种类及成型方法的比较

常用汽车零件的毛坯有铸件、锻件、冲压件、焊接件及粉末冶金件等。不同种类的毛坯在满足零件使用性能要求方面各有特点，现将各种毛坯成型方法的特点及其适用范围分述如下。

1. 铸件

在各类铸件中，应用最多的是灰铸铁件。灰铸铁虽然抗拉强度低、塑性差，但是其抗压强度不低、减振性和减摩性好、缺口敏感性低，生产成本是金属材料中最低的，因而广泛应用于制造一般零件或承受中等负荷的重要件，如皮带罩、轴承座、气缸体、齿轮等。可锻铸铁具有一定的塑韧性，用于制造一些形状复杂且承受一定冲击载荷的薄壁件。球墨铸铁具有良好的综合力学性能，经不同热处理后，可代替 35、40、45 钢及 35CrMo、20CrMnTi 钢用于制造负荷较大的重要零件，如机油泵齿轮、柴油机曲轴、传动齿轮等。耐磨铸铁常用于制造轧辊、车轮等。一些形状复杂而又要求质量轻、耐磨、耐蚀的零件毛坯，可以采用铝合金、铜合金等制造，如汽车活塞、轴瓦等。

铸造生产方法较多，根据零件的产量、尺寸及精度要求，可以采用不同的铸造方法。手工砂型铸造一般用于单件小批量生产，尺寸精度和表面质量较差；机器造型的铸件毛坯生产率较高，适于成批大量生产；熔模铸造适用于生产形状复杂的小型精密铸钢件；金属型铸造、压力铸造和离心铸造等特种铸造方法生产的毛坯精度、表面质量、力学性能及生产率都较高，但对零件的形状特征和尺寸大小有一定的适应性要求。

2. 锻件

锻件是金属材料经塑性变形获得的，其组织和性能比铸件的要好得多，但其形状复杂程度受到很大限制。力学性能要求高的零件其毛坯多为锻件。锻造生产方法主要是自由锻和模锻。自由锻的适应性较强，但锻件毛坯的形状较为简单，而且加工余量大、生产率低，适用于单件小批量生产和大型锻件的生产；模锻可以获得较为复杂的零件，而且模锻件的尺寸精度较高、加工余量小、生产率高，但是受到锻模加工、坯料流动条件和锻件出模条件的限制，无法制造出形状复杂的锻件，尤其是要求复杂内腔的零件毛坯，更是无法锻出。此外，锻件的生产成本高于铸件。

锻件主要应用于受力情况复杂、重载、力学性能要求较高的零件及工具模具的毛坯制造，如齿轮、连杆、传动轴、主轴、曲轴等。

3. 冲压件

绝大多数冲压件是通过在常温下对具有良好塑性的金属薄板进行变形或分离制成的。板料冲压件的主要特点是强度和刚度足够、尺寸精度很高、表面质量好、少或无切削加工、互换性好，因此应用十分广泛；但其模具生产成本高，故只适合大批量生产。冲压件所用的材料有碳钢、合金结构钢及塑性较高的有色金属。常见的冲压件有汽车覆盖件、轮翼、油箱等。

4. 焊接件

焊接的主要用途不是生产机器零件毛坯，而是造金属结构件。焊接件的优点是可以以小拼大，气密性好，生产周期短，不需要重型设备，可以生产有较好的强度和刚度、质量轻、材料利用率高的毛坯；缺点是抗振性差，易变形。因此，选用焊接件为毛坯，对一些性能要求高的汽车重要零件在机械加工前应采用退火处理，以消除应力、防止变形。

5. 型材

机械制造中常用的型材有圆钢、方钢、扁钢、钢管及钢板，切割下料后可直接作为毛坯进行机械加工。型材根据精度分为普通精度的热轧料和高精度的冷拉料两种。普通机械零件毛坯多采用热轧料，当成品零件的尺寸精度与冷拉料精度相符时，其最大外形尺寸可不进行机械加工。型材的尺寸有多种规格，可根据零件的尺寸选用，使切去的金属最少。

6. 粉末冶金件

粉末冶金的粉末成分可任意调整，制成任意成分的金属和合金构件以及耐高温、承受高速的构件。但粉末冶金所用的粉料生产成本高，模具费用大，对结构复杂、薄壁、锐角零件成型困难，受工艺限制，零件不能太大，适合大批量生产。

7. 非金属件

非金属材料在各类机械中的应用日益广泛，尤其是工程塑料。与金属材料相比，工程塑料具有质量轻、化学稳定性好、绝缘、耐磨、减振、成型及切削加工性好、材料来源丰富、价格低等一系列优点，但其力学性能比金属材料低很多。

工程塑料可用于制造一般结构件、传动件、摩擦件、耐蚀件、绝缘件、高强度高模量结构件等，如油管、螺母、轴套、齿轮、带轮、叶轮、凸轮等。

3.7.2 毛坯的选择原则

优质、高效、低耗是生产任何产品都要遵循的原则，毛坯也不例外，应该在满足使用要求的前提下，尽量降低生产成本。同一个零件的毛坯可以用不同的材料和不同的工艺方法去制造，应对各种生产方案进行多方面的比较，从中选出综合性能指标最佳的制造方法。具体体现为要遵循以下原则。

1. 使用性原则

在多数情况下，零件的使用性能要求直接决定了毛坯的材料，同时在很大程度上也决定了毛坯的成型方法。因此，在选择毛坯时，首先要考虑的是零件毛坯的材料和成型方法均能最大程度地满足零件的使用要求。零件的使用要求具体体现在对其形状、尺寸、加工精度、表面粗糙度等外观质量，以及对其化学成分、金相组织、力学性能、物理性能和化学性能等内部质量的要求上。

对于强度要求较高，且具有一定综合力学性能的重要轴类零件，通常选用合金结构钢经过适当热处理才能满足使用性能要求。从毛坯生产方式上看，采用锻件可以获得比选择其他成型方式都要可靠的毛坯。

纺织机械的机架、支承板、托架等零件的结构形状比较复杂，要求具有一定的吸振性能，选择普通灰铸铁件即可满足使用性能要求，不仅制造成本低，而且比碳钢焊接件的振动噪声小得多。

汽车的传动齿轮要求具有足够的强度、硬度、耐磨性及冲击韧度，选用合金渗碳钢20CrMnTi 模锻件毛坯或球墨铸铁 QT1200-1 铸件毛坯均可满足使用性能要求。20CrMnTi经渗碳及淬火处理，QT1200-1 经等温淬火后，均能获得良好的使用性能。因此，上述两种毛坯的选择是较为普遍的。

2. 经济性原则

所谓经济性原则，主要就是降低毛坯的成本。选择毛坯时，应在保证使用要求的前提下，尽量减少消耗、降低毛坯制造成本，满足市场竞争的要求。降低毛坯制造成本的主要途径如下。

1）选择合适的毛坯生产工艺。应根据零件的生产批量及使用要求，选择合适的毛坯制造工艺，以降低废品率、提高生产率、节约工时与材料。应尽量采用先进工艺，以提高质量和生产率，降低成本。在改变毛坯生产工艺或采用先进工艺的同时，可能需添置一些新的工艺装备，这些新增加的费用要作为成本由合格产品分担，所以改用新工艺时必须结合产品批量等进行综合考虑。

2）选择合适的材料。毛坯材料是零件成本的组成部分。材料的改变会使毛坯生产工艺改变，从而间接影响零件成本。例如，在轿车毛坯材料选材时，要求总质量轻、强度高，一般根据材料的比强度来比较候选材料。在满足使用要求的前提下，尽量选用成本低的材料，并把必须使用的贵重金属材料减少到最低限度。目前，许多高分子材料在一些场合可以替代金属材料，既降低了成本，又减轻了质量。

3）批量和生产周期。为适应市场需求，生产批量和生产周期对选定毛坯的种类有很大影响。一般单件、小批量生产，而且生产周期短时，应选用常用材料、通用设备和工具、低精度和低生产率的毛坯生产方法；大批量生产时，应选用专用设备和工具及高生产率的毛坯生产方法。大批量生产零件时，需精心设计、仔细考虑其整个工艺过程，虽然用了专用设备和工具增加了费用，但其材料消耗与切削加工量等会大幅度降低，生产率提高，所以总体成本还是较低的。

3. 可行性原则

根据使用要求和经济性所确定的毛坯生产方案是否能实现，还必须考虑企业的实际生产条件是否可行。只有实际生产条件能够实现毛坯的生产方案，这个方案才是切实可行的。

所谓实际生产条件，主要是指本企业的设备条件、技术水平、厂房情况及原材料供应情况等。如这些条件不能满足生产要求，就应考虑选用其他的零件毛坯生产制造方法。

综上所述，所谓毛坯选择，主要是指在选择毛坯种类、毛坯材料以及毛坯生产制造工艺等时，需综合考虑的一些原则，如使用性、经济性和可行性等，这些因素是相互联系又相互制约的。因此，在确定毛坯选择方案时，应在保证零件使用要求的前提下，从本企业实际出发，力求做到高效、优质、低成本。

习　题 ▶▶ ▶

3-1　铸件浇注位置和分型面选择的主要原则是什么？

3-2　金属型铸造、压力铸造、离心铸造、熔模铸造与普通砂型铸造相比，有何优缺点？

3-3　什么是模锻？模锻有何特点？模锻工艺流程有哪些？

3-4　什么是冲压？与锻造相比有哪些异同？适用于汽车生产的哪类零件？

3-5　冲模有几种？各适用于生产汽车何类零件？

3-6　什么是焊接？焊接与铸造、锻造相比有何特点？按焊接过程的不同可将焊接分为几大类? 各类的特点如何?

3-7 设计焊接结构应考虑哪些方面? 焊缝布置的一般设计原则有哪些?

3-8 简述粉末冶金的工艺过程和特点。

3-9 简述压注成型和压缩成型的原理及特点。

3-10 简述选择毛坯的原则及其相互关系。

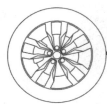

第 4 章
机械加工质量

每一种机械产品都是由许多相关零件装配而成的，因此产品的质量不仅取决于装配质量，而且还与零件的加工质量直接相关。零件的机械加工质量是保证产品质量的基础。保证机械加工质量，提高生产效率，降低生产成本，是研究机械制造工艺的目的。

本章主要介绍机械加工质量的概念，分析机械加工质量的形成、影响因素及对零件使用性能的影响。

4.1　机械加工质量的基本概念

零件的机械加工质量包括两个方面：加工精度和表面质量。加工精度包括尺寸精度、形状精度和位置精度，表面质量包括表面几何形状精度和缺陷层等，如图 4-1 所示。

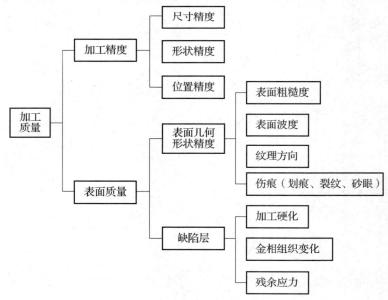

图 4-1　机械加工质量

4.1.1　加工精度

机械零件的加工精度是指零件实际几何参数与设计几何参数的接近程度。加工误差是指零件实际几何参数偏离设计几何参数的数值大小。加工精度用公差等级衡量，其等级数越低则精度越高。加工误差用数值表示，误差数值越大则精度越低。

一般情况下，零件加工精度越高时，加工成本相对越高，生产效率则越低。

加工精度包括尺寸精度、形状精度和位置精度。三者关系如下：表面形状误差≈尺寸公差×（30%～50%），表面位置误差≈尺寸公差×（65%～85%）。由此可知，形状公差应该限制在位置公差之内；位置公差应限制在尺寸公差之内。尺寸精度越高时，形状和位置精度越高。

加工精度的具体内容如下：

1）尺寸精度是指加工后零件表面本身或表面之间的实际尺寸与理想尺寸之间的符合程度；

2）形状精度是指加工后零件各表面本身的实际形状与理想零件表面形状之间的符合程度，如平面度、直线度、圆度、圆柱度等；

3）位置精度是指加工后零件各表面的实际相互位置与理想零件各表面的相互位置之间的符合程度，如平行度、垂直度、同轴度等。

4.1.2　表面质量

表面质量指零件表面的几何特征和表面层的物理力学性能。表面的几何特征包括表面粗糙度和表面波度。表面层物理力学性能包括产生冷作硬化、形成残余应力和金相组织的性能变化。

1. 表面几何特征

机械加工后的表面几何形状是指零件最外层表面的微观几何形状，它总是以"峰""谷"交替形式出现。

表面粗糙度是指加工表面的微观几何形状误差。国家标准规定：表面粗糙度用在一定长度内（称为基本长度）轮廓的算术平均偏差值 Ra 或轮廓最大高度 Rz 作为评定指标。

表面波度是介于宏观几何形状误差与微观几何形状误差之间的周期性几何形状误差，其通常是由加工过程中工艺系统的低频振动所引起的。

2. 表面层物理力学性能

材料的表面层在加工时会产生物理、力学和化学性质的变化，常常在最外层生成氧化膜或其他化合物并吸收、渗进气体粒子，此称之为吸附层。

在加工过程中由切削力造成的材料表面为压缩区，将形成塑性变形区域，厚度在几十至几百微米之间，并随加工方法的不同而改变。压缩区上部为纤维层，由被加工材料与刀具间的摩擦所造成。另外，切削热也会使材料表面层产生如同淬火、回火一样的相变以及晶粒大小的改变。

表面层的物理力学性能不同于基体，其主要表现为以下 3 个方面。

（1）表面层产生冷作硬化

表面层产生冷作硬化的原因在于工件在机械加工过程中，表面层受力产生塑性变形，使其内部晶体发生剪切滑移、晶格扭曲、晶粒拉长或破碎甚至纤维化，使表面层材料的强度和硬度提高。

（2）表面层形成残余应力

在切削特别是磨削加工中，由于切削变形和切削热的影响，导致材料表面层与内部基体材料间因热胀冷缩不同而处于相互牵制、平衡的弹性应力状态，从而形成残余应力。

（3）表面层金相组织的性能变化

在机械加工特别是磨削加工中，由于切削热的集中，使得材料表面产生高温，促使其产生不同程度的金相组织和性能改变。

4.2 影响加工精度的因素

在机械加工过程中，机床、夹具、刀具和工件组成了一个完整的系统，称为工艺系统，工件的加工精度问题也就涉及整个工艺系统的精度问题。工艺系统中各个环节所存在的误差，在不同的条件下，以不同的程度和方式反映为工件的加工误差，它是产生加工误差的根源，因此工艺系统的误差被称为原始误差。原始误差的构成如图4-2所示。

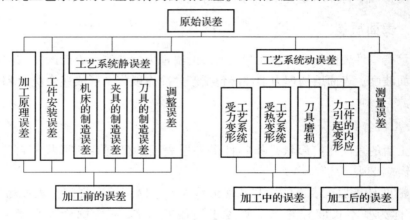

图 4-2 原始误差的构成

原始误差主要来自两方面：一方面是在加工前就存在的工艺系统本身的误差（几何误差），包括加工原理误差，机床、夹具、刀具的制造误差，工件安装误差，工艺系统的调整误差等；另一方面是加工过程中工艺系统受力变形、热变形、工件残余应力引起的变形和刀具磨损等引起的误差，以及加工后因内应力引起的变形和测量引起的误差等。

4.2.1 工艺系统的几何误差

工艺系统的几何误差包括加工原理误差、机床的几何误差、刀夹具制造误差和调整误差等。

1. 加工原理误差

加工原理误差是指采用了近似的成型运动或近似的刀刃轮廓进行加工而产生的误差。

为了获得规定的加工表面，要求切削刃完全符合理论曲线的形状，刀具和工件之间必须作相对准确的切削运动。但往往为了简化机床或刀具的设计与制造、降低生产成本、提高生产率和方便使用而采用了近似的加工原理，在允许的范围内存在一定的误差。

滚齿就是一种近似的加工方法。由于滚刀的刀刃数有限，加工出来的齿轮齿形是有限个刀刃切成的折线；另外，由于滚刀制造困难，因此采用阿基米德基本蜗杆代替渐开线基本蜗杆，由此产生的误差，均属于加工原理误差。

车螺纹时，如果螺距具有几位小数，在选择挂轮时，因为挂轮的齿数是固定的，所以往往只能得到近似的螺距。

应当指出，当包括加工原理误差在内的加工误差总和不超过规定的工序公差时，就可以采用近似的加工方法。采用近似方法往往比理论上精确的方法简单，加工误差的累积较少，它有利于简化机床结构、降低刀具成本和提高生产率，是切实可行的加工方法。

2. 机床的几何误差

机床的几何误差包括机床本身各部件的制造误差、安装误差和使用过程中的因磨损引起的误差。这里着重分析对加工影响较大的主轴回转误差、机床导轨误差及传动链误差。

（1）主轴回转误差

机床工作时，由于主轴部件在制造、装配过程中存在各种误差，使得主轴回转轴线的空间位置在每一瞬间都处于变动状态，因此产生主轴回转误差。机床主轴是用来安装工件或刀具并将运动和动力传递给工件或刀具的重要零件，它是工件或刀具的位置基准和运动基准，它的回转精度是机床精度的主要指标之一，直接影响着工件精度。

主轴回转误差可分为 3 种基本形式，如图 4-3 所示。

1）纯径向圆跳动：主轴实际回转轴线相对于理论回转轴线在径向的变动量。产生原因是主轴支承轴颈的圆度误差和轴承工作表面的圆度误差。

2）纯轴向圆跳动：主轴实际回转轴线沿理论回转轴线在轴向的变动量。产生原因是主轴轴肩端面和推力轴承承载端面对主轴的回转轴线有垂直度误差。

3）纯角度摆动：主轴实际回转轴线与理论回转轴线在角度方向上的偏移量。角度摆动主要取决于主轴前后支承跳动（跳动量、相位等）的综合影响。它不仅影响圆度，而且影响圆柱度。

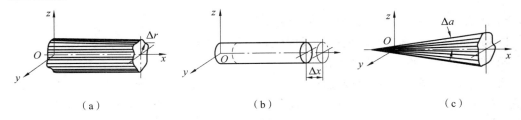

图 4-3　主轴回转误差的基本形式
（a）纯径向圆跳动；（b）纯轴向圆跳动；（c）纯角度摆动

不同形式的主轴回转误差对加工精度的影响是不同的；而同一形式的主轴回转误差在不同的加工方式中的影响也不相同，如表 4-1 所示。

表 4-1　机床主轴回转误差产生的影响

主轴回转误差的基本形式	车床上车削			镗床上镗削	
	内、外圆	端面	螺纹	孔	端面
纯径向圆跳动	影响极小	无影响	—	圆度误差	无影响
纯轴向圆跳动	无影响	平面度误差 垂直度误差	螺距误差	无影响	平面度误差 垂直度误差
纯角度摆动	圆柱度误差	影响极小	螺距误差	圆柱度误差	平面度误差

提高主轴回转精度的措施如下。

1）提高主轴部件的制造精度：提高轴承的回转精度，如采用高精度的滚动轴承、高精度的多油楔动压轴承、高精度的静压轴承；提高轴承组件的接触刚度，如提高箱体支承孔的加工精度、主轴轴径的加工精度、与轴承相配合表面的加工精度。

2）对滚动轴承进行预紧：可消除间隙，微量过盈可使轴承内、外圈和滚动体的弹性变形相互制约，这样既可增加轴承刚度，又对滚动体的误差起均化作用，因而可提高主轴的回转精度。

3）使主轴的回转精度不反映到工件上：如常采用两个固定顶尖支承，主轴只起传动作用，工件的回转精度完全取决于顶尖和中心孔的形状误差和同轴度误差，而提高顶尖和中心孔的精度要比提高主轴部件的精度容易且经济。

（2）机床导轨误差

机床导轨既是机床主要部件的相对位置及运动的基准，又是保证刀具与工件之间导向精度的导向件，因此机床导轨误差对加工精度有直接的影响。

1）导轨在垂直面内的直线度误差。

如果机床导轨在垂直面内有直线度误差，如图 4-4 所示，则刀尖由 a 点移到 b 点，并引起工件半径上的加工误差 Δy。由直角三角形 Oab 知：

$$\left(\frac{d}{2} + \Delta y\right)^2 = \left(\frac{d}{2}\right)^2 + \Delta z^2$$

则
$$d\Delta y + \Delta y^2 = \Delta z^2$$

略去 Δy^2，则
$$\Delta y = \frac{\Delta z^2}{d}$$

由于 Δz 很小，所以 Δz^2 更小，故这项加工误差很小。

因此，机床导轨在垂直面内有直线度误差，对工件加工精度的影响很小。

2）导轨在水平面内的直线度误差。

机床导轨在水平面内有直线度误差 Δy，如图 4-5 所示，则会引起工件沿轴线方向任一截面的直径误差 $2\Delta y$。如果沿轴线方向任一截面的 Δy 值不等，还将引起工件的圆柱度误差。因此，机床导轨在水平面内有直线度误差，对工件加工精度的影响很大，必须加以控制。

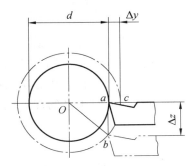

图 4-4　机床导轨在垂直面内有直线度误差

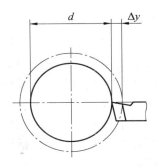

图 4-5　机床导轨在水平面内有直线度误差

3）前后导轨的平行度误差。

当机床的前后导轨存在平行度误差（扭曲）时，刀具和工件之间的相对位置将发生变化，从而引起工件的形状误差。在垂直于纵向走刀的某一截面内，若前后导轨的平行度误差为 Δz，则零件的半径误差为

$$\Delta r \approx \Delta y = \Delta z \frac{H}{B}$$

对于一般机床，$H/B \approx 2/3$；对于外圆磨床，$H/B \approx 1$。因此，这项原始误差对工件加工精度的影响不能忽略。

4）导轨与主轴回转轴线的平行度误差。

若机床导轨与主轴回转轴线在水平面内有平行度误差，则车出的内外圆柱面会产生锥度；若在垂直面内有平行度误差，则圆柱面成双曲线回转体（见图 4-6），因是误差非敏感方向，故可忽略。

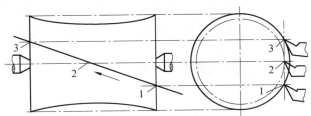

图 4-6　机床导轨与主轴回转轴线在垂直面内有平行度误差

（3）传动链误差

传动链始末两端的联系是通过一系列的传动元件来实现的，当这些传动元件存在加工误差、装配误差和磨损时，就会破坏正确的运动关系，使工件产生加工误差，这些误差即传动链误差。

减少传动链误差的措施如下。

1）尽量减少传动元件数量，缩短传动链，以缩小误差的来源。

2）采用误差校正装置来提高传动精度。

3）提高传动链中各元件，尤其是末端元件的加工和装配精度，以保证传动精度。

4）设法消除传动链中齿轮间的间隙，以提高传动精度。

5）传动比 i 应小。在传动链中按降速比递增的原则分配传动副的传动比，传动链末端传动副的降速比取得越大，则传动链中其余各传动元件误差的影响就越小。

3. 刀夹具制造误差

刀具的制造误差对工件加工精度的影响，根据刀具种类不同而异。当采用定尺寸刀具如钻头、铰刀、拉刀、键槽铣刀等加工时，刀具的尺寸精度将直接影响工件的尺寸精度；当采用成型刀具如成型车刀、成型铣刀等加工时，刀具的形状精度将直接影响工件的形状精度；当采用一般刀具如车刀、铣刀等加工时，刀具的制造误差对工件的加工精度并无直接影响，但其磨损对工件的加工精度、表面粗糙度有直接影响。

夹具的制造误差与磨损包括以下 3 个方面：

1）定位元件、刀具导向元件、分度机构、夹具体等的制造误差；

2）夹具装配后，定位元件、刀具导向元件、分度机构等元件工作表面间的相对尺寸误差；

3）夹具在使用过程中定位元件、刀具导向元件工作表面的磨损。

这些误差将直接影响工件加工表面的位置精度或尺寸精度。一般来说，夹具误差对加工表面的位置精度影响最大，在设计夹具时，凡影响工件精度的尺寸应严格控制其制造误差，一般可取工件上相应尺寸或位置公差的 1/2 ~ 1/5 作为夹具元件的公差。

4. 调整误差

机械加工过程中的每一道工序都要进行各种各样的调整工作，由于调整不可能绝对准确，因此必然会产生误差，这些误差称为调整误差。

4.2.2 工艺系统的受力变形

机械加工过程中，工艺系统在切削力、传动力、惯性力、夹紧力、重力等外力的作用下，各环节将产生相应的变形，使刀具和工件间已调整好的正确位置关系遭到破坏而造成加工误差。工艺系统受力变形是加工中一项很重要的原始误差，它严重影响工件的加工精度。工艺系统的受力变形通常是弹性变形，一般来说，工艺系统抵抗弹性变形的能力越强，其加工精度越高。工艺系统抵抗外力使其变形的能力称为工艺系统的刚度。

1. 工艺系统的刚度

工艺系统的刚度用切削力和在该力方向上所引起的刀具和工件间相对变形位移的比值表示。由于切削力有 3 个分力，在切削加工中对加工精度影响最大的是刀刃沿加工表面的法线方向（y 方向上）的分力，因此计算工艺系统的刚度时，通常只考虑此方向上的切削分力 F_y 和变形位移量 y，有

$$K = \frac{F_y}{y} \tag{4-1}$$

式中，K——工艺系统的刚度（N/mm）；

y——系统在切削力 F_x、F_y、F_z 共同作用下在 y 方向上的变形。

由于力与变形一般都是在静态条件下进行考虑和测量的，故上述刚度为静刚度。静刚度是工艺系统本身的属性，在线性范围内可认为与外力无关。

（1）零件的刚度

形状规则、简单的零件的刚度可用有关力学公式推算。长轴零件两顶尖装夹按简支梁计算，三爪卡盘装夹按悬臂梁计算。

零件用两顶尖装夹，工件的变形可按简支梁计算，具体如下：

最大变形为 $Y_{\max} = \dfrac{F_y L^3}{48EI}$，最小刚度为 $K_{\min} = \dfrac{F_y}{Y_{\max}} = \dfrac{48EI}{L^3}$。

零件用三爪卡盘装夹，工件的变形可按悬臂梁计算，具体如下：

最大变形为 $Y_{\max} = \dfrac{F_y L^3}{3EI}$，最小刚度为 $K_{\min} = \dfrac{F_y}{Y_{\max}} = \dfrac{3EI}{L^3}$。

（2）机床部件刚度

机床结构复杂，各部件受力影响变形各不相同，且变形后对工件精度的影响也不同。影响机床部件刚度的因素：接合面间的间隙，薄弱零件本身的变形，连接表面间的接触变形。

机床部件刚度比较复杂，很难用理论公式计算，主要通过实验来测定。机床静刚度特性曲线如图 4-7 所示。

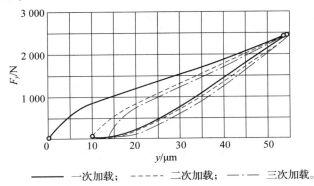

—— 一次加载；　----- 二次加载；　—·— 三次加载。

图 4-7　机床静刚度特性曲线

从机床静刚度曲线可以看出：变形与载荷不成线性关系，反映刀架的变形不纯粹是弹性变形；加载与卸载曲线不重合，有残余变形存在，两曲线包容的面积代表了加载-卸载循环中所损失的能量，即外力在克服部件内零件间的摩擦和接触塑性变形所做的功；实际刚度比估算的小，因为机床部件由许多零件组成，零件之间存在着结合面、配合间隙和刚度薄弱环节，机床部件刚度受这些因素影响，特别是薄弱环节对部件刚度影响较大。

（3）工艺系统的刚度

工艺系统在切削力作用下会产生不同程度的变形，其总变形是各个组成部分变形的叠加，即

$$Y_{系统} = Y_{机床} + Y_{夹具} + Y_{刀具} + Y_{工件}$$

而工艺系统各组成部件的变形为

$$Y_{系统} = \frac{F_y}{K_{系统}}$$

$$Y_{机床} = \frac{F_y}{K_{机床}}$$

$$Y_{夹具} = \frac{F_y}{K_{夹具}}$$

$$Y_{刀具} = \frac{F_y}{K_{刀具}}$$

$$Y_{工件} = \frac{F_y}{K_{工件}}$$

因此，工艺系统的刚度为

$$K_{系统} = \frac{1}{\dfrac{1}{K_{机床}} + \dfrac{1}{K_{夹具}} + \dfrac{1}{K_{刀架}} + \dfrac{1}{K_{工件}}} \tag{4-2}$$

计算出工艺系统各组成部分的刚度后，就可以求出整个工艺系统的刚度。工艺系统刚度的一个特点：整个工艺系统的刚度比其中刚度最小的那个环节的刚度还小。

2. 工艺系统受力对加工精度的影响

（1）切削过程中力作用位置的变化对加工精度的影响

工艺系统刚度的另一个特点是：工艺系统的各环节的刚度和整个工艺系统的刚度，随着受力点位置变化而变化。此时，工艺系统刚度的计算公式为

$$Y_{系统} = \frac{F_y}{K_{刀架}} + \frac{F_y}{K_{头架}}\left(\frac{x}{L}\right)^2 + \frac{F_y}{K_{尾架}}\left(\frac{L-x}{L}\right)^2 + \frac{F_y}{3EI}\frac{x^2(L-x)^2}{L} \tag{4-3}$$

$$K_{系统} = \frac{F_y}{Y_{系统}} = \frac{1}{\dfrac{1}{K_{刀架}} + \dfrac{1}{K_{头架}}\left(\dfrac{x}{L}\right)^2 + \dfrac{1}{K_{尾架}}\left(\dfrac{L-x}{L}\right)^2 + \dfrac{1}{3EI}\dfrac{x^2(L-x)^2}{L}} \tag{4-4}$$

式中，x——刀具位于任意点与主轴的距离。

由此可见，工艺系统的刚度在沿工件轴向的各个位置是不同的。因此，加工后工件各个截面上的直径尺寸也不相同，造成加工后的形状误差。

细长零件刚度低，工艺系统的变形取决于零件的变形，此类零件产生鼓形加工误差。短粗工件刚度较大，变形相对较小，工艺系统的变形取决于机床头、尾架、顶尖、刀架和刀具的变形，此类零件产生鞍形加工误差。

（2）切削过程中受力大小变化对加工精度的影响

在零件同一截面内切削，由于材料硬度不均或加工余量的变化将引起切削力大小的变化，而此时工艺系统的刚度 K 是常量，所以变形不一致会导致零件的加工误差。

车削有椭圆形圆度误差的短圆柱毛坯外圆，如图4-8所示，将刀尖调整到要求的尺寸（图中双点划线位置），在工件的每一转中切深由毛坯长半径的最大值 a_{p1} 变化到短半径的最小值 a_{p2} 时，切削力也就由最大的 F_{y1}，变化到最小的 F_{y2}。由 $Y = F_y/K$ 可知，切削力变化引起对应的让刀变形 y_1，y_2。令（$a_{p1}-a_{p2}$）为毛坯误差 $\Delta_{毛坯}$，（y_1-y_2）为一次走刀后的工件误差工件 $\Delta_{工件}$，则有

$$\Delta_{工件} = \frac{C}{K_{系统} + C}\Delta_{毛坯} = \varepsilon\Delta_{毛坯} \tag{4-5}$$

式中，ε——误差复映系数，$\varepsilon = \dfrac{C}{K_{系统} + C}$；

C——与工件材料、刀具几何形状等有关的系数。

误差复映规律：当毛坯有形状误差或位置误差时，加工后工件仍会有同类的加工误差，但每次走刀后误差将逐步减少。

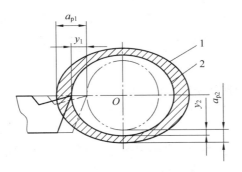

1—毛坯外形；2—工件外形。

图 4-8　车削时的误差复映规律

若每次走刀的误差复映系数分别为 ε_1、ε_2、$\cdots$、ε_n，则 $\varepsilon_{总} = \varepsilon_1 \varepsilon_2 \cdots \varepsilon_n$。因为每个误差复映系数均小于 1，故总的误差复映系数将是一个很小的数值。这样，经过几次工作行程后，零件上的误差比毛坯误差小得多，有可能达到允许的公差范围，从而得到所要求的精度。因此，精度要求高的表面，需要有粗、精和光整加工等几道工序。

3. 减少工艺系统受力变形的措施

工艺系统受力变形会引起工件的尺寸误差和形状误差。减少工艺系统受力变形是保证加工精度的有效途径之一。生产实际中常采取如下措施。

1）提高接触刚度。所谓接触刚度就是互相接触的两表面抵抗变形的能力。提高接触刚度是提高工艺系统刚度的关键。常用的方法是改善工艺系统主要零件接触面的配合质量，使配合面的表面粗糙度和形状精度得到改善和提高，实际接触面积增加，微观表面和局部区域的弹性、塑性变形减少，从而有效地提高接触刚度。

2）提高工件定位基面的精度和表面质量。工件的定位基面如存在较大的尺寸、形位误差且表面质量差，在承受切削力和夹紧力时可能产生较大的接触变形，因此精密零件加工用的基准面需要随着工艺过程的进行逐步提高精度。

3）设置辅助支承，提高工件刚度，减小受力变形。切削力引起的加工误差往往是因为工件本身刚度不足或工件各个部位刚度不均匀而产生的。当工件材料和直径一定时，工件长度和切削分力是影响变形的决定性因素。为了减少工件的受力变形，常采用中心架或跟刀架，以提高工件的刚度，减小受力变形。

4）合理装夹工件，减少夹紧变形。当工件本身薄弱、刚性差时，夹紧时应特别注意选择适当的夹紧方法，尤其是在加工薄壁零件时，为了减少加工误差，应使夹紧力均匀分布。缩短切削力作用点和支承点的距离，提高工件刚度。

5）对相关部件预加载荷。例如，机床主轴部件在装配时通过预紧主轴后端面的螺母给主轴滚动轴承以预加载荷，这样不仅能消除轴承的配合间隙，而且在加工开始阶段就使主轴与轴承有较大的实际接触面积，从而提高了配合面间的接触刚度。

6）合理设计系统结构。在设计机床夹具时，应尽量减少组成零件数，以减少总的接触变形量；选择合理的结构和截面形状；并注意刚度的匹配，防止出现局部环节刚度低的情况。

7）提高夹具、刀具刚度，改善材料性能。

8）控制负载及其变化。适当减少进给量和背吃刀量，可减少总切削力对零件加工精度的影响；此外，改善工件材料性能以及改变刀具几何参数（如增大前角等）都可减少受力变形；将毛坯合理分组，使每次调整中加工的毛坯余量比较均匀，能减小切削力的变化，减小误差复映系数。

4.2.3　工艺系统的热变形

1. 工艺系统的热源

在机械加工过程中，工艺系统会受到各种热的影响而产生变形，一般称为热变形。引起工艺系统热变形的热源可分为内部热源和外部热源两大类。

1）内部热源主要指切削热和摩擦热，它们产生于系统内部，属于传导传热。

①切削热是切削加工过程中最主要的热源，对工件加工精度的影响最为直接。在切削（磨削）过程中，消耗于切削层的弹、塑性变形能及刀具、工件和切屑之间摩擦的机械能，绝大部分都转变成了切削热。

②摩擦热主要是机床和液压系统中运动部件产生的，如电动机、轴承、齿轮、丝杠副、导轨副、离合器、液压泵、阀等各运动部分产生的摩擦热。摩擦热比切削热少，但摩擦热在工艺系统中是局部发热，引起局部温升和变形，破坏了系统原有的几何精度，对加工精度也会带来严重影响。

2）外部热源主要是指工艺系统外部的环境温度（它与气温变化、通风、空气对流和周围环境等有关）和各种热辐射（包括由阳光、照明、暖气设备等发出的辐射热），属于对流传热。

2. 工艺系统的热变形对加工精度的影响

工艺系统的热变形将破坏刀具与工件的正确几何关系和运动关系，造成工件的加工误差。热变形对加工精度影响比较大，特别是在精密加工和大件加工中，热变形所引起的加工误差通常会占到工件加工总误差的 40% ~ 70%。

（1）机床热变形对加工精度的影响

机床在工作过程中，受到内外热源的影响，各部分的温度将逐渐升高。由于各部件的热源不同、分布不均匀，以及机床结构的复杂性，因此不仅各部件的温升不同，而且同一部件不同位置的温升也不相同，形成不均匀的温度场，使机床各部件之间的相互位置发生变化，破坏了机床原有的几何精度而造成加工误差。

机床空运转时，各运动部件产生的摩擦热基本不变。运转一段时间之后，各部件传入的热量和散失的热量基本相等，即达到热平衡状态，变形趋于稳定。机床达到热平衡状态时的几何精度称为热态几何精度。

在机床达到热平衡状态之前，机床几何精度变化不定，对加工精度的影响也变化不定。因此，不同类型机床的热变形对加工精度的影响也不相同。

对于车、铣、镗床类机床，其主要热源是主轴箱的发热，它将使箱体和床身（或立柱）发生变形和翘曲，从而造成主轴的位移和倾斜，如图 4-9 所示。坐标镗床为精密机床，要求有很高的定位精度，其主轴由于热变形产生的位移和倾斜将破坏机床的原有几何精度。为此，需要对机床的温升严加控制。例如，SIP-2P 型单柱立式坐标镗床，其立柱导轨的温升应控制在 0.75℃ 左右，主轴箱的温升应控制在 1.33 ~ 1.6℃ 范围内，才能保证精度要求。

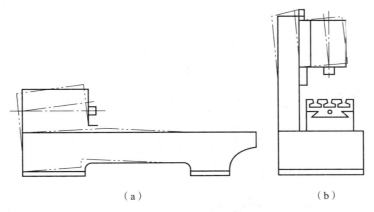

图 4-9 车床和立式铣床的热变形

（a）车床；（b）立式铣床

磨床一般都是液压传动并有高速磨头，故这类机床的热源主要是磨头轴承和液压系统的发热。轴承的发热将使磨头轴线产生热位移，当前后轴承的温升不同时其轴线还会出现倾斜。液压系统的发热将使床身各处的温升不同，进而导致床身的弯曲变形。几种磨床的热变形如图 4-10 所示。

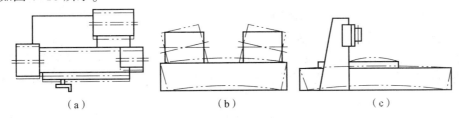

图 4-10 几种磨床的热变形

（a）外圆磨床；（b）双端面磨床；（c）导轨磨床

（2）工件热变形对加工精度的影响

工件热变形的热源主要是切削热，对有些大型件、精密件，环境温度也有很大的影响。传入工件的热量越多，工件的质量越小，热变形越大。

工件的热变形主要有均匀受热和不均匀受热两种。

1）工件均匀受热。

工件均匀受热，其热变形主要影响工件的尺寸精度，有时也会影响其形状精度。

一些简单的均匀受热工件，如车、磨轴类件的外圆，待加工后冷却到室温时其长度和直径将有所收缩，由此而产生尺寸误差 ΔL。ΔL 可用简单的热伸长公式进行估算，即

$$\Delta L = L\alpha\Delta t \tag{4-6}$$

式中，L——工件热变形方向的尺寸（mm）；

α——工件的热膨胀系数（1/℃）；

Δt——工件的平均温升（℃）。

2）工件不均匀受热。

工件受热不均会引起内部产生热应力和外部变形。例如，磨削薄壁零件的单一表面，由于工件单面受热会产生向上翘曲变形 y，加工冷却后将形成中凹的形状误差 y'，如图 4-11（a）所示。y 的量值可根据图 4-11（b）所示几何关系得出，即

$$y' \approx \frac{\alpha L^2 \Delta t}{8H} \tag{4-7}$$

由式（4-7）可知，工件的长度 L 越大，厚度 H 越小，则中凹形状误差 y' 就越大。在铣削或刨削薄板零件平面时，也有类似情况发生。为减小由工件热变形带来的加工误差，在工件长度 L 和厚度 H 基本一定的前提下，应重点控制好工件上下表面温差 Δt。

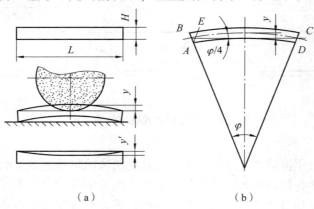

（a）　　　　　　　　（b）

图 4-11　薄壁零件热变形

（3）刀具热变形对加工精度的影响

刀具的热源主要是切削热。尽管在切削加工中传入刀具的热量很少，但由于刀具的尺寸和热容量小，故仍有相当程度的温升，从而引起刀具的热伸长并造成加工误差。例如，车削时高速钢车刀的工作表面温度可达 $700 \sim 800\ ℃$，硬质合金车刀可达 $1\ 000\ ℃$，刀具伸长量可达 $0.03 \sim 0.05\ \text{mm}$。

图 4-12 为刀具热变形曲线。在连续加工的情况下，切削开始时，刀具的温升和热伸长较快，随后趋于缓和，经 $20\ \text{min}$ 逐步达到热平衡。当切削停止时，刀具温度开始下降较快，以后逐渐减缓。

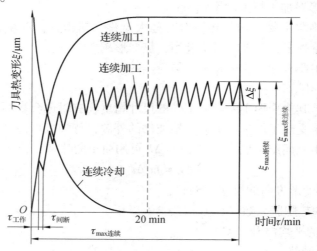

图 4-12　刀具热变形曲线

在断续加工的情况下，变形趋于零，如加工一批短小轴件，在加工过程中机床、工件、刀具趋于热平衡，在连续冷却条件下经 $20\ \text{min}$ 后温度趋于室温，变形趋于零。

3. 控制工艺系统热变形的主要措施

1）合理安排工艺过程。为了避免粗加工时的热变形对加工精度的影响，在安排工艺过程时，应把粗、精加工分开在两道工序中进行，并尽量延长粗、精加工之间的转换时间，以使工件粗加工后有足够的冷却时间。这样既保证了加工精度，又保证了较高的切削生产率。在单件小批生产中，粗、精加工在同一道工序进行，则粗加工后应停机一段时间，使工艺系统冷却，并将工件松开再重新夹紧后，进行精加工。

2）均衡温度场。在机床设计时，采用热对称结构和热补偿结构，使机床各部分受热均匀，热变形方向和大小趋于一致，或使热变形方向为加工误差非敏感方向，以减小工艺系统热变形对加工精度的影响。图 4-13 为平面磨床所采用的均衡温度场。该机床油池位于床身底部，油池发热会使床身产生中凹，达 0.364 mm。经改进，在导轨下配置油沟，导入热油循环，使床身上下温差大大减小，热变形量也随之减小。

图 4-14 所示的立式平面磨床采用热空气加热温升较低的立柱后壁，以均衡立柱前后壁的温升，减小立柱的向后倾斜。热空气从电动机风扇排出，通过特设软管引向立柱后壁空间。采用该措施后，磨削平面的平面度误差可降到未采取措施前的 1/3 ~ 1/4。

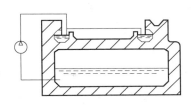
图 4-13　平面磨床均衡温度场

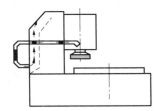
图 4-14　立式平面磨床均衡温度场

3）控制环境温度。精密零件的加工和装配应在恒温室进行，恒温室的平均温度（温度基数）一般可取 20 ℃，恒温精度通常分为一般级（±1 ℃）、精密级（±0.5 ℃）、超精密级（±0.01 ℃），则相应的控制温度分别为（20±1）℃、（20±0.5）℃ 和（20±0.01）℃。由于不同季节、不同地区的温度相差很大，因此还可以根据具体情况选取相应的温度基数，如春秋季取 20 ℃，冬季取 17 ℃，夏季取 23 ℃。这样做不仅减少了加工和装配中的热变形，而且可以节省恒温设备的投资和能源消耗，并有利于工人的健康。

4）减少热量产生和传入。合理选用切削和磨削用量，正确使用刀具和砂轮，及时刃磨刀具和修整砂轮等，以免产生过多的加工热。从机床的结构和润滑方式上考虑，要注意减少运动部件之间的摩擦，减少液压传动系统的发热，隔离电动机、齿轮变速箱、油池、磨头等热源（见图 4-15），使系统的发热及其对加工精度的影响得到有效控制。

5）强制和充分冷却。对机床、刀具、工件等发热部位采取充分冷却措施，如喷雾冷却、冷冻机强制冷却等，这样可以吸收热量，控制温升，减少热变形。图 4-16 为坐标镗床强制冷却曲线。当不采用强制冷却时，机床运转 6 h 后，主轴与工作台之间在垂直方向会发生 190 μm 的位移（见图 4-16 中曲线 1），而且机床尚未达到热平衡。当采用强制冷却后，上述热变形位移减少到 l5 μm（见图 4-16 中曲线 2），可见强制冷却的效果是非常显著的。

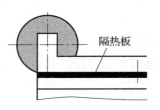

图 4-15　磨床隔离热源

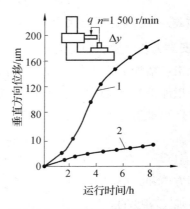

图 4-16　坐标镗床强制冷却曲线

6）采用合理的结构减少热变形。在变速箱中，尽量让轴、轴承、齿轮对称布置，使箱壁温升均匀，减少箱体变形。对发热零部件拟采用热对称结构。如图 4-17 所示，在传统牛头刨床滑枕截面结构内，由于导轨面的高速滑动，导致摩擦生热，使滑枕上冷下热，产生弯曲变形。如果将导轨布置在截面中间，滑枕截面上下对称，显然可以减小导轨面的弯曲变形，缩短发热零件长度。如图 4-18 所示，对外圆磨床横向进给机构中的螺母位置进行改进，缩小丝杠热变形长度，使得热变形引起的丝杠的螺距积累误差减小，提高砂轮的定位精度。

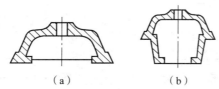

（a）　　　　　　　　　（b）

图 4-17　刨床滑枕改进后的热对称结构

（a）改进前；（b）改进后

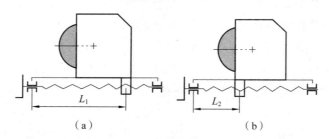

（a）　　　　　　　　　　　（b）

图 4-18　外圆磨床横向进给机构

（a）改进前；（b）改进后

4.2.4　内应力引起的误差

零件在没有外加载荷的条件下，仍然残余在工件内部的应力称为内应力或残余应力。当外界条件发生变化，如温度改变或工件在铸造、锻造及切削加工后，则原来的内应力平衡遭到破坏，工件在内应力作用下，将发生形状变化，形成新的平衡状态，这个形成新的平衡状态的过程称为内应力重新分布。内应力经过一个时期后，自发地逐渐消失，同时零件的形状发生变化，这是内应力的一个特点。

1. 内应力的定性分析

内应力存在于工件内部，且存在和分布情况相当复杂，下面作一些定性分析。

（1）毛坯的内应力

铸、锻、焊等毛坯在生产过程中，各部分结构厚薄不均，导致冷却速度与热胀冷缩不均匀而相互牵制，形成内应力。一般规律是厚处（缓冷部位）产生拉应力，薄处（快冷部位）产生压应力，变形将朝向减小内应力的方向弯曲。图 4-19 为车床导轨面切削后引起的变形，在铸造时，床身导轨表面及床腿面冷却速度较快，中间部分冷却速度较慢，因此形成了上、下表层处于压应力，中间部分（导轨截面主体）处于拉应力的状态。当将导轨表面铣削或刨去一层金属时，内应力重新分布，力的平衡被打破，导轨截面的拉应力更加突出，整个床身将产生中部下凹的弯曲变形。

（2）冷校直引起的内应力

细长的轴类零件，如发动机凸轮轴等在加工和运输中很容易产生弯曲变形。因此，大多数轴类零件在装配前需要安排冷校直工序。这种方法简单方便，但会带来内应力，引起工件变形而影响零件加工精度。

图 4-20 为冷校直时引起的内应力。在弯曲的轴类零件中部施加压力 F，使其产生反弯曲，此时轴的上层受压，下层受拉，外层为塑变区，内层为弹变区。如果外力加得适当，在去除外力后，塑变区的变形将保留下来，而弹变区的变形将全部恢复，内应力重新分布，工件弯曲得以校直。但是，如果变形控制不当，则会引起工件重新变形而影响零件加工精度。

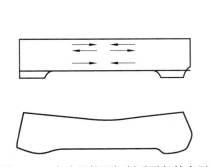

图 4-19　车床导轨面切削后引起的变形

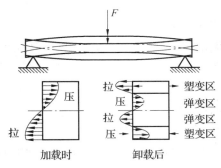

图 4-20　冷校直时引起的内应力

由于冷校直后工件仍会出现变形，因此精密零件的加工是不允许安排冷校直工序的。当零件产生弯曲变形时，如果变形较小，可加大加工余量，利用切削加工方法去除其弯曲度，这时需要注意切削力的大小，因为这些零件刚度很差，极易受力变形；如果变形较大，则可用热校直的方法，这样可减小内应力，但操作麻烦。

（3）机械加工产生的内应力

机械加工过程中，切削力和切削热的综合作用，会使表面层金属晶格发生变形或使金相组织变化，从而在表面层产生内应力。

在有内应力的情况下对铸件进行机械加工，由于切去一部分金属后，内应力将重新分布而使工件形状改变，因此加工某些复杂铸件的重要表面（如发动机气缸体的缸孔）时，在粗加工后，要经过时效处理或经过许多别的工序才能安排精加工，目的就是让内应力充分重新分布，待工件变形稳定后再进行精加工。

经过表面淬火的零件，也会产生内应力。因为这时表面层的金属组织转变了，即从原来密度比较大的奥氏体转变为密度比较小的马氏体，表面层的金属体积要膨胀，但受到内层金属的阻碍，从而在表面层产生压缩应力，在内层产生拉伸应力。

2. 减小和消除内应力的工艺措施

1）改善零件结构。在机器零件的结构设计中，尽量简化零件结构，减小尺寸和壁厚差异，使壁厚均匀，提高零件的刚度等，均可以减少在毛坯制造中产生的内应力。

2）合理安排工艺过程。在安排工艺过程时，应尽可能地将粗、精加工分开，使粗加工后有一定的时间让内应力重新分布，工件充分变形，再经过精加工加以纠正，从而减少对加工精度的影响。在加工大型零件时，粗、精加工往往在一道工序中完成，这时应在粗加工后松开工件，待其自由变形后，再用较小的夹紧力夹紧工件进行精加工。对于精度要求高的零件，在加工过程中禁止进行冷校直，必要时可用热校直代替冷校直，以减少内应力的产生。

3）设立消除内应力的专门工序。消除内应力的专门工序主要有热处理和时效处理，如对铸、锻、焊件进行退火和回火，对零件淬火后进行回火，对精度要求高的零件（如床身、丝杠、箱体、精密主轴等）在粗加工后进行时效处理等。对一些要求很高的零件，如精密丝杠、标准齿轮、精密床身等，往往在每次切削加工后都要进行时效处理。常用的时效处理方法有高温时效、低温时效、冲击时效和振动时效等。

4.2.5 度量误差

1. 测量误差

测量误差是指工件实际尺寸与量具表示出的尺寸之间的差值。加工一般精度的零件时，测量误差可占工件公差的 1/10 ~ 1/5；而加工精密零件时，测量误差可占工件公差的 1/3 左右。

测量误差产生的原因如下。

1）计量器具本身精度的影响。计量器具的精度取决于它的结构、制造和磨损情况。所用的计量器具不同，测量误差的变动范围也不同，如用光学比较仪测量轴类零件时，误差不超过 1 μm；用千分尺时，测量误差为 5 ~ 10 μm；用游标卡尺时，测量误差为 150 μm。所以，必须根据零件被测尺寸的精密程度，选择适当的计量器具。

2）温度的影响。例如，直径为 100 mm 的钢轴在加工完毕后，温度从常温（20 ℃）升高至 60 ℃，如果立即测量，由于材料热膨胀的原因，直径增大 0.048 mm。即使在常温条件下，车间内的温度也不是固定的，其变动范围为 3 ~ 4 ℃，在此温度变动范围内，对钢件来说，在 100 mm 长度上误差为 0.003 ~ 0.004 mm。所以，进行精密零件测量时不仅应在恒温室内，还应十分注意辐射热的影响。

3）人的主观原因。零件测量值的读数误差因人而异，为保证测量精度，除合理选择测量工具外，还必须采用正确的测量方法。

2. 调整误差

切削加工时，要获得规定的尺寸就必须对机床、刀具和夹具进行调整。在单件、小批生产中，普遍采用试切法调整；而在成批、大量生产中，则常采用调整法。显然，试切法不可避免会产生误差；而调整法中，对刀有误差，挡块、行程开关、行程控制阀等的精度和灵敏度都影响调整的准确性。因此，不论哪种调整方法，想获得绝对准确的尺寸是不可能的，这就产生了调整误差。不同的获得尺寸精度的调整方法，会引发不同的加工误差。

1）试切法产生调整误差的主要因素。采用这种调整方法产生调整误差的主要因素有如下 3 个方面。

①测量带来的误差。若按此含有误差的读数调整刀具相对工件的位置，势必直接造成刀具的调整误差。

②加工余量的影响。在切削加工中，切削刃所能切下的最小切屑厚度是有一定限度的。锋利的切削刃可切下 7.5 μm，已钝化的切削刃只能切下 20~50 μm，切屑厚度再小时切削刃就切不下金属而只起挤压作用。例如，在精车外圆时，试切的最后一刀切削层总是很薄的，当刀具在工件待加工表面上不切削而只挤压时，获得的尺寸就认为已经合格，合上纵向进给机构切削下去，则新切到部分的背吃刀量比试切部分大，切削刃不打滑，从而多切下一些，因此最后加工出的一批工件的直径就比认为试切合格的直径小。

③判断误差的影响。由于不能准确判断加工一批工件尺寸分布中心位置，而可能产生的刀具相对于工件的调整误差，称为判断误差。通常采用试切法只是按试切一个工件后的实测尺寸调整刀具相对工件的位置，由于进给机构存在重复定位误差，因此将造成一批工件加工后的尺寸分散，不能使这批工件的平均尺寸（即尺寸分散中心）同工序尺寸的公差带中心重合，而产生一定的偏离，即判断误差，其最大值为 6σ，这也是造成这批工件加工误差的一种调整误差。

2）按标准样件或对刀块（导套）调整时产生调整误差的主要因素。包括：标准样件本身制造的尺寸误差，对刀块（导套）相对于夹具上定位元件起始基准的尺寸误差，刀具调整时的目测误差，行程挡块的受力变形，电气开关、离合器、液压控制阀等的灵敏度，切削加工中刀具相对工件加工表面的弹性退让等。

4.2.6　总加工误差的合成

在零件加工过程中，各种原始误差会造成不同性质的加工误差，如系统误差和随机误差。对加工误差的分析在于确定系统误差的数值和随机误差的范围，从而找出造成加工误差的主要因素，以便采取相应的措施，提高零件的加工精度。在生产中常用统计学的方法分析加工总误差。常用的分析方法有两种：分布曲线法和点图法。

1. 分布曲线法

分布曲线法通过测量一批零件加工后的实际尺寸，作出尺寸分布曲线，然后按此曲线的位置和形状判断这种加工方法产生误差的情况。

图 4-21 为典型的尺寸分布曲线与公差带的关系。图中，$\bar{X}$ 是工件的理想尺寸，即公差带中心值；$\bar{x}$ 是所测尺寸的算术平均值，$\bar{x}=\dfrac{\sum\limits_{i=1}^{n}x_i}{n}$；$\Delta_{系}$ 是系统误差，$\Delta_{系}=\bar{x}-\bar{X}$；$\Delta_{随}$ 是随机误差的分散范围，$\Delta_{随}=6\sigma=6\sqrt{\sum\limits_{i=1}^{n}(x_i-\bar{X})^2/n}$；$T$ 是工件的公差。

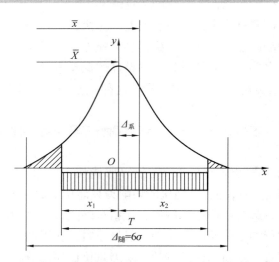

图 4-21　尺寸分布曲线与公差带的关系

一般情况下，在机床上用调整法加工一批零件时，得到的实验分布曲线与正态分布曲线相符合。因此，曲线下在 $\pm\infty$ 范围内的面积为 1，而 $\pm x/\sigma$ 范围内的面积可由表 4-2 查得。

表 4-2　正态分布概率表

$\dfrac{x}{\sigma}$	A	$\dfrac{x}{\sigma}$	A	$\dfrac{x}{\sigma}$	A	$\dfrac{x}{\sigma}$	A
0	0.000 0	0.3	0.235 9	1.5	0.866 4	3.0	0.997 3
0.1	0.074 6	0.5	0.383 0	2.0	0.954 2	3.5	0.999 4
0.2	0.185 6	1.0	0.682 6	2.5	0.987 6	4.0	0.999 9

根据图 4-21 和表 4-2，可以进行以下分析：

1）分析系统误差的大小和方向；

2）指出随机误差因素对加工精度的综合影响；

3）分析各尺寸范围内的零件占总数的百分比；

4）估算产生废品的可能性及数量；

5）分析减少废品率的有效方法。

2. 点图法

利用点图法能将按一定规律变化的系统误差和随机误差区分开，在一批零件的加工中及时发现加工误差的变化，以便采取补偿措施消除各种系统误差，使加工精度得到提高。

一批零件加工的总误差可按下式计算：

$$\Delta_{总} = \Delta_{系综} \pm \frac{1}{2}\Delta_{随综} \qquad (4-8)$$

式中，$\Delta_{系综} = \sum_{i=1}^{n}\Delta_{系i}$；$\Delta_{随综} = \sqrt{\sum_{i=1}^{n}\Delta_{随i}^{2}}$。

4.3　影响表面质量的因素

机械零件的破坏一般从表面层开始，而产品的性能，尤其是它的可靠性和耐久性，在很大程度上取决于零件表面层的质量。研究机械加工表面质量的目的就是掌握机械加工中各种工艺因素对加工表面质量影响的规律，以便运用这些规律来控制加工过程，达到改善表面质量、提高产品使用性能的目的。

4.3.1 加工表面粗糙度影响因素

1. 切削加工的表面粗糙度

切削加工的表面粗糙度主要取决于切削残留面积的高度，并与切削表面塑性变形及积屑瘤的产生有关。

（1）切削残留面积

由于刀具切削刃的几何形状、几何参数、进给运动及切削刃本身的表面粗糙度等原因，未能将被加工表面上的材料层完全干净地去除掉，在已加工表面上遗留下残留面积，残留面积的高度便构成了表面粗糙度 Rz。

图 4-22 为车削加工残留面积的高度。图 4-22（a）为使用直线刀刃切削的情况，其切削残留面积的高度为

$$R = \frac{f}{\cot \kappa_r + \cot \kappa_r'} \tag{4-9}$$

式中，f——刀具的进给量（mm/r）；

κ_r、κ_r'——刀具的主偏角、副偏角。

图 4-22（b）为使用圆弧刀刃切削的情况，其切削残留面积的高度为

$$R = \frac{f^2}{8r} \tag{4-10}$$

式中，r 为刀尖圆弧半径。

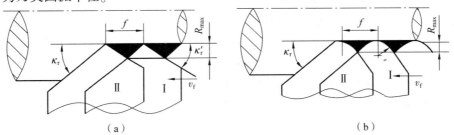

图 4-22 车削加工残留面积的高度
（a）直线刀刃；（b）圆弧刀刃

从上述两式可知，影响切削残留面积高度的因素主要包括刀尖圆弧半径 r、主偏角 κ_r、副偏角 κ_r' 及进给量 f 等。为减少或消除几何因素对加工表面的表面粗糙度的影响，可以选用合理的刀具几何角度、减小进给量和选用具有直线过渡刃的刀具。

实际上，加工表面的表面粗糙度总是大于按式（4-9）和式（4-10）计算的残留面积的高度。只有当切削脆性材料或高速切削塑性材料时，实际加工表面的表面粗糙度才比较接近计算残留面积的高度，这说明影响表面粗糙度的还有其他因素。

（2）切削表面塑性变形和积屑瘤

图 4-23 为加工塑性材料时切削速度对表面粗糙度的影响。切削速度 $v_c = 30 \sim 50$ m/min 时，表面粗糙度值最大，这是因为此时容易产生积屑瘤或鳞刺。鳞刺是指切削加工表面在切削速度方向产生的鱼鳞片状的毛刺。

积屑瘤和鳞刺均会使表面粗糙度值加大。当切削速度 $v_c > 100$ m/min 时，表面粗糙度值反而下降并趋于稳定。

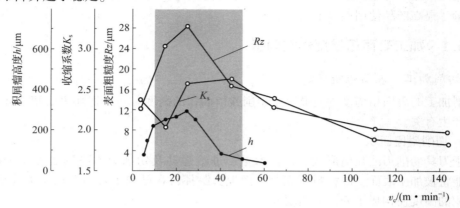

图 4-23　加工塑性材料时切削速度对表面粗糙度的影响

因此，选择低速宽刀精切和高速精切，往往可以得到较小的表面粗糙度值。

一般来讲，材料韧性越大或塑性变形趋势越大，被加工表面的表面粗糙度值就越大。切削脆性材料比切削塑性材料容易达到表面粗糙度的要求。对于同样的材料，金相组织越粗大，切削加工后的表面粗糙度值也越大。为减小切削加工后的表面粗糙度值，常在精加工前进行调质处理（淬火+高温回火），目的在于得到均匀细密的晶粒组织和较高的硬度。

此外，合理选择切削液、适当增大刀具法前角和提高刀具的刃磨质量等，均能有效地减小加工表面的表面粗糙度值。

2. 磨削加工的表面粗糙度

（1）磨削用量对表面粗糙度的影响

磨削时，砂轮的速度越高，单位时间内通过被磨表面的磨粒数就越多，因而工件表面的表面粗糙度值就越小，如图 4-24（a）所示。

工件速度对表面粗糙度的影响刚好与砂轮速度的影响相反。增大工件速度时，单位时间内通过被磨表面的磨粒数减少，表面粗糙度值将增加，如图 4-24（b）所示。

磨削深度（背吃刀量）增大，表层塑性变形将随之增大，被磨表面的表面粗糙度值也会增大，如图 4-24（c）所示。

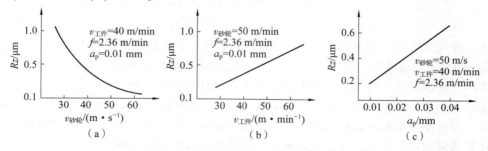

图 4-24　磨削用量对表面粗糙度的影响
（a）砂轮速度；（b）工件速度；（c）背吃刀量

另外，砂轮的纵向进给减小，工件表面的每个部位被砂轮重复磨削的次数增加，被磨表面的表面粗糙度值将减小。

（2）砂轮结构对表面粗糙度的影响

砂轮结构中，砂轮粒度越细，磨削的表面粗糙度值越小。但磨粒太细时，砂轮易被磨屑堵塞，若导热情况不好，反而会在加工表面产生烧伤等现象，使表面粗糙度值增大。因此，砂轮粒度常取为 46 ~ 60 号。

砂轮硬度的影响：砂轮太硬，磨粒不易脱落，磨钝了的磨粒不能及时被新磨粒替代，会使表面粗糙度值增大；砂轮太软，磨粒易脱落，磨削作用减弱，也会使表面粗糙度值增大。因此，常选用中软砂轮。

砂轮修整对工件表面粗糙度也有重要影响。精细修整过的砂轮可有效减小被磨工件的表面粗糙度值。

3. 加工过程中振动的影响

机械加工时工艺系统的振动，是指刀具相对工件产生周期性的位移，在加工表面上形成波纹。振动不仅加大加工表面的表面粗糙度值，也使刀具很快变钝或崩刃，机床连接处遭到破坏，限制生产率的提高。

机械加工时的振动有两种，即强迫振动和自激振动。

（1）强迫振动

由外界具有一定频率的周期性变化的激振力所引起的振动称为强迫振动。其特征是，机床振动的频率与激振力的频率一致，它不会自行衰减消失。当激振力频率接近或等于工艺系统本身的固有频率时，就会引起共振，对工艺系统造成严重危害。

机械加工时产生强迫振动的原因有以下几方面：系统外部的周期性干扰，传动机构的缺陷，断续切削使切削力周期变化，旋转零件的质量偏心等。

（2）自激振动

没有外界周期性激振力时所产生的振动称为自激振动，此时激振力是由切削运动本身产生的。它的特征是切削过程停止，激振力也就跟着消失；自激振动的频率接近于系统的固有频率，它也不会自行衰减。

减轻或消除自激振动的措施为：提高工艺系统的刚度，正确选择刀具和切削用量，采用消振装置等。

4.3.2 影响表层力学性能的因素

1. 表面冷作硬化

工件加工时，由于受到切削力和切削热的作用，表面金属层的力学性能会产生很大变化，如表层金属的显微硬度发生变化。

评定硬化组织的指标有 3 项：表层金属的显微硬度 HV、硬化层深度 h 和硬化程度 N，它们之间的关系为

$$N = \left[(HV-HV_0) / HV_0 \right] \times 100\% \tag{4-11}$$

式中，HV_0——工件表面硬化层内层金属的显微硬度。

各种加工方式对钢件表面的硬化程度与硬化深度的影响如表 4-3 所示。

影响加工硬化的主要因素有切削用量、刀具、工件材料等。

（1）切削用量的影响

当加大进给量时，表层金属的显微硬度通常将随之增大。随着进给量的增大，切削力会增大，表层金属的塑性变形加剧，硬化程度也会相应增加，如图 4-25 所示。

背吃刀量对表层金属硬化程度的影响不大，但对于磨床来说，磨削深度越深，对表层金属硬化程度影响越大，如图 4-26 所示。

表 4-3　各种加工方式对钢件表面的硬化程度与硬化深度的影响

加工方法	硬化程度 $N/\%$		硬化深度 $\Delta h_d/\mu m$	
	平均值	最大值	平均值	最大值
车削	20 ~ 50	100	30 ~ 50	100
精车	40 ~ 80	120	30 ~ 60	
端铣	40 ~ 60	100	40 ~ 80	200
周铣	20 ~ 40	80	40 ~ 80	100
钻扩孔	60 ~ 70		180 ~ 200	250
拉孔	150 ~ 100		20 ~ 100	
滚插齿	60 ~ 100		120 ~ 150	
外圆磨低碳钢	60 ~ 100	150	30 ~ 60	
磨、淬硬中碳钢	40 ~ 60	100	30 ~ 60	
平面磨	50		16 ~ 35	
研磨	12 ~ 17		3 ~ 7	

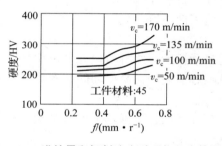

图 4-25　进给量和切削速度对硬化程度的影响　　图 4-26　背吃刀量对硬化程度的影响

（2）刀具的影响

刀具前角 γ_o 越大，切削变形越小，加工硬化程度和硬化层深度均相应减小。如图 4-27 所示，刀具后刀面磨损宽度 VB 从 0 mm 增大到 0.3 mm，显微硬度由 330 HV 增大到 340 HV，这是因为磨损宽度加大后，刀具后刀面与被加工工件的摩擦加剧，塑性变形增大，导致表面显微硬度增大。然而，当磨损宽度继续加大时，摩擦热急剧增大，弱化趋势凸显，表层金属的显微硬度反而逐渐下降，直至稳定在某一个水平。

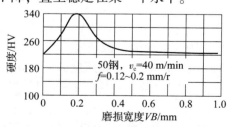

图 4-27　刀具磨损宽度对硬化程度的影响

（3）工件材料的影响

工件材料硬度越低，塑性越大，则加工硬化程度和硬化层深度越大。汽车常用的低碳、中碳或合金结构钢，由于其塑性变形能力强，因此在机械加工中表面硬化严重。

2. 材料的金相组织变化

（1）磨削烧伤

磨削工件时，当其表面层温度达到或超过金属材料的相变温度时，表层金属材料的金相组织将发生部分相变，表层显微硬度也会发生相应变化，并伴随有残余应力产生，甚至出现微裂纹和彩色氧化膜，这种现象称为磨削烧伤。

（2）磨削裂纹

一般情况下，磨削表面存在残余拉应力。磨削淬火钢、渗碳钢及硬质合金工件时，常沿垂直于磨削的方向产生微小龟裂，严重时发展成龟壳状微裂纹，且有的裂纹位于工件外表面层下，用肉眼根本无法发现。裂纹常与磨削方向垂直或呈网状，且与烧伤同时出现。其危害是降低了零件的疲劳强度，甚至出现早期低应力断裂。

（3）磨削烧伤改进措施

1）正确选择砂轮。对于导热性差的材料如不锈钢，为避免产生烧伤，应选择较软的砂轮，并选择具有一定弹性的结合剂（如橡胶结合剂、树脂结合剂等），这样有助于避免磨削烧伤现象的产生。

2）合理选择磨削用量。从减轻烧伤而同时又尽可能地保持较高的生产率方面考虑，在选择磨削用量时，应选用较大的工件速度和较小的磨削深度。

3）改善冷却条件。建议安装带空气挡板的喷嘴，这样可以减轻高速回转砂轮表面处的高压附着气流作用，使磨削液能顺利喷注到磨削区，如图 4-28 所示。

4）可考虑采用内冷却砂轮。内冷却砂轮的工作原理如图 4-29 所示。经过严格过滤的磨削液由锥形套经空心主轴法兰套引入砂轮的中心腔内，由于离心力的作用，磨削液经由砂轮内部有径向小孔的薄壁套的孔隙甩出，直接浇注到磨削区。

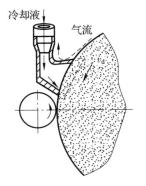
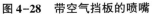

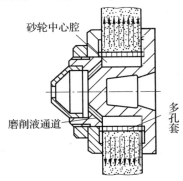

图 4-28　带空气挡板的喷嘴　　图 4-29　内冷却砂轮的工作原理

3. 表面金属残余应力

（1）切削用量的影响

切削用量三要素中的切削速度和进给量对残余应力的影响较大。切削速度增加会引起切削温度升高，此时由切削温度引起的热应力逐渐起主导作用，故随着切削速度增加，残余应力将增大，但残余应力层深度减小；进给量增加，残余拉应力也会相应增大，但压应力将向里层移动；背吃刀量对残余应力的影响并不显著。

（2）刀具的影响

刀具几何参数中对残余应力影响最大的是刀具前角。当刀具前角由正变为负时，表层残余拉应力逐渐减小。这是因为刀具对加工表面的挤压与摩擦作用加大，从而使残余拉应力减小。

当刀具前角为较大负值且切削用量合适时，甚至可得到残余压应力。

刀具后刀面磨损值增大，使后刀面与加工表面摩擦加大，切削温度升高，由热应力引起的残余应力的影响增强，此时加工表面呈残余拉应力状态，使残余拉应力层深度加大。

（3）工件材料的影响

工件材料塑性越大，切削加工后产生的残余拉应力就越大，如奥氏体不锈钢等。切削灰铸铁等脆性材料时，加工表面易产生残余压应力，原因在于刀具的后刀面挤压与摩擦使得表面产生拉伸变形，待与刀具后刀面脱离接触后将通过里层的弹性恢复作用使得表层呈残余压应力状态。

4.4 表面质量对机器零件使用性能的影响

零件的耐磨性、疲劳强度、耐蚀性等，都与其表面质量密切相关。下面介绍表面质量对零件主要使用性能的影响。

4.4.1 表面质量对零件耐磨性的影响

零件的磨损可分为 3 个阶段，如图 4-30 所示。第一阶段称初期磨损阶段，由于摩擦副开始工作时，两个零件表面互相接触，一开始只是在两表面波峰接触，实际的接触面积只是名义接触面积的一小部分，当零件受力时，波峰接触部分将产生很大的压强，因此磨损非常显著。经过初期磨损后，实际接触面积增大，磨损变缓，进入磨损的第二阶段，即稳定磨损阶段。这一阶段零件的耐磨性最好，持续的时间也较长。最后，由于波峰被磨平，表面粗糙度值变得非常小，不利于润滑油的储存，且使接触表面之间的分子亲和力增大，甚至发生分子黏合，使摩擦阻力增大，从而进入磨损的第三阶段，即剧烈磨损阶段。

表面粗糙度对摩擦副的初期磨损影响很大，但也不是表面粗糙度值越小越耐磨。图 4-31 是表面粗糙度与初期磨损量的关系。从图中可以看到，在一定工作条件下，摩擦副表面总是存在一个最佳表面粗糙度，最佳表面粗糙度 Ra 的值为 $0.32 \sim 1.25 \, \mu m$。

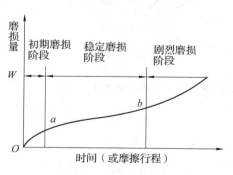

图 4-30　零件的磨损曲线

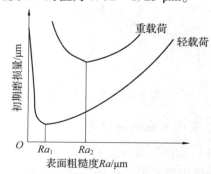

图 4-31　表面粗糙度与初期磨损量的关系

表面纹理方向对耐磨性也有影响，这是因为它能影响金属表面的实际接触面积和润滑油的存留情况。轻载荷时，两表面的纹理方向与相对运动方向一致，磨损最小；当两表面纹理方向与相对运动方向垂直时，磨损最大。但是，在重载荷情况下，由于压强、分子间亲和力和润滑油的储存等因素的变化，其规律与上述有所不同。

表面层的加工硬化，一般能提高耐磨性 0.5 ~ 1 倍。这是因为加工硬化提高了表面层的强度，减少了表面进一步塑性变形和咬焊的可能。但过度的加工硬化会使金属组织疏松，甚至出现疲劳裂纹和产生剥落现象，从而使耐磨性下降。所以，零件的表面硬化层必须控制在一定的范围之内。

4.4.2 表面质量对零件疲劳强度的影响

零件在交变载荷的作用下，其表面微观不平的凹谷处和表面层的缺陷处容易引起应力集中而产生疲劳裂纹，产生疲劳破坏。试验表明，减小零件表面粗糙度值可以使零件的疲劳强度有所提高。因此，对于一些承受交变载荷的重要零件，如曲轴的曲拐与轴颈交界处，精加工后常进行光整加工，以减小零件的表面粗糙度值，提高其疲劳强度。

不同材料对应力集中的敏感程度不同。一般来说，钢的极限强度愈高，应力集中的敏感程度就愈大，表面粗糙度对疲劳强度的影响程度也愈严重。铸铁和有色金属对应力集中不敏感，所以表面粗糙度值的大小对零件的疲劳强度影响不大。

加工硬化对零件的疲劳强度影响也很大。适度加工硬化可以在零件表面形成一个硬化层，它能阻碍表面层疲劳裂纹的出现，从而使零件疲劳强度提高。但零件表面层加工硬化程度过大时，反而易于产生裂纹，故零件的加工硬化程度与加工硬化深度也应控制在一定的范围之内。

表面层的残余应力对零件疲劳强度也有很大影响，当表面层为残余压应力时，能延缓疲劳裂纹的扩展，提高零件的疲劳强度；当表面层为残余拉应力时，容易使零件表面产生裂纹而降低其疲劳强度。

为了提高零件的疲劳强度，可人为地在零件表面层造成压缩残余应力，方法有：喷丸加工或滚挤压加工，表面渗碳和淬火，渗氮。

4.4.3 表面质量对零件耐蚀性的影响

零件在潮湿的空气或有腐蚀性的介质中工作时，常会发生化学腐蚀或电化学腐蚀。化学腐蚀是由于在粗糙表面的凹谷处容易积聚腐蚀性介质而发生化学反应。电化学腐蚀是由于两个不同金属材料的零件表面相接触时，在粗糙表面的凸峰间产生电化学作用。因此，零件的表面粗糙度值越大，耐蚀性越差。

例如，发动机排出的废气中含有酸性物质，它凝结在气缸壁上，使气缸壁发生腐蚀，加速了气缸的磨损，腐蚀的程度和速度与零件表面粗糙度有很大关系。表面腐蚀过程如图4-32 所示，机械加工后表面产生凹谷或显微裂纹，腐蚀性物质就积聚在凹谷和裂纹处，并按箭头方向产生侵蚀作用，它逐渐渗透到金属内部，使金属断裂而剥落，形成新的凹凸表面。凹谷越深，谷底半径越小，或显微裂纹越深，就越容易附着各种有腐蚀作用的介质，从而加速表面的腐蚀。因此，降低表面粗糙度值能提高零件的耐蚀性。

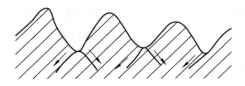

图4-32　表面腐蚀过程

有些零件按其在机构中的作用，并不要求小的表面粗糙度值，但由于工作环境的原因，要求它有较高的耐蚀性，则零件的表面必须具有良好的表面质量。

零件表面残余压应力使零件表面致密，腐蚀性物质不易进入，可增强零件的耐蚀性，而表面残余拉应力则降低零件的耐蚀性。

4.4.4　表面质量对配合性质的影响

对于机器中相配合的零件，无论是间隙配合、过渡配合还是过盈配合，若加工表面的表面粗糙度值过大，则必然要影响到它们的实际配合性质。

在间隙配合中，如果零件的配合表面粗糙，则会使配合件很快磨损而增大配合间隙，改变配合性质，降低配合精度；在过盈配合中，如果零件的配合表面粗糙，则装配后配合表面的凸峰被挤平，配合件间的有效过盈量减小，降低配合件间的连接强度，影响配合的可靠性。因此，对有配合要求的表面，必须限定较小的表面粗糙度值。

零件的表面质量对零件的使用性能还有其他方面的影响，例如，对于液压缸和滑阀，较大的表面粗糙度值会影响其密封性；对于工作时滑动的零件，恰当的表面粗糙度值能提高运动的灵活性，减少发热和功率损失；零件表面层的残余应力会使加工好的零件因应力重新分布而变形，从而影响其尺寸和形状精度等。

总之，提高加工表面质量，对保证零件的使用性能、提高零件的使用寿命是很重要的。

🔷 习　题　▶▶▶　▶

4-1　采用夹具装夹加工一批工件的通槽，如图4-33所示。试分析在只考虑工艺系统误差影响的条件下，造成加工后通槽侧面与工件侧面 A 平行度误差的主要因素。

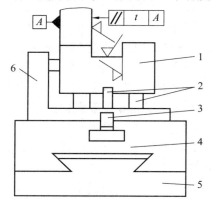

1—工件；2—定位元件；3—定向键；4—滑板；5—工作台；6—夹具体。

图4-33　题4-1图

4-2　在平磨床上采用调整法加工一批工件，如图 4-34 所示，图样要求零件厚度 $H = 20^{+0.10}_{-0.02}$ mm。当本工序的均方差 $\sigma = 0.01$ mm，且只考虑调整误差的影响时，试通过分析计算确定采用哪种调整方法（即按试切一个工件的尺寸或按试切一组工件的平均尺寸调整）方可满足图样要求。

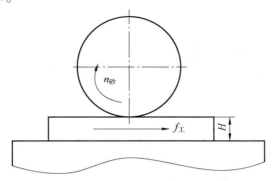

图 4-34　题 4-2 图

4-3　假设工件的刚度很大，且车床主轴、尾座刚度的关系为 $K_{主} > K_{尾}$，试分析图 4-35 所示的 3 种加工情况，加工后工件表面会产生何种形状误差？

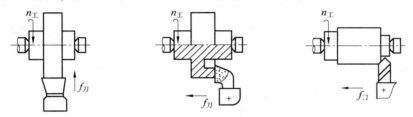

图 4-35　题 4-3 图

4-4　有一批小轴，其直径尺寸要求为 $18^{0}_{-0.035}$ mm，加工后尺寸属正态分布，测量计算得一批工件直径的算术平均值 $\bar{x} = 17.975$ mm，均方差 $\sigma = 0.01$ mm。试计算合格品率及废品率，分析废品产生的原因，并指出减少废品率的措施。

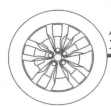

第 5 章
工件的定位与机床夹具

汽车零件从毛坯到成品，要经过多次机械加工。为保证零件表面达到图样上的尺寸和位置公差要求，在开始加工之前，必须使工件在机床上或夹具中占有正确位置。通常把确定工件在机床上或夹具中占有正确位置的过程，称为工件的定位。工件定位以后，为避免在加工中受到切削力、重力、惯性力等其他外力的作用而破坏定位，还应该用一定的机构将工件牢牢固定住。工件定位后将其固定，使其在加工过程中保持定位位置不变的操作，称为夹紧。将工件在机床上或夹具中定位、夹紧的过程称为装夹。工件装夹是否正确、方便、可靠，将直接影响工件的加工质量、生产率、制造成本及劳动强度。因此，根据具体的生产条件和工件的加工要求，正确而合理地选择工件的装夹方法，设计出合理、实用的机床夹具，是机械加工工艺研究的重要课题之一。

5.1 基 准

任何零件都是由若干要素（点、线、面）构成的，各要素之间都有一定的尺寸和位置公差要求。用来确定工件（零件）上几何要素间的几何关系所依据的那些点、线、面被称作基准。基准按其作用不同，可分为设计基准和工艺基准两大类。

5.1.1 设计基准

设计基准是设计图样上所采用的基准，是确定几何要素之间相互位置关系的那些点、线、面。一个零件可以有一个或几个设计基准。

如图 5-1 所示的阶梯轴，端面 1 是端面 3、4 的设计基准，中心线 2 是外圆面 ϕd_1 和 ϕd_2 的设计基准，端面 1 和端面 3 互为设计基准。

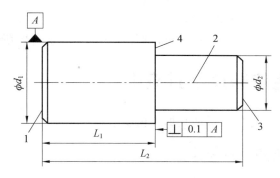

1、3、4—端面；2—中心线。

图 5-1　设计基准举例

5.1.2　工艺基准

工艺基准即机械加工工艺过程中所采用的基准。工艺基准按用途不同分为工序基准、定位基准、测量基准、装配基准等。

1）工序基准：加工工序图上的基准，用于确定本工序中表面被加工后必须保证的尺寸、位置和形状，如图 5-2 所示。

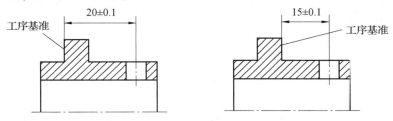

图 5-2　工序基准

工序基准可以是轮廓要素，也可以是中心要素，是工序图上标注的起始点。工序尺寸是有方向的，即由工序基准指向被加工表面。加工零件时，应尽量使工序基准与设计基准重合，否则就要进行尺寸换算。

2）定位基准：在加工中确定工件在机床或夹具中占有正确位置的基准，如图 5-3 所示的 C 面和 D 面。作为定位基准的点、线、面可以是实际存在的，也可以是假想的。

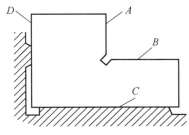

图 5-3　定位基准

在机械加工过程中，应尽量使定位基准、工序基准和设计基准重合，否则将产生基准不重合误差。定位基准又有粗基准和精基准之分，工件首次加工所使用的定位基准（面）都是未经加工过的表面，这样的定位基准称为粗基准；当采用已加工过的表面作为定位基准（面）时，称为精基准。对任何一个加工零件而言，粗基准一般只能应用一次。

3）测量基准：用以测量被加工表面尺寸、形状和位置的基准。

4）装配基准：装配时用来确定零件或部件在产品中相对位置所采用的基准。

5.2　工件定位原理及其应用

工件在夹具中的正确定位是保证其加工精度的重要环节之一。

5.2.1　工件的 6 点定位原理

任何工件（自由刚体）在空间都有 6 个自由度，即在直角坐标系中，沿 X、Y、Z 方向的移动自由度 $(\vec{x}、\vec{y}、\vec{z})$，以及绕 3 个坐标轴方向的转动自由度 $(\hat{x}、\hat{y}、\hat{z})$，如图 5-4 所示。

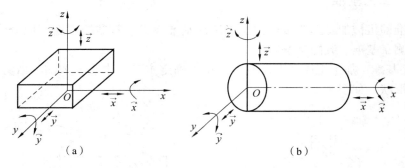

图 5-4　工件的 6 个自由度
（a）矩形工件；（b）圆柱形工件

假定工件是一个刚体，要使它在某一方向具有确定的位置，就必须限制它在该方向的自由度。如果在 3 个相互垂直的平面上，按一定规律分布 6 个定位点（支承钉）就可以限制工件的全部自由度，这就是工件的 6 点定位原理，如图 5-5 所示。

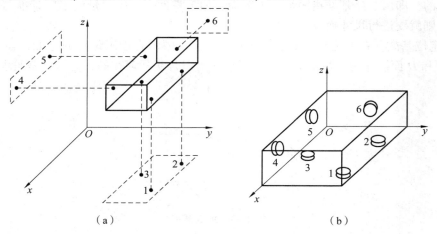

图 5-5　工件的 6 点定位原理

图 5-5 中，支撑钉 1、2、3 限制了 3 个自由度 $(\vec{z}、\hat{x}、\hat{y})$，支撑钉 4、5 限制了 2 个自由度 $(\vec{x}、\hat{z})$，支撑钉 6 限制了 1 个自由度 $(\vec{y})$。

5.2.2　工件正确定位应限制的自由度

工件定位只需限制对加工精度有影响的自由度，并非 6 个自由度全部都要限制。因此，工件的自由度分为第一类自由度和第二类自由度，第一类自由度为保证加工要求必须限制的自由度，第二类自由度为与加工精度要求无关紧要的自由度。对于第一类自由度，工件定位时必须全部限制。第二类自由度是否应加以限制，应按照加工系统所承受的切削力、夹紧力和定位方案的方便实现等因素，决定限制还是放弃。

常见加工形式所限制的自由度如表 5-1 所示。

表 5-1　常见加工形式所限制的自由度

序号	加工要求	第一类自由度	序号	加工要求	第一类自由度
1	球体加工表面	$\vec{z}$	4	柱体加工表面	$\vec{z}$、$\widehat{y}$
2	长方体加工表面	$\vec{z}$、$\widehat{x}$、$\widehat{y}$	5	板、垫类工件钻孔	$\vec{x}$、$\vec{z}$、$\widehat{x}$、$\widehat{y}$
3	柱体加工不通表面	$\vec{y}$、$\vec{z}$、$\widehat{x}$、$\vec{z}$	6	长方体加工通孔	$\vec{x}$、$\vec{y}$、$\widehat{x}$、$\widehat{y}$、$\widehat{z}$

5.3　工件定位方式及定位元件

机械夹具中常用的定位方式有平面定位、内孔定位、外圆定位、组合表面定位等，而这些定位方式则由定位元件来实现。定位元件是确定工件正确位置的重要零件，其结构不仅要保证工件定位要求，也要适应工件自身的制造和装配要求。为提高定位精度，延长夹具使用寿命，对定位元件提出以下要求。

1）要有一定的精度。定位元件的制造精度直接影响被定位工件的加工精度，因此，定位元件的尺寸和位置公差一般控制在被定位工件相应尺寸和位置公差的 1/5～1/2。

2）要有良好的耐磨性。

3）要有足够的刚度。为保证在受到夹紧力、切削力作用下不致发生较大的变形而影响加工精度，定位元件必须具有足够的刚度。

5.3.1 工件以平面定位

平面定位是夹具中最常见的定位形式，是采用工件的定位平面与定位元件相接触实现定位的。与其接触的定位元件主要有以下几种。

1. 支承钉

支承钉有平头式、球头式、锯齿头式、套筒式4种，如图5-6所示。平头式支承钉用于精基准定位；球头式支承钉用于粗基准定位；锯齿头式支承钉与定位面间的摩擦因数较大，从而增大了定位的可靠性，但槽中易积屑，多用于侧面定位；套筒式支承钉便于磨损后更换，保护了底板零件，多用于大量生产。支承钉的结构已标准化，使用时可直接查阅相关标准。

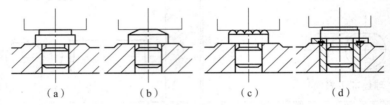

（a）　　　　　　（b）　　　　　　（c）　　　　　　（d）

图5-6　支承钉的结构形式

（a）平头式；（b）球头式；（c）锯齿头式；（c）套筒式

通常将1个支承钉视为1个支承点，能限制1个自由度（移动或转动），所限制自由度的方向随定位系统的情况而定。为保证定位的稳定性和可靠性，在用2个支承钉定位狭长平面时，2个支承钉之间的距离应尽可能长；用3个支承钉支撑大平面时，3个支承钉之间的距离应尽可能拉开，同时确保它们在同一平面。

2. 支承板

支承板的结构形式有A型和B型两种，如图5-7所示。A型支承板结构简单，但埋头螺钉处容易积屑，清理切屑比较麻烦，适用于侧面和顶面定位；B型支承板在螺钉孔处开有斜凹槽，易于保持工作面清洁，适用于底面定位。单个支承板限制2个自由度（1个移动，1个转动）。支承板多用于支承已加工过的平面。

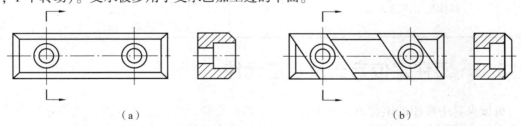

（a）　　　　　　　　　　　　　　　　　（b）

图5-7　支承板的结构形式

（a）A型支承板；（b）B型支承板

为了提高支承刚度，常用几块支承板组合成一个平面，如图5-8所示。为保证几块支承板（支承钉）的工作面在同一平面，在组装到夹具体上之后，应将其工作面一起再磨一次。

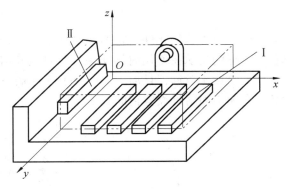

图 5-8　支承板定位图

3. 可调支承

可调支承多用来支承工件的粗基准面，每加工一批毛坯，根据粗基准的误差变化情况，相应加以调整。如图 5-9 所示，4 种可调支承均由螺钉及螺母组成，其支承高度调整后，用螺母锁紧。平头式支承适用于表面质量较好的毛坯；球头式、可调球头式支承能自动适应工件定位基准面位置变化，但结构复杂；水平式支承适用于侧面支承。

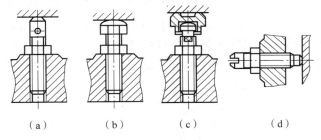

（a）　　　　（b）　　　　（c）　　　　（d）

图 5-9　可调支承的结构形式
（a）平头式；（b）球头式；（c）可调球头式；（d）水平式

4. 自位支承

自位支承又称浮动支承。在定位过程中，自位支承能增加与工件定位面的接触点数目，自动适应工件定位基准面位置的变化，使接触应力减小。自位支承只限制一个自由度，多用于刚性不足、与毛坯表面、断续平面、阶梯表面、带有角度误差平面的定位。图5-10 是 3 种形式的自位支承。

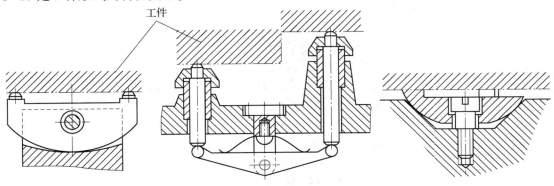

图 5-10　3 种形式的自位支承

5. 辅助支承

辅助支承是在工件定位后参与支承的元件，它不起定位作用，但可以在定位过程中增加工件定位的刚性及稳定性。辅助支承在使用时不应破坏工件的正确定位。如图 5-11 所示，被加工面距定位基准和夹紧点比较远，且加工部位处于悬臂状态，刚性差，加工时易出现变形和振动，因此必须在加工面附近设置辅助支承。

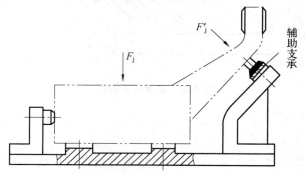

图 5-11　辅助支承的应用

尽管辅助支承的实际结构很多，但按工作原理可分为两种类型，如图 5-12 所示。图 5-12（a）为推式辅助支承，工作时向左推动手柄 4，将支承滑柱 1 向上推，与工件接触，然后利用半圆键 3 和钢球 5 组成的锁紧机构将系统锁紧。图 5-12（b）为弹性辅助支承，在工件定位的过程中，借助弹簧力使支承滑柱的工作面与工件保持接触。当工件定位后，先把辅助支承锁紧，然后再夹紧工件。

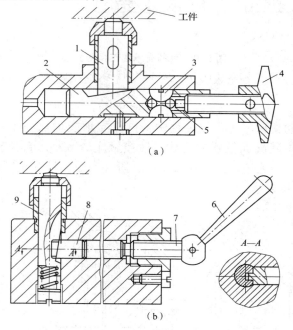

1—支承滑柱；2—推杆；3—半圆键；4—手柄；5—钢球；
6—手柄；7—螺杆；8—滑块；9—支承滑柱。

图 5-12　辅助支承的形式
（a）推式辅助支承；（b）弹性辅助支承

辅助支承只能用于增加工件的刚性，且受力较小，要求方便、快捷或手动调节；其使用频繁，易磨损；螺母宜采用套筒式结构。

5.3.2　工件以内孔定位

工件以内孔定位的常用定位元件有圆柱销、圆锥销和定位心轴等。内孔定位还经常与平面定位联合使用。

1. 圆柱销

常用的圆柱销定位如图 5-13 所示。图 5-13(a)、(b)、(c)所示圆柱销与夹具体的连接将采用过盈配合。图 5-13(d)为带衬套的可换式圆柱销结构，在夹具体中压有固定衬套，定位销装在衬套内，圆柱销与衬套的配合采用间隙配合，位置精度较固定式定位销低，一般用于大批量生产。

为便于工件顺利装入，圆柱销的头部设置有 15°倒角。短圆柱销只限制工件的 2 个自由度，长圆柱销限制工件的 4 个自由度。

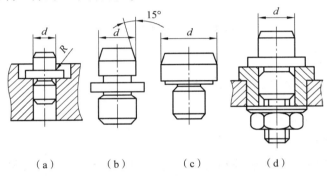

图 5-13　常用的圆柱销定位

(a)、(b)、(c) 过盈配合；(d) 间隙配合

2. 圆锥销

在加工套筒、空心轴等工件时，也经常用到圆锥销，如图 5-14 所示。图 5-14(a) 所示圆锥销用于粗基准定位，图 5-14(b) 所示圆锥销用于精基准定位。圆锥销限制了工件的 3 个自由度。

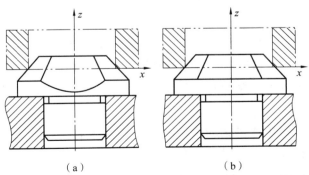

图 5-14　圆锥销定位

(a) 粗基准；(b) 精基准

工件在单个圆锥销上定位时容易倾斜，所以圆锥销一般与其他定位元件组合定位。如图 5-15 所示，工件以底面作为主要定位基面，采用活动圆锥销，只限制 2 个自由度 ($\vec{x}$、$\vec{y}$)，即使工件的孔径变化较大，也能保证准确定位。

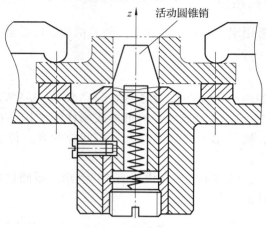

图 5-15　圆锥销组合定位

3. 定位心轴

定位心轴主要用于套筒类和空心盘类工件的车、铣、磨及齿轮加工，常见有圆柱心轴和圆锥心轴等结构形式。

图 5-16（a）为间隙配合圆柱心轴，其定位精度不高，但装卸工件方便。图 5-16（b）为过盈配合圆柱心轴，常用于对定心精度要求高的场合。当工件孔的长径比 $L/D>1$ 时，工作部分可允许略带锥度。短圆柱心轴只限制工件的 2 个自由度，长圆柱心轴限制工件的 4 个自由度。

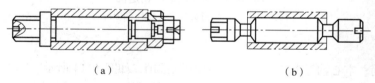

（a）　　　　　　　　　　　　　（b）

图 5-16　圆柱心轴

（a）间隙配合；（b）过盈配合

5.3.3　工件以外圆定位

工件以外圆柱面作定位基准时，根据其外圆柱面的完整程度、加工要求和安装方式，可以采用如 V 形块、定位套、半圆套及圆锥套的定位方式。其中，以 V 形块最为常见。

1. V 形块

V 形块是外圆定位中用得最多的定位元件，它安装工件方便，工件定位后的对中性好，即能使工件外圆轴线与 V 形块两个斜面的对称平面重合。不论定位基准是否经过加工，不论是完整的圆柱面还是局部圆弧面，均可采用 V 形块定位。常见的 V 形块结构如图 5-17 所示，V 形块两斜面间的夹角 α 一般选用 60°、90° 和 120°，最常用的为 90°。V 形块的结构和基本尺寸均已标准化。V 形块有长短之分，长 V 形块限制工件的 4 个自由度，而短 V 形块限制工件的 2 个自由度。

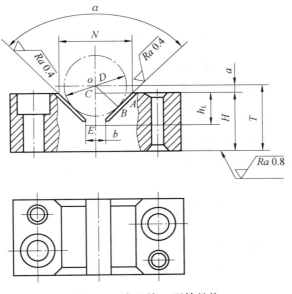

图 5-17　常见的 V 形块结构

2. 定位套

工件以定位套定位的方法一般适用于精基准定位。定位套结构如图 5-18 所示。图 5-18(a) 为短定位套定位,套筒孔限制工件的 2 个自由度;图 5-18(b) 为长定位套定位,套筒孔限制工件的 4 个自由度。

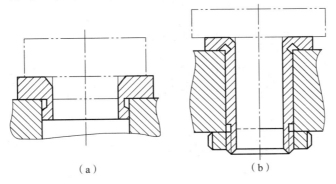

(a)　　　　　　　　　　　　　　(b)

图 5-18　定位套结构

(a) 短定位套定位;(b) 长定位套定位

定位套一般安装在夹具底板上,用以支承外圆表面。其好处在于定位套筒被磨损后可以进行更换。如果直接在底板上打孔定位,则定位孔被磨损后必须更换底板,致使成本明显增加。

5.3.4　工件以组合表面定位

在生产中,零件往往是以几个表面同时定位,当工件以两个或两个以上的表面定位时,称为以组合表面定位。工件以组合表面定位的情况主要有以下几种。

1. 一面一孔定位

图 5-19 为两种一面一孔定位的方案。在图 5-19（a）中，长销限制 4 个自由度（$\vec{y}$，$\vec{z}$，$\hat{y}$，$\hat{z}$），小平面限制 1 个自由度（$\vec{x}$）。在图 5-19（b）中，大平面限制 3 个自由度（$\vec{x}$，$\hat{y}$，$\hat{z}$），短圆柱销限制 2 个自由度（$\vec{y}$，$\vec{z}$）。

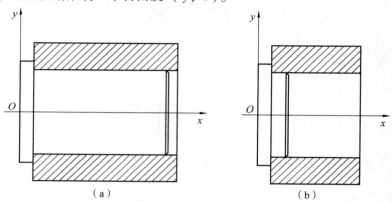

（a）　　　　　　　　　　（b）

图 5-19　一面一孔定位

2. 一面两孔定位

图 5-20 为常见的一面两孔定位方案。大平面限制 3 个自由度（$\vec{z}$，$\hat{x}$，$\hat{y}$），短圆柱销限制 2 个自由度（$\vec{x}$，$\vec{y}$），短削边销限制 1 个自由度（$\hat{z}$）。

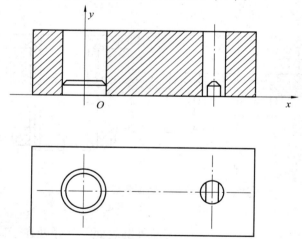

图 5-20　一面两孔定位

5.3.5　定位误差分析

在机械加工过程中，造成工件加工误差的原因有很多。所谓定位误差是指工件定位过程中所造成的加工面相对工序基准的位置误差。造成定位误差的主要原因是基准不重合误差和定位副制造误差。

定位基准与工序基准不一致所引起的定位误差称为基准不重合误差，即工序基准相对定位基准在加工尺寸方向上的最大变动量。定位副制造误差及其配合间隙所引起的定位误差又称为基准位置误差，即定位基准的相对位置在加工尺寸方向上的最大变动量。

1. 基准不重合误差

基准不重合误差以 Δ_{π} 表示。

如图 5-21 所示零件，设 e 为已加工面，f 和 g 为待加工面。在加工 f 面时若选 e 面为定位基准，则 f 面的设计基准和定位基准都是 e 面，基准重合，没有基准不重合误差，尺寸 A 的制造公差为 T_A。

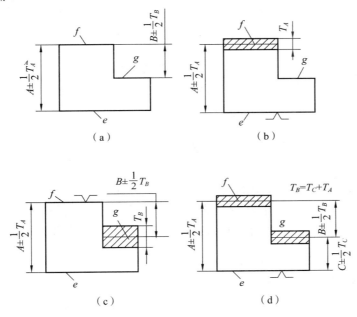

图 5-21　基准不重合误差分析

为获得尺寸 B，在加工 g 面时可有以下两种方案。

1）加工时选用 f 面作为定位基准，定位基准与设计基准重合，没有基准不重合误差，尺寸 B 的制造公差为 T_B。

2）选用 e 面作为定位基准来加工 g 面，此时将带来基准不重合误差。也就是说，工序尺寸 C 是直接得到的，尺寸 B 是间接得到的。由于定位基准 e 与设计基准 f 不重合，因此尺寸 B 的两个基准均存在加工误差，其值为 T_A。于是出现基准不重合误差：

$$T_B = T_C + T_A \tag{5-1}$$

显然，T_B 相对 T_C 和 T_A 而言是一个增量，这充分说明基准不重合将增加定位误差。如果零件中某一个尺寸有两个设计基准，并按两个设计基准分别加工，那么，该尺寸必然存在两个误差。若以其中一个基准作为定位基准来加工另一个基准，则该尺寸只有一个误差。因此，应尽量采用基准重合原则进行定位。

2. 定位副制造误差

如图 5-22 所示，工件的孔被装夹在水平放置的心轴上铣削平面，要求保证尺寸 h。

工件的定位基面内孔直径 D 和夹具定位心轴直径 d_1 皆有制造误差，如果心轴制造直径刚好为 d_{1min}，则工件所得到的内孔直径刚好为 D_{max}。当工件在水平放置的心轴上定位时，工件内孔与心轴将在 P 点相接触，此时工件实际内孔中心的最大下移量 $\Delta_{ab} = \dfrac{D_{max} - d_{1min}}{2}$。显然，该 Δ_{ab} 就是定位副制造不准确而引起的误差。

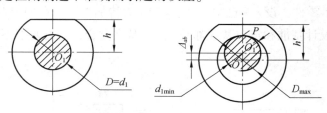

图 5-22　基准位置误差

由此可知，要提高定位精度，除了遵循基准重合原则进行定位之外，还应尽量提高定位基准和定位元件的制造精度。

5.4　工件的夹紧及夹紧装置

夹紧装置是夹具很重要的组成部分，一个夹具性能的优劣，除了从定位性能方面评定外，还必须从夹紧装置的性能上进行考核（如夹紧是否可靠，操作是否可靠等）。因此，我们必须熟悉夹紧装置的设计原理，深入理解夹紧装置的设计原则，能够结合具体情况进行灵活选用。

5.4.1　夹紧装置的组成

工件在加工过程中会受到切削力、重力、惯性力或离心力等的作用而发生位移，因此，在工件定位后必须将其夹紧并要求牢靠。这种夹紧工件的机构称为夹紧装置。夹紧装置是夹具的重要组成部分，它一般可分为动力装置、传力机构、夹紧元件 3 个部分。

动力装置是产生夹紧力的动力源，所产生的力为原始动力。夹紧力来自气压、液压和电力等动力源的，称为机动夹紧；夹紧力来自人力的，称为手动夹紧。气压驱动（简称气动）的优点是不存在漏油现象，故环境清洁、机构简单、应用较广泛，但其夹紧力较小；液压驱动由于漏油、装置庞大等原因一般不采用；手动夹紧用于简单场合。图 5-23 为一副典型的气动夹具，其动力装置是气缸 1。

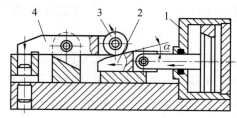

1—气缸；2—楔块；3—滚轮；4—杠杆。

图 5-23　气动夹具

传力机构位于动力装置和夹紧元件之间，是将原始动力以一定的大小和方向传递给夹紧元件的机构。如图 5-23 所示的杠杆 4 和楔块 2，它们可以改变力的方向和大小，并具有自锁性能。

夹紧元件是与工件直接接触而完成夹紧工作的最终元件，如图 5-23 所示的杠杆 4。对夹紧元件的要求是：对工件实施夹紧时不能破坏工件的正确位置；夹紧力大小要合适，必须防止因夹紧力过大而损伤工件表面或使工件产生过大的夹紧变形；结构应简单，便于制造与维修。

有时将传力机构和夹紧元件统称为夹紧机构。

5.4.2　夹紧装置的设计要求

合理设计夹紧装置有利于保证工件的加工质量、提高生产率和减轻工人的劳动强度。设计夹紧装置时，一般应该满足以下要求。

1）夹得稳。在夹紧过程中不破坏工件在定位时所确定的正确位置。

2）夹得好。夹紧应可靠并稳定，既要使工件在加工过程中不产生移动或振动，又要使工件不产生变形和表面损伤。

3）夹紧动作准确迅速，操作方便，工作效率高。

4）省力、安全，减轻劳动强度，改善劳动条件。

5）结构简单，便于制造与维修。

5.4.3　夹紧力三要素的确定

设计夹紧装置时，首先要合理选择夹紧力的作用点、夹紧力的方向，正确确定所需夹紧力的大小，然后设计合适的夹紧机构予以保证。

1. 夹紧力的作用点

1）夹紧力的作用点应落在支承元件上或几个支承元件所形成的平面内。如图 5-24（a）所示，夹紧力 Q 作用在支承平面外，会使工件倾斜或变形；图 5-24（b）的设计是合理的。

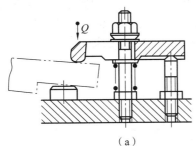 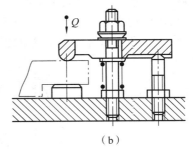

（a）　　　　　　　　　（b）

图 5-24　夹紧力的作用点应落在支承点上
（a）不合理；（b）合理

2）夹紧力的作用点应落在工件刚性较好的部位上。如图 5-25（a）所示，夹紧力的作用点位于工件刚性较差的部位上，会使工件变形。图 5-25（b）将夹紧力的作用点设在工件的两侧，避免了工件的变形，也使得夹紧较为可靠。

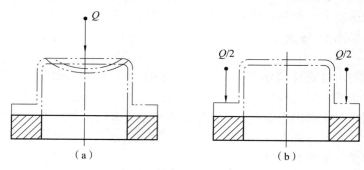

图 5-25　夹紧力作用点应落在刚性较好的部位
(a) 不合理；(b) 合理

3）夹紧力的作用点应尽量靠近加工面，以增加夹紧的可靠性，防止和减小工件的振动。如图 5-26 所示，工件形状较特殊，加工面离夹紧力 Q_1 的作用点甚远，这时需增添辅助支承，并附加夹紧力 Q_2 以提高工件夹紧后的刚度。

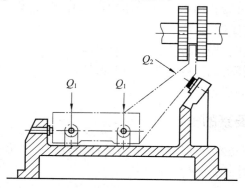

图 5-26　夹紧力的作用点应尽量靠近加工面

2. 夹紧力的方向

1）夹紧力的方向应朝向工件的主要定位基准，以保证工件与定位元件可靠地接触。如图 5-27 所示，被加工孔与端面 A 有一定的垂直度要求。若夹紧力垂直作用于主要定位基准 A 面，则定位稳定可靠，容易保证孔与端面 A 的垂直度要求；若夹紧力朝向基准 B 面，则受工件 A 面和 B 面垂直度误差的影响，难以保证加工要求。

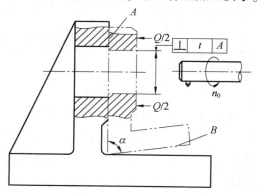

图 5-27　夹紧力方向应朝向主要定位基准

2）夹紧力方向应使所需夹紧力尽可能小并保证夹紧可靠。如图 5-28（a）所示，夹紧

力 Q 与切削力 P 的方向一致，都指向定位基准面，这时，为了防止工件在钻削扭矩的作用下发生转动，可加较小的夹紧力。

如图 5-28(b) 所示，夹紧力 Q 与切削力 P 的方向相反，此时所需夹紧力的大小为

$$Q = KP \tag{5-2}$$

式中，K——安全系数，一般取 $K = 1.5 \sim 2$。

如图 5-28(c) 所示，夹紧力 Q 与切削力 P 的方向相垂直，此时所需夹紧力的大小为

$$Q = KP/(f_1 + f_2) \tag{5-3}$$

式中，K——安全系数；

f_1、f_2——摩擦因数。

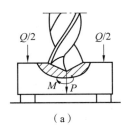
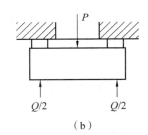
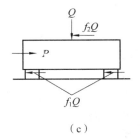

（a）　　　　　　　　（b）　　　　　　　　（c）

图 5-28　夹紧力与切削力的方向

（a）夹紧力与切削力的方向相同；（b）夹紧力与切削力的方向相反；（c）夹紧力与切削力的方向相垂直

图 5-25(c) 所示情况所需要的夹紧力最大。可见，夹紧力的方向不同，所需夹紧力的大小也不同。在设计夹紧机构、考虑夹紧力方向时，应尽量使所需夹紧力最小。

3. 夹紧力的大小

实践证明，夹紧力的大小直接影响工件安装的可靠性。因为夹紧力过大不仅会增大工件的夹紧变形，还会加大夹紧装置尺寸，造成浪费；夹紧力过小会使得工件夹不紧，加工中工件的定位位置将被破坏，甚至可能引发安全事故。

确定夹紧力大小的方法有两种：分析计算法和经验类比法。

1）分析计算法是根据静力平衡原理列出静力平衡方程式求得夹紧力。确定夹紧力时，可将夹具和工件看成一个整体，将作用在工件上的切削力、重力和惯性力等视为外力。在考虑夹紧力时，为使夹紧可靠，需要乘一个安全系数 k，粗加工时可取 $k = 2.5 \sim 3$，精加工时取 $k = 2.5 \sim 2$。由于加工过程中切削力、惯性力的作用点、方向和大小都有可能随时改变，故在实际计算中，一般可作简化计算，即假设工艺系统是刚性的，切削过程稳定不变，然后按加工过程中对夹紧最不利的状态，列出工件受力平衡方程式。通常，在受力分析时，对于中、小型零件，只考虑切削力的影响；对于大型零件，要考虑切削力和重力的影响；对于在加工时作高速旋转的零件，则还要考虑惯性力的影响。

2）实际生产中一般很少通过计算法求得夹紧力，而是采用经验类比法估算夹紧力的大小。加工中由于刀具的磨钝，工件材料性质和加工余量的不均匀等因素的影响，切削力很难精确计算，通常只是提供一个参考。因此，生产中常常采用类比的方法来估算夹紧力的大小。夹紧装置被正式使用时，可以通过应用试验并根据实际加工情况给予修正和调整。

夹紧力三要素的确定是一个综合技术性问题，需要全面考虑工件的结构特点、工艺方法、定位元件的结构和布置等多种因素。

5.4.4　典型夹紧装置

在确定好夹紧三要素（作用点、方向、大小）之后，接着需要具体设计或选用夹紧

装置来实现夹紧的方案。常用的基本夹紧装置有斜楔夹紧装置、螺旋夹紧装置、偏心夹紧装置、铰链夹紧装置和定心夹紧装置等。

1. 斜楔夹紧装置

斜楔夹紧装置是以斜楔为原动力，利用斜面移动所产生的分力来夹紧工件的夹紧装置，如图 5-29 所示。其特点是具有增力作用，可改变夹紧力方向和获取小的夹紧行程；常用于气动和手动夹具中。但为了保证斜楔工作时的可靠性，斜楔结构中要求在夹紧后能够自锁。

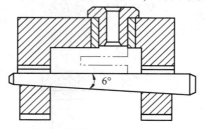

图 5-29　斜楔夹紧装置

下面以斜楔为研究对象进行受力分析。如图 5-30 所示，斜楔受到 3 个力的作用，即工件反力 R_1、夹具体反力 R_2 和斜楔驱动力 Q，工件反力 R_1 和夹具体反力 R_2 均由正压力和摩擦力合成，它们的垂直分量均为 W。

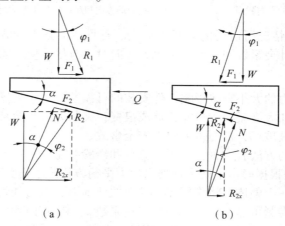

（a）　　　　　　　　　（b）

图 5-30　斜楔受力分析

夹紧时，斜楔受力平衡，可得

$$W = \frac{Q}{\tan(\alpha + \varphi_2) + \tan\varphi_1} \tag{5-4}$$

式中，W——夹紧力。

夹紧后斜楔驱动力 Q 消失，当满足

$$W\tan\varphi_1 \geqslant W\tan(\alpha - \varphi_2) \tag{5-5}$$

时斜楔才能自锁。由式（5-5）可得自锁条件：

$$\alpha \leqslant (\varphi_1 + \varphi_2) \tag{5-6}$$

钢铁表面间的摩擦因数一般为 $f = 0.1 \sim 0.15$，可知摩擦角 φ_1 和 φ_2 值为 $5.75° \sim 8.5°$。因此，斜楔夹紧装置满足自锁的条件是：$\alpha \leqslant 11.5° \sim 17°$。但为了保证自锁可靠，一般取 $\alpha = 10° \sim 15°$ 或更小些。

斜楔夹紧装置结构简单，工作可靠，但由于其机械效率较低，增力比较小，夹紧行程小且操作不方便，因此很少直接应用于手动夹紧，一般多用于机动夹紧和工件质量较高的场合。

2. 螺旋夹紧装置

螺旋夹紧装置可以看作绕在圆柱表面上的斜面，将它展开就相当于一个斜楔。图 5-31 为最简单的螺旋夹紧装置，图 5-32 为螺旋-压板组合夹紧装置。

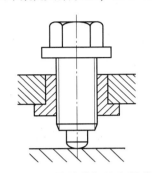

图 5-31　最简单的螺旋夹紧装置

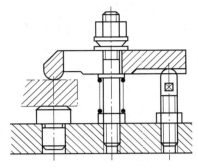

图 5-32　螺旋-压板组合夹紧装置

螺旋夹紧装置结构简单，易于制造，夹紧行程大，扩力比宽，自锁性能好。螺旋夹紧装置的螺旋升角小，自锁性能好，夹紧力和夹紧行程都较大，在手动夹具上应用较多；但其夹紧动作缓慢，效率低，不宜用于自动化夹紧装置上。

3. 偏心夹紧装置

（1）偏心夹紧装置的自锁及行程要求

偏心夹紧装置是斜楔夹紧装置的又一种变形，它利用偏心轮的偏心距来夹紧工件。如图 5-33 所示，O_1 是偏心轮的几何中心，O 是偏心轮的回转中心，偏心轮在原始作用力 F 的作用下顺时针旋转，从而将工件夹紧。通常取偏心轮上 C 点左右 $45°$ 作为工作面，即夹紧点在此范围内（图中偏心轮的 AB 段）。

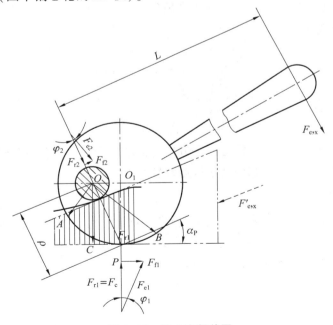

图 5-33　偏心夹紧装置

为保证夹紧装置能够自锁，偏心夹紧装置应满足自锁条件：

$$\frac{D}{e} \geq 14 \sim 20 \tag{5-7}$$

式中，D——偏心轮的直径；

e——偏心轮的偏心距。

为保证机构在夹紧时有足够的夹紧行程，装置应满足行程条件：

$$e \geq \frac{(S_1 + S_2 + S_3 + S_4)}{1.4} \tag{5-8}$$

式中，S_1——装卸工件的空隙（$0.5 \sim 3$ mm）；

S_2——夹紧装置弹性变形（$0.05 \sim 0.15$ mm）；

S_3——工件在夹紧方向上尺寸误差的补偿量（与工件的尺寸公差有关）；

S_4——行程储备量（$0.1 \sim 0.3$ mm）。

在设计偏心机构时，偏心距 e 必须同时满足自锁和行程条件，否则机构不能正常工作。

（2）夹紧力和增力比

偏心夹紧装置的夹紧力计算公式为

$$Q = \frac{FL}{\rho[\tan(\alpha_P + \varphi_1) + \tan\varphi_2]} \tag{5-9}$$

式中，F——原始作用力；

L——手柄长度；

α_P——偏心轮在夹紧点的升角；

ρ——偏心轮上夹紧点到回转中心的距离；

φ_1、φ_2——偏心轮与轮销、工件的摩擦角。

增力比计算公式为

$$i_Q = \frac{L}{\rho[\tan(\alpha_P + \varphi_1) + \tan\varphi_2]} \tag{5-10}$$

若取 $\varphi_1 = \varphi_2 = \varphi$，$\tan\varphi = 0.15$，$\rho = \frac{D}{2}$，$L = (4 \sim 5)\frac{D}{2}$，$\alpha_P = 2°30'$，则有

$$i_Q = 12 \sim 13$$

偏心夹紧装置结构简单，夹紧迅速、方便，但增力倍数小，自锁性能差，故一般只应用于被夹紧表面尺寸变动不大和切削过程振动较小的场合。

4. 铰链夹紧装置

铰链夹紧装置如图 5-34 所示，其优点是动作迅速、增力比大、易于实现夹紧自动化，在生产中应用广泛；但自锁性能较差，在气液回路中应有保压措施，以保证夹紧稳定可靠，一般常用于气动与液动夹紧中。

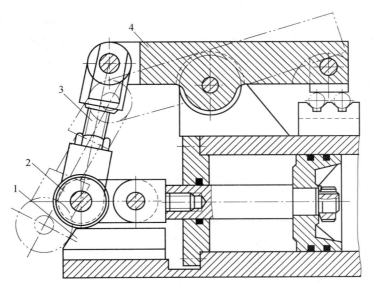

1—垫块；2—滚子；3—杠杆；4—压板。

图 5-34 铰链夹紧装置

5. 定心夹紧装置

定心夹紧装置是一种同时实现对工件定心定位和夹紧的装置，能够在实现定心作用的同时，起到夹紧工件的作用。定心夹紧装置中与工件定位基面相接触的元件既是定位元件，又是夹紧元件。

工件在夹紧过程中，利用定位夹紧元件的等速移动或均匀弹性变形来消除定位副制造误差或定位尺寸偏差对定心或对中的影响，使得这些误差或偏差能够均匀而对称地分配在工件的定位基准面上。

定心夹紧装置按工作原理可分为以下两大类。

1）按等速移动原理工作的定心夹紧装置。图 5-35 为一种螺旋定心夹紧装置，螺杆两端的螺纹旋向相反，螺距相同。当其旋转时，通过左右螺旋带动两 V 形钳口移向中心，从而对工件同时起着定位和夹紧作用。这类定心夹紧装置的特点是制造方便，夹紧力和夹紧行程较大，但由于制造误差和组成元件间的间隙较大，故定心精度不高，常用于粗加工和半精加工。

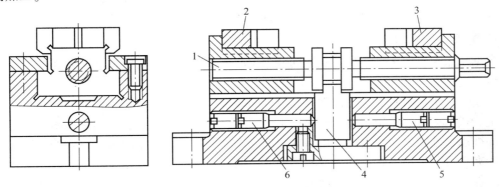

1—螺杆；2、3—V 形块；4—叉形支架；5、6—调整螺钉。

图 5-35 螺旋定心夹紧装置

2）液性塑料定心夹紧装置，如图 5-36 所示。工件以内孔作为定位基面，装在薄壁套筒上，而起直接夹紧作用的薄壁套筒则压配在夹具体上，并在所构成的环槽中注满液性塑料。当旋转螺钉通过柱塞向腔内加压时，液性塑料便向各个方向传递压力，在压力作用下薄壁套筒产生径向均匀的弹性变形，从而将工件定心夹紧。

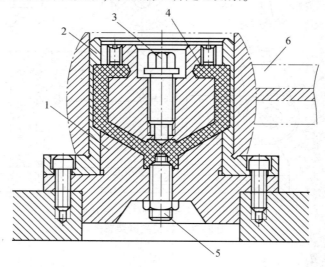

1—夹具体；2—薄壁套筒；3—加压螺钉；4—液性塑料；5—定程螺钉；6—连杆。

图 5-36　液性塑料定心夹紧装置

5.5　典型的机床夹具

机械加工中使用的专用机床夹具种类很多，本节只介绍车床夹具、铣床夹具、钻床夹具。通过这 3 类机床夹具，可了解机床夹具的主要特点。

5.5.1　车床夹具

车床夹具主要用来加工工件内、外回转表面及端面，其多数安装在主轴上，少数安装在床鞍或床身上。本小节主要介绍前一类车床夹具。

安装在车床主轴上的通用夹具有自定心卡盘、单动卡盘、花盘、前后顶尖等。这些夹具已经标准化，并可作为机床附件独立配置。

1. 常见的车床夹具

常见车床夹具按工件定位方式不同分为定心式车床夹具和角铁式车床夹具。

（1）定心式车床夹具

在定心式车床夹具上，工件常以孔或外圆定位，夹具则采用定心夹紧机构。

定心式车床夹具适用于以工件内孔定位，用以加工套类、盘类等回转体零件，可以保证工件被加工外圆表面与内孔定位基准间的同轴度。按与机床主轴连接方式的不同，定心式车床夹具可分为顶尖式心轴夹具和锥柄式心轴夹具两种，且应用较广。前者用于加工长筒形工件，后者仅能加工短的套筒或盘状工件。心轴的定位表面根据工件定位基准的精度和工序加工要求，可以设计成圆柱面、圆锥面、可胀圆柱面及花键等特形面。其中，较为常用的类型有圆柱心轴和弹性心轴等。弹性心轴又可分为波纹套弹性心轴、蝶形弹簧片心轴、液性介质弹性心轴和弹簧心轴等。

图 5-37 为手动弹簧心轴，工件以精加工过的内孔在弹性套筒 5 和心轴端面上定位。旋紧螺母 4，通过锥体 1 和锥套 3 使弹性套筒产生向外的均匀弹性变形，将工件胀紧，以实现对工件的定心夹紧。手动弹簧心轴的弹性变形量较小，要求工件定位孔的精度高于 IT8，定心精度一般可达 0.05~0.02 mm。

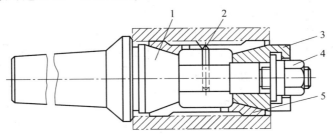

1—锥体；2—防转销；3—锥套；4—螺母；5—弹性套筒。

图 5-37　手动弹簧心轴

（2）角铁式车床夹具

在车床上加工曲轴、壳体、支座、杠杆和接头等零件的回转端面时，由于零件形状较复杂，难以装夹在通用卡盘上，因而须设计专用夹具。

角铁式车床夹具的夹具体呈角铁状，采用带摆动 V 形块的回转式螺旋压板机构夹紧，用平衡块来保持夹具平衡。图 5-38 为曲轴角铁式车床夹具。

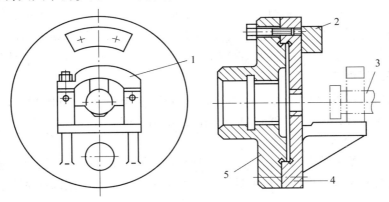

1—压板；2—平衡块；3—曲轴；4—夹具体；5—过渡盘。

图 5-38　曲轴角铁式车床夹具

2. **车床夹具设计要点**

由于加工中车床夹具随车床主轴一起回转，因此要求车床夹具与主轴二者的轴线有较高的同轴度。车床夹具与车床主轴的连接方式通常有以下几种。

（1）车床夹具安装在车床主轴锥孔中

如图 5-39（a）所示，车床夹具安装在车床主轴锥孔中。这种连接方式的定心精度较高，适用于径向尺寸 $D<140$ mm 或 $D<(2~3)d$ 的小型夹具。

（2）车床夹具与车床主轴外圆连接

图 5-39（a）、（c）为车床夹具与车床主轴外圆的连接方式，其特点是通过使用过渡盘来

实现车床夹具与车床主轴外圆的连接。这种连接方式适用于径向尺寸较大的夹具。过渡盘便于同一车床夹具可以用于不同型号和规格的车床上，增加了车床夹具的通用性。过渡盘与机床主轴配合处的形状结构设计取决于车床主轴的前端结构。

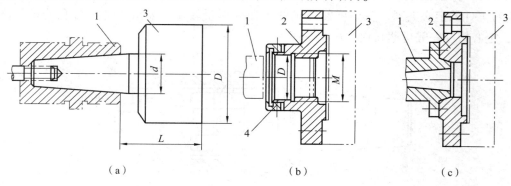

1—车床主轴；2—过渡盘；3—专用夹具；4—压块。

图 5-39　车床夹具与车床主轴的连接

（a）车床夹具安装在车床主轴锥孔中；（b）、（c）车床夹具与车床主轴外圆的连接方式

如图 5-39（b）所示，过渡盘 2 通过内孔与车床主轴 1 前端的轴径按 H7/h6 或 H7/js6 配合定心，用螺纹紧固，使过渡盘端面与主轴前端的台阶面接触。为防止停车和倒车时过渡盘与主轴因惯性作用而松脱，常用两块压块 4 将过渡盘压在主轴凸缘端面上。这种安装方式的安装精度将受到其相互配合精度的影响。

如图 5-39（c）所示，过渡盘 2 以锥孔和端面在车床主轴 1 前端的短圆锥面和端面上定位。安装时，先将过渡盘推入主轴，使其端面与主轴端面之间有 0.05~0.1 mm 的间隙，用螺钉均匀拧紧后，会产生一定的弹性变形，使端面与锥面全部接触。这种安装方式定心准确，刚性好，但加工精度要求高。

夹具与过渡盘多采用平面及定位止口定位，按 H7/h6 或 H7/js6 配合，并用螺钉锁紧。过渡盘常为车床配件，但止口的凸缘与大端面将由用户按需自行加工。

（3）其他连接方式

如果车床没有配备过渡盘，则可将过渡盘与夹具体合成一个零件设计，也可采用通用花盘来连接夹具与主轴，但必须在夹具外圆上加工一段找正圆，用以保证夹具相对主轴的径向位置。

（4）车床夹具的平衡及结构要求

对角铁式、花盘式等结构不对称的车床夹具，设计时应采用平衡装置以减小由离心力产生的振动和主轴轴承磨损。

由于车床夹具一般在悬臂状态下工作，因此其结构必须力求简单紧凑、轻便且安全，要求悬伸长度应尽量小，并使其重心靠近主轴前支撑。为保证安全，夹具体应制造成圆形，且夹具体上的各元件不允许伸出于夹具体直径之外。此外，夹具的结构还应便于工件的安装、测量和切屑的顺利排出与清理。常用车床夹具的结构尺寸可参阅夹具手册。

5.5.2　铣床夹具

铣床夹具主要用于加工平面、凹槽及各种成型表面，一般由定位元件、夹紧机构、对

刀装置（对刀块与塞尺）、定位键和夹具体组成。

　　由于铣削加工切削用量及切削力较大，且为多刃断续切削，加工时易产生振动，因此，在设计铣床夹具时应注意：夹紧力要足够大且能自锁；夹具安装准确可靠，即安装及加工时要求正确使用定位键与对刀装置；夹具体具有足够的刚度和稳定性，做到结构科学合理。

　　1. 典型铣床夹具

　　（1）直线进给式

　　图 5-40 为单件加工的直线进给式铣床夹具，用于铣削工件上的槽。工件以一面两孔定位，夹具上相应的定位元件为支承板、圆柱销 1 和菱形销 2。工件通过螺旋压板 3 来实现夹紧。使用定位键 5 和对刀块 4，确定夹具与机床、刀具与夹具正确的相对位置。

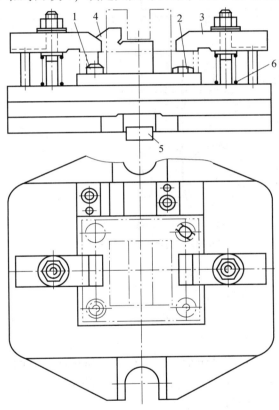

1—圆柱销；2—菱形销；3—螺旋压板；4—对刀块；5—定位键；6—弹簧。

图 5-40　直线进给式铣床夹具

　　（2）圆周连续进给铣床夹具

　　圆周连续进给铣床夹具多数安装在有回转工作台的铣床上，其在加工过程中随回转盘旋转作连续的圆周进给运动，这样可以在不停车的情况下装卸工件，因此其加工效率高，适用于大批量生产。

　　图 5-41 为铣拨叉用的圆周连续进给铣床夹具，回转工作台上一共备有 12 个工位。工件以内孔、端面及侧面通过空心定位销 2 和侧挡销 4 定位，并由液压缸 6 驱动拉杆 1 通过开口垫圈 3 将工件夹紧。工作台由电动机连接蜗杆蜗轮机构带动回转，从而将工件

依次送入切削区 A、B 内，当工件离开切削区而被加工好后，在非切削区 C、D 内，可将工件卸下，并装上待加工工件，使得辅助时间与铣削时间相重合，能够有效提高机床利用率。

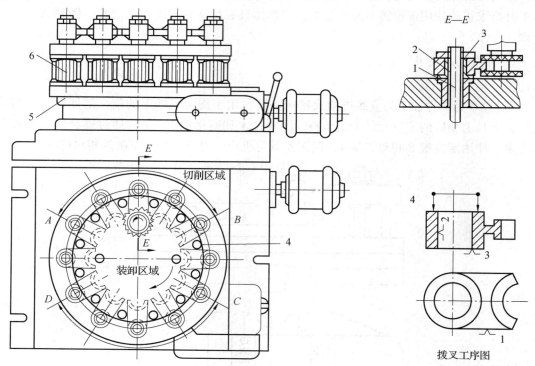

1—拉杆；2—空心定位销；3—开口垫圈；4—侧挡销；5—转台；6—液压缸。

图 5-41　圆周连续进给铣床夹具

2. 铣床夹具设计要点

（1）定位稳定，夹紧可靠

铣削加工是多刀多刃断续切削，切削用量和切削力较大，且切削力的方向不断改变，容易产生振动。因此，定位装置的设计和布置应尽量使定位支承面积大一些；夹紧力应作用在工件刚度较大的部位上；当从侧面压紧工件时，压板在侧面的着力点必须低于工件侧面的支承点；夹紧力要求靠近加工面；夹紧装置要有足够的夹紧力，自锁性好，一般不宜采用偏心夹紧，且粗铣时应当特别注意。

（2）提高生产率

铣削加工有空行程，加工辅助时间长，因此要求尽可能安排多件、多工位加工，尽量采用快速夹紧、联动夹紧和液压驱动夹紧等高效夹紧装置。

（3）定位键

定位键也称定向键，通常安装在夹具底面的纵向槽中，一般用两个，安装在一条直线上。两工件距离越远，导向精度越高，则可以直接用螺钉紧固在夹具体上，如图 5-42 所示。

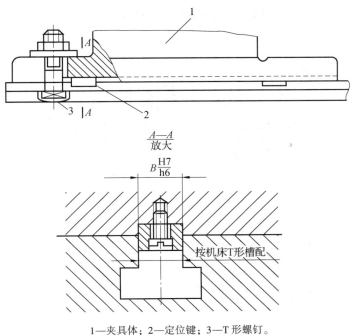

1—夹具体；2—定位键；3—T 形螺钉。

图 5-42 定位键的装配关系

定位键通过与铣床工作台的 T 形槽配合确定夹具在机床上的正确位置，并能承受部分切削扭矩，以减轻夹紧螺栓负荷、增加夹具的稳定性。

（4）对刀装置

对刀装置由对刀块和塞尺组成，用来确定刀具的位置。图 5-43 即为铣床夹具中的对刀装置。对刀块常用销钉和螺钉紧固在夹具体上，其位置应便于使用塞尺对刀，不妨碍工件装卸。对刀时，在刀具与对刀块之间加一塞尺，避免刀具与对刀块直接接触而损坏刀刃或造成对刀块过早磨损。塞尺有平塞尺和圆柱形塞尺两种，其厚度和直径为 3～5 mm，制造公差为 h6。

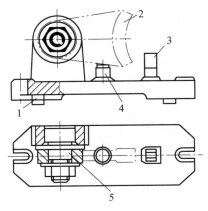

1—定位键；2—拨叉；3—对刀块；4—定位支承；5—定位元件。

图 5-43 铣床夹具中的对刀装置

图 5-44 为不同形式的对刀块，图 5-44（a）为圆形对刀块，用于铣单一平面时对刀；

图 5-44(b) 为直角对刀块，用于铣槽或台阶面时对刀；图 5-44(c)、(d) 为用于铣成型面的特殊对刀块。

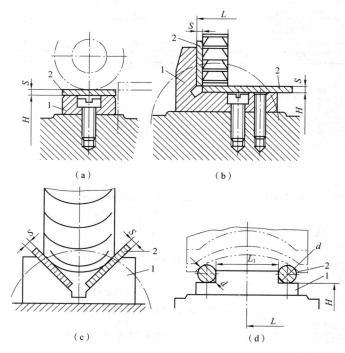

(a)　　　　　　　　　　(b)

(c)　　　　　　　　　　(d)

1—对刀块；2—塞尺。

图 5-44　不同形式的对刀块

(a) 圆形对刀块；(b) 直角对刀块；(c)、(d) 特殊对刀块

3. 夹具体设计

为提高铣床夹具在机床上安装的稳固性，减轻其断续切削等引起的振动，夹具体不仅要有足够的刚度和强度，其高度和宽度之比也应恰当，一般保持 $\dfrac{H}{B} \leqslant 2$，这样可以降低夹具重心，使工件加工表面尽量靠近工作台面。

若夹具体较宽，则可在同一侧设置两个与铣床工作台 T 形槽间等距的耳座。对重型铣床夹具，夹具体两端还应设置吊装孔或吊环等，以便搬运与吊装。

5.5.3　钻床夹具

钻床夹具又叫钻模，是在钻床上用于钻孔、车孔、铰孔及攻螺纹的机床夹具。钻床夹具主要由钻套、钻模板、定位及夹紧装置、夹具体组成。安装钻套的元件称为钻模板，用以确定刀具位置并引导刀具进行切削，保证孔的加工要求和大幅度提高生产率。

1. 钻床夹具的典型结构

钻床夹具的结构形式很多，可分为固定式钻床夹具、分度式钻床夹具、盖板式钻床夹具和滑柱式钻床夹具等主要类型。

（1）固定式钻床夹具

固定式钻床夹具在机床上的位置一般固定不动，要求加工精度较高，主要用于立式钻床上加工直径较大的单孔及同轴线上的孔或在摇臂钻床上加工轴线平行的孔系。在立式钻床上安装钻床夹具时，一般应先将装在主轴上的钻头（精度要求高时月心轴）插入钻套，以确定钻床夹具的位置，然后将其紧固在机床工作台上。这样，既可减少钻床夹具的磨损，又可保证钻孔有较高的尺寸精度。

图 5-45 为一固定式钻床夹具，用来加工连杆类零件上的锁紧孔。根据工件加工要求，选用两孔及端面作为定位基准，用挡套 2、活动心轴 4 及菱形销 8 作为定位元件，用螺母 7、开口垫片 3 和活动心轴 4 对工件进行夹紧。钻模板 5 用螺钉与夹具体固定连接。

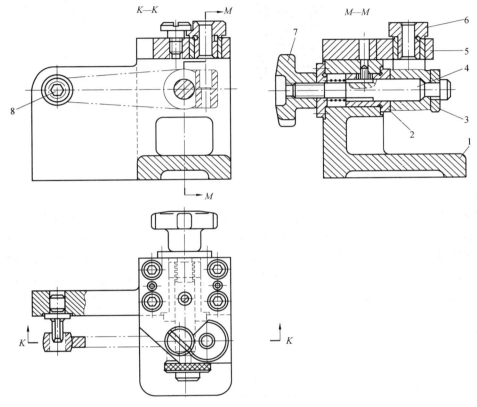

1—夹具体；2—挡套；3—开口垫片；4—活动心轴；5—钻模板；
6—钻套；7—螺母；8—菱形销。

图 5-45 固定式钻床夹具

（2）分度式钻床夹具

带有分度装置的钻床夹具称为分度式钻床夹具。分度式钻床夹具分为两种，即回转分度式钻床夹具和直线分度式钻床夹具。

回转分度式钻床夹具应用较多，主要用于加工平面上呈圆周分布、轴线互相平行的孔系，或分布在圆柱面上的径向孔系。

图 5-46 为卧式回转分度式钻床夹具，这类钻床夹具多用于加工工件圆柱面上的 3 个径向均布孔。在分度盘的左端面上有呈圆周均布的 3 个轴向钻套孔，内设定位锥套。钻孔前，对定销在弹簧力的作用下插入分度锥孔，反转手柄，螺套通过锁紧螺母使分度盘锁紧在夹具体上。钻孔后，正转手柄，将分度盘松开，同时螺套 4 上的端面凸轮将对定销拔

出，将分度盘转动120°，直至对定销重新插入第二个锥孔，然后锁紧加工另一孔。

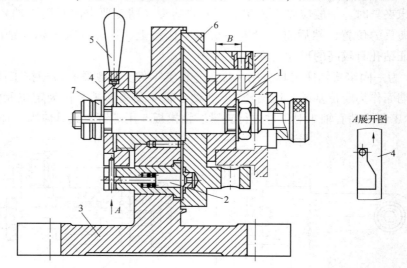

1—定位环；2—分度销；3—夹具体；4—螺套；5—手柄；6—分度盘；7—锁紧螺母。

图5-46　卧式回转分度式钻床夹具

（3）盖板式钻床夹具

盖板式钻床夹具没有夹具体，其定位元件和夹紧装置直接安装在钻模板上。钻模板在工件上定位，夹具结构简单轻便，切屑易于清除，常用于箱体等大型工件上的小孔加工，也可以用于中、小批量生产中的中、小工件孔加工。加工小孔时，可以不设夹紧装置。

图5-47为加工主轴箱7个螺纹孔的盖板式钻床夹具。工件以端面及两大孔作为定位基面，在钻模板的4个支承钉1组成的平面、夹具体2及菱形销6上定位；旋转螺杆5，推动钢球4向下，钢球同时使3个柱塞3外移，将钻模板夹紧在工件上。

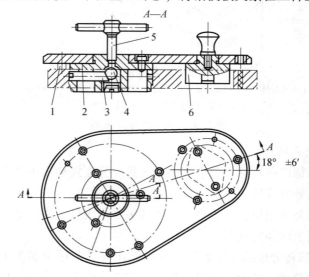

1—支承钉；2—夹具体；3—柱塞；4—钢球；5—螺杆；6—菱形销。

图5-47　盖板式钻床夹具

（4）滑柱式钻床夹具

图 5-48 是滑柱式钻床夹具。滑柱式钻床夹具的特点是：夹具可调，操作方便，夹紧迅速；钻孔的垂直度和孔距精度一般，适用于中等精度的孔和孔系加工。

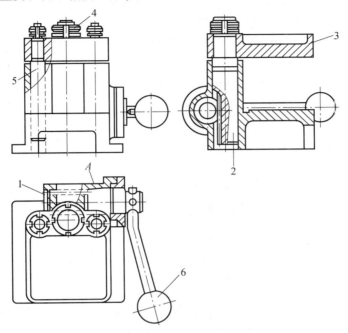

1—斜齿轮轴；2—齿条轴；3—钻模板；4—螺母；5—导向滑柱；6—手柄。

图 5-48　滑柱式钻床夹具

2. 钻套

钻套是引导孔加工刀具的元件，其作用是确定刀具相对夹具定位元件的位置，引导钻头等孔加工刀具，提高其刚性，防止在加工中发生偏斜。钻套按结构和使用情况的不同，可分为固定式钻套、可换式钻套、快换式钻套和特殊钻套，前 3 种均已标准化。

（1）钻套的构造

图 5-49 为标准化的钻套结构。其中，图 5-49（a）、（b）为固定式钻套的两种形式，钻套外径以 H7/n6 配合直接压入钻模板的孔中，位置精度高，但磨损后不易更换，常在中、小批生产中使用。固定式钻套结构较为简单，可获得较高的精度，常用于不需要更换钻套的场合。图 5-49（c）为可换式钻套，当生产量较大，使用过程中需要更换磨损了的钻套时，可使用这种钻套。可换式钻套装在衬套中，衬套按 H7/n6 的配合压入夹具体内。可换式钻套外径与衬套内径一般采用 H7/g6 或 H7/n6 的配合，并用螺钉加以固定，以防止在加工过程中钻头与钻套内部摩擦而使钻套发生转动，或退刀时随刀具抬起。图 5-49（d）为快换式钻套，当一次安装中顺次进行钻、车、铰孔，需要使用不同内径的钻套来引导刀具时，可使用快换式钻套。使用时只要将钻套朝逆时针方向转动一个角度，使得螺钉的头部刚好对准钻套上的缺口，然后往上一拔，就可取下钻套。

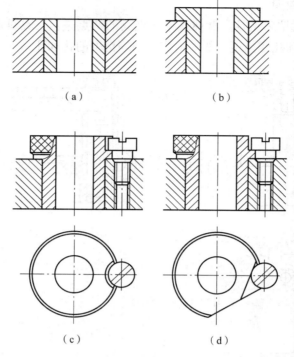

图 5-49　标准化的钻套结构

（a）无台肩的固定式钻套；（b）有台肩的固定式钻套；（c）可换式钻套；（d）快换式钻套

（2）钻套结构尺寸

1）导向孔径 d。如图 5-50 所示，钻套基本尺寸取刀具的最大极限尺寸。对于钻头、扩孔钻、铰刀等定尺寸刀具，按基轴制选用动配合 F7 或 G6。

2）钻套高度 H。对于一般孔距精度：$H = (1.5 \sim 2)d$；当孔距精度要求高于 ±0.05 mm 时，$H = (2.5 \sim 3.5)d$。

3）钻套与工件距离 h。增大 h 值，排屑方便，但刀具的刚度和孔加工精度都会降低。钻削易排屑的铸铁件时，常取 $h = (0.3 \sim 0.7)d$；钻削较难排屑的钢件时，常取 $h = (0.7 \sim 0.15)d$。

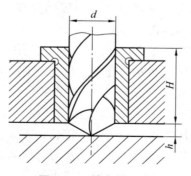

图 5-50　钻套的尺寸

工件精度要求高时，取 $h=0$，使切屑全部从钻套中排出。

钻套内径与刀具采用间隙配合。内径的尺寸及其偏差，根据刀具的种类和被加工孔的尺寸精度而定。钻套内径基本尺寸 d 应为刀具最大极限尺寸，以防止加工时刀具和钻套咬死。钻孔、车孔用钻套内径可按 F7 制造。铰孔用钻套内径配合：粗铰孔时取 G7 配合，精铰孔时取 G6 配合。

3. 钻模板结构

钻模板用于安装钻套，并确保钻套在钻模上的位置。常见的钻模板有以下几种。

（1）固定式钻模板

固定式钻模板与夹具体铸成一体，或用螺钉与销钉和夹具体连接在一起。其特点是结构简单、制造方便、定位精度高，但有时装配工件不方便。

（2）铰链式钻模板

图 5-51 为铰链式钻模板，钻套导向孔与夹具安装面的垂直度可通过调整两个支承钉的高度加以保证。加工时，钻模板由螺母锁紧。由于铰链销、孔之间存在一定间隙，故工件的加工精度不会太高。

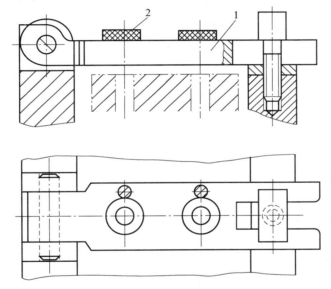

1—钻模板；2—钻套；3—销轴。

图 5-51　铰链式钻模板

（3）悬挂式钻模板

图 5-52 为悬挂式钻模板，钻模板装在两根导柱上，从而确定了钻模板相对于夹具体的位置。随着机床主轴下降，钻模板压在工件上，并借助弹簧的压力将工件压紧。机床主轴继续下降，钻头进行钻孔。钻削完毕，钻头退出工件，钻模板也随机床主轴上升，恢复到原始位置。这样，装卸工件时可省去移开钻模板的时间。因钻模板的定位采用活动连接，所以被加工孔与定位基准间尺寸误差较大，精度只能达到 $\pm(0.2 \sim 0.25)$ mm。

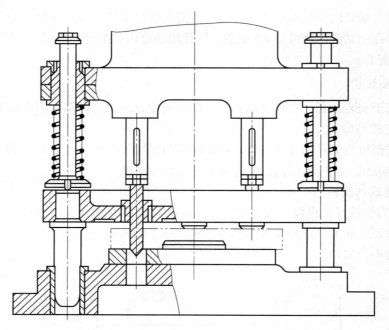

图 5-52　悬挂式钻模板

习　题

5-1　说明工件装夹要求与夹具功能。

5-2　机床夹具由哪几部分组成？

5-3　机床夹具可分为哪几类？

5-4　工件在空间上具有哪几个自由度？何谓工件的 6 点定位原理？

5-5　何谓完全定位和不完全定位？请举例说明其应用。

5-6　何谓欠定位和过定位？请举例说明其应用。

5-7　机床夹具中常用的定位方式有哪几种？

5-8　说明平面定位中支承元件的结构形式与应用。

5-9　说明外圆柱面定位中的定位方式及其应用。

5-10　如何实现工件在夹具上的夹紧？其常用动力装置有哪些？

5-11　设计夹紧装置有何要求？

5-12　如何计算和确定夹紧力的大小、方向和作用点？

5-13　分别说明几种典型夹紧机构的结构形式与应用特点。

5-14　分析车床夹具的结构形式与设计要点。

5-15　说明几种典型铣床夹具的结构形式与设计要点。

5-16　分析钻床夹具的典型结构及其应用。

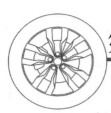

第 6 章
汽车零件加工工艺规程 的制订

　　机械加工工艺规程是指将汽车零件的机械加工工艺过程、操作要求和方法，用表格或文字的形式制订出用于组织生产、指导生产和制订生产计划的工艺文件。工艺规程的制订是工艺人员的核心工作。学习制订汽车零件加工的工艺规程，要求掌握制订工艺规程的原则和步骤，掌握分析与设计机械加工工艺路线的内容和方法，熟悉加工余量、工序尺寸和工艺尺寸链的计算，学会机械加工生产率和经济性的分析等。

6.1　概　述

　　在工厂，工艺设计师根据制造工艺理论，结合生产实际，将零（部）件的机械加工工艺过程按一定的要求书写成册，从而制订出零件加工的工艺规程。

6.1.1　机械加工工艺规程及其作用

　　工艺规程是一种技术性文件，工厂的生产、工艺管理及工人的操作等都必须按照工艺规程所规定的内容和方法去做。

　　1. 机械加工工艺规程的分类

　　工艺规程的制订应保证零件的加工能够实现优质、高产、低消耗。工艺规程是一种以卡片形式出现的文件，通常由下列卡片组成。

　　（1）工艺过程卡

　　工艺过程卡也称工艺路线卡，是说明零件机械加工工艺过程的工艺文件，供工艺人员使用。它以零件的加工工序为单位，按工艺过程顺序列出各个工序。在工艺过程卡中简要说明各工序的加工内容、所用机床、工艺装备、时间定额等内容。单件小批生产由于生产的分工比较粗糙，通常只需说明零件加工工艺路线，即其加工工序的顺序，一般只填写机械加工工艺过程卡。表 6-1 为工艺过程卡的一种格式。

表6-1　机械加工工艺过程卡

（工厂名）	机械加工工艺过程卡	产品名称及型号			零件名称		零件图号			
		材料	名称		毛坯	种类	零件质量/kg	毛重		第　页
			牌号			尺寸		净重		共　页
			性能	每料件数		每台件数		每批件数		
工序号	工序内容		加工车间	设备名称及编号	工艺装备名称及编号		技术等级	时间定额/min		
					夹具　刀具　量具			单件	准备—终结	
更改内容										
编制		抄写		校对		审核		批准		

（2）工序卡

对于大批量生产，其生产组织严密，分工细密，工艺规程详尽，要求对每道加工工序的加工精度、操作过程、切削用量、使用的设备及刀具、夹具、量具等均作出具体规定。因此，除了工艺过程卡外，还应有相应的机械加工工序卡。在每张工序卡上都绘有该工序的简图，注明该工序的定位基准、夹紧点、各加工表面的工序尺寸、表面粗糙度和其他技术要求等，并写明各工步的顺序和内容、使用的设备及工艺装备、切削用量、时间定额等。工序卡是指导操作工人进行生产的文件。表6-2为工序卡的一种格式。

表6-2　机械加工工序卡

（工厂名）	机械加工工序卡	产品名称及型号	零件名称	零件图号	工序名称	工序号	第　页
							共　页
（画工序简图处）			车间	工段	材料名称	材料牌号	力学性能
			同时加工件数	每料件数	技术等级	单件时间/min	准备—终结时间/min
			设备名称	设备编号	夹具名称	夹具编号	切削液
			更改内容				

续表

工步号	工步内容	计算数据/mm				切削用量				工时定额/min				刀具、量具及辅助工具			
		直径或长度	进给长度	单边余量	走刀次数	背吃刀量/mm	进给量/(mm·r⁻¹或min⁻¹)	切削速度/(r·min⁻¹)或双行程数/min	切削速度/(m·min⁻¹)	基本时间	辅助时间	工作地服务时间	正步号	名称	规格	编号	数量
编制		抄写		校对			审核				批准						

（3）机床调整卡

机床调整卡是一种对由自动线、流水线上的机床以及由自动机或半自动机所完成的工序作说明，为设备调整工提供机床调整规范的工艺文件。

（4）检验工序卡

检验工序卡是检验人员使用的文件，即对成批或大量生产中重要检验工序作详细说明，用以指导产品检验的工艺文件，其中列有检验内容、使用的设备及量检具等。

中、小批量生产经常采用机械加工工艺卡（见表6-3），其详细程度介于工艺过程卡和工序卡之间。

表 6-3　机械加工工艺卡

（工厂名）	机械加工工艺卡	产品名称及型号			零件名称		零件图号			
		材料	名称		毛坯	种类	零件质量/kg	毛重		第　页
			牌号			尺寸		净重		共　页
			性能	每料件数			每台件数		每批件数	
工序	安装	工步	工序内容	同时加工零件数	切削用量				工艺装备名称及编号				时间定额/min	
					背吃刀量/mm	进给量/(mm·r⁻¹或mm·min⁻¹)	切削速度/(r·min⁻¹)或双行程数/(m·min⁻¹)	切削速度/(m·min⁻¹)	设备名称及编号	夹具	刀具	量具	技术等级	单件	准备—终结
更改内容															
编制		抄写		校对			审核				批准				

2. 工艺规程的作用

机械加工工艺规程具有以下不可替代的作用。

1）它是指导生产的主要技术文件。机械加工车间生产的计划、调度，工人的操作，零件的加工质量检验，加工成本的核算，都是以工艺规程为依据的。处理生产中的问题和矛盾，也常以工艺规程作为共同依据。例如，处理质量事故必须按工艺规程来确定各有关单位和人员的责任。

2）它是生产准备工作的主要依据。车间要生产新零件，首先要制订该零件的机械加工工艺规程，再根据工艺规程进行生产准备。例如，新零件加工工艺中关键工序的分析研究，所需刀具、夹具、量具的准备，原材料及毛坯的采购或制造，新设备的购置或旧设备的改装等，均必须根据工艺规程来安排。

3）它是新建机械加工车间的基本技术文件。新建大批量生产的机械加工车间时，应根据工艺规程确定所需机床的种类和数量以及车间的布置，然后再由此确定车间的面积大小、动力和吊装设备配置以及所需工人的工种、技术等级、数量等。

6.1.2　制订工艺规程的原则及原始资料

1. 制订工艺规程的原则

制订工艺规程的原则是：在一定的生产条件下，应保证优质、高产、低成本和安全。在制订工艺规程时，应该切实注意以下问题。

1）技术先进。在制订工艺规程时，需要及时了解国内外本行业工艺技术的发展水平，并通过必要的工艺试验积极采用科学合理的先进工艺和工艺装备。

2）经济合理。在一定的生产条件下，应该提出几种能保证零件技术要求的工艺方案，然后通过核算和相互对比，选取经济上最为合理的方案，以保证产品的能源、原材料消耗及成本最低。

3）劳动条件良好，安全可靠。在制订工艺规程时，要注意保证工人在操作时具有良好而安全的工作条件，要求结合企业未来发展与投资状况制订规划，尽力采取机械化或自动化措施，将工人从某些繁重的体力劳动中解放出来，切实保障安全生产。

2. 制订工艺规程的原始资料

制订零件机械加工工艺规程需要以下原始资料。

1）产品的全套装配图及零件图。

2）产品的验收质量标准。

3）产品的生产纲领及生产类型。

4）零件毛坯图及毛坯生产情况。零件毛坯图通常由毛坯车间技术人员设计。机械加工工艺人员应研究毛坯图并了解毛坯的生产情况，如毛坯的加工余量、结构工艺性、铸件的分型面和浇冒口位置、锻件的模锻斜度和飞边位置等，以便正确选择零件加工时的装夹部位和装夹方法，能够合理确定工艺过程。

5）本厂的生产条件。应全面了解工厂设备的种类、规格和精度状况，工人的技术水平，现有的刀具、辅具、量具、夹具规格以及非标装备的设计制造能力，等等。

6）各种相关手册、标准等技术资料，以及国内外先进工艺及生产技术的发展与应用资料。

6.1.3　制订工艺规程的步骤

1) 分析研究产品或部件的装配图,审查零件图。

制订零件工艺规程,要熟悉零件所在产品的性能、用途及工作条件,明确零件在产品中的地位和作用;根据零件的结构特点和技术要求,找出关键性技术问题,同时还要对零件的工艺性进行审查。工艺性审查的主要内容如下:

①必须仔细审查图纸尺寸、视图和技术要求是否完整、正确和统一;

②审查各项技术要求是否合理;

③审查零件的结构工艺性是否合理;

④审查零件的材料是否选用恰当;

⑤若在审查中发现有不合理的设计,应与设计部门共同研究,按规定程序进行必要的修改。

2) 毛坯的选择。

毛坯选择的合理性,对零件工艺过程的经济性有着很大的影响。同时,毛坯的质量对零件的定位、夹紧和加工后的质量也有很大的影响。提高毛坯质量往往会使毛坯制造困难,需要用较复杂的工艺和昂贵的设备,增加了毛坯的成本。因此,毛坯的选择要根据生产类型和具体生产条件决定,并充分注意利用新工艺、新技术、新材料的可能性,使零件生产的总成本降低,质量提高。

对于材料为结构钢的零件,除了货车前梁,军车曲轴、连杆等重要零件明确是锻件外,大多数只规定了材料及其热处理要求,这就需要工艺设计人员根据零件的作用、尺寸和结构形状来确定毛坯种类。例如,制作一般的阶梯轴,若各阶梯的直径差较小,则可直接以圆棒料作毛坯;对于重要的轴或直径差大的阶梯轴,为了减少材料消耗和切削加工量,则宜采用锻制毛坯。

3) 制订工艺路线。

制订工艺路线,就是制订出零件由粗到精的全部加工工序,是机械加工工艺规程的核心,主要内容包括确定定位基准,定位、夹紧方案及各表面的加工方法等。制订工艺路线是制订机械加工工艺规程最关键的一步,一般需提出几个工艺方案进行分析比较,然后选择其中最佳的一个方案。

4) 确定各工序所采用的设备及工艺装备,即选择各工序所用的机床设备及各工序所需的刀具、夹具、量具及辅助工具。设备的选择应在满足零件加工工艺的需要和可靠地保证零件加工质量的前提下,与生产批量和生产节拍相适应。优先考虑采用标准化的工艺装备和充分利用现有条件,以降低生产准备费用。对改装或重新设计的专用机床、专用或成组工艺装备,应在进行经济性分析和论证的基础上提出设计任务书。

5) 确定各工序的加工余量,计算工序尺寸及其公差。

6) 确定各工序的切削用量。

7) 确定各主要工序的技术检验要求及检验方法。

8) 确定时间定额。

9) 填写工艺文件。

6.2　工艺路线分析与设计

在制订工艺路线时，工艺人员必须在充分掌握生产纲领、生产条件等相关信息的基础上，从提出的各种工艺方案中选出最佳方案，并在生产中不断完善，最终制订出合理的工艺路线。制订机械加工工艺路线时需要考虑的主要问题有：定位基准的选择，表面加工方法的选择，加工顺序的安排。

6.2.1　定位基准的选择

制订机械加工工艺路线的第一步是选择被加工零件的定位基准。定位基准选择合理与否，将直接影响零件加工质量。例如，基准选择不当，往往会增加工序，致使工艺路线不合理、夹具设计困难，达不到零件加工的精度要求，特别是位置精度，所以首先要把握好零件加工时的定位基准选择。

由于粗基准和精基准的作用和用途不相同，因此在选择粗基准和精基准时，所考虑问题的侧重点也不同。

1. 粗基准选择原则

选择粗基准时，所考虑的侧重点为：如何保证各加工面有足够的加工余量；非加工表面的尺寸、位置误差如何能满足设计图样要求。具体选择原则如下。

（1）选择非加工表面为基准原则

为了保证工件上加工面与非加工面的相互位置要求，应以非加工面作为粗基准，这样可以提高非加工表面与加工表面的相对位置精度。如图6-1(a)所示，加工时若以非加工外圆1表面作粗基准定位，则加工后内孔2与外圆1同轴，虽然可以保证零件壁厚均匀，但加工内孔2的余量不均匀。然而，若以零件毛坯内孔3作粗基准定位，则加工内孔2与毛坯内孔3同轴，虽然可以保证加工余量均匀，但内孔2与非加工面外圆1不同轴，加工后壁厚会不均匀，上厚下薄，如图6-1(b)所示。图6-1中的零件一般要求壁厚均匀，因而图6-1(a)的选择是正确的。

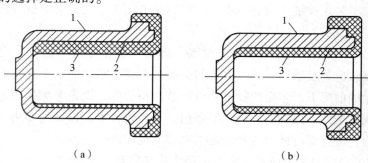

（a）　　　　　　　　（b）

1—外圆；2—内孔；3—毛坯内孔。

图6-1　粗基准选择比较

（a）以外圆1表面为粗基准；（b）以毛坯内孔3为粗基准

（2）保证加工余量合理分配原则

如果必须首先保证工件某重要表面的余量均匀，则应选择该表面的毛坯面为粗基准。例如，在车床床身加工中，导轨面是最重要的表面，不仅要求精度高，而且要求有均匀的金相组织和较高的耐磨性，因此希望加工时导轨面去除余量要小而且均匀。此时，应以导轨面为粗基准，先加工底面，然后再以底面为粗基准，加工导轨面。

（3）便于工件装夹原则

选择粗基准时，必须考虑定位准确，夹紧可靠，以及夹具结构简单、操作方便等问题。为了保证定位准确，夹紧可靠，要求选用的粗基准尽可能平整、光洁和有足够大的尺寸，不允许有锻造飞边、浇口、冒口或其他缺陷。

（4）不重复使用原则

粗基准本身是毛坯表面，精度和表面粗糙度均较差，若初次加工将其选为粗基准，则接下来应选择已加工面为基准。如果再重复使用粗基准，就会造成两次加工出的表面之间存在较大的位置误差。

如图 6-2 所示的零件，其内孔、端面及 3×φ7 孔都需要加工，如果第一道工序以 φ30 外圆为粗基准车端面、镗孔；第二道工序仍以 φ30 外圆为粗基准钻 3×φ7 孔，两次使用粗基准加工就可能使钻出的孔与内孔 φ16H7 偏移 2～3 mm。最好第二道工序是用第一道工序已经加工出来的内孔和端面作精基准，可以较好地解决偏移问题。

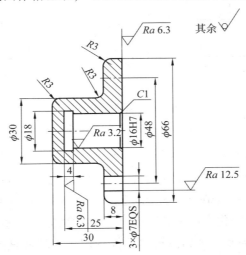

图 6-2　重复使用粗基准的错误实例

2．精基准选择原则

（1）基准重合原则

在第 5 章有关基准问题的讨论中，我们已经提到，为使定位或试切测量方便，工序基准可与定位基准或测量基准重合，这种基准选择原则称为基准重合原则。

事实上，基准重合原则还应包括：尽量选择加工表面的设计基准作为精基准，以保证工艺或者工序基准尽可能与设计基准重合，这样可避免由于基准不重合而出现定位误差。在对加工面位置尺寸和位置关系有决定性影响的工序中，特别是当位置公差要求较严时，一般不应违背这一原则。否则，将由于存在基准不重合误差而增大加工难度。

如图 6-3（a）所示零件，设计尺寸为 A 和 B，设顶面 f 和底面 e 已加工好（即尺寸 A 已经保证），现用调整法铣削一批零件的 g 面。为保证设计尺寸 B，以 e 面定位，则定位基准 e 与设计基准 f 不重合，如图 6-3（b）所示。由于铣刀相对于夹具定位面 e 而调整，因此对于一批零件来说，刀具调整好后位置不再变动，加工后尺寸 B 的大小除受本工序加工误差 Δ_j 的影响外，还与上道工序的加工误差 T_A 有关。这一累积误差因所选定位基准与设计基准不重合而产生，这种定位误差称为基准不重合误差，它的大小等于设计基准与定位基准之间的联系尺寸 A 的公差 T_A 和加工尺寸 B 的误差 Δ_j 之和。为了保证尺寸 B 的精度，应限制 $\Delta_j + T_A \leq T_B$，也就是说，采用基准不重合的定位方案，必须控制该工序的加工误差和基准不重合误差的总和不得超过尺寸 B 的公差 T_B，这样既缩小了本道工序的加工允差，又对前面工序提出了较高的要求，使得加工成本提高，应该尽量避免。所以，在选择定位基准时，需要尽量使定位基准与设计基准相重合。若以 f 面定位加工 g 面，则做到基准重合，如图 6-3（c）所示，此时尺寸 A 的误差对加工尺寸 B 无影响，本工序的加工误差只需满足 $\Delta_j \leq T_B$ 即可。

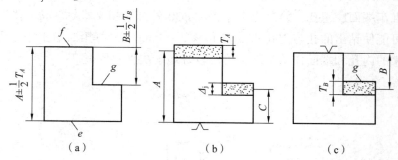

图 6-3　基准重合原则

（a）零件；（b）基准不重合；（c）基准重合

（2）基准统一原则

用同一组基准定位加工零件上尽可能多的表面，这就是基准统一原则。应用基准统一原则可以简化工艺规程和夹具结构，减少制造工作量和成本，缩短生产准备周期，减少工件搬动和翻转次数，在自动化生产中有广泛应用。由于减少了基准转换，因此有利于保证各加工表面的相互位置精度。例如，箱体零件采用一面（底面）两孔（轴承孔）定位，轴类零件采用两中心孔定位，盘套类零件常使用止口面作精基准，齿轮加工多采用齿轮的内孔及一端面为定位基准等都属于基准统一原则范畴。

（3）互为基准原则

当对工件上两个相互位置精度要求很高的表面进行加工时，需要用两个表面相互作为基准，反复进行加工，能够充分保证高的位置精度要求。例如，要保证精密齿轮的齿圈跳动精度，在齿面淬硬后，先以齿面定位磨削内孔，再反过来以内孔定位磨削齿面，从而有效地保证位置精度。再如，车床主轴的前锥孔与主轴支承轴颈间有严格的同轴度要求，加工时要先以支承轴颈外圆为定位基准来加工锥孔，然后再以锥孔作为定位基准来加工外圆，如此反复多次，最终达到加工要求。

（4）自为基准原则

　　某些要求加工余量小而均匀的精加工工序，将选择加工表面自身作为定位基准，称为自为基准原则。如图 6-4 所示，磨削车床导轨面时，用可调支承支撑床身零件；在导轨磨床上，用百分表找正导轨面相对机床运动方向的正确位置；按百分表所找正的导轨面的运动轨迹来加工导轨面，保证余量均匀，以满足对导轨面的质量要求。又如，采用浮动镗刀车孔（见图 6-5），也能实现自动对中。以上两例均属于自为基准加工。

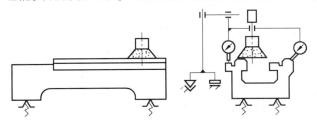

图 6-4　加工表面自身作为定位基准

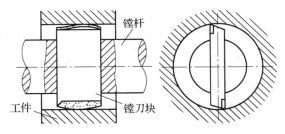

图 6-5　浮动镗刀车孔

（5）便于装夹原则

　　所选择的精基准，应能保证定位准确、可靠，夹紧机构简单，操作方便，称为便于装夹原则。

6.2.2　表面加工方法的选择

1. 经济加工精度及加工方法的选择

　　经济加工精度指在正常加工条件下（包括采用符合质量标准的设备和工艺装备，使用标准技术等级的工人，不延长加工时间），用一种加工方法所能得到的加工精度和表面粗糙度。

　　任何一种加工方法的加工误差与加工成本之间有如图 6-6 所示关系，图中 δ 为加工误差，表示加工精度；S 为加工成本。由图可知，两者关系的总趋势是加工成本随着加工误差的减小而上升，但在不同的误差范围内成本上升的比率却不同。显然，在 A 点左侧，加工误差每减小一点时，其加工成本上升较大；当加工误差减小到一定程度时，所投入的成本即使再增大，加工误差的下降也微乎其微，这说明无论哪一种加工方法，加工误差的减小都是有极限的（见图中 δ_0）。在 B 点右侧，即使加工误差放大许多，成本也下降很少，这说明对于任一种加工方法，成本下降也有一个极限，即最低成本 S_0。只有在曲线的 AB 段，加工成本随着加工误差的减小而上升的比率相对稳定。可以认定，只有当加工误差等

于曲线 *AB* 段所对应的误差值时，采用相应的加工方法加工才算经济合理。于是，人们称 *AB* 段所对应的误差值或所对应的精度即为该加工方法的经济加工精度。因此，经济加工精度是指一个精度范围而不是一个单值。

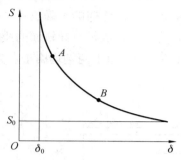

图 6-6　加工误差与加工成本之间的关系

表 6-4、表 6-5 和表 6-6 分别给出了外圆表面、内孔及平面加工中各种加工方法的经济加工精度和表面粗糙度。

表 6-4　外圆表面加工中各种加工方法的经济加工精度及表面粗糙度

加工方法	加工情况	经济加工精度	表面粗糙度 $Ra/\mu m$
车	粗车	IT13 ~ IT12	10 ~ 80
	半精车	IT11 ~ IT10	2.5 ~ 10
	精车	IT8 ~ IT7	1.25 ~ 5
	金刚石车（镜面车）	IT6 ~ IT5	0.02 ~ 1.25
铣	粗铣	IT13 ~ IT12	10 ~ 80
	半精铣	IT11 ~ IT11	2.5 ~ 10
	精铣	IT9 ~ IT8	1.25 ~ 5
车槽	一次行程	IT12 ~ IT11	10 ~ 20
	二次行程	IT11 ~ IT10	2.5 ~ 10
外磨	粗磨	IT9 ~ IT8	1.25 ~ 10
	半精磨	IT8 ~ IT7	0.33 ~ 2.5
	精磨	IT7 ~ IT6	0.13 ~ 1.25
	精密磨（精修砂轮）	IT6 ~ IT5	0.08 ~ 0.42
	镜面磨	IT5	0.008 ~ 0.08
抛光	—	—	0.08 ~ 1.25
研磨	粗研	IT6 ~ IT5	0.16 ~ 0.63
	精研	IT5	0.04 ~ 0.32
	精密研	IT5	0.008 ~ 0.08
超精加工	精加工	IT5	0.08 ~ 0.32
	精密加工	IT5	0.01 ~ 0.16

续表

加工方法	加工情况	经济加工精度	表面粗糙度 $Ra/\mu m$
砂带磨	精磨	IT6 ~ IT5	0.02 ~ 0.16
	精密磨	IT5	0.01 ~ 0.04
滚压	—	IT7 ~ IT6	0.16 ~ 1.25

注：加工有色金属时，表面粗糙度 Ra 取小值。

表 6-5　内孔加工中各种加工方法的经济加工精度及表面粗糙度

加工方法	加工情况	经济加工精度	表面粗糙度 $Ra/\mu m$
钻	$\phi15$ 以下	IT13 ~ IT11	5 ~ 80
	$\phi15$ 以上	IT12 ~ IT10	20 ~ 80
扩	粗扩	IT13 ~ IT12	5 ~ 20
	一次扩孔（铸孔或冲孔）	IT13 ~ IT11	10 ~ 40
	精扩	IT11 ~ IT9	1.25 ~ 10
铰	半精铰	IT9 ~ IT8	1.25 ~ 10
	精铰	IT7 ~ IT6	0.32 ~ 5
	手铰	IT5	0.08 ~ 1.25
拉	粗拉	IT10 ~ IT9	1.25 ~ 5
	一次拉孔（铸孔或冲孔）	IT11 ~ IT10	0.32 ~ 2.5
	精拉	IT9 ~ IT7	0.16 ~ 0.63
镗	粗镗	IT13 ~ IT12	5 ~ 20
	半精镗	IT11 ~ IT10	2.5 ~ 10
	精镗（浮动镗）	IT9 ~ IT7	0.63 ~ 5
	金刚镗	IT7 ~ IT5	0.16 ~ 1.25
内磨	粗磨	IT11 ~ IT9	1.25 ~ 10
	半精磨	IT10 ~ IT9	0.32 ~ 1.25
	精磨	IT8 ~ IT7	0.08 ~ 0.63
	精密磨（精修整砂轮）	IT7 ~ IT6	0.04 ~ 0.16
珩	粗珩	IT6 ~ IT5	0.16 ~ 1.25
	精珩	IT5	0.04 ~ 0.32
研磨	粗研	IT6 ~ IT5	0.16 ~ 0.63
	精研	IT5	0.04 ~ 0.32
	精密研	IT5	0.008 ~ 0.08
挤	滚珠、滚柱扩孔器，挤压头	IT8 ~ IT6	0.01 ~ 1.25

注：加工有色金属时，表面粗糙度 Ra 取小值。

表 6-6　平面加工中各种加工方法的经济加工精度及表面粗糙度

加工方法	加工情况	经济加工精度	表面粗糙度 $Ra/\mu m$
周铣	粗铣	IT13 ~ IT11	5 ~ 20
	半精铣	IT11 ~ IT8	2.5 ~ 10
	精铣	IT8 ~ IT6	0.63 ~ 5
端铣	粗铣	IT13 ~ IT11	5 ~ 20
	半精铣	IT11 ~ IT8	2.5 ~ 10
	精铣	IT8 ~ IT6	0.63 ~ 5
车	半精车	IT11 ~ IT8	2.5 ~ 10
	精车	IT8 ~ IT6	1.25 ~ 5
	细车（金刚石车）	IT6	0.02 ~ 1.25
刨	粗刨	IT13 ~ IT11	5 ~ 20
	半精刨	IT11 ~ IT8	2.5 ~ 10
	精刨	IT8 ~ IT6	0.63 ~ 5
	宽刀精刨	IT6	0.16 ~ 1.25
插	普通立插	IT11 ~ IT10	2.5 ~ 20
拉	粗拉（铸造或冲压表面）	IT11 ~ IT10	5 ~ 20
	精拉	IT9 ~ IT6	0.32 ~ 2.5
平磨	粗磨	IT10 ~ IT8	1.25 ~ 10
	半精磨	IT9 ~ IT8	0.63 ~ 2.5
	精磨	IT8 ~ IT6	0.16 ~ 1.25
	精密磨	IT6	0.04 ~ 0.32
刮	25 mm×25 mm 内点数	IT10 ~ IT8	0.63 ~ 1.25
		IT14 ~ IT10	0.32 ~ 0.63
		IT16 ~ IT13	0.16 ~ 0.32
		IT20 ~ IT16	0.08 ~ 0.16
		IT25 ~ IT20	0.04 ~ 0.08
研磨	粗研	IT6	0.16 ~ 0.63
	精研	IT5	0.04 ~ 0.32
	精密研	IT5	0.008 ~ 0.08
砂带磨	精磨	IT6 ~ IT5	0.04 ~ 0.32
	精密磨	IT5	0.01 ~ 0.04
滚压	—	IT10 ~ IT7	0.16 ~ 2.5

注：加工有色金属时，表面粗糙度 Ra 取小值。

根据零件上每个加工表面的技术要求，确定用什么方法加工及分几次加工。通常表面达到同样要求的加工方法可以有多种选择，在选择时可综合考虑以下几个方面。

1）根据加工表面的加工精度和表面粗糙度确定加工方法，即所选的最终加工方法应能保证图纸提出的要求。采用经济加工精度能保证的加工方法，既保证质量又不使成本过高。

2）根据零件的结构、加工表面的特点及零件材料来选择加工方法，如箱体类零件的平面通常用铣削加工，而盘类零件的端面通常用车削加工。淬硬钢可采用磨削进行精加工，而有色金属一般采用金刚镗或精车方法进行精加工。

3）根据生产类型选择加工方法。对于大批量生产，可采用高效的专用设备，如某些零件的平面和孔加工可采用拉削加工代替铣削平面和镗孔。

　　4）考虑工厂现有设备和技术的发展。既充分利用现有设备进行加工，同时又考虑到新技术、新工艺的应用。

　　对于汽车零件来讲，由于生产批量大、质量要求高，常采用自动线流水生产和社会配套加工，若对生产条件、材料与毛坯性能等控制严格，则更要全面分析和选择加工方法。

　　2. 外圆表面加工

　　图 6-7 为外圆表面的典型加工路线，图中给出了各工序所能达到的精度和表面粗糙度，由此可概括成 4 条基本路线。

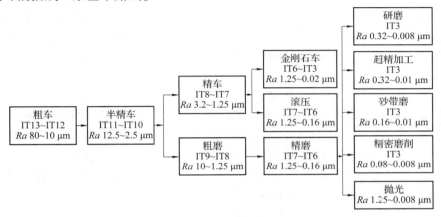

图 6-7　外圆表面的典型加工路线

　　1）粗车→半精车→精车。对于一般常用材料，这是应用最广泛的一条工艺路线。精度要求不高于 IT7、表面粗糙度 $Ra \geq 0.8\ \mu m$ 的零件表面，均可采用此加工路线。

　　2）粗车→半精车→粗磨→精磨。对于黑色金属材料，精度要求高、表面粗糙度值要求较小、零件需要淬硬，且其后续工序只能用磨削，故采用此加工路线。

　　3）粗车→半精车→精车→金刚石车。对于有色金属，用磨削加工通常不易得到所要求的表面粗糙度，因为有色金属比较软，容易堵塞磨粒间的空隙，故最终工序多用精车和金刚石车。

　　4）粗车→半精车→粗磨→精磨→抛光。对于黑色金属材料的淬硬零件，其精度要求较高且表面粗糙度值要求很小，故常用此加工路线，如发动机曲轴加工。

　　表 6-7 为上述典型外圆表面的加工路线比较。

表 6-7　典型外圆表面的加工路线比较

比较项目	加工路线			
	粗车→半精车→精车	粗车→半精车→粗磨→精磨	粗车→半精车→精车→金刚石车	粗车→半精车→粗磨→精磨→抛光
适用材料	常用材料	淬硬黑色金属	未淬黑色金属及有色金属	淬硬黑色金属
尺寸精度	中	较高	高	高
表面粗糙度	中	小	较小	小
生产类型	大批量	小批量	各种	各种

3. 孔的加工

典型孔的加工路线也可归纳为如下 4 条基本的加工路线。

（1）钻（粗镗）→粗拉→精拉（推）

该加工路线多用于大批量生产中加工盘套类零件的圆孔、单键孔和花键孔。加工出的孔的尺寸精度可达 IT7，且加工质量稳定，生产效率高。当工件上无铸出或锻出的毛坯孔时，第一道工序安排钻孔；若有毛坯孔，则安排粗镗孔；如毛坯孔的精度好，可直接拉孔。

（2）钻（粗镗）→扩→铰→手铰

该加工路线主要用于直径 $D < 50$ mm 的中、小孔加工，是一条应用最为广泛的加工路线。加工后孔的尺寸精度通常达 IT8~IT6，表面粗糙度 $Ra = 3.2 \sim 0.8$ μm。若尺寸、形状精度和表面粗糙度要求高，可在铰后安排一次手铰。由于铰削加工对孔的位置误差的纠正能力差，因此，孔的位置精度主要由钻和扩来保证。位置精度要求高的孔不宜采用此加工方案。

（3）钻（粗镗）→半精镗→精镗→滚压（金刚镗）

该加工路线主要应用于加工未经淬火的黑色金属及有色金属等材料的高精度孔和孔系（IT7~IT5 级，$Ra = 1.25 \sim 0.16$ μm）。与钻→扩→铰加工路线不同的是：所能加工的孔径范围大，一般孔径 $D \geqslant 18$ mm 即可采用装夹式镗刀镗孔；加工出孔的位置精度高，如金刚钻多轴镗孔，孔距公差可控制在 $\pm (0.005 \sim 0.01)$ mm，常用于加工位置精度要求高的孔或孔系，如连杆大小头孔和发动机箱体孔系等。

（4）钻（粗镗）→半精镗→粗磨→精磨→研磨

该加工路线常用于黑色金属特别是淬硬零件的高精度的孔加工。其中，研磨孔的原理和工艺与前述外圆研磨相同，只是此时研具是一圆棒。发动机缸体活塞孔就是采用这条加工路线。

表 6-8 为上述典型孔的 4 条基本加工路线特点比较。

表 6-8　典型孔的 4 条基本加工路线特点比较

加工路线特点	钻（粗镗）→粗拉→精拉（推）	钻（粗镗）→扩→铰→手铰	钻（粗镗）→半精镗→精镗→滚压（金刚镗）	钻（粗镗）→半精镗→粗磨→精磨→研磨
适用材料	未淬火黑色金属及有色金属	未淬火黑色金属及有色金属	未淬火黑色金属及有色金属	淬硬件黑色金属
位置精度	高	低	高	高
生产类型	大批量	小批量	各种	各种
孔径范围	大	$D < 50$ mm	$D \geqslant 18$ mm	大

4. 平面的加工

典型平面加工路线可概括为以下 5 条基本加工路线。

1）粗铣→半精铣→精铣→高速精铣。铣削是平面加工中用得最多的方法。若采用高速精铣作为终加工，不但可获得较高精度，而且可获得较高的生产率。高速精铣的工艺特点是：高速（$r = 200 \sim 400$ m/min），小进给（$f = 0.04 \sim 0.10$ mm/r），小背吃刀量（$a_P < 2$ mm）。其精度和效率主要取决于铣床的精度，铣刀的材料、结构和精度，以及工艺系统的刚度。其在大规模生产中应用较多，如发动机气缸体平面加工。

2）粗刨→半精刨→精刨→宽刀精刨或刮研。此加工路线以刨削加工为主。通常，刨削的生产率较铣削低，但机床运动精度易于保证，刨刀的刃磨和调整也较方便，故在单件小批生产中应用较多。宽刀精刨可达到较高的精度和较低的表面粗糙度，在大平面精加工中用以代替刮研。刮研是获得精密平面的传统加工方法，由于其生产率低、劳动强度大，已逐渐被其他机械加工方法代替，但在单件小批生产中仍普遍采用。

3）粗铣（刨）→半精铣（刨）→粗磨→精磨→研磨、导轨磨、砂带磨或抛光。此加工路线主要用于淬硬表面或高精度表面的加工，淬火工序可安排在半精铣（刨）之后。

4）粗拉→精拉。这是一条适用于大批量生产的加工路线，主要特点是生产率高，特别是对台阶面或有沟槽的表面，优点更为突出，如发动机缸体的底平面、曲轴轴承座的半圆孔及分界面，都是一次拉削完成的。由于拉削设备和拉刀价格昂贵，因此只有在大批量生产中使用才经济。由于拉床有空程损失、耗能高，故此工艺已趋于淘汰。

5）粗车→半精车→精车→金刚石车。此加工路线主要用于有色金属零件的平面加工，如轴类零件的端面。如果是黑色金属，则在精车以后安排精磨、砂带磨等工序。

各类典型平面加工路线所应用的生产类型如表 6-9 所示。

表 6-9　典型平面加工路线所应用的生产类型

加工路线	粗铣→半精铣→精铣→高速精铣	粗刨→半精刨→精刨→宽刀精刨或刮研	粗铣（刨）→半精铣（刨）→粗磨→精磨→研磨、导轨磨、砂带磨或抛光	粗拉→精拉	粗车→半精车→精车→金刚石车
生产类型	大批量	小批量	小批量	大批量	各种

6.2.3　加工顺序的安排

1. 加工工序的安排

安排切削加工顺序的原则如下。

1）先粗后精。零件的加工一般应划分加工阶段，以将粗、精加工分开进行，即先进行粗加工，然后进行半精加工，最后进行精加工和光整加工。

2）先主后次。先考虑主要表面的加工，后考虑次要表面的加工。因为主要表面加工容易出废品，应放在前阶段进行，以减少工时的浪费。应予指出，先主后次的原则必须正确理解和使用。次要表面一般加工余量较小，加工起来比较方便。因此，把次要表面加工穿插在各加工阶段中进行，就能使加工阶段的任务进展更加明显和顺利，还能增长加工阶段的时间间隔，并有足够的时间让残余应力重新分布以使其引起的变形充分体现，便于在后续工序中做到及时修正。

3）先面后孔。先加工平面，后加工孔。因为平面一般面积较大，轮廓平整。先加工好平面，便于加工孔时的定位安装，利于保证孔与平面的位置精度，同时也能给孔的加工带来方便。

4）先基准后其他。第一道工序一般进行定位基面的粗加工或半精加工，有时还包括精加工，如曲轴的第一道工序就是加工第四主轴颈，然后以精基面来定位加工其他表面，最后以第四轴颈为精基准来加工其他轴颈。

2. 热处理工序的安排

汽车零件机械加工过程中，合理穿插退火、正火、淬火、调质与表面热处理等工序是十分重要的技术环节。其执行原则如下。

1）为改善材料切削性能而进行的热处理工序（如退火、正火等）须安排在切削加工之前。

2）为消除内应力而进行的热处理工序（如退火、人工时效等）最好安排在粗加工之后、精加工之前，有时也可在切削加工之前进行。

3）为改善工件材料的力学性能而进行的热处理工序（如调质、淬火或表面淬火等）通常安排在粗加工后、精加工之前。其中，渗碳淬火一般安排在磨削加工之前。对于表面淬火、渗碳和离子氮化等变形小的热处理工序，可允许安排在精加工后。

4）为了提高零件表面耐磨性或耐蚀性而进行的热处理工序，以及以装饰为目的的热处理工序或表面处理工序（如镀铬、镀锌、氧化、磷化等），一般安排在工艺过程的最后。

3. 辅助工序的安排

辅助工序一般包括去毛刺、倒棱、清洗、探伤、校直、防锈、退磁和检验等，其中检验工序是主要的辅助工序，它对保障产品质量有着极其重要的作用。检验工序的安排原则如下。

1）安排在关键工序或较长工序前后。

2）在零件换车间加工前后，特别是在热处理工序前后，一般都要进行形状、尺寸和表面硬度，甚至是 X 光透视或金相组织的检查。

3）在粗加工后、精加工前的中间检查。

4）零件全部加工完毕的最终检测。

4. 工序的集中与分散

在安排机械加工的过程中，存在工序集中还是工序分散的选择问题。所谓工序集中就是将工件加工内容集中在少数几道工序内完成，每道工序的加工内容较多。工序分散就是将工件加工内容分散在较多的工序中进行，每道工序的加工内容较少，最少时可以少到一道工序只包含一个简单工步。

（1）工序集中

工序集中可用多刀、多轴机床，自动机床，数控机床和加工中心等技术措施集中，称为机械集中；也可采用普通机床顺序加工，称为组织集中。采用工序集中，在一次安装中可完成零件多个表面的加工，能较好地保证这些表面的相互位置精度，同时减少了装夹时间和工件在车间内的搬运工作量，有利于缩短生产周期。

工序集中可减少机床和操作工人数量，节省车间面积，简化生产计划和生产组织工作。

工序集中还可采用高效率的机床或自动线、数控机床等，生产率高。

工序集中需要采用专用设备和工艺装备，使得投资增大，后期设备调整和维修复杂，生产准备工作量增加。

（2）工序分散

工序分散就是将工件加工内容分散在较多的工序中进行，每道工序的加工内容较少，其机床设备及工艺装备简单，调整和维修方便，工人易于掌握，生产准备工作量少，便于平衡工序时间。

工序分散可采用最合理的切削用量，以减少基本时间，且其所需设备数量和操作工人多，占用场地大。

（3）工序集中与工序分散的应用比较

工序集中和工序分散各有利弊，应根据生产类型、现有生产条件、企业能力、工件结构特点和技术要求等进行综合分析，择优选用。

单件小批生产采用通用机床顺序加工，使工序集中，可以简化生产计划和生产组织。

对于重型工件，为了减少工件装卸和运输的劳动量，工序应适当集中。

对于大批大量生产的产品，可采用专用设备和工艺装备，如多刀、多轴机床或自动机床等，将工序集中，也可将工序分散后组织流水线生产；但对一些结构简单的产品，如轴承和刚性较差、精度较高的精密零件，则工序应适当分散。

6.3　工序内容的确定

安排了工艺路线以后，接着就是确定各工序的具体内容。

1. 加工余量的概念

零件由毛坯变为成品的过程中，在某个加工表面上切除金属层的总厚度，称为该表面的加工总余量。每一道工序所切除金属层的厚度称为工序间加工余量。

加工余量大小的确定，是机械加工中很重要的问题。加工余量过大，必然要不恰当地增加机械加工的工作量，浪费材料，增加能源、工具等的消耗，导致成本提高。在某些情况下，从毛坯表面切去过厚的金属层，会降低被加工零件的机械性能。加工余量太小，又往往会使某些金属缺陷层尚未切掉就到了零件应有的尺寸，因而使工件成为废品。因此，必须确定适当的加工余量。

确定加工余量的常见方法有估计法和查表法。

1）估计法。根据工厂的生产情况和工艺设计经验，估计并确定各表面的工序间加工余量和加工总余量。此法不够精确，为了保证不出废品，所确定的加工余量往往偏大，通常适用于单件、小批生产。

2）查表法。通过大量的调查研究，分析和综合许多工厂的实际生产情况和经验，总结出一整套加工余量的数据，编制成表。在有关机械加工工艺手册，如《金属机械加工工艺人员手册》中，通常都有这类数据表。值得注意的是，表中的数据是从很多工厂的实际情况中总结出来的，虽具有比较先进的水平，但不能完全反映某一家工厂的情况，因此，在确定加工余量时，只能以这类表格所推荐的数据为基础，充分考虑本厂的实际情况加以修正。有些工厂也会编制本厂常用的加工余量数据表，作为确定加工余量的参考。查表法比较简单、可靠，用得较多。

2. 工序尺寸和公差的确定

工序尺寸和公差是每一道工序所要加工到的尺寸和控制的公差。零件图上所规定的尺寸和公差是最后一道工序所要得到的尺寸和公差，其余工序的尺寸和公差在零件图上是没有的，需要工艺人员在制订工艺规程时确定。

工序尺寸和公差的确定，有以下两条途径。

1）由最后一道工序的尺寸（零件图上的尺寸）往前道工序推算。

对于孔加工：

$$T_{i-1} = T_i - \delta_i \tag{6-1}$$

对于轴加工：

$$T_{i-1} = T_i + \delta_i \qquad (6-2)$$

式中，T_i——第 i 道工序应保证的尺寸；

δ_i——第 i 道工序的加工余量。

每道工序的加工余量 δ_i 可按《金属机械加工工艺人员手册》等资料所推荐的数据选取；每道工序的尺寸和公差同样可按《金属机械加工工艺人员手册》等资料所推荐的数据选取。公差的分配通常采用包容原则，即孔类尺寸取单向正偏差；轴类尺寸取单向负偏差；中心距及毛坯公差取对称公差。

2）利用尺寸链进行换算。有些零件在加工时，其定位基准或测量基准与设计基准不重合，各工序定位基准也不相同，这时就不能用往前道工序推算的方法来确定工序尺寸和公差，而必须利用尺寸链来计算。有关尺寸链换算的方法，可参见 6.4 节的相关内容。

3. 机床及工艺装备的选择

（1）机床的选择

在选择机床时，应遵循以下原则。

1）机床的尺寸规格应与被加工的零件尺寸相适应。

2）机床的加工精度应与被加工零件在该工序的加工精度要求相适应。

3）机床的选用要考虑节省投资和生产的发展。

4）要充分利用现有设备。

（2）工艺装备的选择

1）机床夹具的选择。机床夹具的选择，主要考虑零件的生产类型，对于大批量生产，通常采用高效的专用夹具；对于单件、小批生产，采用通用夹具。

2）刀具的选择。刀具的选择主要取决于该工序所采用的加工方法，加工表面的尺寸大小、工件材料、要求的加工精度、表面粗糙度、生产率和经济性等。应尽量选用标准刀具以及能提高生产率的复合刀具。

3）量检具的选择。量检具的选择，主要考虑生产类型和要求的检验精度，大批量生产时，通常采用极限量规和高生产率的主动检查仪。在单件、小批量生产中，采用通用量具。

4. 切削用量的确定

选取切削用量，主要考虑以下因素。

1）刀具材料及结构形状。

2）被加工零件的材料、切削性能及形状。

3）机床的性能、功率和刚度。

4）加工精度及表面粗糙度要求。

5）加工方法。

6）对生产率的要求。

在具体确定切削用量三要素时，可参考有关手册、资料等推荐的数据。

6.4　尺寸链的分析

6.4.1　尺寸链的概念

在加工汽车零件的过程中，我们可以发现，当改变零件的某一尺寸大小，会引起其他有关尺寸的变化。同样，在汽车或汽车部件的装配时也发现，零件与零件之间在部件中的有关尺寸，同样是密切联系、相互依赖的。在机器装配或零件加工过程中，由相互连接的尺寸形成封闭的尺寸组称为尺寸链。如图 6-8 所示，在内燃机活塞的加工中直接保证了工序尺寸 A_1 和 A_2，而活塞销孔轴线至活塞顶面间的尺寸 A_0 则是间接获得的尺寸。这样，尺寸 A_1、A_2 和 A_0 是在加工过程中，由相互连接的尺寸形成的封闭的尺寸组，即由 A_1、A_2 和 A_0 组成了一个尺寸链。

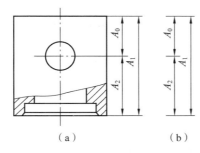

（a）　　　　　　　（b）

图 6-8　内燃机活塞加工图

尺寸链与尺寸标注的不同之处在于：尺寸链中的各尺寸必须构成封闭形式，并且按照一定顺序首尾相接。尺寸链的特征是：尺寸封闭、关联。

6.4.2　尺寸链的组成

为便于分析与计算，将尺寸链中各组成尺寸给予定义。

1）环。列入尺寸链中的每一个尺寸称之为环。图 6-8 中的 A_1、A_2 和 A_0 都称为尺寸链的环。

2）封闭环。尺寸链中，在装配和加工过程最后形成的一环，如图 6-8 中的 A_0。

3）组成环。尺寸链中，对封闭环有影响的全部环。这些环中任一环的变动必然会引起封闭环的变动。图 6-8 中的 A_1、A_2 均是组成环。

4）增环。尺寸链中由于该环的变动引起封闭环同向变动的组成环。同向变动指该环增大时封闭环也增大，该环减小时封闭环也减小，如图 6-8 中的 A_1 是增环。

5）减环。尺寸链中由于该环的变动引起封闭环反向变动的组成环。反向变动是指该环增大时封闭环减小，该环减小时封闭环增大，如图 6-9 中的 A_2 是减环。

6）补偿环。尺寸链中预先选定的某一组成环，可以通过改变其大小或位置，使封闭环达到规定要求。补偿环将在装配尺寸链中用到。

6.4.3　尺寸链的分类

1）尺寸链按环的几何特征划分为长度尺寸链和角度尺寸链两种。

2）尺寸链按其应用场合划分为装配尺寸链（全部组成环为不同零件的设计尺寸）、工艺尺寸链（全部组成环为同一零件的工艺尺寸）和零件尺寸链（全部组成环为同一零件的设计尺寸）。设计尺寸是指零件图上标注的尺寸，工艺尺寸是指工序尺寸、测量尺寸和定位尺寸。必须注意，零件图上的尺寸切勿注成封闭的。

3）尺寸链按各环所处空间位置划分为直线尺寸链、平面尺寸链和空间尺寸链。

此外，尺寸链还可分为基本尺寸链和派生尺寸链（后者指它的封闭环为另一尺寸链组成环的尺寸链），标量尺寸链和矢量尺寸链等。

6.4.4　尺寸链的计算

无论哪一类尺寸链，都可以用极值法或统计法来进行计算。极值法是按误差综合后的两个最不利的情况（各增环均为最小极限尺寸而各减环均为最大极限尺寸的情况，或各增环均为最大极限尺寸而各减环均为最小极限尺寸的情况）来计算封闭环极限尺寸的方法。由于各组成环同时出现极值的机会很少，因此，这种计算方法比较保守。但该计算方法比较简单，故在生产中广泛应用。统计法是利用概率论原理来进行尺寸链计算的一种方法。该方法根据正态分布曲线的规律，考虑到在大多数情况下各组成环不会同时出现极值。同时，根据概率乘法定理，各组成环极值出现重合的概率等于各组成环出现极值概率的乘积。在尺寸链环数较多、封闭环精度要求较高的装配尺寸链中可用统计法进行计算。

（1）极值法计算公式

1）封闭环的基本尺寸。

封闭环的基本尺寸等于各增环基本尺寸之和减去各减环基本尺寸之和，即

$$A_0 = \sum_{z=1}^{m} A_z - \sum_{j=m+1}^{m+n-1} A_j \tag{6-3}$$

式中，A_0——封闭环的基本尺寸；
A_z——增环的基本尺寸；
A_j——减环的基本尺寸；
m——增环数；
n——减环数。

2）封闭环上、下极限偏差。

封闭环的上（下）极限偏差等于各增环上（下）极限偏差之和减去各减环下（上）极限偏差之和，即

$$ES_0 = \sum_{z=1}^{m} ES_z - \sum_{j=m+1}^{m+n-1} EI_j \tag{6-4}$$

$$EI_0 = \sum_{z=1}^{m} EI_z - \sum_{j=m+1}^{m+n-1} ES_j \tag{6-5}$$

式中，ES_0、EI_0——封闭环的上、下极限偏差；
ES_z、EI_z——增环的上、下极限偏差；
ES_j、EI_j——减环的上、下极限偏差。

3）封闭环公差。

封闭环公差等于各组成环公差之和，即

$$T_0 = \sum_{i=1}^{m+n-1} T_i \tag{6-6}$$

式中，T_0——封闭环公差；

　　　T_i——组成环公差。

各组成环的平均公差为

$$T_m = \frac{T_0}{m+n} \tag{6-7}$$

式中，T_m——组成环的平均公差。

4）极值竖式法。

尺寸链极值竖式计算见表 6-10，其中每一列前两行相加等于第三行，要注意的是表 6-10 中数值均为代数值。竖式计算口诀：封闭环和增环的基本尺寸和上（下）极限偏差照抄；减环基本尺寸变号；减环上（下）极限偏差对调且变号。

表 6-10　尺寸链极值竖式计算表

项目	基本尺寸 A	上极限偏差 ES	下极限偏差 EI	公差 T
增环	A_z	ES_z	EI_z	T_z
减环	$-A_j$	$-EI_j$	$-ES_j$	T_j
封闭环	A_0	ES_0	EI_0	T_0

（2）统计法计算公式

统计法是利用概率法原理进行尺寸链计算的一种方法，亦称为概率法。计算公式为

$$T_0 = \frac{1}{k_0}\sqrt{\sum_{i=1}^{m+n} \xi_i^2 k_i^2 T_i^2} \tag{6-8}$$

式中，k_0——封闭环的相对分布系数；

　　　k_i——第 i 个组成环的相对分布系数，当组成环呈正态分布时 $k_i = 1$；

　　　ξ_i——第 i 个组成环的传递系数，对于直线尺寸链，$\xi_i = 1$。

对于直线尺寸链，当各组成环在其公差内呈正态分布时，封闭环也呈正态分布。此时，$k_0 = 1$，则封闭环公差为

$$T_0 = \sqrt{\sum_{i=1}^{m+n} T_i^2} \tag{6-9}$$

各组成环的平均公差为

$$T_m = \frac{T_0}{\sqrt{m+n}} \tag{6-10}$$

由式（6-7）和式（6-10）可知，概率法计算的各组成环平均公差比极值法计算的放大了 $\sqrt{m+n}$ 倍，从而使加工变容易了，加工成本也随之下降。

各环的平均尺寸计算公式为

$$A_{0M} = \sum_{i=1}^{m} \overrightarrow{A}_{iM} - \sum_{i=1}^{n} \overleftarrow{A}_{iM} \tag{6-11}$$

式中，A_{0M}——封闭环的平均尺寸；

　　　$\overrightarrow{A}_{iM}$——增环的平均尺寸；

　　　$\overleftarrow{A}_{iM}$——减环的平均尺寸。

6.4.5 尺寸链的应用

（1）尺寸链的建立

工艺尺寸链是全部组成环为同一零件工艺尺寸所形成的尺寸链。建立尺寸链时要先确定封闭环（因为在装配尺寸链中，装配精度就是封闭环）；其次是查找组成环，组成环的基本特点是在加工过程中直接获得，同时它们对封闭环有影响；最后，从构成封闭环的两表面同时开始，同步地循着工艺过程的顺序，分别向前查找该表面最近一次加工的加工尺寸，再进一步向前查找此加工尺寸的工序基准的最近一次加工的加工尺寸，继续进一步向前查找，直至两条路线最后得到的加工尺寸的工序基准重合，至此上述尺寸系统即形成封闭轮廓，也即构成了工艺尺寸链。

（2）增环与减环的判别

判别组成环是增环还是减环的方法有以下两种。

1）回路法。在尺寸链简图上，先给封闭环任意定一方向并画出箭头，然后沿此方向环绕尺寸链回路，顺次给每一组成环画出箭头，凡箭头方向与封闭环相反的为增环，箭头方向与封闭环方向相同的为减环。

2）直观法。与封闭环串联的尺寸是减环，与封闭环共基线并联的尺寸是增环；串联的组成环性质相同，共基线并联的组成环性质相反。

（3）定位基准和设计基准不重合

【例6-1】零件图如图6-9（a）所示，本工序加工直角面 C 和 D。以左端 A 面为定位基面，加工 C 面，保证尺寸 $20_{-0.2}^{0}$，设计基准为 B 面。试计算从 A 面至 C 面的基本尺寸 A 及偏差。

【解】工艺尺寸链如图6-9（b）所示。由题意知，尺寸 $40_{0}^{+0.05}$ 已直接加工好且为增环，65 ± 0.05 已直接加工好且为减环。$20_{-0.2}^{0}$ 间接形成封闭环。将已知数据引入表6-11，即可得 $A = 45_{-0.15}^{-0.10}$。

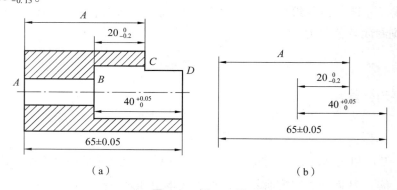

图6-9 例6-1图

（a）零件图；（b）尺寸链

表6-11 例6-1尺寸链极值竖式计算表 mm

项目	A	ES	EI	T
A_z	+45	−0.10	−0.15	0.05
A_z	+40	+0.05	0	0.05

续表

项目	A	ES	EI	T
A_j	-65	- (-0.05)	- (+0.05)	0.10
A_0	20	0	-0.20	0.20

（4）测量基准与设计基准不重合

【例6-2】零件图如图6-10（a）所示，本工序加工 C 面。为保证设计尺寸 $50_{-0.1}^{0}$ ，其设计基准为 B 面。由于该尺寸不便测量，现改为以右端 A 面为测量基准。公式计算测量尺寸 X 。

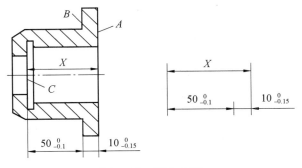

图6-10 例6-2图

（a）零件图；（b）尺寸链

【解】尺寸链如图6-10（b）所示，封闭环为 $50_{-0.1}^{0}$ ，增环为 X ，减环为 $10_{-0.15}^{0}$ 。由于 $T_j > T_0$ ，代入后增环的公差为负值，不合规定，因此将 T_j 改为0.06，得 $A_j = 10_{-0.06}^{0}$ ，根据表6-12可得 $X = 60_{-0.10}^{-0.06}$ 。

表6-12 例6-2尺寸链极值竖式计算表   mm

项目	A	ES	EI	T
X_z	+60	-0.06	-0.10	0.04
A_j	-10	- (-0.06)	0	0.06
A_0	50	0	-0.10	0.10

6.4.6 装配尺寸链

（1）装配尺寸链的确定

在汽车制造过程中，按照规定的技术要求，将若干个零件结合成组件，并进一步结合成部件乃至整台汽车的装配过程，分别称为组装、部装和总装。

制造汽车，不仅要保证每个零件的加工精度，还要使零件能正确地进行装配，达到规定的装配精度。汽车的装配精度包括：零件或部件间的尺寸精度，如间隙或过盈等；位置精度，如平行度、垂直度和同轴度等；相对运动精度，即在相对运动中保证有关零件或部件相对位置的准确度及各个配合表面的接触精度等。

为了达到汽车的装配精度，在产品设计阶段，就要正确地分析和计算装配尺寸链，以便正确地标注零件尺寸，合理地确定公差和技术条件。同时，在装配时，要根据零件的加工精度和装配方法，验算装配精度。总之，无论进行哪种计算都必须先确定装配尺寸链。

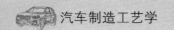

1）闭环的确定。

因计算装配尺寸链就是为了保证装配精度，所以装配尺寸链中必然包含装配精度这一环。由于装配精度是通过零部件装配好后，最后形成和得到保证的环，因此装配精度就是装配尺寸链的封闭环。

2）组成环的确定。

在确定装配尺寸链的组成环时，应考虑到对封闭环即装配精度有直接影响的有关零件的尺寸，同时，它是零件图上直接标注的主要设计尺寸。

一个零件只允许一个尺寸加入装配尺寸链，装配尺寸链的组成环数与零件数一一对应。在确定好封闭环和组成环后，应把这些尺寸用封闭的形式联系起来。

在产品设计时，应尽可能使对装配精度有影响的零件数目减到最少，因为在装配精度既定的条件下，装配尺寸链中组成环数目越少，组成环分配到的公差就越大，各零件的加工就越容易、越经济。

（2）装配尺寸链的建立

建立装配尺寸链的方法、步骤及注意事项如下。

1）装配尺寸链要根据装配图确定。

2）应熟悉产品结构并首先确定封闭环。装配精度就是装配尺寸链的封闭环，它是装配后自然形成的。

3）查找组成环。其方法是从封闭环两端的两个零件开始，沿着装配精度要求的方向，以装配基准为联系线索，分别查找影响封闭环大小的联系零件装配基准间的尺寸，这样一环接一环，直至找到同一基准零件的两个装配基准，然后用一尺寸联系这两个装配基准，形成尺寸封闭图形。所有有关零件的尺寸，即为装配尺寸链的全部组成环。当封闭环精度要求较高，而采用独立原则时，尺寸公差与形位公差是分别控制的，则形位公差应作为组成环进入尺寸链。

4）在进行产品结构设计时，应尽可能地使对封闭环有影响的有关零件数量减到最少，即在保证工作性能的前提下，尽量使结构简化。在确定的装配结构中，一个零件应仅有一个尺寸作为组成环进入装配尺寸链，这个尺寸就是零件两端装配基准间的尺寸，它是直接影响封闭环大小的尺寸。这样就避免了一个零件有几个尺寸参加装配尺寸链而增加尺寸链环数，从而影响封闭环精度。这样做使组成环数目等于有关零部件数目，这就是尺寸链最短（环数最少）原则。

5）画出尺寸链图，用回路法判别增环、减环。

6）列出尺寸链方程式。

7）每一部件或总成中有许多装配精度要求，必须逐个找出所有的装配尺寸链及其联系。整台汽车是由许多装配尺寸链组成的装配尺寸链系统，要一一查出它们彼此的联系。

6.5 工艺方案的经济性评价

6.5.1 生产率

生产率是衡量生产效率的一个综合性指标，其表示在单位时间内生产出合格产品的数量或在单位时间内为社会创造财富的价值。不断提高劳动生产率是降低成本、增加积累和扩大再生产的主要途径，但需注意生产率与产品质量、加工成本之间的关系。首先，任何提高劳动生产率的措施必须以保证产品质量为前提，否则毫无意义。其次，提高劳动生产率时应该具有成本核算观点。在工艺过程中，若不恰当地采用自动化程度过高、复杂而又昂贵的设备，则生产率虽有提高，但由于设备折旧费太高，反而使加工成本高出很多。

（1）时间定额

时间定额是指在一定生产条件下，规定生产一件产品或完成一道工序所消耗的时间。时间定额是安排作业计划，进行成本核算，确定设备数量、人员编制及规划生产面积的重要依据，是工艺规程的重要组成部分。

（2）时间定额组成

1）基本时间。

基本时间是指直接用于改变生产对象的尺寸、形状、相互位置，以及表面状态或材料性质等的工艺过程所消耗的时间。对于切削加工而言，基本时间是指切去材料所消耗的机动时间，包括真正用于切削加工的时间以及切入与切出时间。

2）辅助时间。

辅助时间指为实现工艺过程而必须进行的各种辅助动作所消耗的时间。这里所说的辅助动作包括装卸工件、开停机床、改变切削用量、测量工件及进退刀等。确定辅助时间的方法主要有两种：在大批量生产中，将各辅助动作分解，然后采用实测或查表的方法确定各分解动作所需消耗的时间，并累计；在中、小批生产中，按基本时间的一定百分比估算并在实际生产中进行修改，使之趋于合理。

3）布置工作地时间。

布置工作地时间指为使加工正常进行，工人照管工作地（如更换刀具、润滑机床、清理切屑、收拾工具等）所消耗的时间。

4）休息和生理需要时间。

5）准备和终结时间。

准备和终结时间指为生产一批产品或零部件而进行准备和结束工作所消耗的时间。包括加工一批工件前熟悉工艺文件、准备毛坯、安装刀具和夹具、调整机床等准备工作，加工一批工件后拆下和归还工艺装备、发送成品等结束工作的时间。

6.5.2 提高生产率的措施

（1）缩短基本时间

1）提高切削用量。

提高切削速度 v_c、进给量 f 和背吃刀量 a_p，都可以缩短基本时间。

2）减少切削行程长度。

减少切削行程长度也可以缩减基本时间，如采用排刀装置，用几把车刀同时加工同一表面。

3）合并工步。

用几把刀具或复合刀具对同一工件的几个不同表面或同一表面同时进行加工，或把原来单独的几个工步集中为一个复合工步，各工步的基本时间就可以全部或部分相重合，从而减少工序的基本时间。

4）采用多件加工。

多件加工包括顺序多件加工、平行多件加工和平行顺序多件加工。顺序多件加工即工件顺着走刀方向一个接着一个装夹，如图 6-11（a）所示，这种方法减少了刀具切入和切出的时间，也减少了分摊到每一个工件上的辅助时间。平行多件加工即在一次走刀中同时加工多个平行排列的工件，如图6-11（b）所示。平行顺序多件加工为上述两种方法的综合应用，如图6-11（c）所示，这种方法适用于工件较小、批量较大的情况。

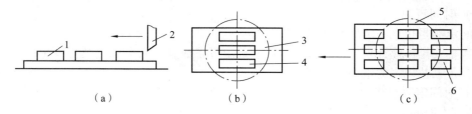

1、4、6—工件；2—刨刀；3—铣刀；5—砂轮。

图6-11　多件加工
（a）顺序多件加工；（b）平行多件加工；（c）平行顺序多件加工

（2）缩短辅助时间

图6-12为将辅助时间与基本时间重合来提高生产率的例子。图6-12（a）为直线往复移动式加工；图6-12（b）为连续回转式加工。其实，平时从事任何工作或日常生活，为提高工作或时间效率，也常常需要建立这个正确的理念。

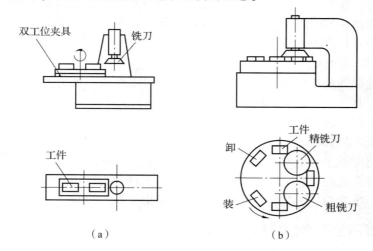

图6-12　将辅助时间与基本时间重合以提高生产率
（a）直线往复移动式加工；（b）连续回转式加工

生产中，如果辅助时间占单件时间的55%以上，那么就必须考虑缩短辅助时间来提高生产率。例如，采用快速动作夹具和自动上、下料装置等可以有效缩短装卸工件所占用的辅助时间；采用转位夹具或转位工作台，在利用机床加工的时间内装、卸工件，即将装、卸工件的辅助时间与基本时间重合。

（3）缩短技术性服务时间

技术性服务时间主要是指耗费在更换刀具、修磨砂轮、调整刀具位置的时间。通常可以采用快速换刀、快速对刀、机夹式不刃磨刀具等措施来实现。

（4）缩短准备和终结时间

实践证明，采用成组技术，把结构形状、技术条件和工艺过程都比较接近的工件归为一类，制订出典型的工艺规程并为之选择、设计好一套工具和夹具，可以缩短准备和终结时间。这样，在更换下一批同类工件时就不必更换工具和夹具，或经过少许调整就能投入生产。

🚗 **习　题** ▶▶ ▶

6-1　如图 6-13 所示，在普通车床上按调整法加工一批工件，要求保证轴向尺寸 $40^{+0.2}_{0}$ mm 和 $50^{+0.1}_{0}$ mm，若大端面 1 已加工好，现以它为定位基准加工小端面 3 及台肩面 2。试按极值法计算工序尺寸及其上、下极限偏差。

6-2　加工图 6-14 所示的零件时，图纸要求保证尺寸（6±0.1）mm，这一尺寸不便直接测量，只好通过度量尺寸 L 来间接保证，试求工序尺寸 L 及其上、下极限偏差。

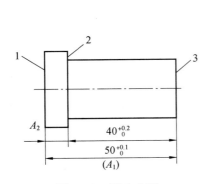

图 6-13　题 6-1 图

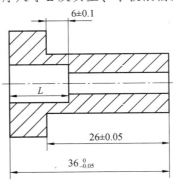

图 6-14　题 6-2 图

6-3　如图 6-15 所示，在金刚镗床上镗削活塞销孔，要求保证尺寸（41±0.02）mm 和（50±0.05）mm，主要定位面为平面 1 和内孔 2。试确定尺寸 B 及其上、下极限偏差。

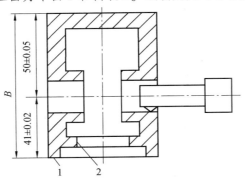

图 6-15　题 6-3 图

6-4　图 6-16 为滑动轴承、轴承套零件图及其组件装配图，该组件属成批生产。试确定满足装配技术要求的合理装配工艺方法。

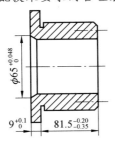 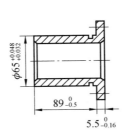 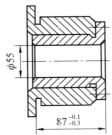

图 6-16　题 6-4 图

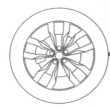

第7章
汽车装配工艺过程

汽车装配工艺是将产品从研发阶段转化为实际生产的过程，也就是将研发部门设计的众多零件通过一系列操作，使其在数量和外观方面发生变化的生产过程。数量的变化是指在装配过程中，总成、分总成和零部件的数量不断增加并相互有序地结合起来；外观的变化表现为各零部件之间有序结合并具有一定的相互位置关系，随着零件的增加，外形不断变化，最后形成整车。

7.1 概　述

任何机器都是由若干零件、组件和部件组成的。汽车是各种零部件的有机组合体，因此汽车生产的最后一道工序必定是装配（包括检测和调整），否则各种零部件无法组合在一起、相互协调并发挥其应有的功能。

7.1.1 基本概念

1）零件：构成机器或部件的最小单元，如螺栓、轴、盘、盖、叉架、箱体等。

2）合件：合件是比零件大一级的装配单元。下列情况皆属合件。

①两个以上零件，由不可拆卸的连接方法（如铆、焊、热压装配等）连接在一起。

②少数零件组合后还需要合并加工，如齿轮减速箱箱体与箱盖、柴油机连杆与连杆盖，都是组合后镗孔的，零件之间对号入座，不能互换。

③一个基准零件和少数零件组合在一起。

3）部件：机器的装配单元，由若干个零件按照一定的方式装配而成。将零件装配成部件的过程称为部装。

4）组件：由零件、部件组合在一起形成，具有或不具有特定功能。形成组件的装配过程称为组装或分装。

5）总成：由若干个零件、部件、组件或附件组合装配而成，并具有独立功能的汽车组成部分，如发动机、前桥、后桥、车架和驾驶室等。总成也可指某一大类，如动力总成指由发动机、变速箱、传动轴、车桥组成的整个动力系统。总成可进一步分为分总成和子总成。子总成对分总成有隶属装配级别关系，分总成对总成有隶属装配级别关系。

6）装配：根据规定的装配精度要求，将零件结合成组件和部件，并进一步将零件、组件和部件结合成机器的过程。

7）装配单元：可以单独进行装配的部分。任何一个产品都能分成若干个装配单元。

8）装配基础件：装配中最先进入装配的零件，在其上装配各种组件与总成，并能保证各零件之间的相互位置关系。

9）装配精度：装配时实际达到的精度，指产品装配后几何参数、工作性能与理想几何参数和工作性能的符合程度，是反映装配质量的指标之一。

10）装配工艺：装配的方法和过程。

机械产品的组成部分通常称为零件、部件，汽车产品称为总成、分总成、零件，汽车零部件是零件和总成的统称。而将零件、组件和部件组合的过程称为总装，其成品为机器或产品。

7.1.2　装配工作的主要内容

1）清洗。进入装配的零件必须先进行清洗，以除去在制造、储存、运输过程中所黏附的切屑、油脂、灰尘等。部件或总成在运转磨合后也要清洗。清洗对于保证和提高装配质量、延长产品的使用寿命有着重要意义。保证清洗的质量，主要靠合理选用清洗液、清洗方法及工艺参数。零件在清洗后，应具有一定的防锈能力。

2）平衡。旋转体的平衡是装配过程中的一项重要工作，特别是对于转速高、运转平稳性要求高的机器，对其零部件的平衡要求更为严格，因此平衡工作更为重要。旋转体的平衡有静平衡和动平衡两种方法。对于盘状旋转体零件，如带轮、飞轮等，一般只进行静平衡；对于长度大的零件，如曲轴、传动轴等，必须进行动平衡。

旋转体内的不平衡质量可用减重法进行平衡，如钻、铣、磨、锉、刮等；也可用加重法进行平衡，如螺纹连接、铆接、补焊、胶接、喷涂等。

3）过盈连接。机器中的轴孔配合，有很多采用过盈连接。对于过盈连接件，在装配前应保持配合表面的清洁。常用的过盈连接装配方法有压入法和热胀（或冷缩）法。压入法是在常温下将工件以一定压力压入装配，有时会把配合表面微观不平度挤平，影响过盈量。压入法适用于过盈量不大和要求不高的情况。重要的、精密的机械及过盈量较大的连接处，常用热胀（或冷缩）法，即采用加热孔件或冷却轴件的办法，缩小过盈量或达到有间隙后进行装配。

4）螺纹连接。在汽车结构中广泛采用螺纹连接，对螺纹连接的要求如下。

①螺栓杆部不产生弯曲变形，螺栓头部、螺母底面与被连接件接触良好。

②被连接件应均匀受压，互相紧密贴合，连接牢固。

③根据被连接件形状、螺栓的分布情况，按一定顺序逐次（一般为 2～3 次）拧紧螺母。

螺纹连接的质量除受有关零件的加工精度影响外，还与装配技术有很大关系。例如，若拧紧的次序不对、施力不均，零件将产生变形，降低装配精度，造成漏油、漏气、漏水等；对于运动部件上的螺纹连接，若拧紧力达不到规定数值，将会松动，影响装配质量，严重时会造成事故。因此，对于重要的螺纹连接，必须规定拧紧力的大小。

5）校正。所谓校正，是指各零部件本身或相互之间位置的找正及调整工作，这也是装配时常常要做的工作。

除上述装配工作的基本内容外，部件或总成以至整个产品装配中和装配后的检验、试运转、涂装、包装等也属于装配工作，在编制装配工艺时，应充分考虑予以安排。

7.1.3　汽车装配特点

汽车装配特点如下。

1）零件种类多、数量大、装配关系复杂。

2）连接方式多样。

3）属于大批量生产和流水作业。

4）可以实施柔性化和混流装配。

7.1.4　装配中的连接

装配要把各种零部件、合件或总成组合起来，其主要的方法就是连接。装配中的连接可以分为以下几类。

1）可拆式活动连接：两件或两件以上零件自身或借助其他零件连接后，零件之间能相对运动，可拆卸后再连接，不损坏其中任何一个零件，如铰接、圆柱销连接。

2）不可拆式活动连接：两件或两件以上零件自身或借助其他零件连接后，零件之间能相对运动，但不能再拆开，或者拆开后必定损坏其中一件或几件零件，不加修复或更换则不能重新连接，如轴承。

3）可拆式固定连接：两件或两件以上零件自身或借助其他零件连接后，零件之间不能相对活动，可以拆开且可以重新连接而不损坏其中任何零件。这种连接在汽车生产中最为常见，如螺纹连接、借助螺钉或螺栓的连接等。

①螺纹连接的类型及作用。

螺纹连接在汽车装配中较为普遍，大部分螺纹连接起固定作用，因此要求保证连接的强度（有的还要求密封性，如气管、油管的管接头的螺纹连接），起固定作用的螺纹称为连接螺纹；还有部分起传动作用，要求保证传动的精度、效率和磨损寿命的螺纹，称为传动螺纹。

②螺纹连接的预紧及防松。

绝大部分的螺纹连接在装配时都必须拧紧，使连接在承受工作载荷之前，预先受到力的作用，预紧的目的在于增强连接的可靠性和紧密性。

连接螺纹能满足自锁条件，再加上螺母与螺栓头部等支承面的摩擦力，在静载荷和温度变化不大时，螺纹连接不会自动松脱。但在冲击、振动或变载荷的作用下，螺旋副间的摩擦力可能减小或瞬时消失，多次重复就会松脱。因此，螺纹连接必须防止松动。

4）不可拆式固定连接：两件或两件以上零件相互连接后不能相对活动，而且不能拆开，一旦拆开必定损坏其中一个零件，非经修复或更换则不能重新连接，如焊接、铆接等。

7.2　装配工艺规程

7.2.1　概述

规定产品的装配工艺过程和装配方法的工艺文件，称为装配工艺规程。它是指导装配工作的技术文件，也是制订装配生产计划和技术准备的依据。装配工艺规程对保证装配质量、提高装配生产效率、缩短装配周期、减轻工人的劳动强度、缩小装配占地面积和降低成本等都有重要的作用。

1. 制订装配工艺规程的基本原则

1）保证产品装配质量，力求提高质量，以延长产品的使用寿命。

2）合理地安排装配顺序和工序，尽量减小装配劳动量，减少钳工手工劳动量，缩短装配周期，提高装配效率。

3）尽量减少装配占地面积，提高单位面积的生产率。

4）尽量减少装配工作所占的成本。

在制订装配工艺规程时，必须采取各种技术措施和组织措施，即合理地确定以下所述的装配工艺规程各项内容，以实现上述各项基本原则。

2. 装配工艺规程的内容及制订的依据

装配工艺规程的内容包括：

1）产品装配的工艺过程，包括装配工艺系统图、装配方法和工艺规程卡片；

2）装配的组织形式；

3）装配设备和工具、夹具、量具；

4）各个装配工序的技术条件和检查方法；

5）制品的运输方法和运输工具；

制订装配工艺规程的依据即所需的原始资料包括：

1）产品装配图及重要件的零件图；

2）产品的技术条件；

3）生产纲领。

由产品特征及生产纲领大小决定装配的生产类型，不同生产类型的装配工作具有不同的工艺特征，如表 7-1 所示。

表 7-1 各种生产类型装配工作的工艺特征

项目	生产类型		
	单件小批生产	中批生产	大批大量生产
	特征		
产品变换	产品经常变换，生产周期一般较长	几种产品分期交替投产，或同时投产	产品固定，长期重复生产，生产周期较短
装配方法	以修配法及调整法为主，完全互换法占一定的比例	主要采用完全互换法，也采用其他方法，以便节省加工费用	采用完全互换法，允许少量调整及分组互换装配
工艺过程	工艺过程的划分较粗，工序内容可适当调整	工艺过程的划分与批量大小相适应	工艺过程的划分很细，各工序尽量均衡
设备、工装	一般为通用设备及工具、夹具、量具	通用设备及工具、夹具、量具较多，但也采用一定数量的专用设备及工具、夹具、量具	采用专用、高效设备及工艺装备，易于实现机械化、自动化
生产组织形式	多用固定式装配	根据批量不同，采用固定式装配或流水装配	流水装配线，还可采用自动装配机或自动装配线

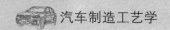

续表

项目	生产类型		
	单件小批生产	中批生产	大批大量生产
	特征		
手工操作	手工操作的比重很大，要求工人技术水平高	手工操作占一定的比重，对工人技术水平要求较高	手工操作比重较小，对工人技术水平要求较低
举例	重型机床、重型汽车、汽轮机、大型内燃机等	机床、机车、车辆、中小型锅炉、矿山采掘机械，某些汽车、拖拉机等	汽车、拖拉机、内燃机、液动轴承、手表、缝纫机、自行车、电气开关等

3. 制订装配工艺规程的步骤

1）分析产品的技术要求、尺寸链及结构工艺性。

2）确定装配工艺过程。

3）确定装配组织形式。装配组织形式一般分为固定式装配和移动式装配两种。固定式装配是在地面上或者在装配台架上进行，又可分为集中式装配和分散式装配两种。移动式装配在小车上或输送带上进行，分为连续移动装配和间歇移动装配两种。

4）编写装配工艺文件。

7.2.2 装配工艺过程

1. 划分装配单元

将产品划分为可进行独立装配的单元是制订装配工艺规程中最重要的一个步骤，这对于大批大量生产结构复杂的机器装配尤为重要。只有划分好装配单元，才能合理地安排装配顺序和划分装配工序，以便组织装配工作的平行、流水作业。

产品或机器由零件、合件、组件、部件等独立装配单元经过总装而成。零件是组成机器的基本单元，一般都预先装配成合件、组件和部件后才安装到机器上，直接进入机器的零件并不多。合件由若干零件永久连接（铆或焊）而成或连接后再经加工而成，如装配式齿轮、发动机连杆小头孔压入衬套后再经精镗。组件是指一个或几个合件与零件的组合，没有显著完整的作用，如主轴箱中轴与其上的齿轮、套、垫片、键和轴承的组合件。部件是若干组件、合件及零件的组合体，并具有一定完整的功用，如柴油机上的喷油泵、喷油器、增压器等。汽车则是由上述各种具有完整、独立功能的装配单元结合而成的整体。

2. 选择装配基准

无论哪一级的装配单元，都要选定某一零件或比它低一级的装配单元作为装配基准件。装配基准件通常应是产品的基体或主干零部件，应有较大的体积和质量，有足够的支承面，以满足陆续装入零部件时的作业要求和稳定性要求。例如，发动机气缸体是发动机气缸体组件的装配基准件；汽车车架分总成是非承载式车身的装配基准件。装配基准件补充加工量应最少，尽可能不再有后续加工工序。另外，装配基准件的选择应有利于装配过程的检测，有利于工序间的传递运输和翻身、转位等作业。

3. 确定装配顺序，绘制装配工艺系统图

在划分装配单元、确定装配基准件后，即可安排装配顺序。往往需要通过尺寸链分析才能合理地确定装配顺序，并以装配工艺系统图的形式表示出来。对于结构比较简单，组成的零部件少的产品，可以只绘制产品的装配工艺系统图，如图 7-1（a）所示。对于结构复杂，组成的零部件很多的产品，除绘制产品的装配工艺系统图外，还要绘制各装配单元的装配工艺系统图，如图 7-2 所示。

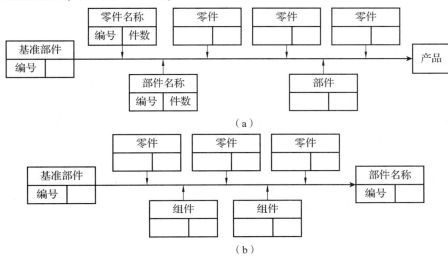

图 7-1　装配工艺系统图

（a）产品装配工艺系统图；（b）部件装配工艺系统图

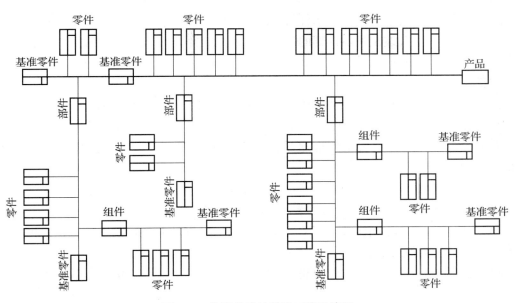

图 7-2　装配单元的装配工艺系统图

装配工艺系统图有多种形式，以上图例只是其中的两种。这种形式的装配工艺系统图绘法如下：首先画一条较粗的横线，横线右端箭头指向表示装配单元（或产品）的长方格，横线左端为装配基准件的长方格。再按装配顺序，从左向右依次将装入装配基准件的零件、合件、组件和部件引入。表示零件的长方格画在横线上方；表示组件、部件的长方格画在横线下方。每一长方格内，上方注明装配单元名称，左下方填写装配单元的编号，右下方填写装配单元的件数。

在装配单元的装配工艺系统图上加注所需的工艺说明，如焊接、配钻、配刮、冷压、热压和检验等，这样就形成了一份较详细的装配工艺系统图。

装配工艺系统图比较清楚而全面地描述了装配单元划分、装配顺序和装配工艺方法，是制订装配工艺规程中主要的文件之一，也是划分装配工序的依据。

4. 划分装配工序

装配顺序确定后，就可将装配工艺过程划分为若干工序。其主要工作如下。

1）确定工序集中与分散的程度。

2）划分装配工序，确定各工序的内容。

3）制订工序的操作规范，如过盈配合所需的压力，变温装配的温度值，紧固螺栓连接的预紧扭矩，以及装配环境要求等。

4）选择设备和工艺装备。若需要专用设备和工艺装备，则应编写设计任务书。

5）制订各工序装配质量要求及检测项目。

6）确定工时定额，并协调各工序内容。在大批大量生产时，要平衡工序的节拍，均衡生产，实现流水装配。

5. 确定装配顺序应注意的事项

1）预处理工序在前。装配前先安排零件的预处理工序，如零件的倒角、去毛刺与飞边、清洗、防锈、防腐处理、涂装、干燥等。

2）先下后上。先进行基础零部件的装配，使机器在装配过程中重心处于最稳定状态。

3）先内后外。先装配机器内部的零部件，使先装部分不成为后续装配作业的障碍。

4）先难后易。在开始装配时，装配基准件上有较开阔的安装、调整、检测空间，有利于零部件的装配。

5）先进行能破坏后续工序装配质量的工序。有些装配工序需施加较大装配力或高温，这样容易破坏以后装配工作的质量，如冲击性质装配作业、压力装配作业、加热装配作业、补充加工工序等，这些工序应尽量安排在装配初期进行，以保证整台机器的装配质量。

6）及时安排检验工序。在完成对机器装配质量有较大影响的工序后，必须及时安排检验工序，检验合格后方可进行后续装配工序，以保证装配精度和装配效率。

7）集中安排使用相同设备、工艺装备以及具有共同特殊环境的工序，这样可以减少装配设备和工艺装备的重复使用，以及产品在装配地的迂回。

8）处于装配基准件同一方位的装配工序应尽可能集中连续安排，以防止装配基准件的多次转位和翻身。

9）电线、油（气）管路的安装应与相应工序同时进行，以防止零部件的反复拆装。

10）易燃、易爆、易碎、有毒的零部件的安装，尽可能放在最后，以减少安全防护工作量，保证装配工作顺利完成。

7.3　保证装配精度的装配方法

零件都有规定的公差，即允许有一定的加工误差，装配时零件误差的累积会影响装配精度，如果这种累积误差不超出装配精度指标所规定的允许范围，则装配过程只是简单的连接过程，很容易保证装配精度。事实上，零件的加工精度不但受到现实制造技术的限制，还受经济性的制约，用尽可能提高加工精度以降低累积误差来保证装配精度的方法，有时是行不通的，因此，还必须依赖装配工艺技术。汽车制造中常用的保证装配精度的装配方法有互换装配法、选择装配法、调整装配法和修配装配法，其中互换装配法又分为完全互换装配法和不完全互换装配法。

7.3.1　互换装配法

互换装配法是在装配时，各配合零件不经选择、调整或修理即可达到装配精度的方法。互换装配法的实质就是通过控制零件的加工误差来保证装配精度。

采用互换装配法，有关零件的公差按下述两种原则来确定。

1）各有关零件公差之和应小于或等于装配公差，用公式表示为

$$\sum_{i=1}^{n} T_i = T_1 + T_2 + \cdots + T_n \leqslant T_0 \qquad (7-1)$$

式中，T_i——各有关零件的公差；

n——组成尺寸链各有关零件数；

T_0——装配公差。

显然，在这种装配中，零件是可以完全互换的，因此又称为完全互换装配法。

2）各有关零件公差值平方和的平方根小于或等于装配公差，用公式表示为

$$\sqrt{\sum_{i=1}^{n} T_i^2} = \sqrt{T_1^2 + T_2^2 + \cdots + T_n^2} \leqslant T_0 \qquad (7-2)$$

显然，按式（7-2）计算时，与按式（7-1）计算相比零件的公差可以放大一些，从而使加工变得容易而经济，同时仍能保证装配精度要求。但式（7-2）的应用是有条件的。由于其原理是概率论，因此只适用于大批大量生产类型，当符合一定条件时，能够达到完全互换法的效果，否则，会使一部分装配达不到装配精度要求，此时称为不完全互换装配法（或大数互换装配法）。

完全互换装配法的优点是：可保证零部件的互换性，便于组织专业化生产；备件供应方便；装配工作简单、经济，生产率高；便于组织流水线装配及自动化装配，对装配工人的技术水平要求不高；易于扩大再生产。由于有这些优点，完全互换装配法成为保证装配精度的先进的装配方法，被广泛应用于各种生产类型的汽车装配中。

汽车的部件或总成的装配精度是由设计人员根据其使用性能规定的。设计人员在绘制零件图时，必须合理地确定零件有关设计尺寸的公差和极限偏差，这种计算属于公差设计计算。在进行公差设计计算时，由于组成环数目多于两个，因此式（7-1）的解不是唯一确定的。工程上确定组成环公差有相等公差法和相同等级法等多种方法，其中常用的是相等公差法。

相等公差法，是按照各组成环公差相等的原则来分配封闭环公差的方法，即假设各组成环公差相等，求出组成环平均公差 $T_{av,1}$。按极值法求得

$$T_{av,1} = \frac{T_{C0}}{n-1} \tag{7-3}$$

式中，n——总环数（包括封闭环）；

T_{C0}——封闭环公差。

采用相等公差法，虽然计算简便，但是没有考虑各组成环的尺寸大小和获得尺寸精度的难易程度，因此各组成环公差规定相等的值是不合理的。通常，根据式（7-3）计算出 $T_{av,1}$ 后，按各组成环的尺寸大小和加工难易程度，将其公差作适当调整。但调整后的各组成环公差之和仍不得大于封闭环要求的公差。此外，调整时还要考虑以下几点。

1）轴承等标准件的尺寸公差，应采用其标准规定的数值。

2）大尺寸或难加工的尺寸，公差应取较大值；反之，取较小值。

3）调整后 $n-2$ 个组成环的公差值应尽可能符合国家标准《公差与配合》中的公差值。

4）$n-2$ 个组成环的公差采用标准公差值后，另一组成环公差就有可能不是标准公差值，这个组成环的公差值与其他各组成环公差协调，使组成环公差之和小于或等于封闭环要求的公差。协调环公差 T_{Cx} 为

$$T_{Cx} = T_{C0} - \sum_{i=1}^{n-2} T_{Ci} \tag{7-4}$$

7.3.2　选择装配法

选择装配法是在成批或大量生产中，将产品配合副经过选择进行装配，以达到装配精度的方法。在成批或大量生产条件下，当组成零件数不多而装配精度很高时，如果采用完全互换装配法，会使零件的公差值过小，造成加工困难，甚至无法实现加工。在这种情况下，就不能只依靠零件的加工精度来保证装配精度，可以采用选择装配法，将配合副中各零件的公差放大，然后通过选择合适的零件进行装配，以保证规定的装配精度。选择装配法按其形式不同可分为 3 种：直接选配法、分组选配法和复合选配法。

1. 直接选配法

直接选配法即在装配时，由装配工人直接从待装配的零件中选择合适的零件进行装配，以满足装配精度的方法。例如，装配发动机活塞环时，为了避免工作时在环槽中卡死，装配工人凭经验直接挑选合适的活塞环进行装配，来保证装配精度。这种装配方法比较简单，但装配质量在很大程度上取决于装配工人的技术水平，而且工时分配也不稳定，不适用于生产节拍要求严格的流水线装配。

2. 分组选配法

分组选配法是在成批或大量生产中，将产品各配合副的零件按实测尺寸分组，装配时按组进行互换装配以达到装配精度的方法。对于装配精度要求很高的情况，各组成零件的加工精度也很高，使得加工很不经济或很困难，甚至无法满足加工要求。例如，发动机活塞销和销孔的配合，技术要求规定，在冷态装配时应有 0~0.005 0 mm 的过盈量。若用完全互换装配法装配，则活塞销和销孔各自的加工公差分配非常小，若按平均分配，则活塞销和销孔的公差各为 0.002 5 mm，这么小的公差，将给机械加工造成极大困难，也不经

济。在实际生产中，采用分组选配法，即把活塞销和销孔的公差放大到 0.015 mm，然后对这些零件进行测量分组，按分组顺序，将对应组的零件进行装配，以达到装配精度的要求。

分组选配法的优点是降低了零件加工精度的要求，仍能获得很高的装配精度，同组内的零件具有完全互换的优点；缺点是增加了零件的测量、分组工作，增加了零件存储量，并使零件的存储、运输工作复杂化。

分组选配法只适用于大批大量生产中，组成件数目少而装配精度要求高的场合。柴油机中的柱塞偶件、针阀偶件、出油阀偶件等精密偶件都采用分组选配法，大量生产的滚动轴承也采用此种装配法。

采用分组选配法时应注意如下事项。

1）配合件的公差应相等，公差增大应是同一方向，增大的倍数就是分组组数。

2）配合件的表面粗糙度、形位公差必须保持原设计要求，不应随着配合件公差的放大而降低要求。

3）保证零件分组装配中都能配套。若产生某一组零件过多或过少而无法配套时，必须采取措施，避免造成积压或浪费。

4）所分组数不宜过多，以免管理复杂。

3. 复合选配法

复合选配法是上述两种方法的复合，即先把零件测量分组，再在对应组零件中直接选择装配。

复合选配法吸取了上述两种装配法的优点，既能较快地选择合适的零件进行装配，又能达到理想的装配质量。发动机气缸孔与活塞的装配大都采用这种方法。

7.3.3　调整装配法

调整装配法是用改变可调整零件的相对位置或选用合适的调整件来达到装配精度的方法。根据调整件的不同，调整装配法又分为可动调整装配法和固定调整装配法。对于组成件数比较多，而装配精度要求又高的场合，宜采用调整装配法。

调整装配法的优点是：能获得很高的装配精度；在采用可动调整装配法时，可达到理想的精度，而且可以随时调整由磨损、热变形或弹性变形等引起的误差；零件可按经济加工精度确定公差。它的缺点是：应用可动调整装配法时，往往要增大机构体积，当机构复杂时，计算烦琐，不易准确；应用固定调整装配法时，调整件需要准备几挡不同的规格，增加了零件的数量，增加了制造费用；调整工作繁杂费工费时，装配精度在一定程度上依赖工人的技术水平。

1. 可动调整装配法

可动调整装配法通过改变预先选定的可调整零件（一般为螺钉、螺母等）在产品中的相对位置来达到装配精度的要求。如图 7-3 所示，发动机的气门间隙就是通过调整螺钉来保证精度的。

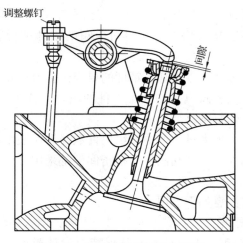

图 7-3 发动机气门间隙的调整

2. 固定调整装配法

固定调整装配法需预先设置几挡定尺寸调整件，装配时根据需要选择相应尺寸的调整件装入，以达到所要求的装配精度。汽车主减速器中主动锥齿轮轴承预紧度的调整，就是通过选用不同厚度的调整垫片来保证装配精度的。

固定调整装配法虽然多用了一个调整件，增加了部分调整工作量和一些机械加工量，但就保证整个汽车生产的装配质量来说，却是非常重要的，所以在汽车装配中被广泛采用。

采用固定调整装配法时，计算装配尺寸链的关键是确定补偿环的组数和各组补偿环的尺寸。

1）确定补偿环的组数。首先，要确定补偿量 F。采用固定调整装配法时，由于放大组成环公差，装配后的实际封闭环的公差必然超出设计要求的公差，其超差量需用补偿环补偿。补偿原理如图 7-4 所示。补偿量 F 等于超差量，其计算公式为

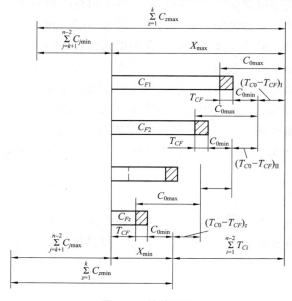

图 7-4 补偿原理

$$F = \sum_{i=1}^{n-1} T_{Ci} - T_{C0} \qquad (7-5)$$

式中，$\sum_{i=1}^{n-1} T_{Ci}$——实际封闭环的极值公差（含补偿环）；

T_{C0}——封闭环公差的要求值。

其次，要确定每一组补偿环的补偿能力 S。若忽略补偿环的制造公差 T_{CF}，则补偿环的补偿能力 S 就等于封闭环公差要求值 T_{C0}；若考虑补偿环的公差 T_{CF}，则补偿环的补偿能力为

$$S = T_{C0} - T_{CF} \qquad (7-6)$$

当第一组补偿环无法满足补偿要求时，就需用相邻一组的补偿环来补偿。所以，相邻组别补偿环基本尺寸之差也应等于补偿能力 S，以保证补偿作用的连续进行。因此，分组数 z 可用下式表示：

$$z = \frac{F}{S} + 1 \qquad (7-7)$$

计算所得分组数 z 后，要圆整至邻近的较大整数。

2）计算各组补偿环的尺寸。由于各组补偿环的基本尺寸之差等于补偿能力 S，因此只要先求出某一组补偿环的尺寸，就可推算出其他各组补偿环的尺寸。比较方便的办法是先求出补偿环的中间尺寸，再求其他各组的尺寸。

补偿环的中间尺寸可先由各环中间偏差的关系式，求出补偿环的中间偏差后再求得。

当补偿环的组数 z 为奇数时，求出的中间尺寸就是补偿环中间一组尺寸的平均值，其余各组尺寸的平均值相应增加或减小各组之间的尺寸差 S 即可。

当补偿环的组数 z 为偶数时，求出的中间尺寸是补偿环的对称中心，再根据各组之间的尺寸差 S 安排各组尺寸。

补偿环的极限偏差也按"入体原则"标注。

7.3.4　修配装配法

修配装配法是指在装配时修去指定零件上预留的修配量以达到装配精度的方法。各装配件按各自正常生产条件下的经济加工精度制造，装配时，修去指定零件上预留修配量或就地配制，从而保证装配精度。

修配装配法和调整装配法在原则上是相似的，都是通过调整件来补偿累积误差，仅仅是具体方法不同。

修配装配法一般适用于产量小的场合，如单件小批生产或产品的试制。当装配件数量不多但装配精度要求很高，或装配件数量多而装配精度要求也很高时，采用修配装配法，其关键是正确选择补偿环和确定其尺寸及极限偏差。

选择补偿环一般应满足以下要求。

1）要便于装拆、易于修配。选择形状比较简单、修配面较小的零件。

2）尽量不选公共环。因为公共环难于同时满足几个装配要求，所以应选择只与一项装配精度有关的环。

实际生产中，修配的方式较多，常见的有以下 3 种。

1）单件修配法。在多环装配尺寸链中，选定某一固定的零件作修配件（补偿环），装配时用去除金属层的方法改变其尺寸，以满足装配精度的要求。例如，齿轮和轴装配中

以轴向垫圈为修配件，来保证齿轮与轴的轴向间隙。这种修配方法在生产中应用最广。

2）合并加工修配法。这种方法是将两个或更多的零件合并在一起再进行加工修配，合并后的尺寸可看作一个组成环，这样就减少了装配尺寸链中组成环的环数，并可以相应减少修配的劳动量。合并加工修配法由于零件合并后再加工和装配时，需对号入座，因此给组织装配生产带来很多不便，多用于单件小批生产中。

3）自身加工修配法。在机床制造中，有些装配精度要求较高，若单纯依靠限制各零件的加工误差来保证，势必使各零件加工精度都很高，甚至无法加工，而且不易选择适当的修配件。此时，在机床总装时，用自己加工自己的方法来保证这些零件的装配精度更方便，这种装配法称为自身加工修配法。例如，在牛头刨床总装后，用自刨的方法加工工作台面，可以较容易地保证滑枕运动方向与工作台面的平行度要求。

总的来说，因为汽车多是大批大量生产，所以修配装配法的应用不如前述 3 种装配方法广泛。

7.4　汽车总装配

汽车的总装配是整个汽车制造过程的最后阶段，汽车整车的质量最终是由总装配来保证的。因为如果装配不当，即使所有零件的加工质量都合格也难以获得符合质量要求的产品；反之，若零件加工质量不够高，却可以通过采用合理的装配方法，使产品质量合格。汽车总装配所花费的劳动量很大、占用时间多、占用场地大，其对整车生产任务的完成、企业劳动生产率以及生产成本与资金周转、市场营销等均有直接影响，必须高度重视。

7.4.1　汽车总装配工艺过程

汽车总装配是将各种汽车零部件按一定的技术要求，通过各种手段进行组合、调试，最后成为性能合格的汽车的过程。国内各汽车制造厂汽车总装配的工艺过程大致可以分为装配、调整、路试、装箱、重修、入库等环节。

1）装配。装配是按一定的技术要求，将各种汽车零部件进行组合，同时对于需润滑的部位加注润滑剂，对冷却系统加注冷却液，使组合后的汽车基本可以行驶的过程。

2）调整。通过调整，消除装配中暴露的质量问题，使整机、整车处于最佳工作状态。

3）路试。调整合格的汽车要经过 3 ~ 5 km 的路面行驶试验，完成在实际运行情况下的各种试验以充分暴露质量问题，以便及时消除。

4）装箱。经过路试合格的汽车装配车箱，完成汽车的最终装配。

5）重修。调整和路试中暴露出的质量问题，如不能在其各自的生产节奏时间内消除，则要进行重修。所谓重修，不是采用特殊工艺对有质量问题的零部件进行修复，而是更换新的零部件。

6）入库。经以上各环节并经最终鉴定合格的汽车，入库待发。

7.4.2　汽车总装配的一般技术要求

1）装配的完整性。按工艺规定，所有零部件和总成必须全部装上，不得有漏装现象。

2）装配的完好性。按工艺规定，所装零部件和总成不得有凹痕、弯曲、变形、机械损伤及生锈现象。

3）装配的紧固性。按工艺规定，凡螺栓、螺母、螺钉等连接件，必须达到规定的力矩要求，不允许有松动或过紧现象。

4）装配的牢靠性。按工艺规定，凡螺栓、螺母、螺钉等连接件，必须装牢，不允许产生松脱现象。

5）装配的润滑性。按工艺规定，凡润滑部位必须加注定量的润滑油或润滑脂。

6）装配的密封性。按工艺规定，气路、油路接头不允许有漏气、漏油现象，补气气路接头必须涂胶密封。

7）装配的统一性。各种变型车按生产计划进行配套生产，不允许有误装、错装现象。

7.4.3　汽车总装配的工艺路线

载货汽车总装配普遍采用先将车架反放在装配线上，待前桥、后桥、传动轴等总成装配完成后再翻转车架的装配方案。若车架一开始就正放，势必造成一些总成、零部件装配困难。

为解决地面运输的问题和杜绝各分总成在运输过程中的磕碰伤，主要分总成一般采用输送链运输，如前桥输送链、后桥输送链、发动机输送链、车头输送链、驾驶室输送链、车轮输送链等，直接输送到总装配线上进行装配。

图 7-5 为某载货汽车总装配的工艺路线，从图中可以看出载货汽车从装配主体（车架总成）上装配线开始，各分总成的装配顺序。

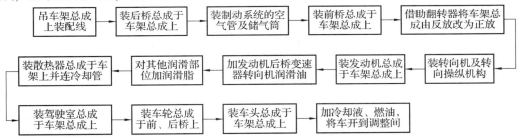

图 7-5　某载货汽车总装配的工艺路线

汽车装配后要进行路试。为解决由于汽车产量增加而带来的路试工作量增加的问题并有效监测产品质量，汽车制造厂引进了汽车检测线，通过该检测线的在线检查，基本能完成要求的路试项目。检测线主要检测项目为：汽车怠速排放物的检测，前轮左、右转向角的检测，前照灯光束的检测，前、后轮侧滑量的检测，前、后轮制动力的检测及磨合试验等。检测线的所有检测数据由仪表显示，由微型计算机处理并打印存档。

7.4.4　主要装配工艺介绍

1. 汽车总装配中的螺纹连接

汽车总装配中，螺纹连接很多，既有一般的连接，又有特殊要求的连接，对于关键部位的连接，都有拧紧力矩值的要求。

汽车行业为统一质量标准，对某些连接处的松脱可能造成重大交通事故，从而导致人身伤害的关键部位的拧紧力矩值都作了具体规定。各企业结合自己的产品也都制订了相应的质量保证措施。

2. 气制动系统的装配

汽车的制动系统直接关系着汽车的行驶安全。在对气制动系统进行装配时，应采取如下几项工艺措施。

1）为保证空气管路连接的密封性，采用密封加涂胶的办法。

2）在装配气制动系统后，以 588 kPa 的压力充气，用肥皂水对各连接点逐个进行检查，确保整个系统的密封性良好。

3．转向系统的装配

汽车的转向系统同样关系到汽车的行驶安全，装配时应满足如下工艺要求。

1）转向盘紧固螺母先用气动扳手拧紧，再用扭力扳手进行复检。装配后的转向盘自由转动量在 0°～15°范围内。

2）转向器的转向臂固定螺母，按规定的拧紧力矩用扭力扳手拧紧，垂臂与轴的标记应对准，误差不大于一个齿。

3）转向纵拉杆球头销及转向横拉杆球头销装配时，紧固螺母要达到规定的力矩值，并用开口销锁紧。

7.4.5　主要装配设备和工艺装备

1．底盘翻转器

载货汽车的装配普遍采用先将车架反放在装配线上，再翻转的工艺方案。车架的翻转由底盘翻转器来完成。图 7-6 为底盘翻转器的结构。

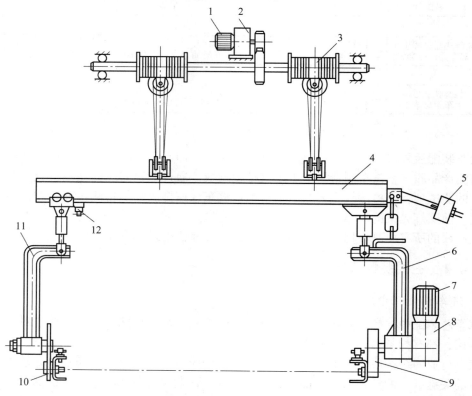

1—升降电动机；2—移动减速器；3—升降滚筒；4—横梁；5—平衡块；6—后悬挂；7—翻转电动机；
8—翻转减速器；9—翻转器后夹具；10—翻转器前夹具；11—前悬挂；12—调整位置定位器。

图 7-6　底盘翻转器的结构

底盘翻转器由升降机构和可以旋转的前悬挂和后悬挂组成。前、后悬挂间的距离通过调节前悬挂的前后位置获得，以便适应不同车架长度的需要。翻转器可以沿装配链方向前后移动，以便在翻转过程中不影响汽车底盘在装配链上的均匀摆放。

　　2. 润滑油加油器

　　在对汽车进行总装配时，车上的发动机、变速器、后桥、转向器等均需定量加注润滑油，因此需要有定量加油装置。图 7-7 为气动定量加油装置。通过调压阀 3、5 改变压缩空气压力，达到调节润滑油的流速的目的。通过可调限位块 9，可改变气缸工作行程，获得不同的加油量。

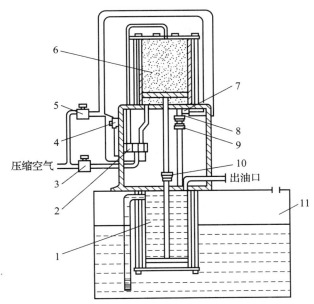

1—油缸；2—换向阀；3、5—调压阀；4—手动控制开关；6—气缸；7—行程开关；8—上限位块；
9—可调限位块；10—下限位块；11—油箱。

图 7-7　气动定量加油装置

　　3. 总装配输送链

　　总装配输送链由高出地面的桥式链和与地面持平的板式链等组成，如图 7-8 所示。桥式链与板式链由调速电动机 3 驱动，输送链的速度由减速器 2 确定，以便根据需要获得不同的速度。

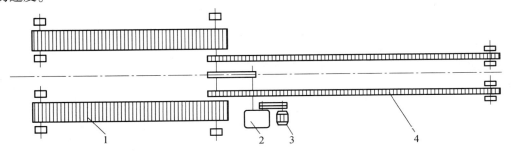

1—板式链；2—减速器；3—调速电动机；4—桥式链。

图 7-8　总装配输送链

7.4.6　汽车总装配工艺过程举例

某装载质量为 5 000 kg 的载货汽车总装配工艺过程如下：

吊车架→装后钢板弹簧软垫总成→装后桥→装储气筒及湿储气筒支架→装储气筒→装湿储气筒→装供气三通管→装制动系统的三通管及支架→装制动阀→装挂车制动阀→装前制动管路空气管→装后制动管路空气管→装挂车制动管路空气管→装蓄电池框架→装消声器前后支架→装传动轴及中间传动轴支承→装汽油箱托架→装脚踏板托架→装蓄电池搭铁线→装前桥→装润滑脂嘴→翻转底盘→装驾驶室左右前悬置支架→装转向机和滑动叉万向节总成→装减振器→装转向纵拉杆→底盘补漆→装左、右后灯托架→将发动机送到总装配带上→装发动机→装中间传动轴与制动盘→装消声器进气管及消声器→装离合器踏板轴支架→装铭牌→往后桥、转向机、变速器及发动机内加入润滑脂→用油枪注入润滑脂→装制动阀至前围与管接头的空气管→装后电线束总成→装挂车插销座→装速度表软轴→装分离开关支架→装分离开关及连接头总成→装电扇护风罩总成→装散热器和百叶窗→装扭杆支架→装前照灯及车头至车架间搭铁总成→将车头送到分装线上→装前照灯罩→装喇叭→装车头悬置支座总成扭力杆机构→装车头总成与车架上→装前保险杠和前后拖钩→装备胎升降器→装离合器操纵机构及制动操纵机构→装雾灯→装空气压缩机到储气筒的空气管→装蓄电池于框架中→装起动机到蓄电池的电线总成→装分电器至火花塞及点火线圈的高压线→装下连接轴总成→装倒车灯总成→装倒车蜂鸣器→检验制动系统并消除漏气→装车轮→紧固散热器悬置→连接制动灯开关电线及气压警报开关电线→装转向柱与上转向轴总成→装转向盘、转向开关→装转向传动轴和万向节总成→将驾驶室送到装配带上→装驾驶室→装气压调节器空气管、制动阀至前围管接头胶管→装左右后灯、牌照灯总成→装汽油箱、汽油油量表感应器并接通电线→装汽油滤清器及汽油管→装散热器拉杆→装左右脚踏板轴→装后橡胶挡泥板→装空气滤清器连接管→装制动踏板和离合器踏板→装加速踏板→连接节气门与风门操纵线→连接百叶窗拉线→连接电线→轮胎螺母力矩检测→连接速度表软轴→装驾驶员和乘员坐垫、靠背总成→气制动系统充气→连接蓄电池搭铁→装蓄电池防护罩→加防冻液、燃油→装暖风装置及导水管。

7.4.7　汽车装配技术发展趋势

近年来，随着汽车消费市场需求的个性化和多样化，汽车装配作业也从传统的单一品种、大批量生产向多品种、中小批量转化，装配生产的批量性特点趋于复杂，安装零件的品种、数量进一步增多，对零部件的接收、保管、供给、装配作业指导等都提出了新的要求。市场的变化必将使装配生产方式产生新的变化，逐步向装配模块化、柔性装配系统、汽车虚拟装配系统发展。

1）装配模块化。所谓模块，是指按汽车的组成结构将零部件或子系统进行集成，从而形成一个个大部件或大总成。而生产装配模块化，即汽车零部件厂商生产模块化的系统产品，整车厂商只对采购的模块化产品进行装配即可完成整车生产。

2）柔性装配系统。它是近年才发展起来的一种多品种自动装配系统，是由计算机控制的具有高度的装配自动化、装配柔性、生产率及较好的可靠性的自动装配系统，是柔性制造系统的一个重要环节。

3）汽车虚拟装配系统。它是利用计算机辅助技术建立汽车零部件主模型，根据主要模型的形状特性、精度特性、约束关系，多次反复进行计算机模拟装配→干涉分析→模拟装配等，以达到预定评价标准的设计过程，并通过产品数据管理将计算机辅助设计、计算机辅助工艺规划和计算机辅助制造统一集成起来，具有高适应性和高柔性的集成化装配系统。

随着汽车市场竞争日趋激烈，提高劳动效率、降低成本也成为汽车制造厂家非常关心的问题。厂家采用柔性装配系统、汽车虚拟装配系统，能够满足当前市场需求的快速多变和不确定性要求，用最低的成本生产满足用户要求的汽车产品，从而在激烈的市场竞争中立于不败之地。

习　题 ▶▶ ▸ ▸

7-1　名词解释：装配，装配精度。

7-2　简述装配工艺规程的内容和步骤。

7-3　保证装配精度的装配方法有哪些？

7-4　简述汽车总装配工艺过程。

7-5　汽车总装配的一般技术要求有哪些？

7-6　某拖拉机分配器回油阀中回油阀心和回油阀套孔直径为 10 mm，装配精度要求：阀心外圆和阀套孔间隙值 $X = 0.006 \sim 0.012$ mm。若将两零件直径尺寸的制造公差均放大到 0.015 mm。试：

（1）确定分组数 z 和两零件直径尺寸的极限偏差；

（2）用公差带位置图表示出各组的配合关系。

7-7　如图 7-9 所示，要求齿轮轴肩与轴承端面间的轴向间隙在 $1 \sim 1.75$ mm 范围内。已知各零件的基本尺寸为：$A_1 = 101$ mm，$A_2 = 50$ mm，$A_3 = A_5 = 5$ mm，$A_4 = 140$ mm，若采用完全互换装配法装配，试确定这些尺寸的公差及上、下极限偏差。

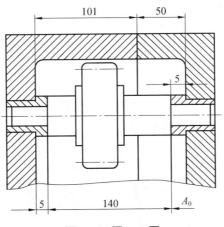

图 7-9　题 7-7 图

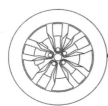

第8章
汽车车身制造工艺

车身制造涉及钣金冲压成型、金属焊接、涂漆装饰等多个领域，是一类较为特殊的生产工艺，它主要针对汽车覆盖件的薄钢板进行加工。

8.1 汽车车身概述

汽车有四大总成：发动机、底盘、电气设备和车身。作为四大总成之一的汽车车身是容纳乘客或货物的空间，是驾驶员操纵汽车的乘坐室，也是覆盖、安装汽车发动机、底盘、电气设备的客体和框架的总称。同时，汽车车身也是实现汽车功能的重要系统，车身的设计与制造水平将影响整车的动力性、操纵性、平顺性、安全性、舒适性和经济性，特别是轿车车身，它在很大程度上影响汽车的质量和市场销售。乘用车车身的质量占整车质量的30%~40%，商用车车身的质量占整车质量的16%~30%，车身制造成本占整车总成本的40%~60%，由此可以看出车身制造工艺水平是决定一款车品质的重要因素。

8.1.1 车身的组成

通常来说，车身包括车身壳体、车身结构件、车身覆盖件、车身附件。车身本体由车身结构件和车身覆盖件组成。

车身结构件是指在车身上起主要支撑及承载作用的构件，如横梁、纵梁、门柱及下边梁等，是车身零部件及总成的安装基础。车身结构件通常是由薄钢板冲压成型后焊接而成的薄壁杆件，也称为骨架，必须具有足够的强度和刚度，如图8-1所示。

图8-1 车身结构件

车身覆盖件是指车身内、外表面的薄壳板件，外覆盖件包括发动机罩外板、顶盖、车门外板、翼子板等，内覆盖件包括前围板、地板、车门内板等。车身覆盖件大部分焊接在车身上，如前围板、翼子板、顶盖、地板等，而车门、发动机罩、行李厢盖是通过铰链连接在车身上，如图 8-2 所示。

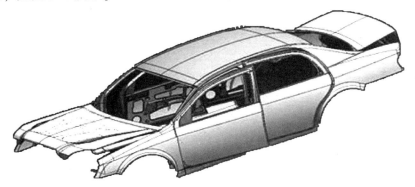

图 8-2　车身覆盖件

8.1.2　车身的结构类型

在汽车使用过程中，车身按照承载方式的不同，可以分为以下 3 种类型。

1. 非承载式车身（有车架式）

非承载式车身的汽车有刚性车架，又称底盘车架，是指车架承载着整个车体，发动机、悬挂和车身都安装在车架上，车架上有用于固定车身的螺孔以及固定弹簧的基座的一种底盘形式，如图 8-3 ~ 图 8-5 所示。

图 8-3　非承载式 SUV 车身结构件

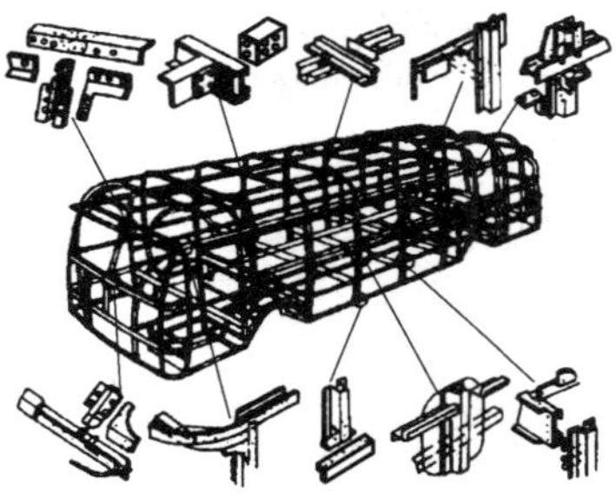

图 8-4　非承载式客车车身结构件

图 8-5　非承载式货车驾驶舱

（1）非承载式车身结构的优点

1）减振性好。车身与车架间的弹性连接能减缓车身振动，降低噪声，既提高了乘坐舒适性，又延长了车身使用寿命。

2）安全性好。碰撞时，独立的车架能保证车体碰撞能量迅速传导，从而保证车身的结构完整性，这对于提高碰撞安全性起着极大作用。

3）易于改型。车架是车辆承载的基础，车身承载小，车身改型方便，从而能满足市场对各种产品的需求。

4）工艺简单。底盘和车身是分别作为组件先行装配的，并在最后装配之前能够单独进行检查、试验和必要的调整，这样既简化了装配工艺，又便于组织专业化协作生产。

（2）非承载式车身结构的缺点

1）质量大。由于车架的质量较大，因而整车质量较大。

2）承载面高。车身和底盘之间装有车架，使整车高度增加，导致车门门槛过高，乘员上下车不方便。

3）成本较高。车架的型材截面较大，必须具备大型的压、夹具等一系列较昂贵而复杂的制造设备。

2. 承载式车身

乘载式车身没有独立的车架，而是将车架"融入"车身结构件中，构成车身本体的纵梁、横梁与立柱，如图8-6所示。

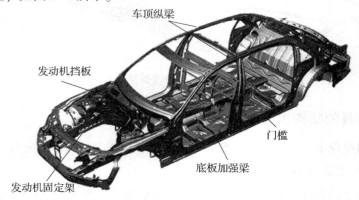

图8-6 承载式车身结构

（1）承载式车身结构的优点

1）质量小。承载式车身是由薄板冲压成型组焊而成的空间框架结构，充分利用车身承受载荷，车辆整体刚度增大，自重降低，有利于实现车身轻量化。

2）承载面低。整车高度降低，车门门槛低，上下车方便。

3）安全性好。车身具有均匀承受载荷并加以扩散的功能，对冲击能量的吸收性好。尽管当汽车发生碰撞时车身局部变形较大，但对乘坐室的影响却相对较小，使汽车的安全保障性得到改善与提高。

4）生产率高。点焊工艺和多工位自动焊接等自动化生产方式的采用，使车身组合后的整体变形小、生产率高、结构紧凑、质量保障性好，适合现代化大批量生产。

（2）承载式车身结构的缺点

1）底盘部件与车身结合部位在汽车运动载荷的冲击下，极易发生疲劳破坏，乘坐室也更容易受到来自汽车底盘的振动与噪声的影响。为此，需要采取减振、消声等措施。

2）车身整体结构性强、刚度大，改型较困难。

3）由事故所导致的整体变形较复杂，修复难度增加。

3. 半承载式车身

半承载式车身是介于非承载式车身和承载式车身之间的车身结构，如图8-7、图8-8所示。

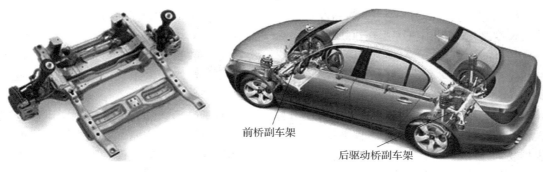

图 8-7 凌特前桥副车架　　　　　　　　　图 8-8 半承载式轿车

8.1.3 车身的材料和制造工艺

汽车车身制造工艺主要是针对车身覆盖件的薄钢板进行加工,使压模具进行覆盖件的成型,使用焊接设备进行钣金件的焊接,从而获得满足碰撞法规要求的安全车身;使用涂装设备对覆盖件进行表面处理,进而获得耐用和美观的车身。材料是汽车工业的基础,车身的功能要求车身本体所采用的材料既能够有效地支撑出空间,又能安装部件和承受载荷,且在汽车的使用过程中要保证安全性,因此要求足够的刚性和强度。以现代轿车用材为例,按照质量来换算,目前汽车制造用材仍以金属材料为主,塑料、橡胶、陶瓷等非金属材料占有一定的比例,并已形成了系统的金属车身制造加工的工艺,包括车身冲压工艺、车身焊接工艺、车身涂装工艺。

1)车身冲压工艺:利用模具和冲压设备对金属板料施加一定压力,使板料产生塑性变形或分离,从而得到具有一定形状、尺寸和性能的车身钣金零件,要求易于成型且形状稳定,精度高。

2)车身焊接工艺:对各钣金零件进行连接组装,通常采用的是熔化金属促其熔合的焊接方法,要求材料易焊接。

3)车身涂装工艺:能够起到隔热、消声、抗振、密封等特殊作用,起到防腐和装饰的效果,要求冲压并焊接后的车身表面与涂料的结合性好。

8.2 汽车车身覆盖件冲压工艺

8.2.1 车身覆盖件的结构与质量要求

车身覆盖件是指汽车车身内、外表面的薄壳板件,通常可以分为外覆盖件和内覆盖件。外覆盖件是指人们能直接看到的汽车车身外部的覆盖件,如车门外板、顶盖、翼子板、后围外盖板、侧围外板、长头车发动机罩等;内覆盖件是指车身内部覆盖件,一般被安装上内饰件或被车身的其他零件所遮挡而不能被直接看到,如车门内板、前围内盖板、后围内盖板、侧围内板、地板等。不同于一般冲压件,车身覆盖件在结构和质量要求上有其独特之处,在冲压工艺、冲模设计和冲模制造工艺上也有其独有的特点。因此,一般将车身覆盖件作为一类特殊的冲压件来研究。

1. 车身覆盖件的特点

车身覆盖件形状及尺寸主要有以下特点。

1）材料薄，相对厚度小。板料厚度一般为0.3～1.0 mm，相对厚度t/L（板厚与坯料最大长度之比）最小值可达0.000 3。

2）轮廓尺寸大。一般为了简化装配工艺，减少零件数目，保证车身外表曲面的连续性和完整性，大多数车身覆盖件的外形尺寸都比较大，如驾驶室顶盖的坯料尺寸可达2 800 mm×2 500 mm。

3）形状复杂。大多数车身覆盖件为三维空间曲面，且形状和轮廓不规则，难以建立比较简单的数学模型或几何方程来描述。为体现车身造型的风格，常在一些曲面上设有棱线和装饰性结构（在拉深时相当于同时进行了反拉深），使车身覆盖件的形状变得更加复杂。车身覆盖件是最为复杂的冲压件。

4）轮廓内部常带有局部孔洞、弯曲等不规则形状。车身覆盖件一般带有窗口、局部凸起或凹陷等形状，这些形状特征会给整个冲压件的成型带来较大影响。

2. 车身覆盖件的质量要求

1）表面质量要求高。对于车身外覆盖件的可见表面，外观装饰性要求一般都比较严格，不允许有任何波纹、皱纹、凹痕、擦伤和边缘拉痕等有损表面完美的缺陷；车身覆盖件上的装饰棱线和装饰肋条，要求清晰、平整、光滑、左右对称，曲线应圆滑。两个车身覆盖件的衔接处要求吻合一致，不允许参差不齐。

2）较高的尺寸精度和形状精度。为保证车身覆盖件焊接或组装时的准确性和互换性，要求车身覆盖件的轮廓尺寸、孔位尺寸、局部形状尺寸等精度较高，便于实现车身冲压与焊接的自动化，保证车身外观形状的一致性和观赏性。

3）良好的结构工艺性。车身覆盖件在零件形状与结构上要求具有良好的冲压成型性、焊接装配性、操作安全性和材料利用率等。车身覆盖件冲压工艺性能关键是拉深成型性能的好坏。

4）足够的刚度。车身覆盖件是薄壳零件，如果刚度不够则会在汽车行驶时产生振动与噪声，引起激振，从而缩短车身寿命。因此，必须通过塑性变形后的加工硬化和合理的结构设计提高车身覆盖件刚度，从而避免共振，减少噪声和延长车身寿命。

8.2.2 车身覆盖件的冲压工序

车身覆盖件的形状通常较复杂、尺寸大且深度不均匀，因此一般不可能在一道冲压工序中直接获得，有的需要十几道工序才能获得，最少的也要三道基本工序，虽然工序多，但冲压加工都由最基本的冲压工序组成。以侧围冲压成型为例，冲压的基本工序有落料、拉深、修边、翻边和冲孔，根据需要，可以将一些工序合并，如修边、翻边等，所谓工序合并是指压力机上滑块的一次行程在模具同一工位同时完成两道以上工序。

落料工序是为了获得拉深工序所需的毛坯外形。拉深工序是关键工序，车身覆盖件的大部分形状均由拉深工序成型。冲孔工序是为了加工车身覆盖件上的孔洞，其一般在拉深工序之后，以免孔洞破坏拉深时的均匀应力状态，同时避免孔洞在拉深时变形。修边工序是为了切除拉深件的工艺补充部分和四周边角余料。工艺补充部分是因拉深工序需要而增加的板料补充部位，凡是非拉深件结构本体部分，包括工艺补充面，均应在拉深成型后于修边模中切除。翻边工序位于修边工序之后，它使覆盖件边缘的竖边成型，属于弯曲工序，可作为装配焊接面。

8.2.3　车身覆盖件拉深工艺性设计

1. 车身覆盖件拉深工艺的特点

拉深工序是车身覆盖件制造中最关键的工序，直接影响车身覆盖件的质量、材料利用率、生产效率和制造成本。拉深工艺设计是否合理还直接影响其他各道工序的设置。拉深工艺的好坏往往决定了整个车身覆盖件设计和制造的成败。

车身覆盖件的拉深具有以下特点。

1）车身覆盖件拉深往往不是单纯的拉深，而是拉深、胀形、弯曲等的复合成型。

2）无论车身覆盖件分块有多大，形状有多复杂，只能在一次拉深中全部成型。若是分几次成型，则不能把握每一次变形的规律，很难保证车身覆盖件几何形状的一致性。

3）车身覆盖件形状复杂，压料面积小，因此需要采用拉深筋来有效地防止起皱。拉深筋是在拉深件压边圈上设置突起以增加阻力，其目的是减少材料流动性，降低流速，避免出现褶皱。

4）车身覆盖件拉深要求材料的塑性好、表面质量和尺寸精度高。

5）车身覆盖件拉深时，为减小板料与凹模之间的摩擦，降低材料内应力以避免破裂现象，常需要在凹模压料面上涂抹特制的润滑剂，它能够很好地附着在钢板表面，并形成一层均匀、具有相当强度、足以承受相当大的压力的润滑膜。

2. 拉深方向的确定

当对车身覆盖件进行冲压时，应选择最有利的冲压方向。拉深件的冲压方向是拉深工艺设计中需要首先解决的问题。它关系到能否拉深出合格的拉深件，也影响到拉深件工艺补充部分的多少和压料面形状。

1）首先应保证凸模能够进入凹模，并保证能将工件需拉深的部位在一次拉深中完成，避免"倒钩"的存在。有些车身覆盖件在一个方向拉深的同时，沿相反方向也可进行拉深，正拉深、反拉深都要顺利。

2）保证凸模开始拉深时与板料的接触处于有利的位置，开始拉深时，凸模与毛坯的接触面积要大，若分散，则应同时接触，并尽可能分布均匀，同时其中心与冲模中心要重合，如图 8-9 所示；凸模两侧的包容角尽可能接近，使由两侧进入凹模的料均匀。

图 8-9　凸模与毛坯的接触状态
（a）不合理；（b）合理

3）尽量减小拉深深度，使压料面各部位拉深深度均匀、适当。

4）拉入角尽量相等，使工艺补充部分少。

3．工艺补充部分

工艺补充部分是指为了顺利拉深成型出合格的制件，在冲压件的基础上添加的那部分材料。这部分材料是为了满足成型的需要，而并非零件本身所需要的，故在拉深成型后的修边工序要将其切除掉。它是必不可少的，而且对拉深成型及后面的修边、整形、翻边等工序有着重要影响，是拉深件设计的主要内容。

为了实现车身覆盖件的拉深，需要将车身覆盖件的孔、开口、压料面、修边线等结构根据拉深工序的要求进行设计。

（1）工艺补充的分类

工艺补充可分为内工艺补充和外工艺补充两类。它包括拉深部分的补充和压料面两部分，是为了选择合理的拉深方向、创造良好的拉深条件而增加的，能增加材料的消耗。

工艺补充部分制订得合理与否，直接影响到拉深成型时的工艺参数、毛坯的变形条件、变形量大小、变形分布、表面质量、破裂、起皱等质量问题。

（2）工艺补充的设计原则

1）内孔封闭补充。

2）简化拉深件结构形状。

3）保证良好的塑性变形条件。

4）外工艺补充部分尽量小。

5）对后续工序有利，如在工艺补充部分穿刺孔或冲工艺孔来作为下面工序的定位。

6）成双拉深工艺补充，如图8-10所示。

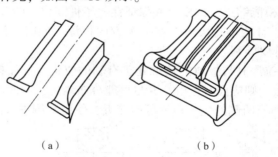

（a）　　　　　　　　　　（b）

图8-10　成双拉深工艺补充

（a）产品件示意图；（b）拉深件示意图

（3）常见工艺补充的类型

1）修边线在拉深件的压料面上，垂直修边如图8-11（a）所示，压料面就是覆盖件本身的凸缘面，$A = 25$ mm。

2）修边线在拉深件的底面上，垂直修边如图8-11（b）所示，$B = 3 \sim 5$ mm，$C = 10 \sim 20$ mm，$D = 40 \sim 50$ mm，$r_p = 3 \sim 10$ mm，$r_d = 3 \sim 10$ mm。

3）修边线在拉深件翻边展开的斜面上，垂直修边如图8-11（c）所示，$\alpha \geq 40°$，$\beta = 6° \sim 10°$，$E = 3 \sim 5$ mm，$r_p = 3 \sim 5$ mm，$C = 10 \sim 20$ mm，$D = 40 \sim 50$ mm。

4）修边线在拉深件的斜面上，垂直修边如图8-11（d）所示，$F \geq 12$ mm，$\beta = 6° \sim 12°$，$r_p = 3 \sim 10$ mm，$C = 10 \sim 20$ mm。

5）修边线在侧壁上，水平或倾斜修边如图 8-11（e）所示，$C \geq 12$ mm，$r_d = 4 \sim 10$ mm，$D = 40 \sim 50$ mm。

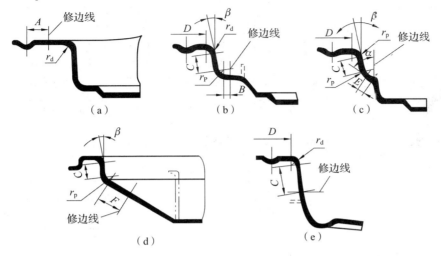

图 8-11　工艺补充部分的种类

（a）修边线在拉深件的压料面上，垂直修边；（b）修边线在拉深件的底面上，垂直修边；
（c）修边线在拉深件翻边展开的斜面上，垂直修边；（d）修边线在拉深件的斜面上，垂直修边；
（e）修边线在拉深件的侧壁上，水平或倾斜修边

（4）工艺补充各部分的作用及尺寸

工艺补充各部分的作用及尺寸如表 8-1 所示。

表 8-1　工艺补充各部分的作用及尺寸

示意图	区域	名称	性质	作用	尺寸/mm
	A	底面	从零件的修边线到凸模圆角	1）调试时，不致因为 r_p 修磨变大而影响零件尺寸 2）保证修边刃口的强度要求 3）满足定位结构要求	用拉深筋定位时：$A \geq 8$ 用侧壁定位时：$A \geq 5$
	B	凸模圆角面	凸模圆角处的表面	降低变形阻力	一般拉深件：$r_p = (4 \sim 8)t$ 复杂覆盖件：$r_p \geq 10t$
	C	侧壁面	使拉深件凹模周边形成一定的深度	1）控制零件表面有足够的拉应力，保证板料全部拉深，减少起皱的形成 2）调节深度，配置较理想的压料面 3）满足定位和取件的要求 4）满足修边刃口强度要求	$C = 10 \sim 20$ $\beta = 6° \sim 10°$

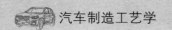

示意图	区域	名称	性质	作用	尺寸/mm
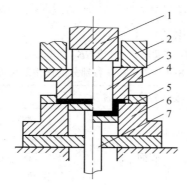	D	凹模圆角面	拉深材料流动面	r_d 的大小直接影响板料流动的变形阻力。r_d 越大，则阻力越小，越容易拉深；r_d 越小，则反之	$r_d = (4 \sim 10)t$ 料厚或深度大时取大值，允许在调试中变化
	E	法兰面	压料面	1）控制拉深时进料阻力大小 2）布置拉深（槛）筋和定位	$E = 40 \sim 50$
	F	棱台面		使水平修边改为垂直修边，简化冲模结构	$F = 3 \sim 5$ $\alpha \leqslant 40°$

注：t 为材料厚度。

（5）压料面设计

压料面是车身覆盖件组成工艺补充面的一部分，即凹模圆角半径以外的部分，刚性压料装置如图 8-12 所示。

1—内滑块；2—外滑块；3—拉深凸模；4—压料装置；5—定位装置；6—拉深凹模；7—顶出装置。

图 8-12　刚性压料装置

在拉深开始成型之前，压料圈要将成型的车身覆盖件坯料压紧在凹模表面上，被压住的坯料部分即为压料面。在拉深进程中，压料面上的材料将逐渐被拉入凹模，从而实现拉深成型过程。为了使毛坯沿周边产生较为均匀的径向拉应力，使毛坯中间部位各个方向都产生比较均匀的胀形，在拉深时要增加工艺补充面或在凹模面上加拉深筋等来控制材料的流向及流速，这样可以防止拉深件的起皱与拉裂。

1）压料面形状。常用的一些压料面形状如图 8-13 所示。

2）对压料面的要求。压边圈将拉深坯料压紧在凹模压料面上，压料面应不形成皱纹和折痕，以保证凸模对拉深坯料有良好的拉深作用。

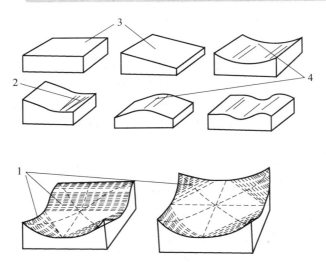

1—直曲面；2—圆锥面；3—平面；4—圆柱面。

图 8-13　常用的一些压料面形状

3）压料面的两种情况。

①压料面可以是车身覆盖件本身的凸缘面，即凸缘形状是确定的，一般不改变其形状，但为了便于拉深成型过程的进行，也可以作局部的变动，但必须在以后的适当工序中加以整形，以达到覆盖件的整体形状要求。

②压边面全部是工艺补充部分。以保证良好的拉深条件为主要目的进行压料面的设计，但是这些材料在拉深工序之后的修边工序中将被切除，所以应尽量减少这种压料面的材料消耗。

（6）修边线设计

需要保留的冲压形状与工艺补充部分的分界线称为修边线，修边线位置确定了工艺补充部分的大小和位置，如图 8-14 所示。修边工艺采用的是冲裁工艺的方法，需要注意断面质量和尺寸精度，拉深深度尽量浅，采用垂直修边且定位可靠，尽可能减少工艺补充部分材料的消耗。

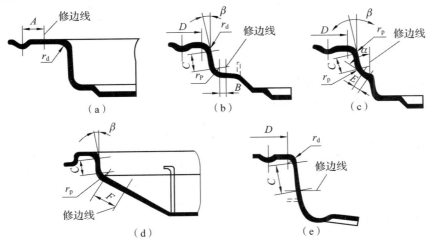

图 8-14　修边线的位置

（7）工艺孔和工艺切口设计

1）工艺孔。

对一些不能用侧壁和拉深槛定位的零件，拉深时应采用穿刺孔或工艺孔定位，防止零件在模具中窜动（见图8-15），拉深件在修边时和修边以后工序的定位必须在确定拉深件工艺补充部分时考虑，一定要定位可靠，否则会影响修边和翻边的质量。深的拉深件如汽车前围板、左右车门内蒙皮、后围板等用侧壁定位，浅的拉深件如汽车顶盖、左右车门外蒙皮、地板等用拉深槛定位。

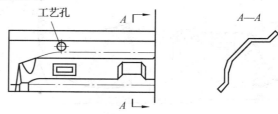

图8-15　前风窗上内侧板工艺孔

2）工艺切口。

当需要在车身覆盖件的中间部位冲出某些深度较大的局部凸起或鼓包时（属于胀形变形性质），在一次拉深中，往往不能从毛坯的外部得到材料的补充而导致零件局部破裂。这时，可考虑在局部变形区的适当部位冲出工艺切口或工艺孔，使容易破裂的区域从变形区内部得到材料的补充。工艺切口位置必须设置在容易破裂的区域附近，而这个切口又必须处在拉深件的修边线以外，以便在修边工序中切除，不影响覆盖件形体，如上后围的玻璃口部位（见图8-16）。

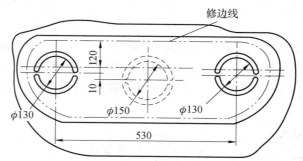

图8-16　上后围玻璃口部位工艺切口

3）工艺孔和工艺切口的布置原则。

①工艺孔和工艺切口必须分布在工艺补充部分上，设置在修边线之外，在修边冲孔时将它们冲掉。

②工艺孔一般在拉深前的落料冲孔工序中完成。

③工艺孔或工艺切口的数量、大小和形状，要根据所处位置和变形的要求，保证各处材料变形均匀。

④需要多个工艺切口时，工艺切口之间应有足够的搭边尺寸。

（8）拉深筋的设计

压料面的作用力只靠在压边力作用下模具和材料之间的摩擦力常常是不够的，需要在压料面上设置能产生很大阻力的拉深筋以满足毛坯塑性变形和塑性流动的要求。利用拉深筋可以在较大范围内控制变形区毛坯的变形大小和分布，从而抑制破裂、起皱、面畸变等多种冲压质量问题。所以，拉深方向、工艺补充部分和压料面形状是决定能否拉深出满意的车身覆盖件的先决条件，设置压料拉深筋或拉深槛是必要条件。

1）拉深筋的种类。

分布情况：单筋和重筋。

拉深筋本身的断面形状：圆筋（包括半圆筋、劣半圆筋和优半圆筋）、矩形筋、三角形筋和拉深槛。

在生产中制造和修理半圆筋较方便、灵活，故在汽车覆盖件模具上半圆筋应用很广。

2）拉深筋的作用。

拉深筋应设置在凹模圆角以外的压料面内，其具有以下主要作用。

①增加进料的阻力。拉深坯料经过反复变曲几次才拉进凹模，增加了毛坯向凹模内流动的阻力，加大了径向拉应力，使毛坯的塑性变形量增大，从而提高拉深件的刚度。

②调节压料面上各部位的进料阻力。通过调节压料槽的松紧来增加或减少压料面上各部位的阻力，使拉深件外轮廓上的直线部分与圆角曲线部分的进料阻力均匀，避免"多则皱，少则裂"。

③补充调整压边力。在不同的压力机上，对压边力的调整存在难度，只能粗略地调整压边力，并不能完全控制各处进料量，故可利用拉深筋辅助调节各处压边力，使材料流入模腔的量满足工件各处的需要。

④降低对压料面表面粗糙度的要求。在设置拉深筋后压料面之间的间隙可以适当放大并略大于料厚，这样可以减小压料面表面粗糙度对拉深的影响。

⑤通过拉深筋的弯曲，可纠平材料的不平整缺陷。

3）拉深筋的结构与布置。

拉深筋的装配形式分为嵌入式和整体式。嵌入式拉深筋耐磨，但制造困难。整体式拉深筋与压边圈的压边一起仿形加工。拉深槛的剖面呈梯形时阻力作用大，一般在深度浅的大型曲面的拉深件中采用，将拉深槛与凹模做成一体，放置在凹模口部。

拉深筋（槛）的数目及位置主要根据车身覆盖件外形、起伏特点及拉深件的深度而定，其设计原则如下。

①拉深深度大的工件在直线部位设筋（槛），在圆弧部位不设筋（槛）。

②同一工件拉深深度相差大时，在深的部位不设筋（槛），在浅的部位设筋（槛）。

③拉深筋（槛）的位置要保证与拉深毛坯材料流动方向垂直。

④在同一位置应尽量只布置一条拉深筋，必要时才增至两条或三条拉深筋，由内向外的高度应依次递减，如图 8-17 所示。

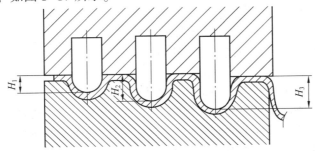

图 8-17　多重筋的布置（高度 $H_1 < H_2 < H_3$）

4）拉深筋几何参数的设计要求。

①确保冲压件成型所需的拉深筋阻力。

②保证冲压件成型质量和表面质量。

③提高拉深筋的使用寿命，选取适当圆角半径的拉深筋和筋槽。

④有利于拉深筋的加工和修整。

4. 拉深模

拉深模是车身覆盖件成型过程中最为关键的因素，它直接决定了车身覆盖件的结构及表面质量。拉深模结构相对较简单，根据使用的压力机类型不同，可分为单动拉深模和双动拉深模；根据拉深顺序不同，可分为首次拉深模和以后各次拉深模；根据工序组合不同，可分为单工序拉深模、复合工序拉深模和连续工序拉深模；根据压料情况不同，可分为有压边装置拉深模和无压边装置拉深模。

（1）拉深模的典型结构

拉深模的典型结构有单动拉深模和双动拉深模两类。

1）单动拉深模。

单动拉深模是按单动压力机设计的，其结构如图 8-18 所示。该模具主要由凹模 1、凸模 2（下模座可与凸模做成一体，也可分开）、压料圈 3 组成。凹模 1 安装在压力机的滑块上，凸模 2 安装在压力机下工作台面上，凸模与凹模之间、凹模与压料圈之间都有导板导向。

2）双动拉深模。

双动拉深模是按双动压力机设计的，其结构如图 8-19 所示。该模具主要由凸模 1、压料圈 2、凹模 3 组成。凸模 1 安装在双动压力机的内滑块上，压料圈 2 安装在双动压力机的外滑块上，凹模 3 安装在双动压力机工作台面上，凸模与压料圈之间、凹模与压料圈之间都有导板导向。双动拉深模因具有压边力大、拉深深度深、卸料板为刚性等优点而应用更多。

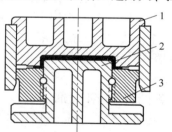

1—凹模；2—凸模；3—压料圈。

图 8-18 单动拉深模结构

1—凸模；2—压料圈；3—凹模。

图 8-19 双动拉深模结构

（2）拉深模的工作零件

拉深模的工作零件主要指凸模、凹模和局部成型的凸、凹模镶块等。由于车身覆盖件拉深凸模、凹模轮廓尺寸大，因此其常采用高强度模具合金铸铁，并用实型铸造方法铸造毛坯。

拉深凸模的主要作用有两个：一是传递压力机的压力，将板料拉入凹模；二是拉深凸模工作表面与车身覆盖件拉深件的表面相同，拉深凸模与凹模将板料压合成型。反映汽车造型的所有元素，包括拉深件上的所有装饰棱线、装饰筋条、装饰凹坑、加强筋、装配凸包、凹坑等局部形状，一般都是在拉深模上一次成型的。

凹模的主要作用是形成凹模压料面和凹模拉深圆角。由于车身覆盖件上的装饰棱线、装饰筋条、装饰凹坑、加强筋、装配凸包、凹坑等绝大部分都是在拉深模上一次成型的，覆盖件的反拉深形状也是在拉深模上成型的，因此，凹模结构除凹模压料面和凹模拉深圆角外，还有局部形状成型用的凸模或凹模，它们也属于凹模结构的必要组成部分。

5. 修边模

车身覆盖件的修边模是用于将拉深成型、弯曲变形后的工件多余边角余料及中间非结构部分切除的分离模，其与普通落料模、冲孔模等冲裁模有较大的不同。修边通常在拉深成型后进行。

工件经拉深成型、弯曲变形后，形状复杂，冲切部位可能是任意空间曲面，修边线多为较长的不规则轮廓，往往要经过多次修边才能完成；冲压件将有不同程度的弹性变形，通常会因弹性变形而产生较大的侧向力；修边是车身覆盖件冲压过程的最后一道工序，必须充分保证制件轮廓与表面不受任何伤害，故对车身覆盖件修边模的设计制造要求很高。

6. 翻边模

翻边是车身覆盖件冲压成型的最后工序；翻边质量的好坏将直接影响汽车整车的装配精度和质量；翻边工序除满足车身覆盖件装配尺寸要求外，还能改善修边造成的变形。

翻边模的类型根据翻边的运动方式分为：凸模或凹模作垂直方向运动的垂直翻边模；凹模单面作水平方向、倾斜方向运动的斜楔翻边模；凹模刃口既有上下垂直方向运动，又有水平或倾斜方向运动的垂直斜楔翻边模。

车身覆盖件向内的翻边一般沿着车身覆盖件轮廓进行，翻边加工结束后翻边件包在凸模上的无法取出，必须将翻边凸模做成活动可分的。在压力机滑块行程向下时，翻边之前，利用斜楔的作用将缩着的翻边凸模扩张成翻边形状后即停止不动，在压力机滑块行程继续向下时，翻边凹模进行翻边。翻边以后，凹模在弹簧的作用下回程，然后翻边凸模靠弹簧的作用返回原位，取出制件。翻边凸模的扩张行程以能取出翻边制件为准，这种结构称为翻边凸模扩张结构。

7. 装配压合模

用于汽车车身外覆盖件的装配压合模较少，典型的有车门、发动机盖的外板和内板的装配压合模。装配压合的实质是将板件进行翻边和压弯，先将两个车身覆盖件定位，然后在装合面上涂上密封减振胶或黏合胶，沿翻边轮廓进行扣合并压实。完成这一工序的模具就叫装配压合模。采用装配压合工艺可避免在装配面上进行焊接而留下表面凹坑甚至缺陷，提高车身外覆盖件的外观质量，减少涂装工序的工作量。

8.3　汽车车身装焊工艺

8.3.1　概述

汽车车身壳体是一个复杂的薄板结构件。冲压是将板料加工成形状各异的零件，必须经过焊接装配才能成为车身总成框架。几百种薄板冲压件，经焊接、铆接、螺纹连接或黏接而装配成完整牢靠的白车身。车身装焊过程就是将若干个零件装焊成合件，再将若干个合件和零件装焊为分总成，最后将分总成、合件、零件装焊成车身总成。焊接是薄板冲压件主要、可靠和自动化水平最高的装配方法。装焊工艺技术是汽车制造工艺的重要内容与关键技术。在此先了解白车身的装焊程序和焊接的基本知识。

装焊工艺的操作对象是车身本体，以轿车为例，白车身由地板、前围、后围、侧围、顶盖、车门等分总成组成，而各分总成又由许多冲压零件、合件、组件组成，如图8-20所示，该白车身主要是按图8-21所示的顺序装焊的。

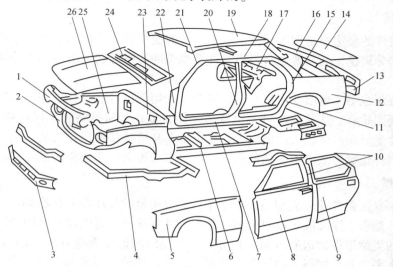

1—发动机罩前支撑板；2—散热器固定框架；3—前裙板；4—前框架；5—前翼子板；6—地板总成；7—门槛；
8—前门；9—后门；10—门窗框；11—车轮挡泥板；12—后翼子板；13—后围板；14—行李厢盖；
15—后立柱（C柱）；16—后围上盖板；17—后窗台板；18—上边梁；19—顶盖；20—中立柱（B柱）；
21—前立柱（A柱）；22—前围侧板；23—前围板；24—前围上盖板；25—前轮挡泥板；26—发动机罩。

图8-20 轿车白车身

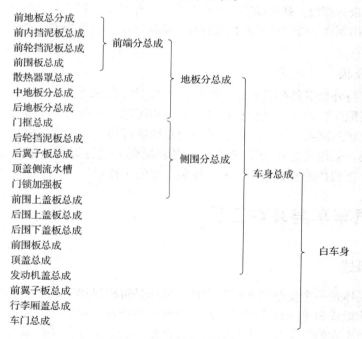

图8-21 轿车白车身装焊顺序

汽车车身装焊过程的最大特色是具有明显的程序性。车身按零件位置不同，分为上、下、左、右、前、后六大部分。轿车白车身装焊的一般顺序是：零件→合件→组件→分总成→总成（白车身）。

冲压好的车身板件经局部加热或同时加热、加压而接合在一起形成车身总成。在汽车车身制造中应用最广的是点焊，焊接的好坏直接影响车身的强度。

1. 焊接的实质

焊接是目前应用极为广泛的对金属材料进行连接的方法，它是利用局部加热或局部加压，或两者兼用的方法，使被连接处的金属熔化或者达到塑性状态，以促使两金属的原子相互渗合并接近到 $0.3 \sim 0.5$ nm 的金属晶格距离，原子之间的结合力就可以把两个分离的金属构件连接成一体。

2. 车身常用的焊接方法

车身零件结构多为薄钢板形式，车身冲压件的材料大都是具有良好焊接性能的低碳钢，因此焊接便成为现代车身制造中应用最广泛的连接方式。

在车身的焊接工艺中，电阻焊由于热源来自金属内部，加热集中，冶金简单，热影响区较小，车身焊接变形小，容易获得优质接头，因此最适合薄钢板连接，是目前应用最广泛的焊接工艺，占整个焊接工作量的70%以上。

CO_2 气体保护焊主要用于车身骨架和车身总成中点焊不能进行的连接部位的补焊。例如，有些焊接件的组成结构较为复杂或接头在车身底部等，点焊焊钳无法达到，只能用 CO_2 气体保护焊进行焊接。

激光焊是新兴的应用在车身的焊接方法。激光焊接的能源为高密度的单色光电磁能，通过聚焦作用于微小的区域轰击金属，使之熔化，然后冷却、凝固在一起。激光束聚焦后，光斑直径可小至 0.01 mm，焊接速度快，强度高，焊点质量高，近些年来越来越多地应用在车身要求焊接质量高的部位，如前挡风玻璃框架、车门内板、车身底板、中立柱、顶盖与侧面车身等。激光焊接具有减少零件和模具数量、减少点焊数目、优化材料用量、减小零件质量、降低成本和提高尺寸精度等优点，目前已经被许多大汽车制造商和配件供应商所采用。

表8-2列举了车身制造中常用的焊接方法及典型应用实例。

表8-2 车身制造中常用的焊接方法及典型应用实例

焊接方法				典型应用实例
电阻焊	点焊	单点焊	悬挂式点焊	车身总成、车身侧围等分总成
			固定式点焊	小型板类零件
		多点焊	压床式多点焊	车身底板总成
			C形多点焊	车门、发动机盖等总成
	缝焊		悬挂式缝焊	车身顶盖流水槽
			固定式缝焊	油箱总成
	凸焊			螺母、小支架
电弧焊	CO_2 气体保护焊			车身总成
	氩弧焊			车身顶盖后两侧接缝
	手工电弧焊			原料零部件

续表

焊接方法		典型应用实例
气焊	氧-乙炔焊	车身总成补焊
钎焊	锡钎焊	水箱
特种焊	微弧等离子焊	车身顶盖后角板
	激光焊	车身底板

8.3.2 车身焊接的主要类型及焊接工艺

焊接不仅仅是一个装配工艺工程，还是一个复杂的冶金、热处理和焊接变形与应力产生的过程。在对车身覆盖件板材进行材料选择时，要考虑板料的可焊性。汽车车身的焊接方法主要有：点焊、凸焊、缝焊、激光焊、CO_2 气体保护焊、钎焊。

1. 点焊

汽车车身是一个典型空间薄壳的点焊结构。点焊非常适用于车身的自动装焊生产，在车身生产中应用最广泛。

（1）点焊的应用

点焊是将车身板件已有的搭接接头夹置于两电极之间，同时压紧、通电，利用电阻热熔化板材，故焊点的形成过程是热-机械（力）联合作用的焊接过程。

点焊是一种最具代表性的电阻焊，使用固定摇臂式、压力机式和移动式点焊机操作。

点焊具有焊接过程简单、不产生弧光、易实现机械化和自动化等优点，广泛应用于白车身的装焊。点焊时，工件只在有限的接触面上（即所谓的"点"上）被焊接起来，并形成扁球形熔核。点焊热源是电流通过焊件产生的电阻热。

（2）点焊工艺

1）点焊接头形式。

接头强度对车身强度影响极大，常见的点焊接头形式有：单剪搭接接头、双剪搭接接头、带垫片的对接接头和弯边搭接接头等，如图 8-22 所示。其中，单剪搭接接头和弯边搭接接头应用最广泛。

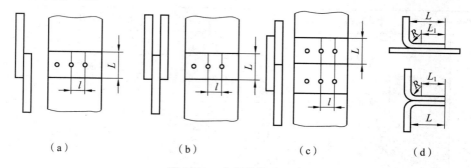

（a）　　　　　　　（b）　　　　　　　（c）　　　　　　　（d）

图 8-22　点焊的接头形式

（a）单剪搭接接头；（b）双剪搭接接头；（c）带垫片的对接接头；（d）弯边搭接接头

2）焊点直径。

点焊结构靠单个或若干个合格的焊点实现接头的连接强度，接头质量的好坏完全取决于焊点质量及点距。

影响接头强度的焊点尺寸主要有焊点直径、焊透率和表面压坑深度等。焊点直径（也称焊点熔核直径）d 是影响焊点强度的主要因素。试验证明，d 与焊点强度近似成正比关系。d 的大小可根据焊件厚度和对接头强度的要求选取。低碳钢的焊点直径 d 一般为

$$d = (5 \sim 6)\sqrt{\delta} \tag{8-1}$$

式中，δ——被焊件的厚度。

例如，在车身制造中，点焊 $0.8 \sim 1$ mm 的车身覆盖件时，焊点直径可取 $4 \sim 6$ mm。在板件搭边量允许的条件下，焊点直径可选大一些。焊点高度用焊透率 A 表示，单板焊透率 A 按下式计算：

$$A = \frac{h}{\delta - c} \times 100\% \tag{8-2}$$

式中，h——单板上熔核高度（mm）；

δ——单板厚度（mm）；

c——压痕深度（mm）。

3）控制车身点焊质量的措施。

车身点焊常见的质量问题主要有未焊透、焊穿、飞溅、压痕、缩孔及裂纹等，直接影响汽车安全性、可靠性和使用寿命，须引起高度重视。采取正确的点焊工艺控制点焊质量，保证能达到规定的强度和稳定的焊接质量，建议采取以下措施解决。

①焊前对焊件进行表面清理。去除氧化膜及污物，除尘、除油、除锈，加大表面接触电阻。

②保证板件装配质量。车身覆盖件装配时易产生的缺陷是：由于板件间曲率不一致引起的间隙过大或板件间位置的错移，造成板件焊后翘曲变形或应力过大。如果两板件间的间隙过大，相当大的一部分电极压力将用于压紧这些间隙，故实际有效的电极压力减小了，增强飞溅的倾向性，熔核尺寸和接头强度的波动加大，焊接区的变形也会增加。由于设计或冲压模具的误差引起翻边不垂直或弧度上的曲率不相符合，造成两制件贴合不好而产生间隙，在装配时间隙过大，如图 8-23 所示。解决的措施是提高板件的冲压精度、装焊夹具的刚度和位置精度。技术要求中规定，一般装配间隙应不大于 0.8 mm。

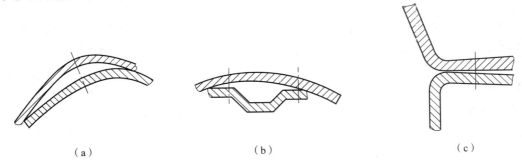

（a） （b） （c）

图 8-23　装配时间隙过大

（a）圆角半径配合不准确；（b）蒙皮与型材不贴合；（c）弯曲角度不垂直且零件有相对转动

③合理选择焊点间距。在保证连接强度的条件下，焊点间距尽量大一些。

④调节好不同厚度板和多层板的焊接电流。对于不同厚度板和多层板的焊接，需解决不同板厚和多层板的点焊质量问题。如在客车生产中将车身外蒙皮焊在骨架上，一般骨架零件的厚度比蒙皮零件的厚度大些，厚度的不同造成两焊件电流场分布不对称，熔核偏向

厚件，而不能形成实际有效的熔核。在焊接两个厚度不同的焊件时，焊接规范应由薄的焊件决定，再按厚板或平均厚度修正，然后将电流稍微增大，提高薄板发热量。在实际生产中，如果厚度差别太大（超过1∶3），焊点大约会在两板厚度之和的一半位置上生成，如图8-24（a）所示，此时焊点根本起不到连接作用。为解决这个问题，可采用硬规范，在薄板一侧使用小直径电极，同时将与厚板接触的电极直径加大，使向厚板方向的散热大于薄板方向的散热，因此熔核向薄板方向偏移，如图8-24（b）所示，使两个焊件可靠地连接起来。其他解决办法是从结构上考虑，在薄板上冲压工艺凸点以降低薄板的散热和增加薄板一边的电流密度。

在汽车车身制造中，有时还会有如图8-25所示的焊接三层板的情况。图8-25（a）所示中间为厚件，这时的焊接规范由薄板决定，同时应将焊接电流适当增大；图8-25（b）所示中间为薄板，厚板将薄板夹在中间，这时的焊接规范由厚板决定，同时应适当减小焊接电流和减少焊接时间。

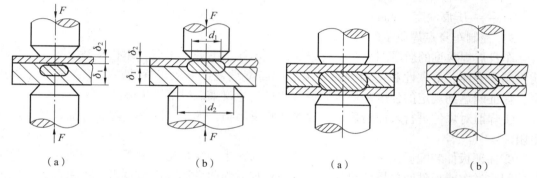

图8-24 焊件厚度不同的情况
（a）焊件厚度差别过大；（b）解决方法

图8-25 焊接三层板
（a）中间为厚件；（b）中间为薄板

（3）车身点焊工艺性

在进行车身结构设计时，除了要考虑零件的冲压工艺性外，还要考虑零部件的装焊工艺性。

1）工艺分块。

车身覆盖件的分块，应该在冲压工艺允许的前提下，使零件数越少越好（随着冲压设备和模具水平的提高，可以得到强有力的保障），这样可以减少焊接工作量和装配误差。

车身上有不少的孔洞（如门洞和前后风窗口）是非常重要的装焊部位，要求这些孔洞尽量采取整体结构而无须考虑单个板件的定位。若孔洞部分采用内外两层结构，则至少有一层为整体结构，以减少装焊误差。这样做有如下好处。

①减少零件数，取消相应的装焊工序，使装焊夹具简单；减少检具的使用频率，提高车身总装的效率，从而降低生产成本。

②保证洞口空间尺寸的准确性，大幅度提高车身的装配质量。

③取消部分零件之间的点焊搭接量，减少材料的消耗，减小了车身的质量。

④有利于提高车身整体刚度。

2）点焊工艺的选择。

①点焊工作量应尽量放在分总成的装焊工位上，尽量形成较大的组件、合件和分总成再置于总装焊夹具上，简化总装焊夹具，在总装焊线上的装配时间缩短，保证装焊质量。

②根据焊件的形状和焊点位置正确选择点焊设备。当组成搭接接头的零件比较小，焊点又布置在靠近零件的边缘时，可以选用固定点焊机焊接。若焊点数多且排列整齐，则最好在多点点焊机上焊接以提高工效。如图 8-26（a）所示的车身底板和坐垫框的焊接可采用多点点焊机。当焊点数少、板件尺寸大，焊点又处于合件的中间位置时，适于选择悬挂式点焊机，如图 8-26（b）所示，或选用反作用焊枪，如图 8-26（c）所示。

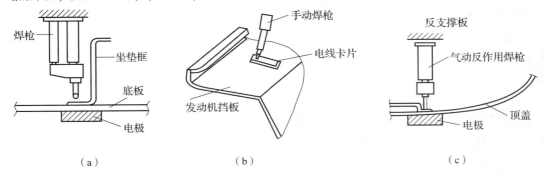

图 8-26　大零件上焊点在中间位置时的焊接情况
（a）多点点焊机；（b）悬挂式点焊机；（c）反作用焊枪

（4）点焊设备

点焊机按用途不同可分为通用点焊机和专用点焊机两大类。通用点焊机按安装方法不同还可分为固定式、移动式或悬挂式三类。专用点焊机主要是多点点焊机。

汽车车身的有些零部件外形尺寸大，冲压件本身刚度差且易变形，移动不方便，不宜用固定式点焊机焊接，所以在车身制造中，移动式点焊机得到了广泛的应用。在车身装焊线上主要使用悬挂式点焊机。

1）固定式点焊机。固定式点焊机在车身焊接中主要用来焊接合件、分总成和一些较小的总成。焊接时焊机不动，焊完一个点后，由板件移动一个点距再焊下一个焊点。点焊机一般由机体、加压机构、供电系统、冷却系统和控制系统等几部分组成。

固定式点焊机的机体由型钢和钢板拼焊而成，其功能主要是支承和固定焊机的其他部件（如变压器、加压机构等）。加压机构的作用是在焊接过程中使电极间产生足够的压力。供电系统包括焊接变压器和焊机的二次回路，其功用是转换并传递焊接所需的电能。冷却系统是使点焊机保证正常工作的重要条件之一，这是因为点焊机的一些基本构件在工作过程中要发热，只有冷却才能很好地工作。例如，电源（焊接变压器）会因为铁损和铜损发热，一旦温度超过允许范围，绝缘会烧毁，造成变压器击穿，但有冷却系统的变压器，在同样容量的情况下，体积可缩小许多，从而节约钢材，变压器功率越大，此优点越明显。接触器里的引燃管，由于整流电流较大，为了防止引燃管过热烧毁也需冷却。电极除了为防止由于过热而软化变形，降低其使用寿命外，还为了更好地保持其高导电性（温度升高，电阻系数增大），更需要冷却。控制系统根据焊件的材质和厚度，对焊点形成所需要的电流、压力、通电时间等焊接参数进行设置和操作。

2）移动式或悬挂式点焊机。车身覆盖件一般外形尺寸大，刚度较差、易变形，移动不便，故在车身装焊线上广泛采用悬挂式点焊机。

悬挂式点焊机的特点是变压器和焊接工具（焊钳或焊枪）悬挂在空中，有电极加压装置提供电极压力，用微动开关接通电路，移动方便灵活，适用于装焊面积较大的板件。另外，可选配特殊形状的焊钳，这样对焊接点的接近性更好，使用起来更灵活。

随着技术的发展，目前焊接机器人应用非常广泛。一般装配每台汽车车身需要完成3 000～4 000个焊点，其中60%是由机器人完成的，点焊机器人大致上由机器人本体、点焊焊接系统及控制系统组成。为了适应灵活动作的工作需要，电焊机器人通常选用关节式工业机器人的基本设计，一般具有6个自由度：腰转、大臂转、小臂转、腕转、腕摆及腕捻。其驱动方式有液压驱动和电气驱动两种，其中电气驱动具有保养维修简便、能耗低、速度高、精度高、安全性好等优点，因此应用较为广泛。点焊机器人按照示教程序规定的动作、顺序和参数进行点焊作业，其过程是完全自动化的，并且具有与外部设备通信的接口，可以通过接口接收上一级主控与管理计算机的控制命令进行工作。车身上有些焊接部位是焊接机器人无法接近的，这种情况就要采用人工焊接。人工焊接工位采用最多的是悬挂式点焊机和焊钳的配合工作方式。

2. 凸焊

凸焊是点焊的一种变形，其原理与点焊基本相同，其不同点在于凸焊预先在板件上加工出凸点，或利用焊件上能使电流集中的型面、倒角等作为焊接时的相互接触部位，如图8-27所示。例如，将一块板件冲制成凸出的凸点，与另一块板件叠置于较大面积的平面电极之间，当焊接电流自电极流经凸出的凸点尖端时，就很快地被加热熔化，而与另一块焊接成一体。在进行焊接时，因凸出的凸点金属软化，电极的压力便把非焊着的部分压合。凸焊一个电极可以同时焊接多个凸点，也可以对各个点进行连续焊接，在焊接过程中的加热仅仅限于凸出部分，并且时间很短，所以生产率高，电极作用面积较大，故冷却效果好，因而寿命长，产品表面不会产生凹陷。车身制造中，可将有凸点的螺母、螺钉焊在薄板上，亦称螺柱焊。

凸焊可以焊接吊耳、框板、框侧等T形零件，如图8-28所示，因此在汽车制造中得到了较广泛的应用。

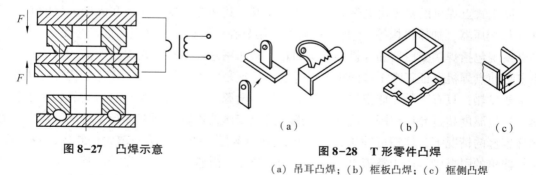

图8-27 凸焊示意

图8-28 T形零件凸焊
(a) 吊耳凸焊；(b) 框板凸焊；(c) 框侧凸焊

3. 缝焊

缝焊原理与点焊基本相同，如图8-29所示。缝焊属连续点焊，只是以旋转的滚盘状电极代替了点焊的柱状电极，焊件置于两滚盘电极之间，靠滚盘转动带动焊件移动，通以焊接电流，就会形成类似连续点焊的焊缝。缝焊按滚盘转动与馈电方式可分为连续缝焊、断续缝焊和步进式缝焊等。缝焊主要用于要求气密性的制件，如汽车油箱等。

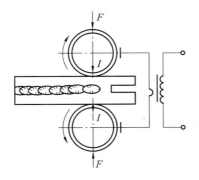

图 8-29　缝焊示意

4. 激光焊

在汽车工业中，激光焊主要用于车身框架结构（如顶盖与侧面车身）焊接和零件焊接，如前挡风玻璃框架、车门内板、车身底板、中立柱、顶盖、侧围等。传统焊接方法的电阻点焊已经逐渐被激光焊接所代替。

经激光焊接形成的接头强度非常牢固。这是因为汽车车身应用的材料是低碳钢薄板，焊后形成的焊缝比母材更硬，称为过渡接头。加上激光焊输入热量低，冷却速度较弧焊快得多，并表现为大深宽比的指状焊缝，焊缝残余应力小，对接头的影响较弧焊小得多。实践证明，在进行对接接头拉伸试验时，几乎所有接头都是从母材部分断裂的，接头强度接近 100%。所以，采用激光焊接的车身其强度是毋庸置疑的。

5. CO_2 气体保护焊

CO_2 焊主要用于车身骨架和车身总成中点焊不能进行的连接部位的补焊，如有些焊接件的组成结构较复杂或接头在车身底部等，点焊焊钳无法达到，只能用 CO_2 焊进行焊接，如图 8-30 所示。

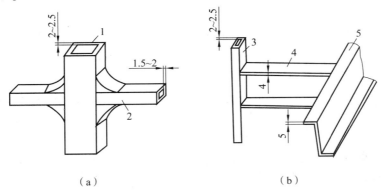

（a）　　　　　　　　　（b）

1—立柱；2—横梁；3—侧围立柱；4—支承梁；5—纵梁。

图 8-30　车身骨架接头

（a）十字接头；（b）双 T 形接头

CO_2 焊具有焊接质量高、焊接成本低、适用范围广、生产率高、操作性能好、抗锈能力强、焊缝含氢量低、抗裂性好、易于实现机械化和自动化等优点，因而在汽车车身尤其是客车车身的制造中得以广泛应用。其不足之处在于受风力影响大，露天作业受到一定限制；弧光和热辐射较强；不能采用交流电。

6. 钎焊

对于汽车车身上有密封要求的两块板件之间的缝隙，一般应用钎焊进行处理，某德国公司对轿车的后围与侧围缝隙的处理就用了这种方法。

8.3.3 装焊夹具与车身装焊线

汽车车身是由内、外覆盖件及骨架组合而成的复杂空间薄板壳体结构。对车身进行装焊时，先将零件装焊成合件，再将合件装焊为分总成，最后将分总成装焊为车身壳体总成，这就是车身的装焊过程。汽车装焊夹具是对薄板零件进行装配的定位夹紧工具，装焊夹具通过合理的定位、装夹，将工件固定在三维工作空间，以保证各零件之间相对位置准确且实现有效的固定连接。汽车车身结构总成由数百个冲压零件经过焊接工艺连接在一起。装焊夹具的主要作用是定位和夹紧。

1. 装焊夹具

（1）装焊夹具的基本要求

1）保证焊件焊后的几何形状和尺寸精度符合图纸和技术要求，特别是车身的门窗等孔洞的尺寸和形状。在装配时，夹具必须使被装配的零件或部件获得正确的位置和可靠的夹紧，并且在焊接时能阻止焊件产生变形。

2）使用时安全可靠。装焊夹具要求有足够的强度和刚度，能承受各个方向的作用力和反作用力。

3）便于施工和操作。装焊夹具应使装配和焊接过程简化，操作程序合理，工件装卸方便；定位、夹紧和松开应省力而快捷；施焊方便，便于中间质量检查。

4）容易制造和便于维修。装焊夹具应尽可能实现标准化和通用化，便于易损零部件的修理或更换。

5）降低夹具的制造成本。装焊夹具设计结构应简单，制造维修应容易，尽量采用标准化元件。

6）为了得到稳定的焊接质量，宜将焊缝调整在平焊位置进行焊接，为此要求装焊夹具设计成可翻转式。对电阻焊夹具的选材，要求尽量少用磁性物质材料。

（2）装焊夹具的结构要求

1）适用于车身制件的准确定位与快速装夹。因为车身覆盖件多为空间曲面，形状复杂，刚性差，易变形，所以需要装焊夹具在焊接中起到保护形状和表面的作用。

2）装焊车身制件时，事先需要由人或机器人将其逐件送入装焊夹具，装焊完后再将已装焊成整体的车身合件或分总成从将其夹具中取出。夹紧机构采用手动、气动或液压驱动的快速夹紧装置，要求操作方便，装夹时间短，能够保障快夹快松。

3）车身总成装焊夹具（主焊台）结构复杂，在结构设计、制造过程中，要求保证通过调整样架的使用或其他方法实施正常检验、调整和校正，以保持其形状和位置精度。

4）刚度、强度好且质量较轻。

2. 辅助工具

辅助工具是装焊过程中不可缺少的工艺装备，特别是调整样架和检验夹具。

（1）调整样架（简称样架）

对装焊夹具，应着重解决统一的、精确的定位基准问题，在工艺上采用调整样架来保证。装焊夹具有固定式和随行式两种。调整样架可以放到固定式装焊夹具各个工位及各个随行装焊夹具上，使各夹具和各工位的定位块具有相同的空间位置，以保证各装焊夹具上装焊出的车身具有正确而一致的形状。另外，为了分析车身装焊质量，校正装焊夹具上定位元件的磨损，以及重新复制装焊夹具，均需使用调整样架。

调整样架一般用 Q235 钢轧制的型钢拼焊而成。调整样架根据主模型框架的尺寸装配有精确的基准块，与夹具定位元件相应的基准块对应，这些基准块的空间位置可由三维坐标测量仪来检验校准。

（2）检验夹具（简称检具）

检验夹具起着提高车身零部件装焊质量和提高整个车身质量的重要作用，是对车身的轮廓形状、尺寸和孔位尺寸进行检测的综合性专用检测工具。检验夹具应具有精确、高效的功能，是车身装焊过程中必不可少的检测工具。国内引进的装焊线上均设有这样一道工序：车身在离开装焊线以前由检验夹具对车身的几何形状进行激光检测，输出检测数据，判断其是否达到在线检测的要求，从而严格控制车身的制造质量。

3. 车身装焊线

（1）布置方式

为了适应车身装焊高效、高精度、多种车型共线柔性化生产的需要，汽车装焊工艺常根据车身总成部件结构特征的不同，将数百个装焊工序归类后分为若干个作业区，如车身分总成装焊生产作业区、车身主装焊生产作业区、车身门盖生产作业区和白车身总成调整区等。由于各汽车制造公司的具体情况存在一定的差异，因此其作业区的划分会略有不同。以轿车车身装焊线为例，主要包含主焊线、底板线、侧围线、小件分焊线、调整线、四门两盖分焊线及压合区等。大型汽车制造厂的车身装焊线均已实现自动化，由焊接机器人完成，无须人工操作。图 8-31 是某汽车制造公司的装焊车间装焊作业区划分与工艺流程。

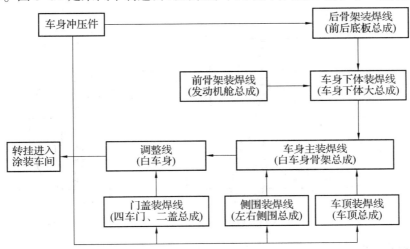

图 8-31　某汽车制造公司的装焊车间装焊作业区划分与工艺流程

（2）车身装焊线的基本形式

对于较大批量生产的车身装焊，需要采用多工位流水线生产，以提高生产效率、降低经济成本。车身装焊线的基本形式主要有贯通式装焊线、环形装焊线（地面、地下之分）和门框式装焊线。

1）贯通式装焊线。

贯通式装焊线（见图8-32）被广泛应用于汽车车身制造中，占地面积较小，所有装夹焊接定位工装都分别固定在各自工位上，运行时仅工件进行前移传送；整线驱动较简单，工件靠贯通式往复杆传送；当车身横向输送时，利于分总成的机械化上下料；但只宜采用固定式夹具，不宜采用随行夹具。贯通式装焊线比较适用于车身底板、车门、行李厢盖、发动机盖等轮廓形状较简单、刚性较好、结构较完整、组成零件较少的分总成的装焊。

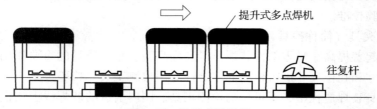

图8-32　贯通式装焊线

2）环形装焊线。

环形装焊线采用随行夹具，工件装夹在随行夹具上一起前移传送，依次完成各个工位的装焊，待全部装焊工作结束后，工件已具有一定的刚性，工件吊离随行夹具，空的随行夹具返回原处待用。

其特点及应用：工位越多，随行夹具数量就越多，投资大；工件装焊质量能够得到保证；较适用于工件刚性较差、组成零件数较多（如前围板等），特别是尺寸精度要求较严格的部件和总成等的装焊。

①地面环形装焊线。

如图8-33所示，装焊结束后随行夹具从地面环线返回，故占地面积较大，但整线传动机构简单，通过链条带动拨杆运动，拨杆再推动大链条作地面环行，从而带动小车运行。

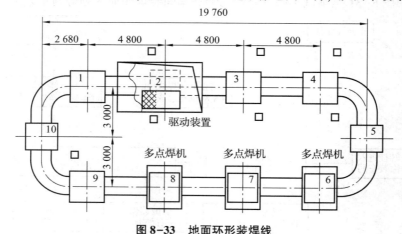

图8-33　地面环形装焊线

②地下环形装焊线。

如图8-34所示，随行夹具在最后一个工位通过升降机构降到地下，在地面以下的地坑里走完空行程，再通过端部的升降装置从地坑返回初始位置的第一个工位后，开始进行下一工件的装焊。

地下环形装焊线占地面积较小，有利于采用随行夹具，但其夹具和升降机构较复杂，且地坑地沟的建筑工程量大。

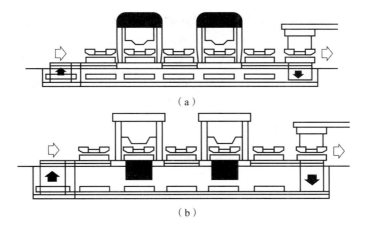

图 8-34　地下环形装焊线

（a）采用提升式多点焊机；（b）采用托起式多点焊机

3）门框式装焊线。

图 8-35 所示门框式装焊线是比较先进的装焊线，厂房面积的利用比较合理，不需要在左右侧围分总成的中间留存放面积，其效率高、成本低、柔性较强。左右侧围分总成先在 *H*、*G* 处，在吊架的左右侧围门框式装焊随行夹具内进行装焊，装焊结束后由 *C*、*D* 悬链传送到 *M* 点与车身随行夹具合装，经过若干装焊工位后，把左右侧围分总成焊接于车身底板上，释放出左右门框夹具。到达 *N* 点后，空的左右门框夹具与车身随行夹具脱离，由悬链送回装焊起始位置。车身随行夹具带着焊有左右侧围分总成的车身底板继续前进，车身总成经一系列装焊工位后在 *Q* 点下线，送到其他装焊线。

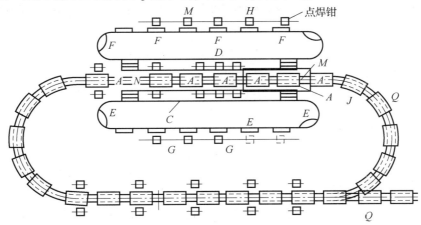

图 8-35　门框式装焊线

8.4　车身涂装工艺

8.4.1　概述

汽车车身涂装指将涂料均匀涂覆在车身覆盖件表面并干燥成膜的工艺。汽车外表面 90% 以上需要进行涂装处理，涂层外观、鲜映性、光泽、颜色是对汽车质量的直接评价，同时涂装也是提高汽车耐蚀性、延长使用寿命的主要措施之一，车身涂装已成为汽车制造最主要的工艺过程之一，能大大提高汽车车身的使用寿命和汽车的使用效果。

汽车涂装工艺生产节拍快，要求高效自动化的涂装设备，能适应高速流水线生产方式。涂装质量要求高，采用多层涂装体系，具有极好的耐候性和耐蚀性，极高的装饰性，优良的机械性能，良好的经济性；但其工艺复杂，多达几十甚至上百道工序，需要高素质的技术人员和先进的管理体系。

1. 汽车车身涂装的功能

汽车车身涂装的功能如下。

1）保护功能。耐候、耐紫外线、耐蚀、耐擦伤、抗石击，保护汽车免受损坏，延长使用寿命。

2）装饰功能。装饰产品表面，美化产品和生活环境，提高使用效果和商品价值。

3）标志功能。在汽车上涂装不同的颜色和图案区别不同用途的汽车，如救护车、消防车、军车等。

4）特殊功能。某些涂装材料具有防振、隔热、消声等特殊功能。

2. 汽车车身涂装的三要素

车身整个涂膜的质量取决于所用的涂装材料（包括前处理药液、涂料等）、涂装工艺和涂装管理。三者之间既相互关联又相互影响，通常称为涂装三要素。

1）涂装材料。在涂装过程中，涂装材料的性能对涂层质量起着重要的作用。涂装材料的质量和配套性是获得汽车车身优质涂层的基本条件。

2）涂装工艺。涂装工艺是充分发挥涂装材料性能，以获得优质涂层、降低涂装生产成本和提高经济效益的必要条件。

3）涂装管理。涂装管理是对涂层质量的保证，是确保涂装工艺实施、涂装设备正常发挥作用的必要条件。

3. 车身用涂料特点

根据汽车特殊使用条件及高效率、大批量的流水作业要求，汽车车身用涂料应满足下列要求。

1）极好的耐候性和耐蚀性。汽车车身涂装要求可以与汽车一起适应各种气候条件和道路情况，使用寿命接近车身寿命，在 10 年以上。在各种气候条件下，涂膜保持"七不"，即不失光、不变色、不起泡、不开裂、不脱落、不粉化和不锈蚀。

2）极好的施工性能和配套性。汽车车身采用多层涂装，各涂层间要求附着力好，无缺陷；能适应汽车的高速流水线生产方式，干燥迅速。

3）极高的装饰性。要求涂层色泽鲜丽且经久不变，外观丰满。色彩多样是现代汽车涂装的发展潮流。当代轿车车身多使用金属闪光涂料和含有云母珠光颜料的涂料，这样就使得汽车外观更加赏心悦目，给人以美感的享受。

4）优良的机械性能。要求涂膜坚韧耐磨，能适应汽车行驶中的振动、冲击等。

5）良好的经济性。要求价格低，供货量能够满足产量增长的要求，便于"三废"处理。

6）良好的化学稳定性。能耐汽油、柴油、机油和公路用沥青等的作用，解除后不软化变色、失光、溶解或产生斑痕。

4. 车身用涂料的组成

车身用涂料一般由主要成膜物质、辅助成膜物质和次要成膜物质三部分组成，如图8-36 所示。

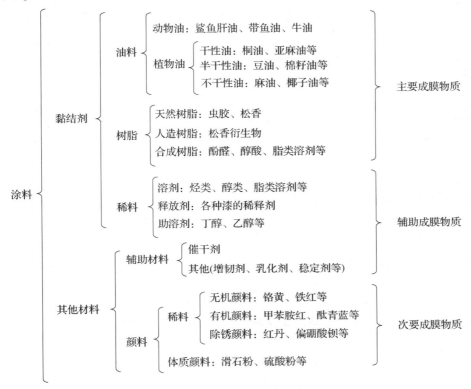

图 8-36　涂料的组成

1）主要成膜物质。它是构成涂料的基础，称为基料和漆基，分为油料和树脂两类，可单独成膜。固着剂是使涂料黏附在制件表面上成为涂膜的物质，是构成涂料的基础。以酚醛树脂或改性酚醛树脂为主要树脂的涂料称为酚醛树脂涂料；以油和一些天然树脂为主要成膜物质的涂料，称为油基涂料。

2）辅助成膜物质。它包括稀料（挥发剂）和多种辅助材料，对涂料变成涂膜的过程或对涂膜性能起一些辅助作用，不能单独成膜。

3）次要成膜物质。它是构成涂膜的组成部分，用于提高涂膜性能。与主要成膜物质不同的是，它不能离开主要成膜物质单独成膜。例如，颜料是次要成膜物质，漆膜中有了它能使涂膜性能增强和提高，使得涂料品种丰富多彩，满足更多的需要。

5. 车身用油漆涂层的分组

根据汽车零部件使用条件和对涂层质量要求的不同，将涂层分若干组，每组又分为若干等级，如表8-3 所示。

表 8-3　车身用油漆涂层分组

涂层代号	分组名称	级别	涂层名称	用途
TQ1	车身组	甲	优质装饰保护性涂层	货车驾驶室及覆盖件
		乙	一般装饰保护性涂层	
TQ2	轿车车身组	甲	高级装饰性涂层	高级轿车车身及覆盖件
		乙	优质装饰保护性涂层	中级轿车车身及覆盖件
TQ3	车箱组	甲	防腐、装饰性涂层	金属车箱
		乙	防腐、装饰性涂层	木制车箱
TQ4	车内装饰组	—	—	客车、货车内饰件

6. 车身用底漆

底漆作为整个涂层的基础，是直接涂布在经表面处理的白车身上的第一道漆，对车身防锈蚀和整个涂层经久耐用起主要作用。

（1）车身用底漆必须具备的特性

1）附着力强，除在车身表面上附着牢固外，还与面漆黏附牢固。

2）良好的防锈能力、耐蚀性和耐潮湿性。

3）较高的机械强度和适当的弹性。不脆裂脱落，不易折裂卷皮，能满足面漆品质耐久的要求。

4）与中间涂层或面漆层有良好的耐溶剂性。

5）良好的施工性。应能适应汽车涂饰工艺的流水线生产的特点。

（2）车身用底漆分类

1）车身用底漆按功能的不同分为优质防腐蚀性涂层底漆、高级装饰性填充底漆、中级装饰保护性涂层底漆和一般防锈蚀保护性涂层底漆 4 类。

2）车身用底漆按使用漆料的不同分为醇酸底漆、酚醛底漆与环氧底漆等。

3）车身用底漆按颜料中所含铝、锌、铅等金属氧化物的不同分为铁红酚醛底漆、锌黄醇酸底漆和环氧富锌底漆等。

7. 车身用中间层涂料

中间层涂料是指介于底漆层与面漆层之间的涂层所用涂料，主要功能是改善被涂工件表面和底漆层的平整度，提高整个涂层的装饰性。对于平整度较好、装饰性要求不太高的载重汽车的车身和中级客车、轿车，在流水线生产中，常不采用中间层涂料，以简化工艺。对于装饰性要求高的客车、轿车，有时采用几种中间层涂料。

中间层涂料应具有以下特性。

1）应与底漆层、面漆层配套良好，涂层的结合力强，硬度配套适中，不被面漆层的溶剂咬起。

2）应具有较强的填平性，能填平被涂表面微小波纹和消除某些细微形差缺陷。

3）打磨性好，打磨时不沾砂纸，即通过湿打磨得到平整光滑的表面，经得起高温烘干并保持良好硬度。

4）耐潮湿性好，不应引起涂层起泡。

中间层涂料用的漆基与底漆基和面漆基相仿，主要有环氧树脂、氨基醇酸树脂、聚氨酯树脂和聚酯等。

8. 车身用面漆

车身用面漆是汽车多层涂层中最后涂层用的涂料，它直接影响汽车的装饰性、耐候性、耐潮湿性和抗污性。在汽车车身生产中，轿车和高级客车对面漆质量要求非常高，具体要求如下。

1）外观装饰性。保证汽车车身质量高并且优美，涂膜外观应光滑平整、花纹清晰。光泽度、橘皮程度、影像的清晰度等都随着车型的不同而有不同的要求。

2）硬度和抗崩裂性。面漆涂膜应坚硬耐磨，具有足够的硬度，以保证涂层在汽车行驶中经受路面砂石的冲击和擦洗时不产生划痕。

3）耐候性。在温度变化幅度较大时，面漆层易开裂，尤其是在面漆层较厚、未用热塑性型面漆及刚刚涂饰完的面漆层的情况下更易开裂，所以应避免面漆层因温度变化开裂。另外，烈日暴晒、风雨霜雪的侵蚀都会使面漆失光变色，直接影响汽车的装饰性，因此，要求汽车用面漆层在热带地区长期暴晒不少于 12 个月后，只允许极轻微的失光和变色，不得有起泡、开裂和锈点现象。

4）耐潮湿性和防腐蚀性。涂过面漆的工件浸泡在 40～50 ℃的温水中，暴露在潮湿环境中，面漆应保证不起泡、不变色且不失光。面漆层的防腐蚀性的要求相对于底漆层较低，但与底漆层组合后，应能增加整个涂层的防腐蚀性。

5）耐药剂性。面漆与蓄电池酸液、机油、汽油、沥青、各种清洗剂等接触经擦洗后不变色、不失光，也不应产生斑印。

6）施工性能。在流水线生产中，面漆的涂布方法多采用自动喷涂或静电喷涂，普遍采用"湿碰湿"工艺，所选用的面漆对上述施工工艺应有良好的适应性。在装饰性要求高时，面漆层应具有优良的抛光性能。面漆也应具有较好的重涂性（即在不打磨场合下，再涂面漆，结合力良好）和修补性，以满足汽车使用中对漆面光泽度翻新的要求。

新型涂料有水性涂料、粉末涂料、溶剂置换型涂料、非水分散体涂料等，其中以水性涂料和粉末涂料最具发展前途。

1）水性涂料。水性涂料是以水作为溶剂的涂料，又称水稀释性涂料。水性涂料可以用浸、喷、淋等方法施工。电泳涂漆也包括在这类涂料中。

2）粉末涂料。粉末涂料是一种无溶剂涂料，可代替油漆，是防止公害的有效措施之一。世界各国大都认为粉末涂饰工艺是涂饰工艺的一次"革命"。

9. 车身涂装的常用工艺

（1）涂装工艺过程

按照市场上常见的工艺流程，汽车车身涂装一般有十二大工步：脱脂、表调、磷化、电泳、烘烤、密封 PVC、烘烤、中涂、烘烤、面漆、烘烤、注蜡。而稍微具体的汽车喷涂工艺流程如下：前处理→电泳→转挂→烘干→强冷→密封→底漆打磨→底漆擦净→鸵鸟毛擦净→手工喷涂内表面（中涂）→外表面自动机喷漆→晾干→烘干→强冷→钣金→中涂打磨→中涂擦净→鸵鸟毛擦净→手工喷涂内表面（色漆）→外表面自动机喷漆（色漆）→手工喷涂内表面（清漆）→外表面自动机喷漆（清漆）→晾干→烘干→强冷→修饰堵件安装→面漆修饰→交检→喷蜡→上线至总装。

（2）主流涂层结构

汽车本身的涂装工艺属于装饰性、保护性多层涂装，是汽车涂装中工序最多、涂装质量要求最高的涂装工艺。

常用的涂装工艺体系按涂层来分可分为二涂层体系（底漆+面漆）、三涂层体系（底漆+中涂+面漆或金属闪光漆/罩光清漆）、四涂层体系（底漆+中涂+面漆+罩光清漆，适用于对涂装要求更高的豪华车）。最常见的是三涂层体系，装饰性要求高的轿车车身、大客车和旅游车车身、载重汽车的驾驶室等一般采用三涂层体系。

（3）汽车车身涂饰工艺基本体系

为了达到主要的防锈和装饰的目的，需要采用特定的涂装工艺将车身涂料与经过前期表面处理的白车身紧密地结合在一起。不同用途和状况的汽车，所采用的涂装工艺也各有不同。汽车涂饰属于多层涂饰，由于各种汽车的使用条件不同，涂饰工艺也各不相同。概括起来，国内外汽车车身涂饰工艺可以分为以下 3 个基本体系。

1）涂三层烘三次体系，即底漆涂层+中间涂层+面漆涂层，3 层分别烘干。对于外观装饰性要求高的轿车车身、旅行车和大客车车身一般都采用这一涂饰体系。

2）涂三层烘两次体系。涂层同上，底漆层不烘干，涂中间涂层后一起烘干，采用"湿碰湿"工艺。对于外观装饰性要求不太高的旅行车和大客车车身及轻型载重汽车的驾驶室等一般采用这一涂饰体系。

3）涂两层烘两次体系。即底漆涂层+面漆涂层，无中间涂层，两层分别烘干。一般中型、重型载重汽车的驾驶室采用这一涂饰体系。

习　题　▶▶　▶

8-1　车身常用的覆盖件材料有哪些？

8-2　车身常用的覆盖件材料有什么要求？

8-3　车身常用的焊接方法有哪些？

8-4　电阻焊的焊接原理是什么？焊点直径与哪些因素有关？

8-5　车身装焊夹具有哪几类？各自特点是什么？

8-6　简述汽车涂装的目的及漆前表面处理的意义。

8-7　常见的车身涂装体系有几种？举例说明。

8-8　车身用面漆有哪些种类？对施工的适应性如何？

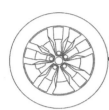

第 9 章
产品设计的结构工艺性 ≫≫≫

零件结构工艺性贯穿于零件生产和使用的全过程，包括材料选择、毛坯生产、机械加工、热处理、机器装配、机器使用、维护，甚至报废、回收和再利用等。因此，零件结构工艺性的优劣对产品的设计、制造具有至关重要的影响。零件机械加工的结构工艺性还是一项重要的技术经济指标，其研究的内涵和影响因素涉及生产批量、工艺路线、加工精度、加工方法、工艺装备等许多方面。

9.1　概　述

在汽车产品设计时，除了应满足产品使用性能要求外，还应满足制造工艺要求，即结构工艺性的要求，否则将影响产品及零部件制造时的生产率和经济性，甚至无法制造。因此，设计汽车时考虑结构工艺性要求是非常重要的。

结构工艺性是指所设计的零件在满足使用要求的前提下，制造、维修的可行性和经济性。所设计零件满足在一定的生产条件和保证使用性能的前提下，能以高的生产率和低的成本制造出来，这样的零件的结构工艺性就好。

设计的工艺性是一个广义的概念，包括毛坯制造、热处理、机械加工、装配和修理的结构工艺性等。

设计的工艺性还具有相对性，随着生产类型和生产条件的不同，以及科学技术水平的发展而变化，如图 9-1 和图 9-2 所示。

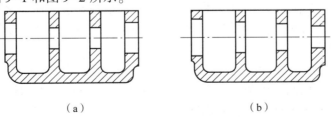

（a）　　　　　　　　　　　　　（b）

图 9-1　同轴线多孔的不同结构

（a）用双面专用镗床加工时好；（b）各孔同轴度要求高时好

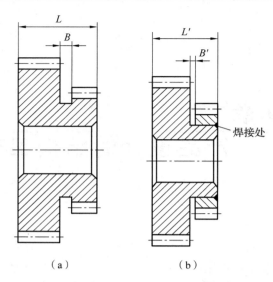

图 9-2　双联齿轮的两种结构

（a）原来采用插齿的较好方案；（b）电子束焊接技术出现后的较好方案

9.2　零件的切削工艺性

评价零件机械加工的结构工艺性优劣的条件很多，对具体的零件结构而言主要有加工精度和表面质量、标准化、加工效率等。在零件设计之初，设计人员要充分重视结构的优化，在满足零件使用要求的前提下，零件的结构设计应做到：有利于零件达到加工质量的要求；有利于使用高效机床和先进加工工艺相适应；有利于减少零件的机动工时；有利于减少加工过程中的辅助工时；有利于使用标准刀具和量具。

结构工艺性与零件的生产类型和生产条件相关，同时随机械制造技术的发展而变化。零件的结构工艺性可以分为零件的切削工艺性和装配工艺性两个方面。本节介绍零件的切削工艺性。

评价零件的切削工艺性，可以从以下几个方面进行。

9.2.1　提高零件的标准化程度

标准化是组织现代化生产的重要手段之一。零件结构要素的标准化程度高，既可以简化零件的设计工作，又可以减少零件生产准备工作量，使零件的生产准备周期大大缩短，降低零件的生产成本。

零件结构要素的标准化主要包括如螺纹、中心孔、空刀槽、砂轮越程槽、锥度与锥角、莫氏锥度、零件倒圆与倒角、球面半径、T形槽、锯缝尺寸等的标准化，这些结构设计和尺寸标注应符合国家标准和行业标准。

9.2.2　方便零件加工和检测

1. 结构设计方便零件加工

结构设计应方便零件加工，如表 9-1 所示。

表 9-1 结构设计应方便零件加工

要点与说明	不合理的结构（A）	改进后的结构（B）
钻孔的入端和出端应避免斜面。在斜面上钻孔时，钻头存在水平分力，钻头易引偏甚至折断，钻孔精度不高，影响生产率		
应避免深孔加工，尽量减少孔的加工长度		
被加工的轴线应避免倾斜。B 结构可简化夹具结构，几个平行孔便于同时加工		
被加工孔的位置不能距壁太近。B 结构可采用标准刀、辅具，提高加工精度		$s > \dfrac{D}{2}$
车削内表面时，为了简化刀具结构，方便刀具进、退，应将内部不需要加工的尺寸设计大一些		
应尽量避免箱体内壁的平面加工。因箱体内壁加工时刀具不便进入。B 结构在箱体侧壁有一较大的孔，便于刀具进入加工，即 $\phi D > \phi A$		
大直径锥孔加工困难，应避免大直径锥孔的加工		

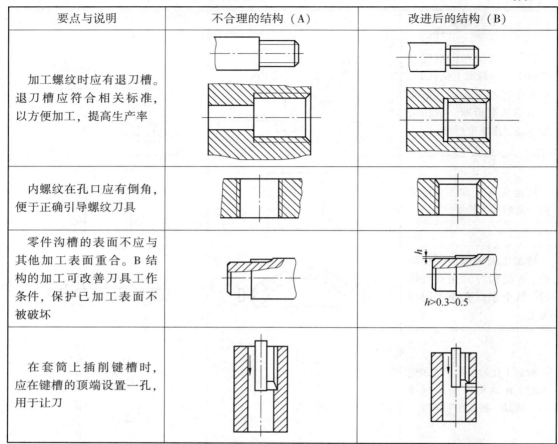

要点与说明	不合理的结构（A）	改进后的结构（B）
加工螺纹时应有退刀槽。退刀槽应符合相关标准，以方便加工，提高生产率		
内螺纹在孔口应有倒角，便于正确引导螺纹刀具		
零件沟槽的表面不应与其他加工表面重合。B 结构的加工可改善刀具工作条件，保护已加工表面不被破坏		$h>0.3\sim0.5$
在套筒上插削键槽时，应在键槽的顶端设置一孔，用于让刀		

2. 结构设计方便零件检测

结构设计应方便零件检测，如表9-2所示。

表9-2　结构设计应方便零件检测

要点与说明	不合理的结构（A）	改进后的结构（B）
零件的尺寸标注应便于加工和测量。A 结构中的100±0.1 不便于加工和测量	100±0.1　140	40±0.05　140±0.05
B 结构便于锥度的加工和检测		

要点与说明	不合理的结构（A）	改进后的结构（B）
被测尺寸应避免多次换算的情况，以便于检测		
应多用实际的表面作为测量基准，不要或尽量少用隐蔽基准（即续基准）作为测量基准（如 A 结构中的 L_4）		
对弯曲或拉伸件，应从实际表面或轮廓素线标注尺寸，不要从零件轴线标注		

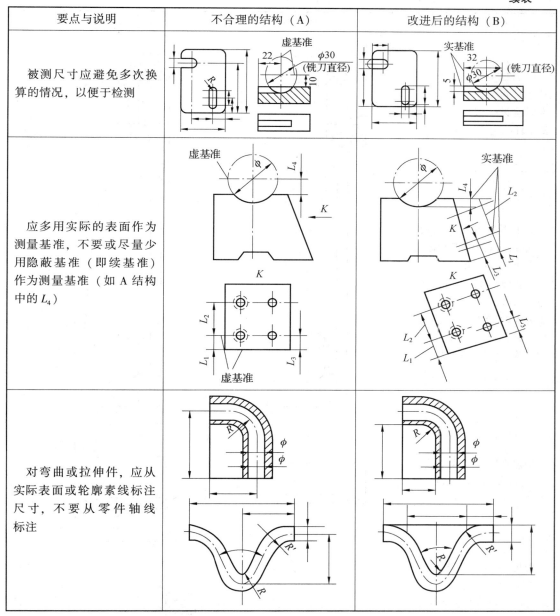

9.2.3　方便零件在夹具中的安装、定位、夹紧

结构设计应方便零件在夹具中的安装、定位与夹紧，如表 9-3 所示。

表 9-3　结构设计应方便零件在夹具中的安装、定位、加紧

要点与说明	不合理的结构（A）	改进后的结构（B）
以圆柱面定位，夹紧容易并且可靠。B 结构在圆锥面前设一段圆柱面，方便工件的定位夹紧		
加工面应有支撑面较大的基准，以便加工时定位、测量和夹紧。B 结构设置了工艺凸台 A，下方的大平面既可使定位可靠，又可作为电气箱箱盖面，加工后工艺凸台 A 若不要或影响美观，可将其去掉		
增加夹紧边缘或工艺孔，使工件加工时能可靠地夹紧		
锥度心轴的外锥面需在车床和磨床上加工，应在心轴大端设计安装卡箍，以便在车床或磨床上定位		
电动机端盖上的许多表面要在一次安装中完成加工，应在端盖弧面 A 上设置 3 个均布的工艺凸台 B，以便工件的装夹		

续表

要点与说明	不合理的结构（A）	改进后的结构（B）
工件定位表面应有足够的面积，使定位、夹紧稳定可靠	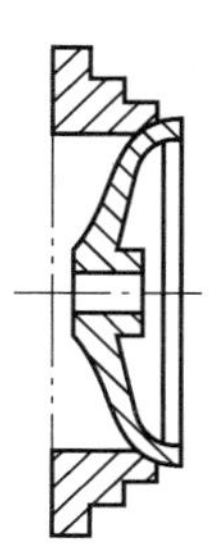	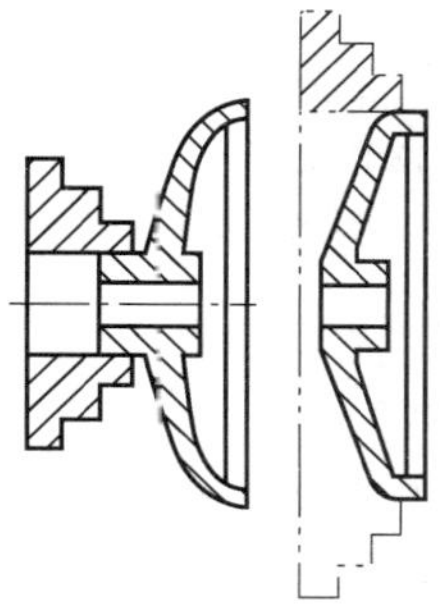
应使工件有可靠的主要定位基准面。B 结构的 *a*、*b*、*c* 处于同一平面上	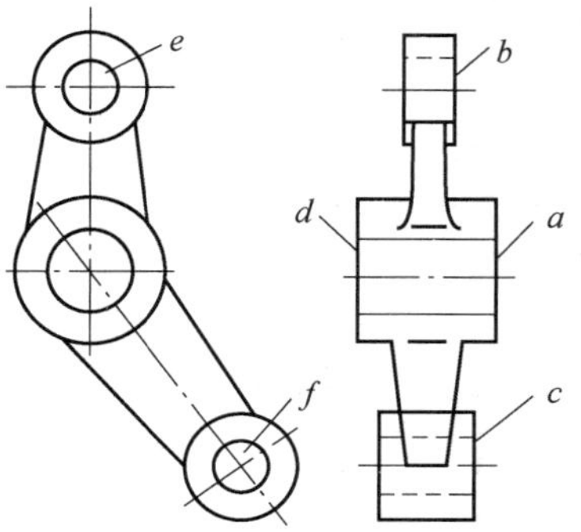	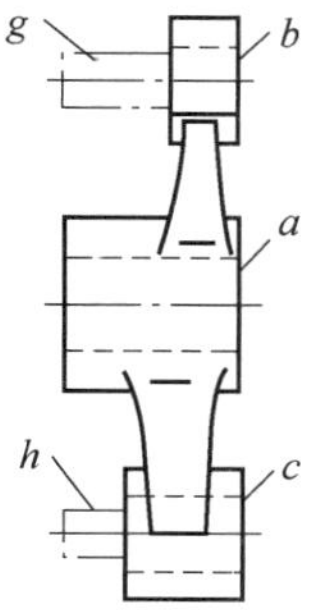

9.2.4　提高生产效率、保证产品质量

1. 尽量减少零件的装夹和机床的调整次数

结构设计应尽量减少零件的装夹和机床的调整次数，如表 9-4 所示。

表 9-4　结构设计应尽量减少零件的装夹和机床的调整次数

要点与说明	不合理的结构（A）	改进后的结构（B）
对于同一零件上的同一结构要素，为了减少刀具的种类，减少换刀等辅助时间，应尽量使其一致	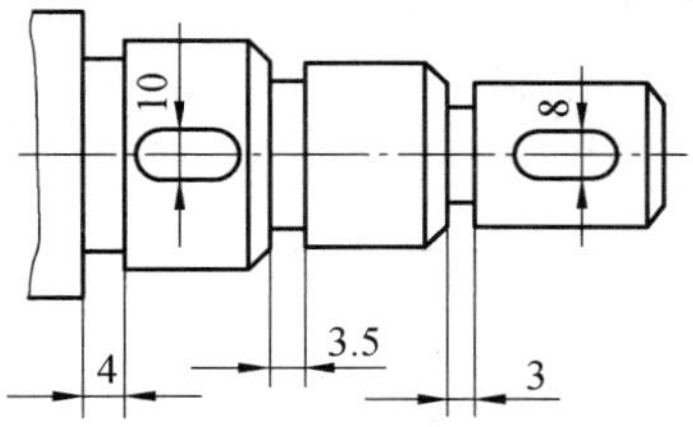	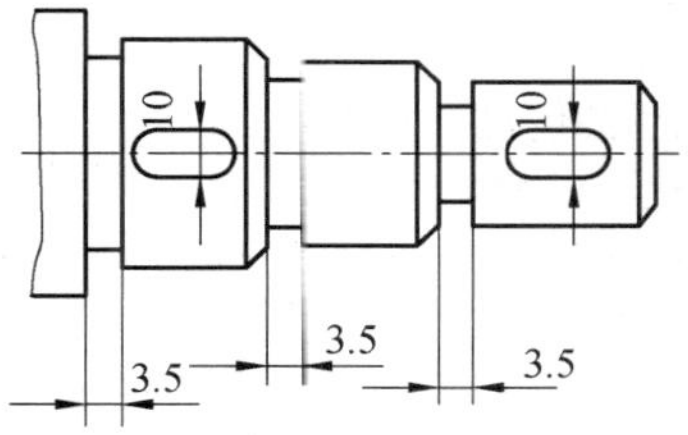
为了减少换刀和装夹次数，应尽可能使同一轴上的键槽宽度一致，且在同一侧。但当键槽较多时，应交错排列，以免降低轴的强度	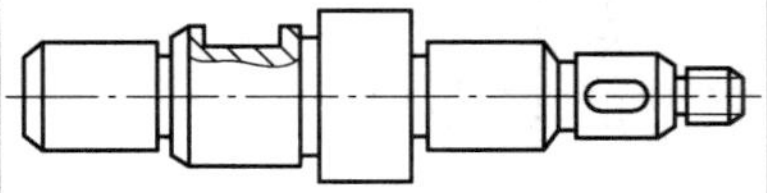	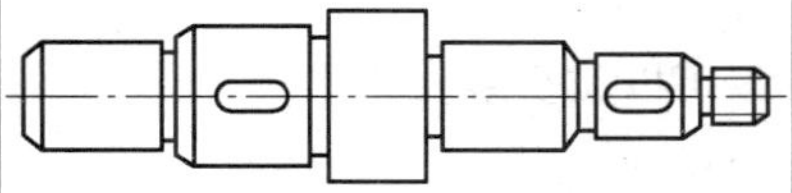

汽车制造工艺学

要点与说明	不合理的结构（A）	改进后的结构（B）
倾斜加工表面和斜孔会增加工件的装夹次数。B结构加工时只需装夹一次		
零件上两处螺纹的螺距值应尽可能一致。A结构的两处螺纹的螺距不一致，加工时需要调整两次机床	M48×1.5　M64×2	M48×2　M64×2
A结构需从两端进行加工，B结构则可从一端一次完成加工		
A结构需两次装夹进行磨削，B结构只需一次装夹即可完成磨削		
零件在同一方向的加工面，高度尺寸相差不大时，应尽可能使其等高，以减少机床的调整次数	230±0.06　240±0.06	240±0.06
应尽可能在一次装夹中完成内外圆柱面的加工，既可以减少装夹次数，又可以提高内外圆柱面的同轴度	A　B　C	A　B

续表

要点与说明	不合理的结构（A）	改进后的结构（B）
B 结构改为通孔后，既可以减少安装次数，又可以提高孔的同轴度。如需淬火，还可以改善热处理工艺性	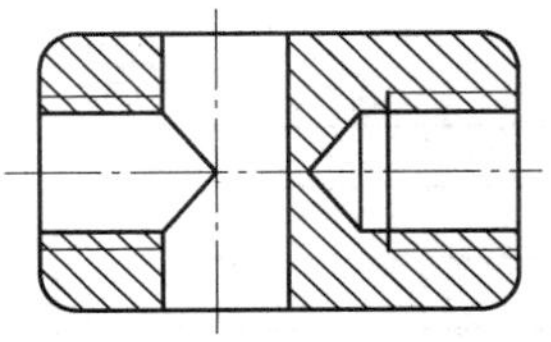	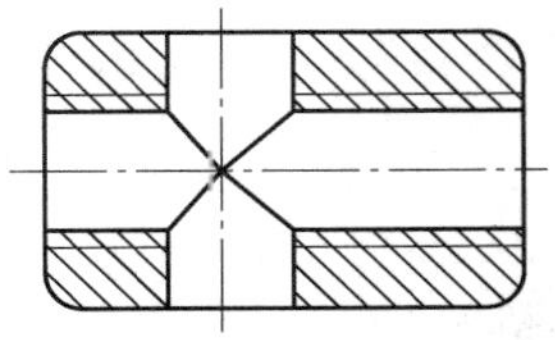
合理采用组合件或组合表面，可大大降低零件的加工难度，提高零件的加工精度	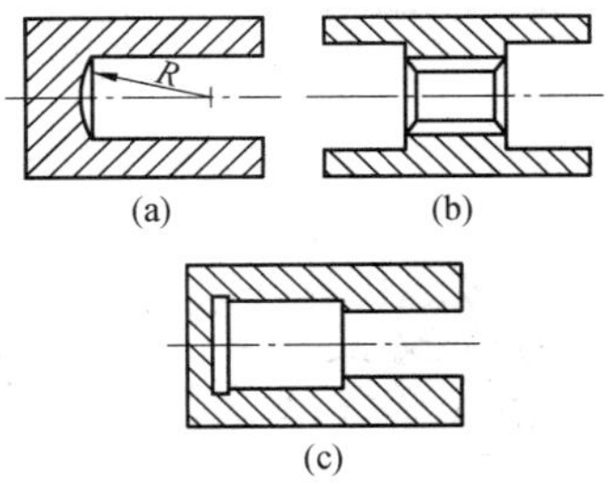R (a) (b) (c)	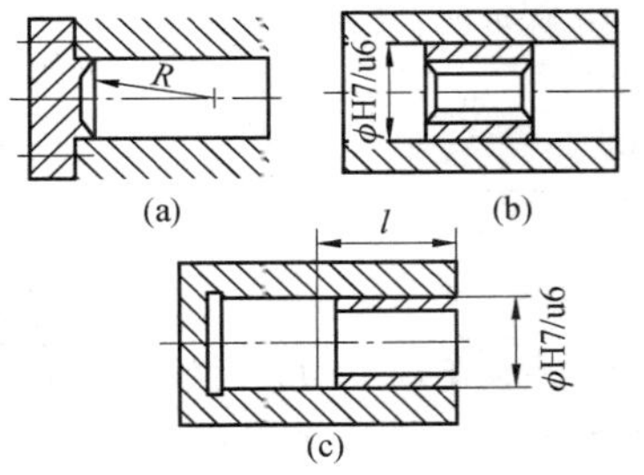R φH7/u6 (a) (b) l φH7/u6 (c)
箱体上的螺纹孔种类应尽量少，以减少钻头和丝锥的种类	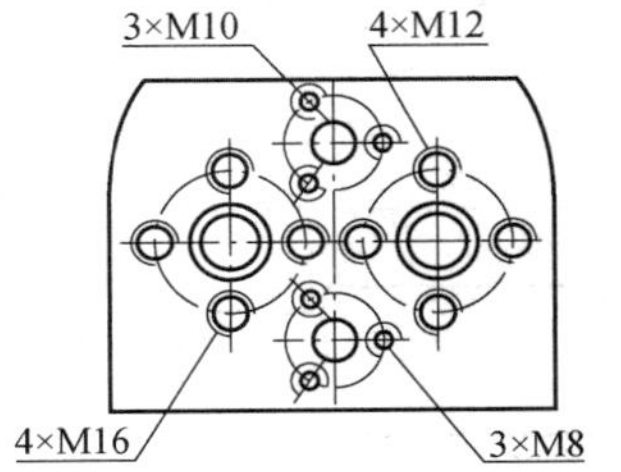3×M10 4×M12 4×M16 3×M8	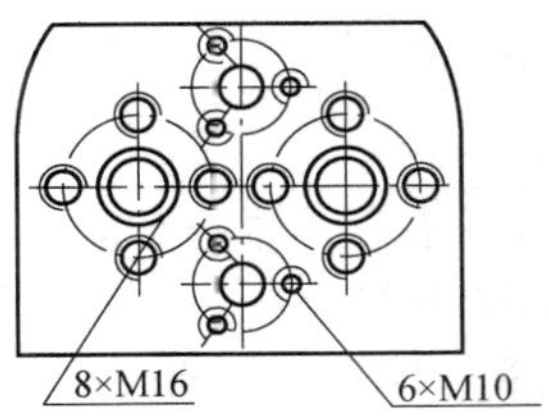8×M16 6×M10

2. 尽量减少零件的加工面积

结构设计应尽量减少零件的加工面积，如表 9-5 所示

表 9-5　结构设计应尽量减少零件的加工面积

要点与说明	不合理的结构（A）	改进后的结构（B）
部分支撑面设计成台阶面后，既减少了加工面积，也提高了底面的接触刚度和定位的准确性	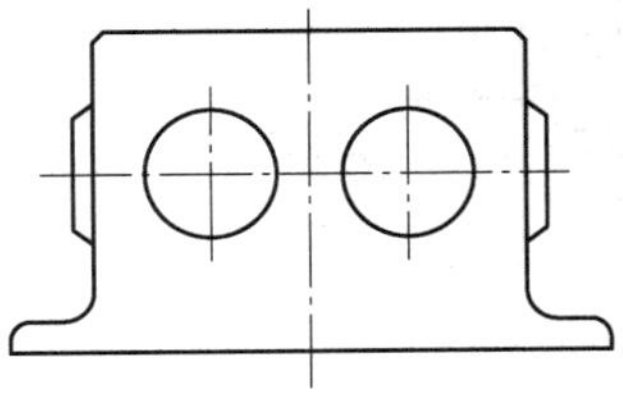	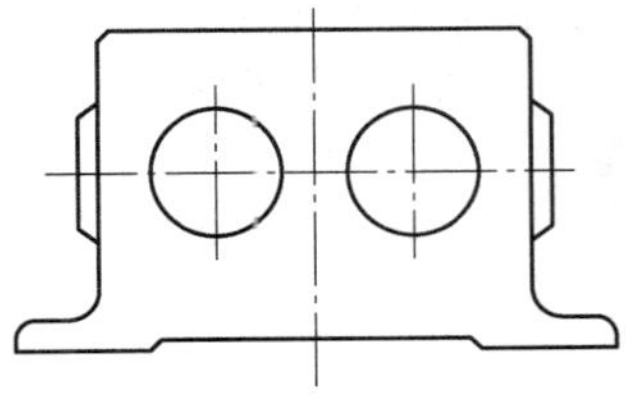
接触面改为环形面后，可大大减少切削加工面积	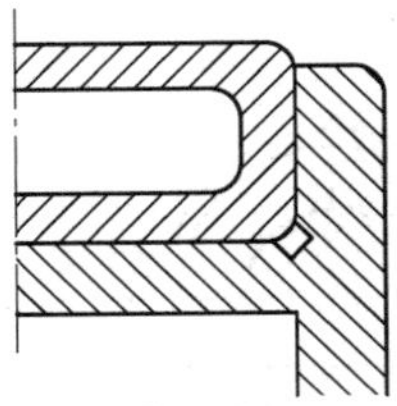	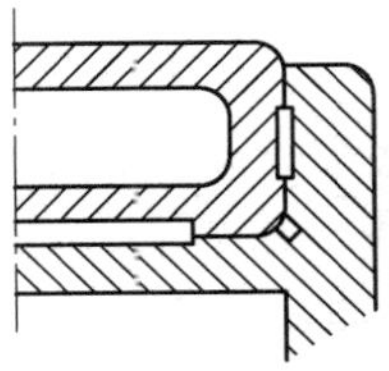
对于箱体类零件的接合面，应尽量减少其磨削和刮削的面积	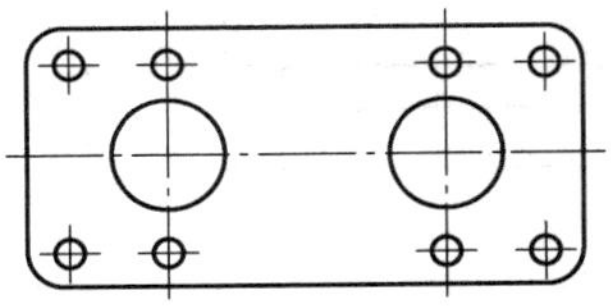	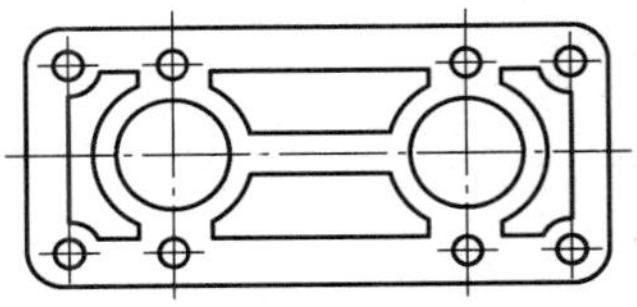

续表

要点与说明	不合理的结构（A）	改进后的结构（B）
长径比较大、有配合要求的孔，不应在整个长度上都精加工。B 结构更有利于保证配合精度		
减少切削加工的表面数。B 结构可在一次装夹中加工出来		
若轴上仅一小部分长度的轴径有严格的公差要求，应将零件设计成阶梯轴，以减少磨削工时		
齿轮常常多件加工。B 结构可减少刀具的空行程时间，同时提高了工件的刚性，可采用大的切削用量		
A 结构中安放螺母的平面必须逐个加工。B 结构可将毛坯排列成行，多件连续加工		

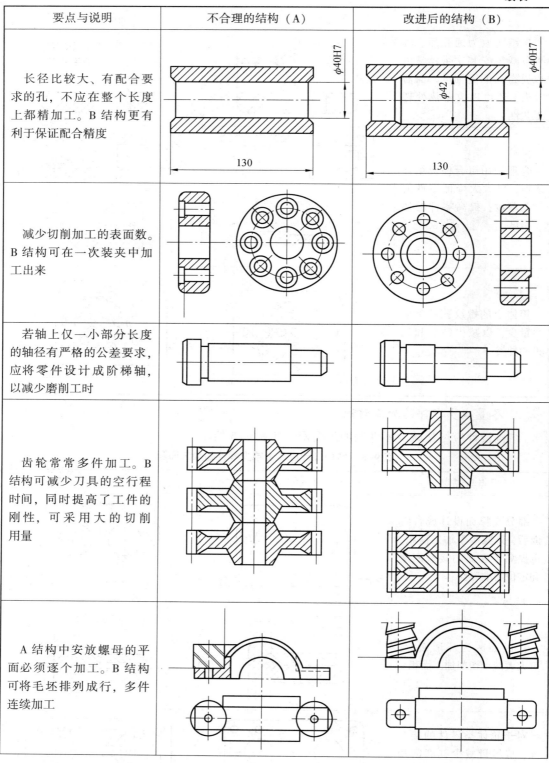

续表

要点与说明	不合理的结构（A）	改进后的结构（B）
被加工面应敞开。B 结构有利于加工，并提高加工精度和生产率		
被加工面应位于同一水平面上。B 结构有利于加工，生产率较高，可多件加工，简化检验工作		
应尽量避免斜面的加工，以保证一次装夹后同时加工出各平面		
A 结构工件底部为圆弧形，只能单件垂直进给加工。B 结构底部为平面，可多件同时加工		
应避免不通的花键孔和键槽孔。因花键孔常采用拉削加工的高生产率工艺		

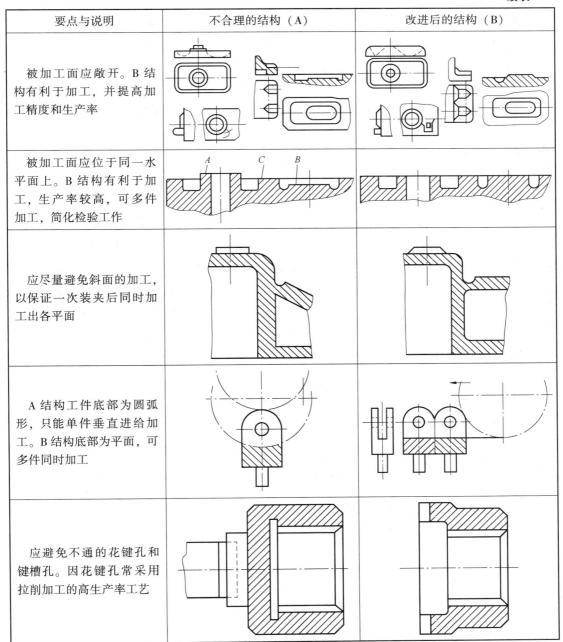

9.3　零件的装配工艺性

机器都是由许多零部件装配而成的。零件的装配工艺性，是指所设计的零部件在满足产品使用性能要求的情况下，其装配连接的可行性和经济性，或者说机器装配的难易程度。

零件的装配工艺性直接影响装配工作的效率和质量，其主要取决于零件的结构设计。

所以，在设计零件时，就应充分考虑零件的装配工艺性，使零件不仅方便机械加工，而且便于装配，容易保证装配精度，使装配所消耗的劳动量少、装配周期短、成本低等。

对于某个产品，其零件的装配工艺性主要从以下几个方面进行考虑。

9.3.1 能方便分解成独立装配的装配单元

汽车是由许多零件组成的，零件是汽车的最小单元。为了有效地组织装配工作，在汽车的生产过程中，常常将汽车划分为若干个独立的装配单位，以便组织平行的流水线装配，缩短装配周期。因此，产品能否合理地划分为若干独立的装配单元是评价其零件的装配工艺性最重要的指标之一。

一般可以将产品的装配单元划分为五级，即零件、合件、组件、部件和产品。我们将能进行独立装配的部分叫作装配单元。任何产品都是由若干个装配单元组成的，如汽车可以分为前后桥、发动机、变速箱、车身等部件，每个部件作为一个独立的装配单元。部件由许多组件组成，而每个组件也是独立的装配单元，它又由若干合件组成。合件是由两个或两个以上的零件结合成的不可拆卸的整体件，它也是独立的装配单元。这样，装配时就非常便于组织生产、管理，有利于企业之间的协作和产品的配套，有利于组织专业化生产，这种生产方式在汽车的大批大量生产中被广泛采用。图9-3为表示零件、合件、组件、部件和产品之间关系的装配单元系统图。

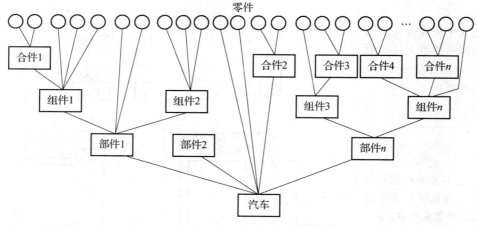

图9-3 装配单元系统图

9.3.2 有正确的装配基准

零件在装配单元上的正确位置，是由零件装配基准间的配合来实现的。为了使零件能正确地定位，结构设计应有正确合理的装配基准，如表9-6所示。零件在装配时同样应符合6点定位原则，不许出现过定位或欠定位现象。

表 9-6　结构设计应有正确合理的装配基准

要点与说明	不合理的结构（A）	改进后的结构（B）
两个有同轴度要求的零件连接时，应有正确合理的装配基准。B 结构通过止口定位，简便合理		
不能用螺纹连接作为装配基准。A 结构螺纹连接不能保证装配后的同轴度。B 结构用圆柱面作为装配基准面，加工方便，也减少了选配和调整的工作量	靠螺纹定位	装配基准面
A 结构中两锥齿轮轴 1 和 2 与箱体间有游隙，两齿轮不能正确啮合。B 结构设置了正确的装配基准	游隙　1　2	1　2
互有位置要求的零件应尽量采用同一定位基准。A 结构齿轮 1 和 2 不能保证全齿都啮合，B 结构齿轮轴用两卡环定位，使两根轴由同一箱体壁定位，可保证齿轮有正确的啮合位置	轴向定位设在另一箱壁上 1　2	1　2

9.3.3 便于装配

要使装配工作能顺利进行，首先应将零件顺利地装成合件、部件，然后装配成产品，最后进行调整、检验和试车，即结构设计应便于装配，如表 9-7 所示。

表 9-7　结构设计应便于装配

要点与说明	不合理的结构（A）	改进后的结构（B）
有配合要求的零件端部应有倒角，以便于装配		
装配时形成密封腔处应有排气通道，使装配能顺利进行		（a）　　　（b）
与轴承孔配合的轴径不要太长，以免装配困难。B 结构轴承右侧的轴径减小，既方便了装配，也降低了轴的加工成本		
相互配合的零件在同一方向上的接触面只能有一对，即零件装配时应有明确的定位		
两个及两个以上表面配合时应避免同时入孔装配。A 结构两段外圆表面同时与壳体两孔配合，不易同时对准，装入较困难。B 结构使两段外圆表面先后装入，同时右圆柱外径略小于左圆柱外径，轴端倒角 $15° \sim 30°$，装配顺利	装配基面	装配基面
避免箱体内装配。A 结构齿轮直径大于箱体支承孔径，齿轮需在箱体内装配，然后再装轴承，很不方便。B 结构左支撑孔径大于齿轮外径，轴上零件可在组装后一次装入箱体	$D_1 < D_2$	$D_1 > D_2$

要点与说明	不合理的结构（A）	改进后的结构（B）
紧固件应尽量布置在易于拆装的位置		
尽可能组成独立的部件或装配单元。B 结构将传动齿轮组成为单独的齿轮箱，便于分别装配，既提高装配效率，也便于维修		
轴与轴套相互配合部分较常长时应在轴或轴套上设有空刀槽		
应有足够放置螺钉的高度空间和扳手活动空间		
在大底座上安装机体时，应使螺栓连接能方便地装配。A 结构使螺栓很难进入装配位置。B 结构用双头螺柱或螺钉直接拧入底座，装配便利		（a）　　　　（b）

9.3.4　方便易损零件的拆除和维修

产品在设计时，既要考虑零件便于装配，又要考虑组件、合件的拆卸，特别是易损件的拆除和维修，如表 9-8 所示。当发现有问题时，如零件精度不够、运动副运转不良、配合零件的配合性质不好等，就需要拆卸、修配或重新更换零件。

表 9-8　结构设计应方便易损零件的拆除和维修

要点与说明	不合理的结构（A）	改进后的就结构（B）
A 结构中轴承座台肩内径等于轴承外径，轴承内圈外径等于轴颈轴肩直径，轴承内、外圈均无法拆卸。B 结构中轴承座台肩内径大于轴承外圈内径，轴颈轴肩直径小于轴承内圈外径；或在轴承座台肩处设 2～4 个缺口，便于轴承内外圈拆卸		（a）　　（b）
轴承端盖与箱体支承孔有配合要求，在拆卸端盖时，为便于拆卸，在端盖上应设计出 2～4 个螺孔，拆卸时拧入螺钉即可将端盖顶出		顶钉孔
为了便于拆卸过盈配合的连接件，应配置拆卸螺钉或采用具有拆卸功能的锥销	连接件	

9.3.5　减少装配时的修配和机械加工工作量

装配时，对零件进行手工修配费工费力，还会增加装配车间的加工设备投入，容易引起装配工序的混乱。同时，零件修配过多，加上操作者技术参差不齐，使装配质量不能统一，从而影响装配质量。一般情况下，只有合件和组件的装配精度要求很小时，才采用修配法保证装配精度。

结构设计应减少装配时的修配和机械加工工作量，如表 9-9 所示。

表 9-9　结构设计应减少装配时的修配和机械加工工作量

要点与说明	不合理的结构（A）	改进后的结构（B）
A 结构轴套装上后需要钻孔、攻螺纹。B 结构避免了装配时的切削加工	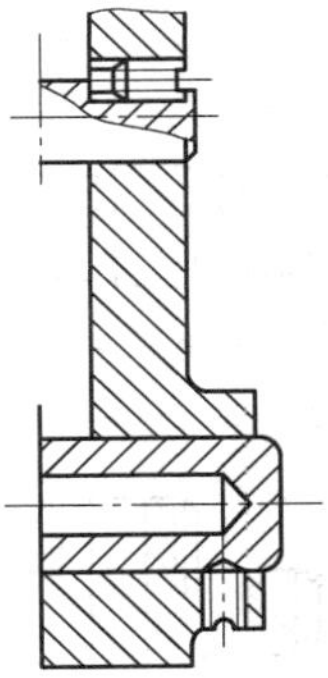	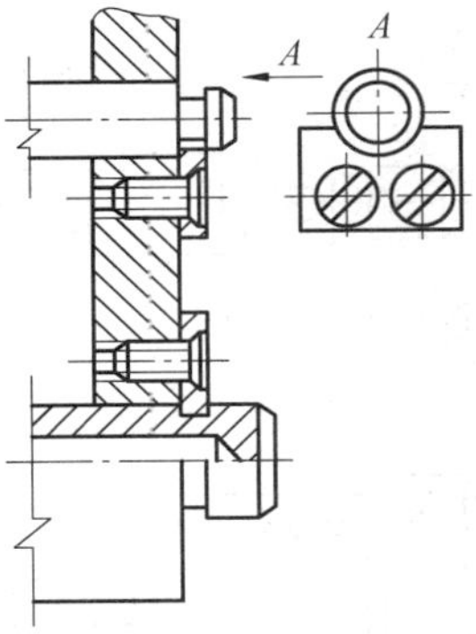
A 结构中后压板与导轨之间的间隙用修配法保证。B 结构中可用调整法，装配效率高	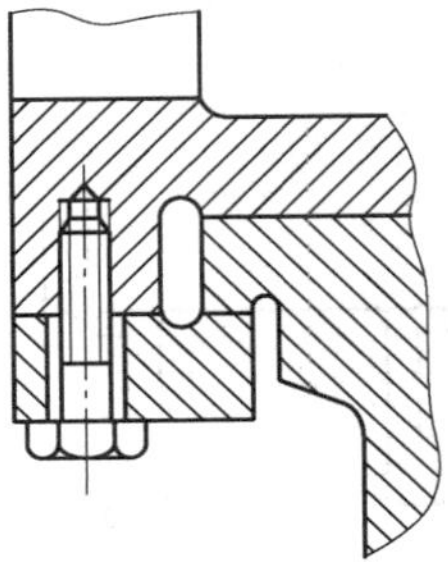	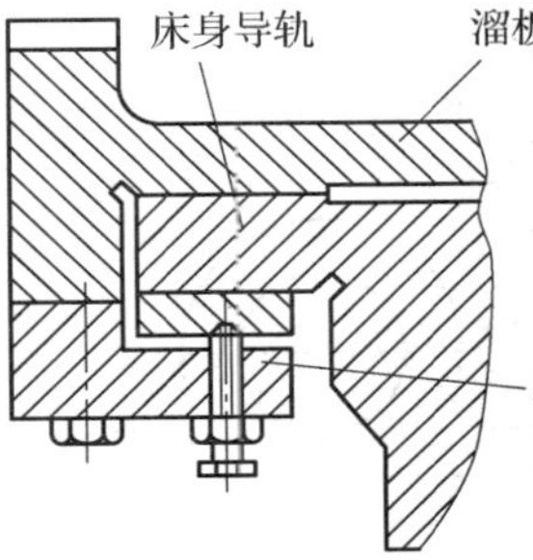 床身导轨　溜板 后压板
A 结构需在活塞上配钻销孔。B 结构用螺纹连接，装配时省去了机械加工，装配效率高	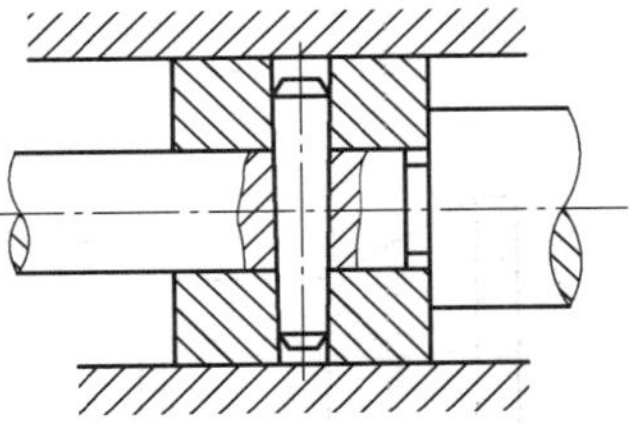	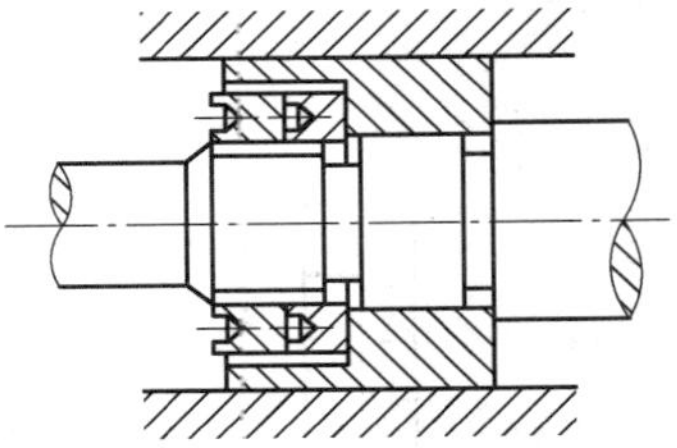
A 结构中间齿轮 1 与花键轴 3 用两个锁紧螺钉 2 固定，装配时需在花键轴上配钻锁紧螺钉孔。B 结构用对开环 4 进行轴向定位，避免了机械加工	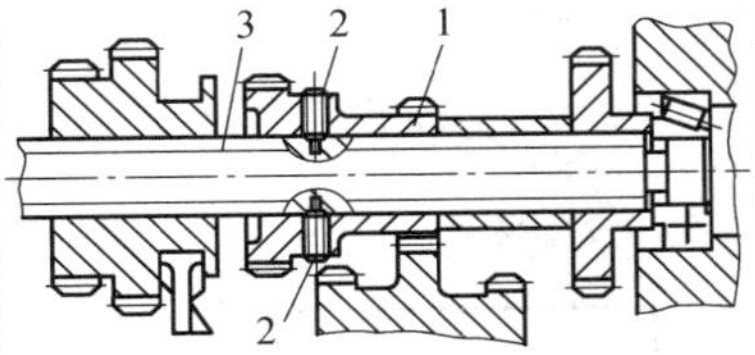 3 2 1 ... 2	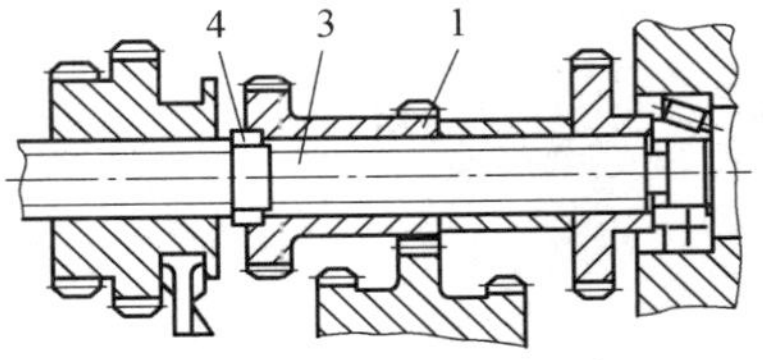 4 3 1

9.3.6　正确选择装配方法

　　为保证产品的质量，应根据产品的技术要求、结构特点、生产类型和生产条件等，采用不同的装配方法。生产中常用的方法有：互换装配法、选择装配法、修配装配法和调整装配法等，具体内容参见第 7 章相关内容。

 习　题 ▶▶　▶

　　9-1　从切削加工的结构工艺性考虑，试改进图 9-4 所示零件的结构。

9-2 评价零件切削工艺性可以从哪些方面进行?

9-3 产品结构的装配工艺性可以从哪些方面考虑?

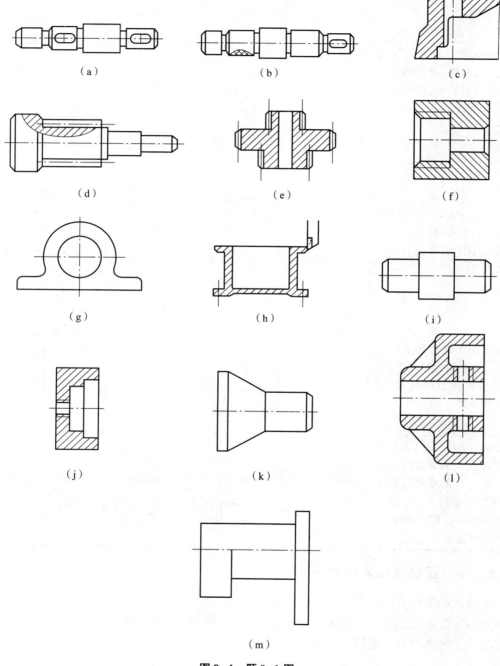

图 9-4 题 9-1 图

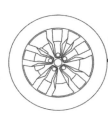

第 10 章
汽车典型零件的制造工艺

本章以汽车中常见的典型零件——齿轮、连杆和箱体为例，综合运用前面各章所学知识，从分析零件结构特点和审查零件结构工艺性入手，根据零件技术要求和材料，阐述毛坯选择、定位基准、典型表面的加工以及零件的机械加工工艺过程，并列举了国内生产厂家具有代表性的典型工艺。

10.1　齿轮制造工艺

10.1.1　齿轮的结构特点

齿轮在汽车传动中应用很广，现对汽车齿轮制造加以简单介绍。

1. 汽车齿轮分类

汽车常用齿轮大体分为单联齿轮、多联齿轮、盘形齿轮、齿圈和轴齿轮几类，如图 10-1 所示。

2. 齿轮加工的技术要求

1）齿轮精度和齿面粗糙度。货车及越野车变速器、分动箱、取力器等的齿轮精度为 7~9 级，表面粗糙度为 Ra 3.2 μm；轿车、微型车的齿轮精度为 6~8 级，表面粗糙度为 Ra 1.6 μm。

2）齿轮孔或轴径尺寸公差和表面粗糙度。6 级精度的齿轮孔精度为 IT6，轴径精度为 IT5；7 级精度的齿轮孔精度为 IT7，轴径精度为 IT6。二者表面粗糙度均为 Ra 0.8 ~ 0.4 μm。

3）轴向圆跳动。6~7 级精度的齿轮，轴向圆跳动量规定为 0.01~0.02 mm，基准端面的表面粗糙度为 Ra 0.01~0.02 μm，基准面的表面粗糙度为 Ra 0.40~0.80 μm，次要表面的表面粗糙度为 Ra 6.3~25 μm。

4）齿轮外圆尺寸公差。不加工面精度为 IT11，基准面精度为 IT8。

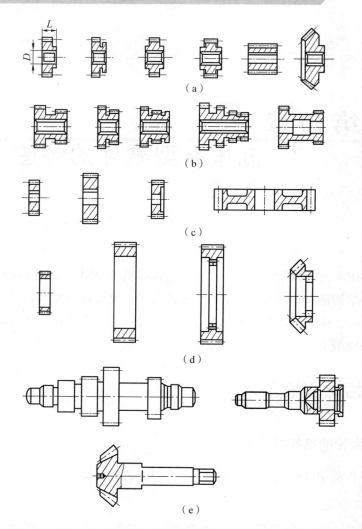

图 10-1　汽车常用齿轮

（a）单联齿轮；（b）多联齿轮；（c）盘形齿轮；（d）齿圈；（e）齿轮轴

10.1.2　齿轮材料和毛坯

1. 材料选择

汽车传动齿轮的齿面硬度要求较高，心部要求有良好韧度。汽车变速器第一速及倒车齿轮锻件如图 10-2 所示。

传力齿轮常用材料有 20GrMnTi、20GrNiMo、20MnVB、40Gr、40MnB 和 45 钢等。

非传力齿轮可用非淬火钢、铸铁、夹布胶木、尼龙和工程塑料等制造。

2. 毛坯选择

汽车齿轮毛坯一般采用模锻件。模锻后，内部纤维对称于轴线，可提高材料强度，如图 10-3 所示。

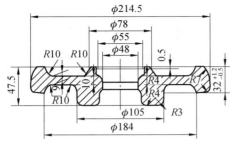

图 10-2　汽车变速器第一速及倒车齿轮锻件

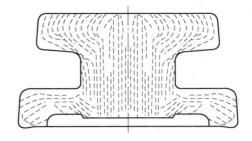

图 10-3　模锻齿轮坯料纤维分布

采用精锻等工艺制造齿坯，可实现少、无切削加工。

3. 齿轮热处理

齿轮毛坯在加工前常采用正火或等温退火方式，以消除内应力并改善切削加工性能。

齿轮齿面热处理：对中碳钢或中碳合金钢则采用高频淬火和低温回火方式，齿面淬火硬度不低于 53 HRC；对低碳合金渗碳钢采用渗碳淬火热处理方式，齿面渗碳淬火硬度为 58 ~ 63 HRC，心部淬火硬度为 32 ~ 48 HRC；当齿轮模数大于 5 mm 时，要求渗碳深度为 0.8 ~ 1.3 mm。

10.1.3　齿轮机械加工工艺

1. 基准的选择

（1）加工带孔齿轮的齿面（长径比 $L/D>1$）

对于长径比 $L/D>1$ 的单联或多联齿轮，加工时以孔作为主要定位基准。为了消除孔和心轴间的间隙影响，精车齿坯时，常采用过盈心轴或小锥度心轴，如图 10-4 所示。

预加工齿面时，可采用能够自动定心的可胀心轴或可分组的小间隙心轴装夹。

（2）加工齿圈或盘形齿轮（长径比 $L/D<1$）

加工长径比 $L/D<1$ 的齿圈或盘形齿轮时，如图 10-5 所示，先以端面为主要定位基准加工内孔和端面，并在一次装夹中完成，以保证其垂直度，再以加工后的内孔和端面作为组合定位基准加工外圆和另一端面。加工齿面时，应以内孔及端面定位。

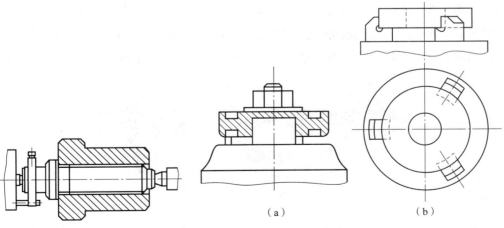

（a）　　　　　　　　（b）

图 10-4　用过盈心轴精车齿坯　　　图 10-5　加工齿圈或盘形齿轮（$L/D<1$）的定位基准
　　　　（以孔作为主要定位基准）

（3）加工轴齿轮或齿轮轴

当加工轴的外圆表面、外螺纹、圆柱齿轮齿面和花键时，选择轴两端的中心孔作为定位基准，把工件安装在机床的前、后（或上、下）两顶尖之间进行加工。如以工件两端中心孔定位不方便或安装刚度不足，则常用磨削过的两轴颈定位，要求装夹在精密的弹性夹头中进行加工。

2. 齿轮主要表面的加工

汽车齿轮属于大批大量生产，其加工应该粗、精分开。工艺路线安排为：齿坯加工→齿形加工→齿面热处理→热处理后的精加工。

（1）齿坯加工

齿坯加工工艺主要是指确定内孔、外圆、端面等表面的加工方法及其加工顺序。

在大批大量生产中，加工中等尺寸的盘形齿轮齿坯时，常采用车（或钻）→拉→多刀车削的加工方案。

（2）齿形加工

1）对于8级精度以下的软齿面传动齿轮（调质后直接加工使用），通常采用插齿或滚齿方法就能满足使用要求。对于硬齿面传动齿轮，则采用滚（或插）齿→剃齿或冷挤→齿端加工→淬火或表面渗碳+淬火→校正孔的加工方案。

2）对于6~7级精度的硬齿面传力齿轮的加工，可采用滚（或插）齿→齿端加工→淬火或表面渗碳+淬火→校正基准→磨齿（蜗杆砂轮磨齿）的加工方案，也可采用滚（或插）齿→剃齿或冷挤→表面热处理→校正基准→内啮合珩齿的加工方案。

3）对于5级精度以上的高精度齿轮，一般采用粗滚齿→精滚齿→表面热处理→校正基准→粗磨齿→精磨齿的加工方案，大批量生产中亦可采用滚齿→粗磨齿→精磨齿→表面热处理→校正基准→珩齿的加工方案。

（3）渐开线齿廓的加工

对于渐开线齿廓，可利用滚齿或插齿刀具与被切齿轮坯的啮合运动切出齿形。

对于多联齿轮，当两齿轮间距足够大时，采用在滚齿机上滚切加工的方式，如图10-6所示；当两齿轮间距较小或为内齿时，采用在插齿机上插削加工的方式，如图10-7所示。

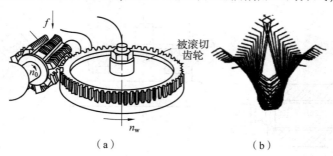

（a）　　　　　　　　　　　（b）

图10-6　齿轮滚刀滚切圆柱齿轮示意

（a）齿轮滚刀滚切齿轮及其运动；（b）若干包络线形成的渐开线齿廓

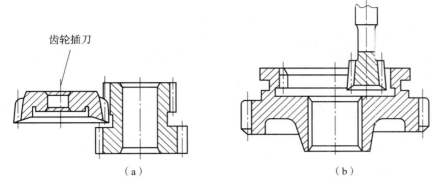

图 10-7　插削小间距齿轮和内齿轮

（a）插削小间距齿轮；（b）插削内齿轮

对于齿端加工，其内容有倒圆、倒尖、倒棱和去毛刺等，目的是使齿轮沿轴向移动时容易进入啮合状态，一般在齿轮倒角机上进行加工。图 10-8 为齿端形状及加工内容。

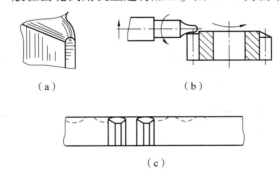

图 10-8　齿端形状及加工内容

（a）倒尖；（b）倒棱；（c）倒圆

（4）热处理后的精加工

齿轮齿面主要采用中频或高频感应加热局部淬火后再低温回火的方式，且通常在轮齿粗加工之后、精磨之前进行。

因齿轮热处理会产生变形，故在精磨前须对定位基准和装配基准（内孔、基准端面、轴齿轮的中心孔、轴颈等）进行修整。

弧齿锥齿轮齿面的最后加工，先用主、从动锥齿轮在研齿机上成对地进行对研，然后打上记号，装配时进行成对装配。目前，弧齿锥齿轮齿面热处理后的精加工已开始使用数控磨齿机进行。

3. 典型汽车齿轮的机械加工工艺过程

（1）汽车变速器第一速及倒车齿轮的加工工艺过程

汽车变速器第一速及倒车齿轮零件结构如图 10-9 所示，其加工工艺过程如表 10-1 所示。

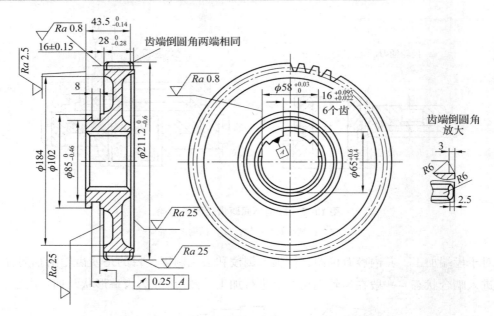

图 10-9　汽车变速器第一速及倒车齿轮零件结构

表 10-1　汽车变速器第一速及倒车齿轮加工工艺过程

工序号	工序内容	设备	工序号	工序内容	设备
1	粗车小端面外圆、端面、倒角	车床	8	倒齿端圆角	齿轮倒角机
2	粗车大端面外圆、端面、内孔	车床	9	剃齿或冷挤齿	剃齿机或挤齿机
2J	中间检验	—	10	修花键槽宽	压床
3	半精车大端面、内孔	车床	11	清洗	清洗机
4	拉花键孔	拉床	11J	中间检验	—
4J	中间检验	—	12	热处理	
5	精车两端面及外圆	多刀半自动车床	13	磨内孔	内圆磨床
5J	中间检验	—	14	珩磨齿	蜗杆式珩齿机
6	滚齿	滚齿机	15	清洗	清洗机器
7	清洗	清洗机	15J	最终检验	—

　　（2）汽车后桥主减速器主动锥齿轮的加工工艺过程

　　汽车后桥主减速器主动锥齿轮零件结构如图 10-10 所示。

　　1）两端面及定位基准中心孔的加工。采用双工位专用机床夹具在专用机床上先加工好，如图 10-11 所示。

　　2）常采用液压仿形车床加工主动锥齿轮。近年来已开始采用数控车床加工，可显著缩短加工基本时间和辅助时间，提高了生产效率，如图 10-12 所示。

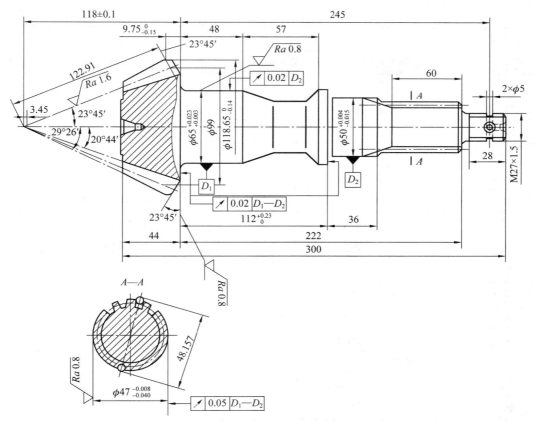

图 10-10 汽车后桥主减速器主动锥齿轮零件结构

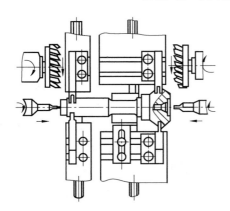

图 10-11 双面铣端面、钻中心孔

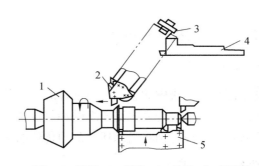

1—工件；2—刀架；3—触销；4—样板；5—下刀架。

图 10-12 数控车床加工汽车主动锥齿轮

表 10-2 为大批量生产条件下汽车主减速器主动锥齿轮的工艺过程。

表 10-2 大批量生产条件下汽车主减速器主动锥齿轮的工艺过程

工序号	工序内容	设备
1	铣两端面，钻两端中心孔	双面铣、钻专用机床和夹具
2	车轴颈外圆、前背锥及端面	数控车床
3	铣花键	花键铣床

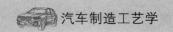

工序号	工序内容	设备
4	粗磨轴颈外圆、花键外圆及端面	端面外圆磨床
5	钻 $\phi 5$ 十字孔	台钻
6	锪 $\phi 5$ 孔，孔口 90°	台钻
7	车（或铣）铣螺纹	车床或螺纹铣机床
7J	中间检查	—
8	粗切齿	弧齿锥齿轮切齿机
9	精切齿凸面	弧齿锥齿轮切齿机
10	精切齿凹面	弧齿锥齿轮切齿机
11	倒角	铣床
12	清洗	清洗机
12J	中间检验	—
13	热处理（渗碳、淬火）	—
14	修复中心孔	—
15	精磨轴颈、花键外圆及端面	端面外圆磨床
16	校正螺纹	丝板
16J	最终检验	—

10.2 连杆制造工艺

10.2.1 发动机连杆概述

1. 连杆工况

连杆是汽车发动机中的主要传力部件之一，其小头经活塞销与活塞连接，大头与曲轴连杆轴颈连接。气缸燃烧室中受压缩的油气混合气体经点火燃烧后急剧膨胀，以很大的压力压向活塞顶面，连杆则将活塞所受的力传给曲轴，推动曲轴旋转。

2. 连杆结构分析

连杆由连杆体、连杆盖、螺钉、螺母等组成，其结构如图 10-13 所示。

在发动机工作过程中，连杆承受膨胀气体交变压力和惯性力的作用，因此除需要足够的强度和刚度外，还应尽量减小自身质量，以减小惯性力。连杆杆身的横截面为工字形，从大头到小头尺寸逐渐变小。

为减少磨损和便于维修，在连杆小头孔中压入青铜衬套，大头孔内衬具有钢质基底的耐磨巴氏合金轴瓦。

为保证发动机运转均衡，同一发动机中各连杆的质量不能相差太大。因此，在连杆部件的大、小头端设置了去不平衡质量的凸块，以便在称重后切除不平衡质量。连杆大、小头两端面对称分布在连杆中截面的两侧。考虑到装夹、安放、搬运等要求，连杆大、小头的厚度应相等。

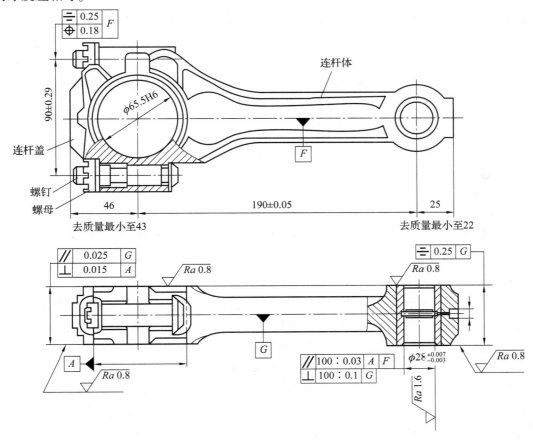

图 10-13　连杆结构

连杆小头顶端设有油孔。发动机工作时，曲轴的高速旋转带动气缸体下部的润滑油飞溅到小头顶端的油孔内，以润滑连杆小头铜衬套与活塞销之间的摆动运动副。

3. 连杆的技术要求

连杆上需进行机械加工的主要表面为大、小头孔及其两端面，连杆体与连杆盖的结合面及连杆螺栓定位孔等。连杆总成的技术要求如下。

（1）连杆大、小头孔的技术要求

为保证连杆大、小头孔运动副间有良好配合，大头孔的尺寸公差等级为 IT6，表面粗糙度 $Ra \leqslant 0.4\ \mu m$；小头孔的尺寸公差等级为 IT6～IT5，表面粗糙度 $Ra \leqslant 0.4\ \mu m$。同时，对两孔的圆柱度也提出了较高的要求，大头孔的圆柱度公差为 0.006 mm，小头孔的圆柱度公差为 0.001 25 mm。

因为大、小头孔中心距的变化会使气缸的压缩比发生变化，影响发动机的效率，所以两孔中心距公差要求为 ±（0.03～0.05）mm；大、小头孔中心线在两个相互垂直方向上的平行度误差要求为 ±（0.02～0.06）mm/100 mm。大、小头孔中心线在垂直方向上的平行度超差会使活塞在气缸中倾斜，致使气缸壁摩擦不均匀，缩短发动机的使用寿命，同时也会使

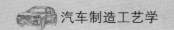

曲轴的连杆轴颈磨损加剧。

连杆大头孔两端面对大头孔中心线的垂直度误差过大，将加剧连杆大头两端面与曲轴连杆轴颈两端面之间的磨损，甚至引起烧伤，其垂直度要求为±(0.06～0.1)mm/100 mm。

（2）连杆端面的技术要求

连杆大、小头两端面间距离的基本尺寸相同，但技术要求不同。大头孔两端面间的尺寸公差等级为IT9，表面粗糙度 $Ra \leqslant 0.8$ μm，要求高，这是因它与连杆轴颈两轴肩端面间有配合要求；小头两端面间的尺寸公差等级为IT12，表面粗糙度 $Ra \leqslant 6.3$ μm，相对较低，这是因为连杆小头两端面与活塞销孔座内挡之间无配合要求。连杆大头端面间距离尺寸的公差带正好落在连杆小头端面距离尺寸的公差带中，这将给连杆的加工带来许多方便。

（3）连杆质量的技术要求

为保证发动机运转平稳，对连杆小头的质量差和大头的质量差依类型不同分别提出要求。发动机连杆大、小头质量允差分别为±(1.5～10)g 和±(3～20)g，连杆总成质量允差为±(3～5)g。

4. 连杆材料与毛坯

连杆在工作中因承受多向交变载荷的作用，故要求具有高的强度。连杆材料一般采用中碳钢（45、40Cr）或合金调质钢（40MnB、35CrMo）和非调质钢（35MnVS）等。近年来也有采用球墨铸铁和粉末冶金材料制作的连杆。若采用非调质钢35MnVS制造连杆，则可以免除调质热处理而简化工艺，提高效率与降低生产成本。

对于整体锻制的毛坯，目前国内通常采用40MnB钢用模锻成型，将杆体和杆盖锻成一体，待切开、加工后再用螺钉连接。为了保证切开孔的加工余量四周均匀，一般将连杆大头孔锻成椭圆形毛坯孔。相对于分体锻造而言，整体锻造的连杆毛坯具有材料损耗少、锻造工时少和使用模具少等优点；其缺点是所需锻造设备动力大，存在金属纤维中间被切断等问题。

连杆毛坯的锻造工艺过程如下：棒料加热（1 140～1 200 ℃）；先辊锻制坯，后进行预锻和终锻，最后冲切大头孔连皮并外围飞边，为提高锻件精度，还需进行热校正；锻造好的连杆毛坯需经调质处理和表面喷丸，前者使之得到细密均匀的回火索氏体组织，提高综合力学性能，减小毛坯内应力，后者用以提高疲劳强度；毛坯出厂前必须通过严格的外观缺陷检查、探伤、尺寸与质量精度检查等工序，最终要求保证产品合格出厂。典型的40MnB钢连杆毛坯调质处理后，要求硬度大于220 HBS，大、小头厚度为39.6～40.0 mm，毛坯总质量为2.340～2.520 kg。

10.2.2 连杆机加工工艺

1. 定位基准的选择

在设计连杆机械加工过程时，首先要选择好定位基准。定位基准包括粗基准和精基准。

（1）粗基准选择

在钻小头孔时，为了保证连杆小头孔壁厚均匀，宜选择小头孔不加工的外圆和端面作粗基准，如图 10-14 所示。加工连杆端面时应以另一端面为粗基准，如图 10-15 所示。

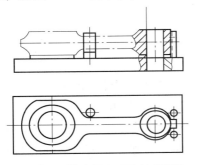

图 10-14　钻连杆小头孔的粗基准

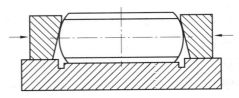

图 10-15　钻连杆端面的粗基准

（2）精基准选择

在整个加工过程中应尽量保持基准统一，以免由于更换基准面而产生定位误差。

大部分工序中都选用无凸起标记一侧的端面及经过钻削和拉削的小头孔作为定位精准，同时选择连杆大头经过拉削的一个侧面作为辅助基准，如图 10-16 所示。

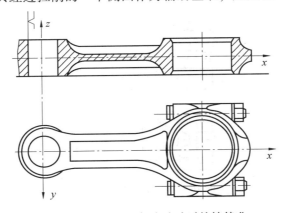

图 10-16　加工连杆大头孔时的精基准

在精加工大、小头时，还要遵守大、小头互为基准原则。

2. 加工阶段的划分

将连杆体、连杆盖一体锻制毛坯切开后，其加工阶段划分如下。

（1）连杆体和连杆盖合并前的分别加工

1）基准面的加工，主要包括钻削和拉削连杆小头孔，粗磨大、小头孔端面及连杆两端面，拉削连杆体、连杆盖毛坯的两侧面等。

2）其他表面的加工，如铣连杆体和连杆盖的轴瓦定位槽、铣油槽，加工大头不同直径的同心孔等。在粗加工和半精加工方面，还包括粗加工连杆体和连杆盖的半圆孔等。

（2）连杆体和连杆盖合并后的加工

连杆体和连杆盖合并后集中于连杆总成螺栓孔的一个工序，还要车大头孔及精磨大、小头端面，由粗加工过渡到精加工阶段。在这个阶段中，允许工件充分变形并提高基准精度（精磨大小端面）。

（3）精加工大、小头孔

该阶段包括精镗和珩磨大、小头孔，如将衬套挤压入小头孔，用金刚镗镗削衬套孔等。

3. 主要面的加工

（1）大、小头端面

连杆大、小头端面为加工过程中的主要定位基准，与大、小头孔保持有位置精度要求。一般情况下，在连杆体和连杆盖合并以前，采用铣削、拉削和磨削加工；在合并以后则进行粗、精磨，以保证连杆体、连杆盖端面接合在同一平面上。

如图 10-17 所示，铣削大、小头端面一般有两端面互为基准铣削或磨削的两种方案。磨削加工连杆大、小头端面时，采用立式双砂轮和圆台平面磨床，圆台即圆形工作台，安装有磨削两端面的夹具。磨削时，连杆以一端面、小头外圆和大头一侧面三者定位。磨削一个端面后，工件翻转而置于另一夹具上再磨削另一端面，此时工件通过两次安装，并随工作台旋转两周，两次磨削中途需要翻转一次。这种在机床的同一工作台上安装多个夹具，实施装卸与加工过程重合的加工方式节约了装卸等的辅助时间，是一种高效的加工方法。

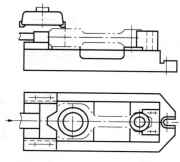

图 10-17　两端面互为基准

为了提高磨削精度，在磨削过程中应能自动控制磨削尺寸，即在用连杆的立轴多砂轮平面磨床的磨头上装向下的自动补偿装置，以使得当砂轮磨损使工件尺寸接近公差上限时，磨头会自动向下进给以补偿砂轮的磨损。

（2）大、小头侧面及螺栓台面

虽然连杆的大、小头侧面和螺栓台面的加工面积不大，但其加工部位分散且数量多，比较麻烦，因此，生产效率是一个重要问题，乃至常常采用组合拉削和高效磨削对其进行加工，如用立式双滑枕拉床拉削。这种机床有两个工位，每一滑枕可装有相同或不相同的平面组合拉刀实施对上述表面的拉削加工。

图 10-18（a）为拉削连杆小头两侧和顶部凸台，图 10-18（b）为拉削连杆大头两侧和顶部螺栓结合面。其优点是机动时间与辅助时间重合，生产效率高；缺点是工人的劳动条件差，劳动强度也较大。

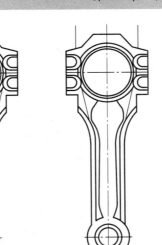

图 10-18　拉削连杆大、小头侧面

（a）拉削连杆小头两侧和顶部凸台；（b）拉削连杆大头两侧和顶部螺栓结合面

（3）大头半圆面与结合面的加工

图 10-19 为坦克拉床拉削。坦克拉床拉削能够实现多工件同时拉削，其应用特点是：在一条大型的传动链上依次装夹若干个夹具，夹具分别带着一个个被拉削的连杆通过拉削区的各段，进行大头半圆面与结合面的拉削加工。这些夹具可以将一般需要在两台拉床上完成的拉削工序，通过不同夹具的装夹，组合在一台坦克拉床上完成。

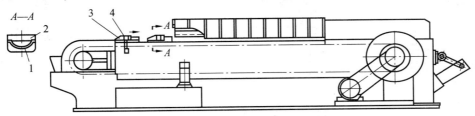

1—连杆盖；2—拉刀；3—夹具；4—连杆。

图 10-19　坦克拉床拉削

坦克拉床拉削没有刀具的空行程损失。其在拉削时刀具不动，于拉削区完成加工后，夹具会自动卸下工件。此时，夹具即随传动链条经床身下部返回上料端并继续新一轮的工件装夹而维持连续拉削。

这种连续式拉床因能使机动时间与辅助时间重合，可以多面同时拉削，故具有很高的生产效率。通常每小时可加工 200～300 件工件，加工精度也比较稳定，尺寸误差可控制在 0.05 mm 以内。加工时工件变形小，刀具寿命较长。

4. 孔的加工

（1）连杆大、小头孔的加工

连杆大、小头孔的加工可分为 3 个阶段：粗加工、半精加工、精加工。第一阶段粗加工是在连杆体、连杆盖装配前进行，后面两个阶段在连杆体和连杆盖装配之后进行。粗加工阶段一般在两端面加工后开始。

小头孔由于要作为后续工序的定位基准，如图 10-20 所示，因此其在粗加工阶段就应得到比较精确的尺寸。

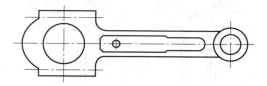

图 10-20　连杆大、小头孔加工定位

大头孔的粗加工阶段安排在连杆体和连杆盖切开之后，连杆体和连杆盖分别采用拉削。其目的是去除质量，使毛坯充分变形，为后续半精加工和精镗做准备。

连杆大、小头孔的加工精度对连杆的质量有很大影响，且要求较高，需要经过钻、扩、铰或拉、半精镗、精镗及珩磨等工序。

小头孔作为定位基准在大头孔粗加工前就已进行钻、拉。精镗小头衬套底孔和镗衬套孔则安排在大孔精加工之后在金刚镗床上进行。镗孔是保证连杆加工精度的主要方法，对于修正上道工序所造成的轴线偏斜及保证孔与其他表面的位置精度等方面有重要的意义。

大、小头孔的加工则采用同时镗削，在专用双轴卧式镗床上进行，镗孔夹具如图 10-21 所示。

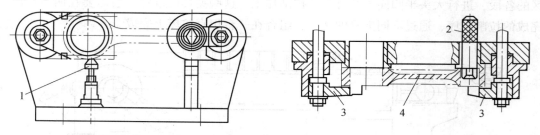

1—定位螺纹；2—过渡销；3—压头；4—连杆。

图 10-21　连杆双轴镗孔夹具

这种大、小头孔同时加工的方法，可使加工质量由一次加工来达到，不存在多次安装中出现的定位累计误差，可以依靠精确调整机床和夹具来保证加工要求。其夹具制造精度对工件精度影响较小，可以相应降低夹具成本。

珩磨作为大头孔的最终加工工序，要求在珩磨前必须经过精镗，以提高大头轴线的位置精度。这是由于珩磨仅用于对大头孔整形和减小大头孔的表面粗糙度值，而不能用于矫正孔的歪斜。珩磨后大头孔的尺寸精度可达 IT8 ~ IT6，孔的圆度误差可保持在 0.003 ~ 0.005 mm，表面粗糙度也可达到 Ra 0.4 ~ 0.05 μm。

连杆大头孔深度较浅，为了能获得正确的轴线位置和端面垂直度，在珩磨时采用夹具浮动定心。在大批量生产中，亦可应用专用珩磨机床并同时采用自动上下料、自动检测和自动补偿装置来提高珩磨工序的加工精度、自动化程度和生产率。

图 10-22 为专用珩磨机。该设备的特点在于油石扩张采用定压、定速扩张方式。珩磨

头带有细粒度的金刚石磨条，靠液压扩张压力的作用张紧在工件表面上并施加一定压力，再靠挤压锁死，而后由步进电动机实现定速油石扩张而进行磨削。

（2）螺栓孔的加工

连杆螺栓孔一般分为定位部分和紧固部分，定位部分为光孔，精度为 IT8～IT6，其余表面粗糙度、位置精度（两孔轴线平行度、轴线与结合面的垂直度等）要求都比较高；而紧固部分为螺栓孔或螺栓通过孔，加工要求较低。图 10-23 为螺栓孔加工示意图。

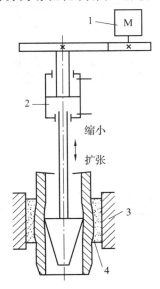

1—步进电动机；2—油缸；3—工件；4—油石。

图 10-22　专用珩磨机

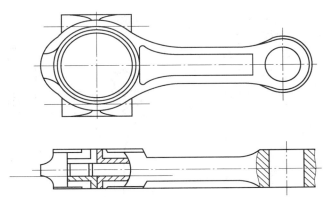

图 10-23　螺栓孔加工示意图

对于整体锻造的连杆，螺栓孔的加工是在切开连杆盖并在结合面精磨之后进行的。为了加工定位部分，应先将两者分开进行粗加工和半精加工，然后将两者结合起来进行精加工，以保证两螺栓孔轴线的一致性。

螺栓孔的加工采用先用枪钻分级钻孔，然后用枪铰精铰的方式，这样能加工出直线性好、孔的位置精度高和表面粗糙度值低的螺栓定位孔。同时，由于减少了加工工序，故减少了加工设备，提高了刀具的耐用度，并稳定了螺栓孔的加工质量。

在成批生产中，可使用双轴传动头和专用夹具对两孔同时加工，这样既可保证加工质量，又可提高生产率。图 10-24 为在 8 工位 48 轴组合机床上加工螺栓孔及锁口槽的示意图。在每个工位上加工两个连杆体和两个连杆盖。工位 1 是装卸工位（图 10-24 中未体现）；工位 2 钻孔至 $\phi 12.8$；工位 3 继续钻孔，但此段孔径只有 $\phi 12.5$；工位 4 是倒角；工位 5 扩通孔至 $\phi 13.5$；工位 6 精扩孔至 $\phi 13.7$；工位 7、8 则是粗、精铣锁口槽，生产率可达每小时 100 件。最终可将连杆体、连杆盖合并后在单独的工序上进行拉削。

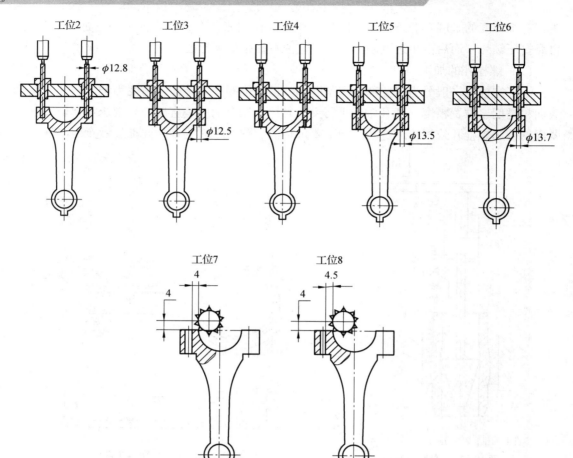

图10-24　加工螺栓孔及锁口槽的示意图

10.2.3　连杆辅助工序

1. 热处理

对连杆而言，热处理目的是消除内应力，改善金属组织和加工性能。一般连杆毛坯在锻出后都要进行调质处理，即淬火+高温回火。其目的是得到细密均匀的回火索氏体组织和软化空冷以后的锻件表面硬度，以改善金属组织，提高其综合力学性能和机械加工性能，并消除锻件内应力。

2. 中间检验与终检

检验工序是保证产品质量、防止不合格品出现的重要措施。

连杆在每道工序中均安排有操作者自检项目，并根据需要规定了不同的检验频次，且对一些关键工序和重要参数配有高精度的检测仪器。例如，下列关键工序均配备了MARPOSS电子塞规测量仪：作为加工定位基准的小孔粗铣；用于连杆体和连杆盖定位的螺栓定位孔镗削；衬套孔的半精镗、精镗和珩磨工序等。

除此之外，在终加工后还应进行终检。终检重要参数主要包括大孔直径、圆柱度，衬套孔直径、圆柱度，两孔中心距，两孔平行度、扭曲度，大孔对端面的垂直度等。

3．清洗

清洗的目的是清除附在工件表面上的切屑和污物，使工件洁净。如果缺少工件清洗工序，则难以保证加工质量，使得检验不够可靠和准确。

连杆在生产线上安排有 3 道清洗工序。

1）连杆体和连杆盖组合之前进行的清洗，以保证连杆体和连杆盖的装配精度。

2）综合检测之前要进行清洗，以保证检验精度。

3）入库前要进行清洗，以保证在装配生产线上的装配精度。

4．去毛刺

在许多加工工序之后，工件均会产生毛刺，如粗镗大端孔半圆等工序，毛刺就异常明显。这些毛刺若不及时去除，则会影响后续工序的定位精度，并影响加工质量和刀具的使用寿命。连杆体和连杆盖分开面上的毛刺还会影响连杆体和连杆盖的装配精度。成品连杆上的毛刺若带到装配线上，会对整机的装配精度和清洁度产生不可估量的影响。生产线上除需要工序操作者自行去除毛刺外，还要有专门的去毛刺工序。有的汽车厂还购置了口腔医用砂轮机来打磨毛刺；这类设备操作灵活，打磨效果良好。

5．喷丸处理

由于经锻造而成的连杆毛坯和经过热处理的产品，其表面上都有氧化皮，因此，必须在模锻毛坯和热处理工序之后安排表面喷丸处理，以去除毛坯表面的氧化皮，并使毛坯表面生成一层硬化层，提高材料的疲劳强度。

6．探伤

探伤是为了检查锻件内部微观裂痕和热处理裂纹的一道工序，一般安排在表面喷丸处理后。如使用磁力探伤，则在探伤后跟随进行退磁工序，否则连杆零件中会因存在剩磁而影响连杆的正常使用性能。

7．打字

连杆生产线上安排有两道工序对连杆进行打字，其内容各不相同。

第一道打字工序是在连杆体、连杆盖切开之前，在连杆体和连杆盖上打有内容相同的字，目的是防止在连杆体、连杆盖分开后与不同工件相互混淆。

第二道打字工序是在连杆称重后，此时的打字内容包括连杆分组的质量组号，以避免装配线上不同组连杆的混淆。

8．称重与去重

连杆生产线的终端安排有连杆的称重工序。连杆的质量及大、小头质量的分配，直接影响到曲轴、连杆、活塞系统的运动平衡、整机的平衡及柴油机的噪声、振动与寿命，所以必须严格地将每组连杆总质量及大、小头质量分配控制在一定范围内。发动机连杆大、小头允差分别为 $\pm(1.5 \sim 10)$ g 和 $\pm(3 \sim 20)$ g。

10.3　箱体零件制造工艺

箱体零件是各类机器或部件的基础零件，它将机器和部件中的轴、套、轴承及齿轮等有关零件连接成一个整体，并使之保证正确的相对位置，彼此协调地工作。因此，箱体零件的加工质量，将直接影响机器的性能、精度和寿命。

10.3.1 箱体零件的结构特点及结构工艺性分析

1. 箱体零件的结构特点及其分类

（1）箱体零件的结构特点

箱体零件的结构一般比较复杂，壁薄且壁厚不均匀；既有一个或数个基准面及一些支承面，又有若干精度要求较高的孔系，还有许多供连接用的螺纹孔。

（2）箱体零件的分类

1）箱体零件按功用分为主轴箱、变速器、进给箱、操纵箱等。图 10-25 为几种箱体零件的结构简图。

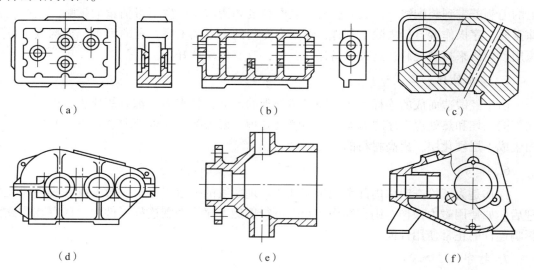

图 10-25 几种箱体零件的结构简图

（a）组合机床主轴箱；（b）车床进给箱；（c）磨床尾座壳体；（d）分离式减速器；（e）泵壳；（f）曲轴箱

2）箱体零件按结构形状可分为两大类：一类是回转体型的壳体零件，如水泵壳体、差速器壳体及某些后桥壳体；另一类是平面型箱体零件，如气缸体（机体）、变速器壳体。

2. 箱体零件的结构工艺性

作为机器或部件装配基础件的箱体零件，其上有若干供装配和连接用的精度要求较高的平面与孔系。这些平面与孔的结构是影响箱体零件结构工艺性的重要因素。这些平面和孔的加工精度与位置精度要求较高。

（1）箱体零件主要孔的基本形式及其工艺性

箱体零件主要孔的基本形式如图 10-26 所示，可概括为通孔、阶梯孔及盲孔三大类。

1）通孔最为常见。当孔的长径比 $L/D = 1 \sim 1.5$ 时为短圆柱孔（见图 10-26a），此种孔的工艺性最好；而当 $L/D>5$ 时为深孔（见图 10-26b），因其加工困难，故工艺性较差。有环形槽的通孔（见图 10-26f）因加工时需要具有径向进刀的镗杆，所以工艺性也较差。

相贯通的交叉孔（见图 10-26c）、轴线与端面不垂直的孔（见图 10-26d）以及剖分孔（见图 10-26e）的工艺性都不好。

2）阶梯孔（见图 10-26g）的工艺性与孔径比有关，其孔径相差越小，工艺性越好；若孔径相差甚大，而且其中最小的孔径又很小，则接近于盲孔，工艺性就很差。

3）盲孔（见图 10-26h）比较少见，其工艺性最差。

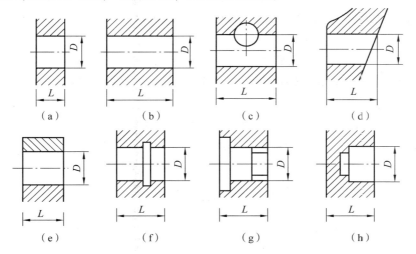

图 10-26   箱体零件主要孔的基本形式

（a）～（f）通孔；（g）阶梯孔；（h）盲孔

此外，在箱体零件上还有许多螺纹孔，这些螺纹孔尺寸规格繁多，会给加工带来不少困难。因此，在设计产品时应尽可能减少螺纹孔的规格，以减少刀具规格和提高汽车零件的标准化程度。

（2）箱体零件上同轴线各孔的工艺性

此种情况的孔径大小排列方式有 3 种，如图 10-27 所示。图 10-27（a）为孔径大小向一个方向递减，且相邻两孔直径之差大于孔的毛坯加工余量。这种排列方式便于镗杆和刀具从一端伸入同时加工同轴线上的各孔。对于单件小批生产，这种结构加工最为方便。图 10-27（b）为孔径大小从两边向中间递减，加工时可使刀杆从两边进入，这样不仅缩短了镗杆长度，提高了镗杆的刚性，而且为双面同时加工创造了条件，故大批量生产的箱体零件常采用此种孔径分布。图 10-27（c）为孔径大小不规则排列，其工艺性差，应尽量避免。

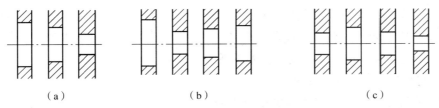

图 10-27   同轴线上孔径大小的排列方式

（a）孔径大小向一个方向递减；（b）孔径大小从两边向中间递减；（c）孔径大小不规则排列

（3）箱体零件上孔中心距大小的工艺性

在单件小批生产时，箱体零件上各孔是用一把镗刀逐个进行加工的，故孔中心距离大小不受限制。但大批大量生产时，孔中心距就不能太小。这是因为在大批大量生产中，常采用组合镗床加工，位于同一面上的许多孔，通常是在一个多轴主轴箱上安装多把刀具于一次工作行程中加工出来。由于布置设备主轴轴承的需要，孔中心的距离不应太小。如在箱体零件上同时钻两个直径 10 mm 以下的孔，则两孔最小中心距应不小于 24 mm。

若相邻两孔允许在两个工位或两道工序加工，则孔中心距离大小可不受限制。但有时为了保证孔的形位公差，孔中心距大小也要给予足够重视。如图 10-28 所示，加工汽车变速器壳体上的一个要求较高的轴承座孔，其周围分布一些连接用的螺纹孔。由于螺纹孔距轴承座孔边缘太近，因此攻螺纹后会导致轴承座孔产生表面形状误差。

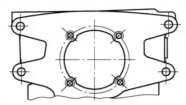

图 10-28　加工螺纹孔影响轴承座孔表面形状误差

（4）箱体零件上孔与平面布置的工艺性

当孔与平面不垂直，用定尺寸刀具进行加工时，由于刀具上所承受的径向力不均衡，刀具容易引偏，从而会影响孔的位置精度。因此，孔轴线最好与平面垂直，以利于工件安装和加工，并使机床与夹具结构简单。

就箱体零件整个结构形状而言，应具有足够的刚性和稳定的定位基面，使之易于保证加工精度，也适合在自动线上进行加工。另外，箱体零件装配基面的尺寸应尽可能大，形状应尽量简单，以利于加工、装配和检验。箱体零件上的固定用孔的尺寸规格应尽可能一致，以减少加工中换刀的次数。

10.3.2　箱体零件机械加工工艺过程

1. 箱体零件的主要技术要求

汽车箱体零件的技术要求，除了对毛坯规定一些技术要求外，对于一些主要孔与平面均有较高的技术要求，归纳起来有：主要孔的尺寸公差、形位公差和表面粗糙度；主要孔与孔、孔与平面的位置公差；主要平面的尺寸公差、平面度和表面粗糙度。

以图 10-29 所示的某汽车变速器的壳体简图为例，其主要技术要求如下。

1）主要孔（轴承座孔）的尺寸公差不低于 IT7 级。

2）孔与孔、孔与平面的位置公差。

①前、后端面 A 和 B 相对于轴线 L—L 的跳动量，在 100 mm 长度上分别不大于 0.08 mm 和 0.12 mm。

②轴线 L—L 和轴线 M—M 在间一平面内的不平行度，在变速器壳体整个长度 365 mm 上不大于 0.07 mm。

③端面 C 相对于轴线 N—N 的跳动量，在半径为 18 mm 的长度上不大于 0.15 mm。

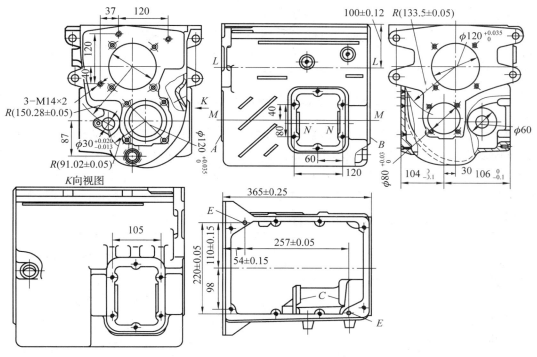

图 10-29　某汽车变速器壳体简图

④主要孔的中心距极限偏差为±0.05 mm。

⑤主要孔的表面粗糙度为 Ra 1.6 μm。前、后端面和两侧面表面粗糙度为 Ra 6.3 μm。

2. 箱体零件的材料及毛坯

汽车上的箱体零件由于形状较为复杂，通常采用铸造制造毛坯。铸铁具有成型容易、可加工性良好、吸振性好、成本低等优点，所以一般都采用铸铁毛坯。近年来随着轻量化技术的成熟，轿车上的一些箱体零件及变速器壳体已采用铝合金压铸。

如图 10-29 所示的变速器壳体的材料为 HT200、HT250、HT300，热处理硬度为 163 ~ 229 HB；而铝合金则常采用铸造铝合金 YL104、YL105 等。

3. 定位基准的选择

加工箱体零件时，各轴承座孔的加工余量应均匀；装入箱体内的全部零件（轴、齿轮等）与不加工的箱体内壁要有足够的间隙；要尽可能使基准重合以及基准统一，以减少定位误差和避免加工过程中的误差积累，从而保证箱体零件的加工精度。

（1）精基准的选择

最常见的有以下两种方案：一种方案是利用一个平面和该平面上的两个工艺孔定位，即通常所说的一面两孔定位，一般工艺孔孔径公差采用 H7 ~ H9，两工艺孔中心距公差为 ±（0.03 ~ 0.05）mm；另一种方案是用 3 个互相垂直的平面作定位基准，如图 10-30 所示，该方案适用于不具备一面两孔定位基准条件的一些箱体零件。

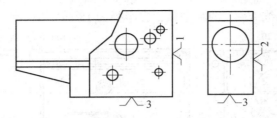

图 10-30　用 3 个互相垂直的平面作定位基准

生产批量大时常采用第一种方案。例如，汽车变速器壳体在加工中可用前、后端面上两个同轴线轴承座孔和另一个轴承座孔为粗基准，加工出顶面，如图 10-31 所示。然后以变速器壳体内壁作粗基准，以顶面作精基准加工出顶面上的两个工艺孔 E，如图 10-32 所示。以后再利用顶面和这两个工艺孔作精基准进行其他表面的加工，就可以保证轴承座孔的加工余量均匀和装入变速器壳体的零件与内壁有足够的间隙。

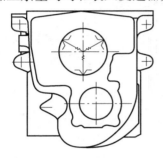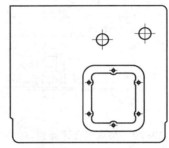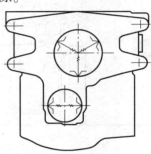

图 10-31　加工变速器壳体顶面的粗基准

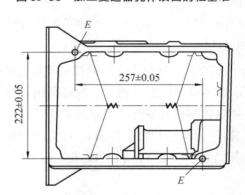

图 10-32　以变速器壳体内壁作粗基准加工顶面上的两个工艺孔

选用顶面及其上的两个工艺孔作精基准，具有如下特点。

由图 10-29 可知，变速器壳体的设计基准和装配基准是前端面 A 和该面上的两个主要孔 $\phi 120^{+0.035}_{0}$ 和 $\phi 80^{+0.03}_{0}$。根据基准重合原则，加工时应选前端面和该面上的那两个主要孔作定位基准，这样才能使定位误差最小。但变速器壳体上需要加工的主要部分大多位于前、后端面上，根据对主要孔所提出的技术要求，最好在同一工作行程中能把前、后端面上的同轴线孔加工出来。如果采用前端面及其上的主要孔作为定位基准，就难以做到这点。此外，用前端面和该面上两个主要孔作定位基准还将使夹具结构复杂，定位稳定性也差，使用也不方便，同时难以实现基准统一和自动化。实际加工表明，采用顶面及其上的两个工艺孔作为定位基准，加工时箱体口朝下，中间导向支架紧固在夹具体上，提高了夹具的刚度，有利于保证各支承孔加工的位置精度，而且工件装卸方便，能减少辅助工时并提高生产效率，如图 10-33 所示。采用这种定位基准，可以做到基准统一，能加工较多表面，也会避免因基准转换而引起的定位误差，容易保证各表面间的位置公差。

分析图 10-29 有关技术要求可知，为了保证后端面和主要孔轴线之间的垂直度要求，以及两侧面距 $\phi 80^{+0.03}_{0}$ 孔的尺寸及不平行度的要求，要在最后精加工两端面和两侧时仍以主要孔定位，使其基准重合。而主要孔 $\phi 120^{+0.035}_{0}$ 的位置，是由在垂直平面内距顶面 100 ± 0.12 和水平平面内距工艺孔 110 ± 0.15 这两个尺寸确定的。因此，顶面及其上的两个工艺孔是主要孔 $\phi 120^{+0.035}_{0}$ 的设计基准。所以，以顶面及其上的两个工艺孔作精基准来加工主要孔 $\phi 120^{+0.035}_{0}$，是不会产生基准不重合定位误差的。而加工孔 $\phi 80^{+0.03}_{0}$ 时，只要以孔 $\phi 120^{+0.035}_{0}$ 的刀具位置为基准，来确定孔 $\phi 80^{+0.03}_{0}$ 的刀具位置，则定位误差也就不存在了。同样，孔 $\phi 30^{+0.020}_{-0.013}$ 的位置公差也可以得到保证。

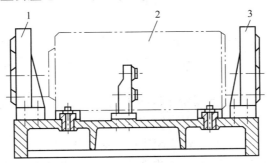

1、3—镗模板；2—中间导向支承架。

图 10-33　用箱体顶面及两销定位

（2）粗基准的选择

虽然箱体零件一般选择主要孔为粗基准，但是随着生产类型的不同，实现以主要孔为粗基准的工件的装夹方式也是不同的。

1）中小批量生产时，毛坯精度较低，一般采用划线找正。

2）大批量生产时，毛坯精度较高，可直接以主要孔在夹具上定位，采用专用夹具装夹。

4. 箱体零件主要加工表面的工序安排

1）先面后孔。加工平面型箱体零件时，一般是先加工平面，然后以平面定位再加工其他。

2）粗、精加工阶段分开。粗、精加工阶段的划分，对箱体零件机械加工的质量影响很大。当工件刚性好、内应力小、毛坯精度高时，粗加工后的变形很小。这时，可以在基准平面及其他平面粗、精加工后，再粗、精加工主要孔。这样，既可减少工序数目和零件的安装次数，又可减少加工余量。因此，这种方案的生产率高，而且经济性好。但是，当毛坯精度较低、工件刚性差、内应力大时，粗加工后的变形就很大，往往会影响加工质量。故当箱体零件技术要求较高，而粗加工又会引起显著变形时，应将平面加工和孔的加工交叉进行，即粗加工平面→粗加工孔→精加工平面→精加工孔。虽然交叉加工使生产管理复杂，加工余量大，但较易保证加工精度，也能及早发现毛坯缺陷。

3）工序间安排时效处理。因箱体零件结构复杂，壁厚不均匀，铸造残余应力较大，故为消除残余应力、减少机械加工后的变形，保证精度的稳定，毛坯铸造之后应安排时效处理。时效的规范为：加热到 500~550 ℃，保温 4~6 h，冷却速度小于或等于 30 ℃/h，出炉温度低于 200 ℃。

对于精度较高或形状很复杂的箱体零件，除在铸造之后安排一次时效处理外，在粗加工之后还要安排一次时效处理，以消除粗加工所产生的残余应力。而精度要求不太高的箱体零件，还能利用粗、精加工工序间的停放和运输时间，达到自然时效处理的目的。

4）工序集中安排。在成批大量生产箱体零件的流水生产线上，广泛采用专用机床，如多轴龙门铣床、组合磨床等，各主要孔的加工则采用多工位组合机床、专用镗床等，专用夹具也用得很多。同时，在生产安排上以工序集中方式进行加工，将一些相关的表面加工集中于同一工位或同一台机床上进行。这样，既能有效地保证各表面之间的尺寸和位置公差，又能显著提高生产率。

综上所述，箱体零件主要加工工序的顺序一般是，先加工定位用的平面及其上的两个工艺孔→粗、精加工其他平面→钻各面上的螺纹底孔→粗镗主要孔→钻、铰其余孔→精镗主要孔→攻螺纹。

5）加工工艺过程因生产类型与所用设备不同而异。以汽车变速器壳体的机械加工工艺过程为例，它随生产类型、产品结构特点和企业设备条件不同而异。表 10-3 和表 10-4 分别列举了图 10-29 所示变速器壳体在不同生产类型中的机械加工工艺过程。

表 10-3　单件小批生产中变速器壳体的机械加工工艺过程

工序号	工序内容	基准面	设备
1	划线	—	平台
2	铣（或刨）顶面	按划线找正	卧式铣床或刨床
3	铣（或刨）左、右面	按划线找正	卧式铣床或刨床
4	铣前端面及镗轴承座： 1）铣前端面； 2）镗轴承座孔； 3）钻倒车齿轮轴孔； 4）镗或扩、铰倒车齿轮轴孔； 5）刮倒车齿轮轴孔处两内侧面	按划线找正后，以坐标法移动主轴位置加工各孔	卧式镗床
5	铣后端面	前端面	立式铣床
6	划线	—	平台
7	钻各面上孔： 1）钻各面上孔； 2）铰定位销孔	按划线钻孔	摇臂钻床
8	攻螺纹		摇臂钻床
9	最终质检	—	平台

表 10-4　大量生产中变速器壳体的机械加工工艺过程

工序号	工序内容		基准面	设备
1	粗、精铣顶面		前后端面的 3 个铸孔	双轴转台式铣床
2	在顶面上钻、铰两个定位孔		顶面、箱体内壁	立式钻床
3	粗铣左、右两侧面		顶面及其工艺孔	双轴组合铣床
4	粗铣前、后面		—	—
5	钻孔（左、右、后面）		—	—
6	钻孔（前、后面及倒车齿轮轴孔）		—	—
7	自动线加工		—	—
	工位 1	铣倒车齿轮轴孔处两内侧及钻放油孔	—	—
	工位 2	粗镗孔及扩孔	—	—
	工位 3	攻螺纹（放油孔）	—	—
	工位 4	精镗孔及铰孔	—	—
	工位 5	攻螺纹（顶面、前面）	—	—
8	精铣端面		顶面及其工艺孔	组合铣床
9	精铣左右两侧面		前端面及两主要孔	双轴组合铣床
10	攻螺纹（左、右、后面）		—	组合机床
11	清洗		—	清洗机
11J	最终检验		—	—

6）某轿车发动机气缸体加工工艺过程。某轿车发动机气缸体的机械加工分为粗加工和精加工两个阶段，其中精加工阶段是采用先进的 12 条柔性加工自动线来实现高效率、高精度加工的。表 10-5 是其粗加工工艺过程，表 10-6 是其精加工工艺过程。

表 10-5　某轿车发动机气缸体加工自动线粗加工工艺过程

工艺流程			零件名称：气缸体		VW4	
零件材料：灰铸铁	毛坯状态：铸件	毛坯硬度：HB195+40	毛坯质量：45 kg	零件质量：33.5 kg	总成号：06A1	每车件数：1
工序号	工序内容		质控点号	设备型号	设备名称	夹具
200	粗镗主轴半圆孔，粗铣气缸体顶面、底面		—	5000687	粗铣气缸体顶、底面自动线	随机夹具
210	钻定位销孔、运输孔，镗气缸孔，铣瓦盖结合面		01A	5000688	钻定位孔，铣瓦罐结合面线	随机夹具
220	铣过滤面、起动器面，粗铣控制面与离合器面		—	5000689	铣离合器面及控制面自动线	随机夹具

工序号	工序内容	质控点号	设备型号	设备名称	夹具
230	钻、攻离合器结合面和控制面	02A	5000690	钻、攻离合器面及控制面自动线	随机夹具
240	钻、攻气缸体顶面、底面孔	03B	500091	钻、攻顶、底面孔自动线	随机夹具
250	钻、攻过滤面、起动器面各孔	—	5000692	钻、攻左、右侧面孔自动线	随机夹具
260	粗铣气缸体	—	10466	预清洗机	随机夹具
270	油道密封检查	—	E4494-3	油道密封试验机	随机夹具

表 10-6　某轿车发动机气缸体加工自动线精加工工艺过程

零件材料：灰铸铁	毛坯状态：铸件	毛坯硬度：195±40HB	毛坯质量：45 kg

工序号	工序内容	设备名称	夹具
10	安装曲轴瓦盖	十字头扭矩拧紧机	随机夹具
20	钻控制面、离合器面配合孔及镗曲轴孔	前后面定位块精加工自动线	随机夹具
30	精铣底面、顶面、控制面、离合器面，精镗水泵孔	前、后、顶、底面精工自动线	随机夹具
40	半精镗、精镗气缸孔	精加工镗孔自动线	随机夹具
50	气缸孔与曲轴主轴承孔珩磨	珩磨机	随机夹具
60	最终清洗气缸体	最终清洗机	随机夹具
70	水套与油道密封检查	试漏仪	随机夹具
79	水套与油道水下密封检查	试漏仪	随机夹具
80	气缸体主轴承孔分级	分级测量机	随机夹具
90	终检	—	—

10.3.3　箱体零件主要表面的机械加工

1. 箱体零件平面的加工方法

对于平面加工的技术要求，主要有平面本身的尺寸公差、平面度及该平面与其他表面的位置公差。箱体平面加工常用的方法有刨削、铣削、磨削 3 种。刨削和铣削常用于平面的粗加工和半精加工，而磨削则用于平面的精加工。

（1）刨削加工

刨削加工的特点是刀具结构简单，机床调整方便，成本较低。在龙门刨床上可以利用几个刀架，在一次装夹中同时或依次完成若干个表面的加工或多个零件的同时加工，从而较经济地保证这些表面的相互位置精度。精刨后的表面粗糙度值可达 Ra 2.5～0.63 μm，平面度可达 0.02 mm。但由于刨削速度低，有空回程损失，同时参加工作的刀具数目少，故其生产率低，只适用于单件小批生产。

（2）铣削加工

铣削生产率高于刨削，故在汽车制造业中的发动机机体、气缸盖的加工中，常采用多轴龙门铣床，用几把铣刀同时加工几个平面，如图 10-34 所示，这样既能保证平面间的位置精度，又能提高生产率。近年来端铣刀在结构、刀具材料等方面都有了很大的改进，如不重磨刃端铣刀、密齿硬质合金可转位端铣刀等高速刀具获得了广泛的应用。其中，不重磨刃端铣刀，每齿进给量可达数毫米，其生产率较普通精加工端铣刀高 3 ~ 5 倍，加工表面的表面粗糙度可达 Ra 1.25 μm，因此国内外制造行业普遍提倡以铣代刨。另外，在组合机床上，为了提高机床的工序集中程度，可用多个密齿硬质合金可转位端铣刀同时加工箱体的几个面，以提高加工质量和生产率。

2. 箱体孔和孔系的加工

孔系是指箱体零件上一系列有位置精度要求的孔的组合。孔系可分为平行孔系，同轴孔系和交叉孔系。孔系加工是箱体零件加工的关键。根据箱体零件生产批量的不同和孔系精度要求的不同，所用的加工方法也不同。汽车和拖拉机箱体零件上的孔，按其工作性质和加工精度的不同，可分为主要孔和次要孔。其中，主要孔如差速器壳体、减速器壳体及变速器等零件上的轴承座孔，这类孔的公差要求较严，一般为 IT9 ~ IT7 级。对于差速器壳体、水泵壳等回转体零件上的孔，其一般与端面有一定垂直度要求，可在车床类机床（如普通车床、转塔车床、立式车床、镗孔车端面组合机床）上加工，在一次安装中加工出孔及端面以保证孔与端面的垂直度要求；对于变速器等平面型箱体零件上的轴承座孔，则多在镗床类机床（如卧式铣床、组合镗床）上加工。次要孔如螺纹底孔及油孔，此类孔的公差较大，通常为 IT12 ~ IT11 级，可在普通立式钻床、摇臂钻床或多轴组合钻床上加工。

箱体零件孔系的加工，可在普通铣床上进行。获得孔系各孔之间的位置公差的方法主要有以下几种。

（1）划线找正法和试镗法

按划线加工孔系是最简单的方法。加工前按照零件图在箱体毛坯上各孔的加工位置划线，然后按划出的线逐一找正进行加工。这种方法的缺点是找正花费时间长、生产率低、加工误差大，如在卧式铣床上加工，一般孔距误差为 0.2 ~ 0.3 mm。因此，这种方法仅适用于单件小批生产中，对孔距公差要求不高的零件加工或粗加工。

为了提高划线找正的加工精度，可采用试镗法加工孔系，如图 10-35 所示。

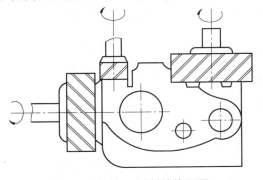

图 10-34　多刀铣削箱体平面

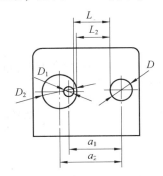

图 10-35　用试镗法加工孔系

试镗法就是按划线先将较小的第一个孔镗至规定的直径尺寸 D，之后根据划线位置将机床主轴调整到第二个孔的中心孔，把第二个孔镗到略小于规定直径 D_1，并仅镗出一小

段深度。测量该两孔之间的距离 L_i，则两孔的中心距为

$$a_1 = \frac{D}{2} + L_i + \frac{D_1}{2}$$

根据 a_1 和规定孔中心距的尺寸差，再校正机床主轴（或工件）的位置，重新镗一段直径为 D_2 的孔（仍略小于规定的孔径），用同样的方法计算出孔中心距后。这样依次试镗，直至达到规定的孔中心距后，再将第二孔孔径镗至规定尺寸。用这样的方法镗孔，孔中心距误差可达到±0.02 mm。

试镗法的优点是不需要专门的辅助设备；其缺点是试镗和测量花费时间较多，生产率较低，而且对工人的技术水平要求也较高。

（2）坐标法

坐标法镗孔是先把被加工孔系的位置尺寸转换为两个相互垂直的坐标尺寸，然后在机床上利用坐标尺寸的测盘装置确定主轴与工件之间的相互位置，从而保证孔系的加工精度。坐标法镗孔的孔距精度取决于坐标的移动精度，也就是坐标测量装置的精度。坐标测量装置的形式很多，有普通刻线尺与游标尺加放大镜的测量装置（精度为 0.3～0.1 mm）、精密刻线尺与光学读数头测量装置（精度为 0.01 mm）、光栅数字显示装置和感应同步器测量装置（精度可达 0.01～0.0025 mm）、磁栅和激光干涉仪等。

采用坐标法加工孔系时，要特别注意选择基准孔和镗孔顺序，否则坐标尺寸的累积误差将影响孔距精度。基准孔应尽量选择本身尺寸精度高、表面粗糙度值小的孔，以便于加工过程中检验其坐标尺寸。

在现代化的汽车、拖拉机制造厂中，中、小批量生产箱体零件时，还可使用自动换刀数字程序控制镗铣床。这种机床通用性很高，又具有生产率高的特点，是介于万能机床和专用机床之间的一种新型机床。

（3）镗模法

用镗模法加工孔系，如图 10-36 所示。工件装夹在镗模上，镗杆被支承在镗模的导套里，增加了系统的刚性。这样，镗刀便通过模板上的孔将工件上相应的孔加工出来。当用两个或两个以上的支承来引导镗杆时，镗杆与机床主轴必须浮动连接。采用浮动连接时，机床主轴的回转误差对孔系加工精度影响很小，因而可以在精度较低的机床上加工出精度较高的平行孔系。在车床、卧式镗床或其他机床上均可安装镗模加工孔系。当从一端加工、镗杆两端均有导向支承时，孔与孔之间的同轴度和平行度可达 0.03～0.02 mm。

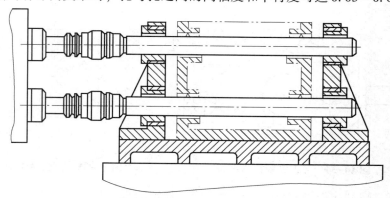

图 10-36　用镗模法加工孔系

10.3.4　箱体零件的检验

1. 箱体零件的主要检验项目

主要检验项目有：各加工表面的表面粗糙度及外观，孔距精度，孔与平面的尺寸精度及形状精度，孔系的位置精度（孔轴线的同轴度、平行度、垂直度，孔轴线与平面的平行度、垂直度）。

当表面粗糙度值较小时，可用专门测量仪检测；其值较大时，通常采用标准样块比较或目测评定。而孔的尺寸精度一般采用塞规检验。平面的直线度可用平尺和塞尺检验，也可用水平仪与桥板检验；平面的平面度可用水平仪与桥板检验，亦可用标准平板涂色检验。

2. 箱体零件孔系位置精度及孔距精度的检验

在汽车工业中大批大量生产箱体零件时，可采用一系列专用检验夹具来检验孔系位置精度。

习　题 ▶▶　▶

10-1　汽车常用齿轮结构类型有哪几种？对应的加工技术要求有哪些？

10-2　齿轮机械加工工艺中如何选择基准？齿轮的表面如何加工？

10-3　简述典型汽车齿轮的机械加工工艺过程。

10-4　汽车齿轮分为哪几类？有何加工技术要求？

10-5　如何分类确定齿轮加工的定位基准？

10-6　说明齿轮主要表面加工方法及其加工顺序。

10-7　就一个典型汽车齿轮生产实例，说明其机械加工工艺过程主要工序内容与顺序。

10-8　简述发动机连杆工况、结构分析与技术要求：连杆材料与毛坯。

10-9　简述连杆加工中定位基准的选择、加工阶段的划分及工序内容。

10-10　简述连杆辅助工序内容及其作用。

10-11　分析连杆结构特点与技术要求，说明连杆材料使用状况与毛坯供货状态。

10-12　说明连杆基准选择的基本要求，如何确定连杆加工的粗基准和主要加工表面的精基准？

10-13　如何划分连杆的加工阶段？请用表格形式合理编排连杆机械加工工艺过程与工序顺序，包括热处理。要求反映工序顺序、工序内容及主要技术要点说明。

10-14　说明各连杆辅助工序的名称、内容、作用与要求。

10-15　箱体加工顺序安排中应遵循哪些原则？为什么？箱体孔系加工有哪些方法？它们各有何特点？

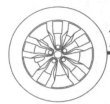

第 11 章
汽车先进制造技术与
轻量化

先进制造技术是以工艺过程为主体，将计算机、信息、自动化、管理等科学技术综合应用于制造过程的高科技技术群体（数控机床、加工中心、柔性制造系统、计算机集成制造系统等），是国家重点发展和改造传统制造业的重要技术领域。应用先进制造技术与促进产业升级是汽车产业赖以生存与发展的重要措施。

11.1　机械制造系统自动化与计算机辅助制造

机械制造系统自动化的目的是减少工作的劳动强度、劳动量，减少人为因素的影响，提高生产率和产品质量，同时还减少作业面积、人员，并降低产品成本。这对于汽车这样大批量生产的产品，无疑是非常必要的。制造系统自动化可分为单一品种大批量生产的自动化和多品种小批量生产的自动化两大类。

11.1.1　柔性制造系统

1. 基本概念

柔性制造系统（Flexible Manufacturing System，FMS）是指以数控机床、加工中心及辅助设备为基础，将柔性的自动化运输、储存系统有机地结合起来，由计算机对系统的软硬件资源实施集中管理和控制而形成的一个物料流与信息流密切结合的、没有固定的加工顺序和工作节拍的自动化制造系统，其主要适用于多品种、中小批量生产。

柔性制造系统的适用范围很广，如图 11-1 所示，图中柔性制造单元、柔性制造生产线都属于柔性制造系统范畴。

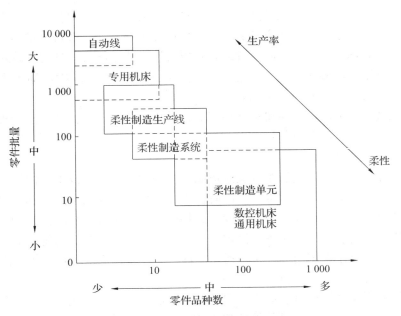

图 11-1 柔性制造系统的适用范围

2. 柔性制造系统的组成

一个功能完善的柔性制造系统一般由自动加工系统、自动物流系统、自动监控系统和综合软件系统组成，如图 11-2 所示。

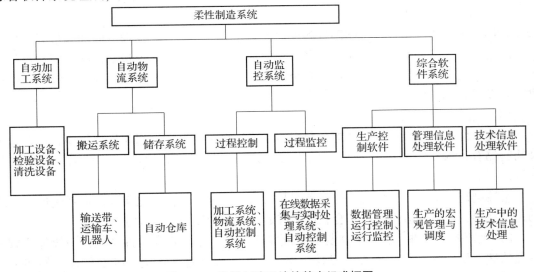

图 11-2 柔性制造系统的基本组成框图

（1）自动加工系统

柔性制造系统的自动加工系统，一般由加工设备、检验设备和清洗设备组成，是完成加工的硬件系统。它的功能是以任意顺序自动加工各种零件，并能自动更换工件和刀具。柔性制造系统中所使用的加工设备，一般为数控机床和加工中心，以加工中心最为常用。加工中心是一种具有自动换刀装置（Automatic Tool Changer，ATC）的复合型数控机床。工件在一次装夹中，可以完成不同加工表面的多功能（如铣削、镗削、钻削、攻螺纹）连续加工，因而可以大大提高加工精度和效率。自动换刀装置主要包括刀库和刀具自动交换用的机械手。刀库可设置在机床主轴的上部、内壁或侧壁上，一般可容纳 20 ~ 30 把刀具，大型的可存放 100 把左右。刀库的设置形式主要有转塔式、链式、盘式和鼓式。

自动加工系统的检验设备主要包括各种测量机和传感器，以检验加工系统的加工情况、切削异常状态及刀具的破损情况等。

自动加工系统的清洗设备主要包括切屑的自动排出和运送装置，自动排屑功能是实现无人化、自动化加工的必要条件。

（2）自动物流系统

为实现柔性加工，柔性制造系统应能按照不同的加工顺序，以不同的运输路线及不同的生产节拍对不同产品零件同时加工。同时，为提高物料运动的准确性和及时性，系统中还应具有自动仓库、中间仓库、零件仓库、夹具库和刀具库等。自动搬运和储料功能是柔性制造系统提高设备利用率，实现柔性加工的重要条件。柔性制造系统中的自动物流系统一般由储存、搬运等子系统组成，包括运送工件、刀具及切削液等加工中所需"物料"的自动搬运装置，装卸工作站及自动仓库等。

搬运系统主要包括输送带、运输车和机器人。运输车分为有轨和无轨两种，主要用于搬运较重的物品。机器人可完成数控机床上工件的装夹，也可在数台机床之间完成坯料、半成品、工件的工序传递，还可进行刀具、夹具的交换，甚至可完成装配任务。

储存系统是自动物流系统的重要组成部分，用以储存坯料、半成品、成品、刀具、夹具和托盘等。它应具有高度的柔性，以适应生产负荷变化时的储存要求，并能在规定的时间内把所需要的"物料"自动地供给指定的场所。

（3）自动监控系统

自动监控系统利用各种传感测量和反馈控制技术，及时地监控和诊断加工过程并作出相应的处理，是保证柔性制造系统正常工作的基础。自动监控系统包括过程控制和过程监视两个子系统，其功能分别是对加工系统及物流系统进行自动控制，以及对在线状态数据进行自动采集和处理。

（4）综合软件系统

综合软件系统是将以上三者综合起来的系统，它包括生产计划和管理程序，自动加工及物料储存、输送，故障处理程序的制订与运行，生产信息的论证及系统数据库的建立等。

柔性制造系统是一个物料流与信息流紧密结合的复杂的自动化系统。从系统信息处理的角度来看，柔性制造系统的综合软件系统通常可分为以下 3 个部分。

1）生产控制软件。它是柔性制造系统保证正常工作的基本软件系统，一般包括数据管理软件，如生产计划、工件、刀具、加工程序的数据管理；运行控制软件，如加工过程、搬运过程及工件加工顺序的控制；运行监控软件，如运行状态、加工状态、故障诊断和处理情况的监控。此外，还包括状态显示等软件系统。

2）管理信息处理软件。它主要用于生产的宏观管理和调度，以确保柔性制造系统能有效而经济地达到生产目标。例如，根据市场需要的变化来调整生产计划和设备负荷计划，对设备、刀具、工件等的数量和状态进行有效的管理。

3）技术信息处理软件。它主要用于对生产中的技术信息，如加工顺序的确定、设备和工艺装备的选择、加工条件和刀具路线的确定等技术信息进行处理。

3. 柔性制造系统的类型和应用

按照制造系统的规模、柔性和其他特性，柔性制造系统分为以下 5 种形式。

（1）柔性制造单元

柔性制造单元由单台计算机控制的数控机床或加工中心、环形托盘输送装置或工业机器人组成，采用切削监视系统实现自动加工，实现不停机转换品种进行连续生产，如图 11-3 所示。

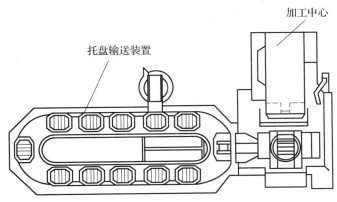

图 11-3　柔性制造单元

（2）柔性制造系统

柔性制造系统是指由两台或两台以上的数控机床、加工中心或柔性制造单元所组成，并配有自动输送装置、工件自动上下料装置、自动化仓库，具有计算机综合控制功能、数据管理功能、生产计划与调度管理功能和监控功能的自动化加工系统。图 11-4 是由两台加工中心所组成的柔性制造系统，它配有有轨运输车和托盘交换装置。

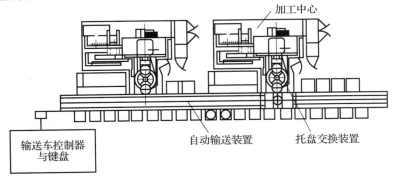

图 11-4　两台加工中心组成的柔性制造系统

（3）柔性制造生产线

柔性制造生产线是针对某种类型（族）零件而设置的，其带有专业化生产或成组化生产的特点。它由多台加工中心或数控机床组成，其中有些机床带有一定的专用性。全线机床按工件的加工工艺过程布局，可以有生产节拍，但是本质上是柔性的，为可变加工生产线。

图 11-5 为一条比较完善的柔性制造系统平面布置图。整个系统由 3 台组合镗床、2 台双面镗床、双面多轴钻床、单面多轴钻床、车削加工中心、装配机、测量机、装配机器人和清洗机等硬件设备组成，其加工对象是箱体零件。物料输送系统由主通道和区间通道

组成，通过沟槽内隐蔽着的拖曳传动链带动无轨运输车运动。若循环时间较短，则区间通道还可以作为临时寄存库。整个系统由计算机控制，但有些工作需由手工完成，如工件在随行夹具上的安装、组合夹具的拼装。

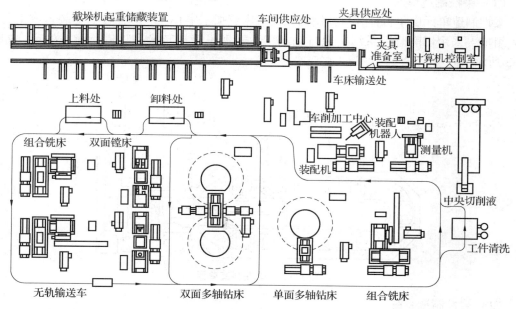

图 11-5　柔性制造系统平面布置图

（4）板料冲压柔性制造系统

板料冲压柔性制造系统由数控机床、模具的自动储存与快速更换系统、板材自动仓库、传输及自动上料系统、冲压件自动卸料、传输及分拣系统、废料传送与收集装置以及计算机管理与控制系统组成。其中，板材、冲压件及废料的储运组成了物流系统，而计算机的管理与控制则为信息流系统。

用于板材加工的数控机床有全自动冲裁压力机、激光切割机、数控弯曲机、数控剪床以及冲压加工中心等。

在板料冲压成型过程中，模具有着特殊的重要意义，冲压成型的主要信息均凝聚在相应的模具中。冲压件越复杂，制造相应模具所需的成本也越高，时间也越长，这直接影响到冲压件的经济性。为此，将复杂的冲裁或成型模具分解为简单的标准单元模具，并利用计算机控制来实现自动换模，而且在冲压成型过程中自动控制工件和模具的相对运动，就可大大提高板料冲压的柔性。

板料冲压柔性制造系统的控制系统一般为三级分布式计算机控制系统，如图 11-6 所示。第一级主要用于板材加工机床、模具装卸及更换机械手、自动上下料装置的控制，包括各种加工作业的控制与监测；第二级相当于 DNC（Distributed Numerical Control，分布式数控）的控制，它包括整个系统运转的管理、工件流动的控制、工件加工程序的分配以及第一级生产数据的收集；第三级计算机负责生产管理，主要编制日程进度计划，将冲压生产的信息如工件种类、每批生产的数量和期限、模具种类和数量等送至第二级系统管理计算机。主计算机（第三级）还可与 CAD 相联，利用 CAD 的数据进行数控编程，再把数控数据送往第二级，此外还可从第二级接受生产结果及其有关数据。

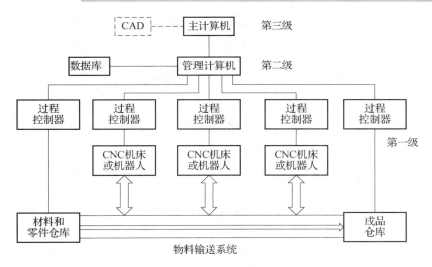

图 11-6　三级分布式计算机控制系统

图 11-7 是一个国外成熟应用的板材成型柔性制造系统，加工的产品有发电机、柴油及汽油发动机和电气产品的冲压件。

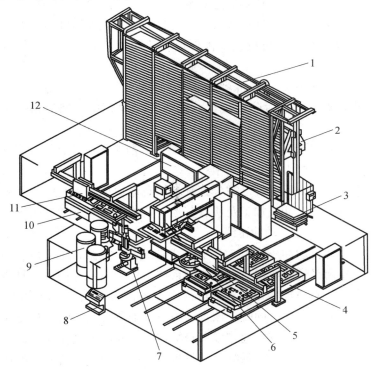

1—板材仓库；2—堆垛机；3—输入/输出小车；4—运输小车；5—卸料装置；
6—压力机；7—三轴 GMF 模具更换机械手；8—主控制台；9—3 个旋转模具库；
10—运送小车；11—自动板材上料机；12—激光柜及控制柜。

图 11-7　美国奥纳机械制造厂的板材成型柔性制造系统

该系统的主机为激光压力机，它将一般冲裁压力机与能切割 6 mm 厚板料的激光切割机组合在一起，每分钟行程为 240 次，激光切割速度为 1.5 ~ 10 m/min。其大部分工作由冲裁工序完成，而不规则的外形及内孔则由激光切割完成。冲模下面设有真空系统以自动吸除冲裁废料和料渣。在冲裁时，由自动计量润滑系统向冲头、凹模及板料喷洒润滑剂。在压力机的前方设有 3 个自动旋转模具库，其总容量可存放 300 套模具。采用机械手来更换模具。同时，还设有模具自动修磨补偿系统，模具每使用一次，DNC 即计数一次。当模具使用次数达到规定次数时，主监控站即发生信号，将模具从库中提出并进行刃磨。修磨好的模具返回模具库时，补偿系统会自动将模具使用次数置零，准备再次使用。

该系统的工作过程如下。

装有原材料的专用货箱由输入/输出小车 3 送至材料仓库区，并将料厚值输入控制盘。由堆垛机 2 从输入/输出小车上把货箱放在称重器上称重，并把材料数量及其厚度值存入存货报表中。然后，堆垛机将货箱放入板材仓库 1 中。

当系统开始工作需要板材时，堆垛机按照计算机指令，自动找寻所需板材的货格地址，取出货箱并放在运送小车 10 上，并经光束检测器检查板料堆最大高度之后，运送小车将货箱送到自动板材上料机 11 处。自动板材上料机有 12 个真空吸盘，根据程序的指令处于"吸"或"放"的状态。上料机便通过吸盘将单张板材以 76 m/min 的速度运到压力机 6 上。在冲压加工之前，由 X 轴及 Y 轴两方向的定位销来保证板材的定位精度。在板材对准位置后，即由定位销设有的传感器给吸盘以信号，使之释放，并让自动板材上料机复位以准备下一个循环。随后进行冲压成型。加工好的冲压工件由卸料装置 5 从压力机上运出，卸料装置有 72 个吸盘，它可根据工件外形尺寸和内孔形状来分别控制它们，使之处于"吸"或"放"的状态。

若冲压好的工件尺寸小于 200 mm×400 mm，则落入激光切割头这边的程序控制的落料滑槽，之后由小件分拣器分拣后分别按尺寸进入 6 个料箱中，然后由一端的运输小车 4 送走。

若冲压工件的尺寸大于 200 mm×400 mm，则由卸料装置吸住并运往另一端的两台运输小车 4 上，再分别进入 9 个大尺寸料箱中。

仅有的人工操作是当冲压工件已被分拣到料箱及运输小车 4 上后，由叉车运走。

物料搬运、模具更换、冲裁加工及所有其他功能均由 DNC 管理系统管理并协调。

（5）车身覆盖件半柔性自动冲压线

车身覆盖件半柔性自动冲压线由 5 台不同性能的大型机械式压力机、前处理系统、物料传送系统、快速换模系统、线尾与在线检测系统、控制系统等构成，具有构成紧凑、占地面积小、工作自动、有序等特点。板料可依次在各台压力机上按顺序完成拉深、修边、冲孔、翻边、校正等冲压工序。同时，该自动中压线配备有工序间物料传送系统及线尾在线检测系统，能高效、自动、有序地完成车身覆盖件的冲压成型作业。该自动冲压线通过调整压力机的行程和采用快速换模系统及调整程序控制，能更换所冲压的产品品种，故具有柔性加工特征。

车身覆盖件半柔性自动冲压线与白车身装焊生产线及车身油漆线一起构成了现代汽车车身先进制造系统。

车身覆盖件半柔性自动冲压线的工作过程如下。

1）上料。将所需的板坯吊运至拆垛小车上，小车随后开进拆垛站，进行拆垛并分发所需要的单件板坯。之后，板坯通过清洗机与涂油机，进行清洗并涂上润滑剂，前进至对中台上调好位置后由机械手将其送至首台拉深压力机上。

2）冲压连续自动作业。开动冲压自动线，通过工序间传送系统，便能按既定工序顺序完成冲压作业，最后在线尾皮带机上出件。

3）在线检测。利用线尾皮带机延长段上的检测装置进行在线检测，及时发现冲压件上的开裂、皱纹、暗坑等缺陷，之后将废品剔除并分送至废品输送系统。

4）离线检查。由专职检查人员利用检具对冲压件的关键特征点进行尺寸抽检，以便及时发现质量问题。

5）装箱、入库。将质量合格的制品由机器人装进专用器具，之后由叉车运送至成品库。

车身覆盖件半柔性自动冲压线的物料传输及快速换模系统的工作原理如下。

1）工序间的物料传送。该自动冲压线工序间的物料传送采用机械手或机器人，并通过端拾器来夹持工件实现工序间的传送。在传送过程中通过计算机编程控制，可实现冲压方向的改变（翻转）、传送高度的变化，并能防止与模具的干涉。

2）快速换模。快速换模是针对占用的设备停歇时间而言，即"设备的生产品种转换时间"。从前一个品种的最后一个工件下线至下一个品种的第一个工件下线的时间即为品种转换时间，在这段时间内设备不生产。快速换模的步骤为：

①先将各台压力机的滑块降落至下止点；

②将各模具的上模夹紧松开，合模后滑块升至上止点；

③将压力机工作台移出，另一侧工作台上放有下一品种所用的模具；

④更换端拾器，同时设备进行闭合高度调整，并对工序间传送装置进行相应调整；

⑤将装有下一个品种用的模具的另一侧工作台开入；

⑥压力机滑块下落至装模高度，分别将上模夹紧；

⑦滑块上升至上止点后，将滑块微调至闭合高度；

⑧观察全线正常后即可开动压力机开始下一个品种的首件生产。

车身覆盖件半柔性自动冲压线的物料传送、冲压加工、模具更换及在线检测等功能均由计算机控制系统进行管理、控制与协调。

11.1.2　计算机辅助制造

1. 基本概念

利用计算机分级结构将产品的设计信息自动地转换成制造信息，以控制产品的加工、装配、检验、试验、包装等全过程以及与这些过程有关的全部物流系统和初步的生产调度，这就是计算机辅助制造（Computer Aided Manufacturing，CAM）。

2. 计算机辅助制造系统的结构

计算机辅助制造过程是一个庞大的系统工程，一个大规模的计算机辅助制造系统就是一个计算机分级结构的网络，它由两级或三级计算机组成。其中，中央计算机控制全局，提供经过处理的信息；主计算机管理某一方面的工作，并对下属的计算机工作站或微型计算机发布指令和进行监控；而计算机工作站或微型计算机则承担单一的工艺过程控制或管理工作。

图11-8为计算机辅助制造系统的分级结构，由此可看出其功能是全面而广泛的，涉

及整个制造领域。

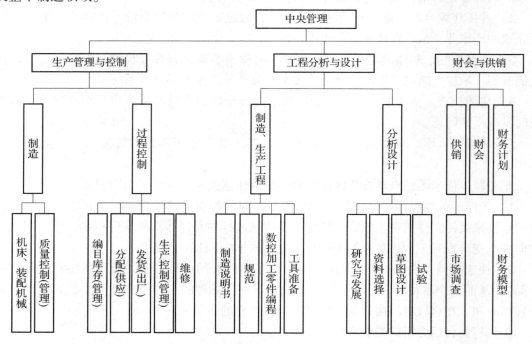

图 11-8　计算机辅助制造系统的分级结构

计算机辅助制造系统的组成可分为硬件和软件两方面：硬件方面有数控机床、加工中心、输送装置、装卸装置、储存装置、检测装置、计算机等；软件方面有数据库、计算机辅助工艺过程设计、计算机辅助数控程序编制、计算机辅助工装设计、计算机辅助作业计划编制与调度、计算机辅助质量控制等。

3. CAM 的应用

目前 CAM 的应用可概括为两大类。一类是计算机直接与制造过程连接，以对制造过程及其加工设备实施监视与控制，这是 CAM 的直接应用，如加工中心、FMS。另一类是计算机并不直接与制造过程连接，而是提供生产计划、进行技术准备及发出各种指令和有关信息，以便使生产资源的管理更为有效，从而对制造过程进行支持，这是 CAM 的间接应用，如计算机辅助数控编程、计算机辅助工艺设计、计算机辅助车间管理。

11.1.3　计算机集成制造系统

1. 基本概念

计算机集成制造系统（Computer Integrated Manufacturing System，CIMS）是在计算机技术、信息技术和自动化制造技术（如 CAD/CAM、FMS）基础上，通过计算机及相应软件，将制造工厂全部生产活动所需的种种分散的自动化系统有机地集成起来，是适用于多品种、小批量生产的总体高效益、高柔性的智能制造系统，是目前计算机控制制造系统自动化技术的最高层次，是一个信息与知识高度集成的制造系统。

2. 基本组成

CIMS 的主要技术基础是 FMS，但又不同于一般的 FMS，而是集成化的 FMS。作为一个复杂系统的集成，CIMS 必须是有层次的。一般认为 CIMS 可分为 5 层，如图 11-9 所示。

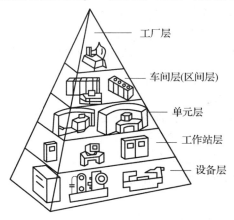

图 11-9　CIMS 层次图

第一层为工厂层，它是决策工厂的整体资源、生产活动和经营管理的最高层。第二层为车间层（又称为区间层），这里的车间并不是目前工厂中的"车间"的概念，而表示它要执行工厂整体活动中的某部分功能，进行资源调配和任务管理。第三层为单元层，这一层将支配一个产品的加工或装配过程。第四层为工作站层，它将协调站内的一组设备。第五层为设备层，这是一些具体的设备，如机床、测量机，将执行具体的加工、装配或测量任务。

按照上述层级原理组成的 CIMS，一般可看成是由管理信息系统，计算机辅助工程系统，生产过程控制和管理系统，物料的储存、运输和保障系统和数据库组成的大系统，如图 11-10 所示。

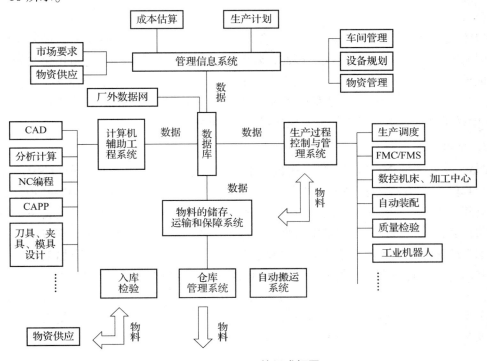

图 11-10　CIMS 的组成框图

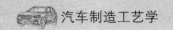

（1）管理信息系统

管理信息系统是生产系统的最高层次，是企业的灵魂，对生产进行战略决策和宏观管理。它根据市场需求及物资供应等信息，从全局和长远的观点出发，通过决策模型来决定投资策略和生产计划；同时，将决策结果的信息和数据，通过数据库和通信网络与各子系统进行联系和交换，对各子系统进行管理。

（2）计算机辅助工程系统

计算机辅助工程系统是企业产品研究的开发系统，并能进行生产技术的准备工作。它能根据决策信息进行产品的计算机辅助设计，对零件、产品的使用性能、结构、强度等进行分析计算；利用成组技术的方法对零件、刀具和其他信息进行分类和编码，并在此基础上进行零件加工的计算机辅助工艺设计和数控加工程序编制，以及进行相应的工、夹具设计等技术准备工作。

（3）生产过程控制与管理系统

生产过程控制与管理系统从数据库中取出由管理信息系统和计算机辅助工程系统中传出的相应的信息数据，对生产过程进行实时控制和管理，并把生产中出现的新信息通过数据库反馈给有关的子系统，如质量问题、生产统计数据、废次品率，以便决策机构作出相应的反应，及时调整生产。

（4）物料的储存、运输和保障系统

物料的储存、运输和保障系统是组织原材料和配件的供应、成品和半成品的管理与输送及各功能部门与车间之间的物流系统。

上述的（3）、（4）两项构成了 CIMS 的制造系统，在这里物料流与信息流交汇，具有加工制造功能。

（5）数据库

CIMS 中的数据库涉及的部门众多，含有不同类型、不同逻辑结构和物理结构的数据及不同的操作语言和不同的定义。因此，除各部门经常使用的某些信息可由中央数据库统一管理外，一般在各部门或地区内建立专用的数据库，即在整个系统中建立一个分布式数据库。分布式数据库是由数据库技术和计算机网络通信技术相结合而发展起来的，在 CIMS 中采用这种技术可以有效地实现异机同构、数据共享。

3. 应用实例

CIMS 是在新的生产组织原理和先进制造技术概念下形成的一种最新型的智能化生产模式。我国于 1992 年在清华大学建立国家 CIMS 工程技术研究中心（CIMS-ERC），该系统由车间、单元、工作站、设备四级组成，在计算机网络和分布式数据库支持下，将不同类型的计算机及设备控制器按信息共享、柔性生产的目的集成起来，从而形成了从工程设计、生产调度与控制到加工制造的实验制造系统。该系统可以完成对有限加工对象（回转体和非回转体的有限品种）的 CAD/CAPP/CAM 的集成；建立了一个包括加工制造、物料储存、刀具与夹具管理及测量等 8 个工作站的柔性制造单元，并实现了 CAD/CAM 的集成；实现了车间层、单元层、工作站层、设备层的递阶调度与控制。该系统由信息系统和制造系统两大部分组成，如图 11-11 所示。

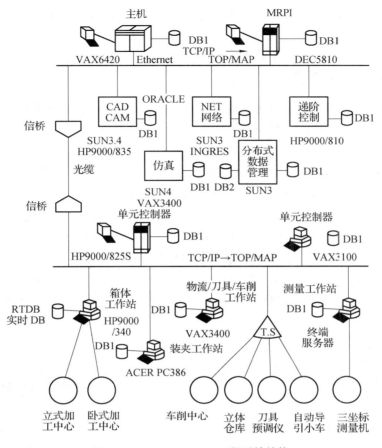

图 11-11　CIMS-ERC 工程系统结构

（1）信息系统

信息系统包括系统各层的规划与控制系统和完成工程设计（CAD/CAPP/CAM）所需要的软硬件系统，以及上述系统支持的系统软硬件：工厂自动化网络、分布式数据库及 CIMS 仿真。

（2）制造系统

制造系统包括加工、检测系统，由卧式加工中心、立式加工中心、车削中心和三坐标测量机组成；物料储运系统由立体仓库、机器人、无轨输送小车及缓冲站组成；刀具管理系统由中央刀具库、对刀仪和刀具装备间组成；工件装夹管理系统由组合夹具、装卸台组成。

制造系统在信息系统的管理和控制下工作，并及时地将制造信息反馈给信息系统。CIMS-ERC 的整个工作过程从工厂/车间计划开始，向设计部门及单元控制器下达零件设计及周生产计划。根据设计计划，利用 CAD 进行零件设计，产生零件图样；再通过 CAPP/CAM 根据 CAD 的结果进行工艺设计，产生工艺路线及数控加工程序；利用夹具 CAD 产生组合夹具组装图；根据周生产计划，单元控制器将产生双日滚动计划，并通过调度模块产生作业单，下发给各有关工作站，最后通过监控模块对各工作站进行监控；刀具工作站根据作业单准备好刀具，在对刀仪上测量刀具尺寸后，将刀具装到加工中心的辅助刀库上；物流工作站准备好毛坯，并将其运送到装夹站，装夹站安装好待加工的毛坯，由无轨输送小车运送到缓冲站或加工中心。与此同时，加工工作站根据调度指令向加工中心加载加工程序代码，控制加工中心进行加工。

4. 在车身覆盖件及模具中的应用

开发应用车身设计与模具设计制造 CIMS 技术的目的在于将车身设计、模具设计与模具制造活动集成起来，建立车身与覆盖件模具 CAD/CAPP/CAM 集成系统，以缩短产品开发周期和生产技术准备时间，提高产品质量。

（1）CIMS 应用工程开发及实施（以我国东风汽车集团公司的开发工作为例）

1）CIMS 应用工程的目标。

在初步设计阶段，确定的总目标是：开发车身 CAD 子系统、覆盖件模具 CAD/CAPP/CAM 子系统，在计算机网络和数据库管理系统的支持下实现车身与覆盖件模具 CAD/CAPP/CAM 系统的信息集成，实现各子系统的数据交换和产品模型的共享。

突破口目标为：完善计算机支撑环境的建设；完成车身 CAD、模具 CAD、模具 CAPP 和模具 CAM 子系统，实现系统集成；在车身和覆盖件模具的实际设计制造中，取得显著的经济效益。

2）CIMS 应用工程总体结构。

车身与覆盖件模具 CAD/CAPP/CAM 系统由 4 个应用子系统组成，即车身 CAD、模具 CAD、模具 CAPP 和模具 CAM。该系统包括了车身设计和覆盖件模具设计制造过程的主要功能。

车身与覆盖件模具 CAD/CAPP/CAM 系统还包括一个集成支撑环境子系统。4 个应用子系统在计算机网络和数据库系统的支持下实现集成。系统采用了多级以太网结构，以 CHALLENGE 为网络服务器。在公司技术中心，网络系统将计算机部、车身部、车型部和发动机部的工作站连在一起。而在冲模厂，网络系统将计算机科、模具加工车间和技术科联系起来，包括了模具 CAD、CAPP 和 CAM 系统的设备。技术中心和冲模厂之间可通过 IBM4381 仿真终端实现通信和数据传输。

3）车身 CAD 子系统。

车身 CAD 子系统包括几何造型、总体布置、性能分析和零件设计等主要功能模块。其结构分为两个层次：应用层，由五大功能模块组成；支撑层，由 CAD 支撑软件和信息管理软件组成。数据库系统对产品设计、结构分析、设计标准和法规等数据进行统一管理。

车身 CAD 子系统在 SGI 工作站上运行，其目标为：在现有 CAD 系统软件及支撑环境的基础上，自行开发造型与设计功能模块，初步建成与车身设计有关的标准件库、汉字库、设计标准、法规库和设计分析计算软件包。在上述工作基础上，依据信息集成与共享的原则，实现主要功能模块的集成，建立起一个具有良好开放性的 CAD 系统，支持 CAD/CAPP/CAM 集成系统。

车身 CAD 子系统的主要功能模块的工作方式及功能如表 11-1 所示。

表 11-1　车身 CAD 子系统的主要功能模块的工作方式及功能

功能模块	工作方式及功能
车身外表面和部分内饰件的几何造型	①屏幕菜单形式与交互式操作； ②曲面的光顺、连接和过渡； ③能对外覆盖件和部分内饰件进行造型； ④多窗口式； ⑤具有多种曲面造型方式； ⑥历史产品的几何信息的检索
总体布置	①屏幕菜单形式与交互式操作； ②与某些内饰件有关的人体工程分析与模拟； ③多窗口操作； ④产生车身的总体布置方案并进行比较、选择和评判； ⑤对车身零部件进行布置调整； ⑥对历史产品总数据的检索
结构布置	①屏幕菜单方式与交互式操作； ②多窗口操作； ③产生三维结构模型； ④产生结构的装配方式； ⑤对历史产品的结构布置方案的检索； ⑥进行结构方案的比较、评判
结构分析	①有限元分析前后置处理； ②屏幕菜单方式与交互式操作； ③多窗口形式； ④样板车的结构分析； ⑤产品结构分析； ⑥对历史产品的结构信息的检索
零件设计	①屏幕菜单方式与交互式操作； ②多窗口形式； ③外覆盖件的设计； ④内骨架件几何造型与设计； ⑤对标准件库操作； ⑥零件的产品模型的建立； ⑦标准法规的检索与校核； ⑧设计多方案的比较； ⑨历史产品信息的检索

4）模具 CAD 子系统。

模具 CAD 子系统在车身覆盖件产品模型的基础上，完成覆盖件模具设计，提供模具 CAPP 和 CAM 所需的模具产品模型。模具 CAD 子系统由冲压工艺设计模块、模具结构设计模块和成型分析与模拟模块组成，如图 11-12 所示。冲压工艺设计模块完成工艺方案设计、工序设计、材料与工时定额及冲压设备选择等工作。模具结构设计模块包括结构方案设计、详细设计及模具图绘制等功能，并通过模具结构与零件的标准化和建立图库，提高模具设计的效率。成型分析与模拟模块用以模拟覆盖件的冲压成型过程，分析工件变形，计算工艺力，预测成型缺陷，并对冲压工艺设计和模具结构设计的结果进行验证。若发现车身零件设计存在工艺性不良的问题，将要求修改车身零件设计的信息反馈给车身 CAD 子系统。

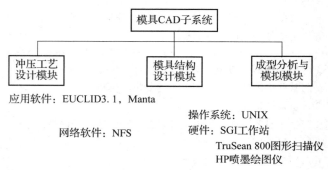

图 11-12　模具 CAD 子系统的结构

　　该子系统的目标是在数据库与网络的支持下，利用引进的 CAD 软件，建立车身覆盖件拉深模 CAD 系统，以提高覆盖件拉深模的设计质量，缩短模具设计时间，并支持车身 CAD/CAPP/CAM 的集成。

　　冲压工艺设计和模具结构设计是在 SGI 工作站上以 EUCLID 软件为基础实现的。

　　模具结构设计模块主要包括冲压拉深工艺设计和标准件图库设计两个部分，其结构分别如图 11-13、图 11-14 所示。

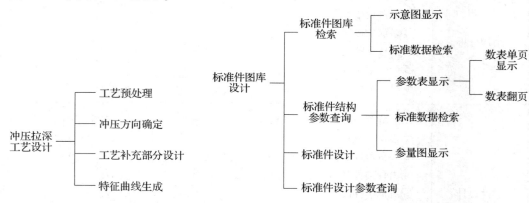

图 11-13　冲压拉深工艺设计的结构　　　　**图 11-14　标准件图库设计的结构**

　　成型分析与模拟模块完成覆盖件成型过程的有限元模拟分析，提供拉深件成型过程中的变形和应力分布。该模块采用动显式有限元算法进行分析，避免了因非线性引入的迭代计算，具有计算时间短、稳定性高等优点。

　　板料成型分析模块结构如图 11-15 所示。

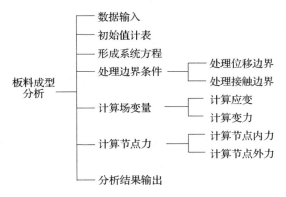

图 11-15　板料成型分析模块结构

5）模具 CAPP 子系统。

模具 CAPP 子系统基于成组技术建立，其以派生法为主体，提供 CAM 所需的信息，实现 CAD/CAPP/CAM 的集成。模具 CAPP 子系统在 486 和 386 微型计算机上实现，以 AutoCAD 为图形支撑软件。该系统在结构上分为 3 个层次：核心层、工具层和应用层。

①核心层。该层包括操作系统、数据库管理系统、网络软件、图形软件包等。

②工具层。该层将为用户提供开发工具，包括模具生产全过程网络软件与计划软件的开发工具、模具工装设计图形软件的开发工具等。

③应用层。该层包括 5 个部分：毛坯设计、机加工工艺设计、材料定额、二级工装设计以及模具生产网络计划图设计，如图 11-16 所示。

模具 CAPP 子系统的功能如图 11-17 所示。

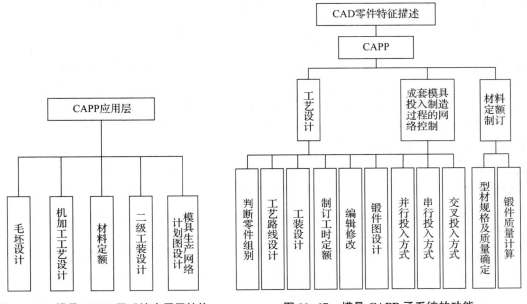

图 11-16　模具 CAPP 子系统应用层结构　　**图 11-17　模具 CAPP 子系统的功能**

6）模具 CAM 子系统。

模具 CAM 子系统包括工序设计、刀位文件和测头文件的生成与仿真、后处理和加工检验功能。根据生产的实际情况，有些外来加工模具，不需要设计，而是提供样件或三维扫描数据，为此该子系统加入了造型功能。

为了保证数控机床的加工质量，实现加工过程的质量控制，模具 CAM 子系统可生成测头文件和程序，用于数控加工检验。这是 CAM 功能的扩展，是整个模具制造过程质量保证体系的重要组成部分。加工和检测过程的仿真功能可以及早发现和纠正数控程序的错误，有利于保证模具加工质量。该子系统的编程工作站通过网络与车间数控机床相连，实现 DNC。

模具 CAM 子系统的目标是将现有的 CAD/CAM 软件（DUCT 系统及 EUCLID 系统）用于实际生产中，使车身覆盖件的主要拉深模具实现数控加工，加工质量符合设计要求。同时，对 DUCT 和 EUCLID 系统用于冲模制造过程中存在的问题，在现有软件和研究成果的基础上作二次开发。

该子系统在分布式数据库支持下，实现与 CAD/CAPP 子系统的信息集成。模具 CAM 子系统的功能有如下几项。

①数控编程：三维型面数控加工轨迹生成；成型刀沿过渡面纵向生成加工轨迹；球面刀沿圆弧过渡面纵向生成加工轨迹。

②后置处理：有刀具加工轨迹仿真；将刀位文件转换为相应机床的数控程序。

③工艺管理：包括建立数控编程任务单子数据库；建立数控指导书子数据库；建立刀具改制单子数据库。

④数控程序仿真与模具加工：在模具加工之前，先在计算机屏幕上模拟显示数控程序，检验刀具行进的轨迹是否正确，并对所显示的刀具轨迹进行旋转、放大、定位查找等操作，还可对数控程序进行人机交互或修改；模具加工时，对照总结出来的工艺规范，合理选择切削参数和切削刀具，按照数控加工指导书，在数控机床上完成模具的切削加工。

7）数据库/网络集成支撑环境子系统。

建立支持各个子系统集成的计算机网络通信系统，完成公司技术中心与冲模厂联网，冲模厂内冲模 CAD/CAM 室与冲一车间、冲二车间联网，实现系统的物理集成。建立车身 CAD、模具 CAD、模具 CAPP、模具 CAM 子系统各自的数据库，在自行开发的工程信息管理系统的支持下，实现各子系统之间的数据共享和信息集成。

车身与覆盖件模具 CAD/CAPP/CAM 系统采用关系型数据库管理系统。在网络系统的支持下，数据库系统作为应用信息储存、管理和共享的手段，在系统的信息集成和功能集成中起重要作用。系统所处理的数据包括图、文、数、表和数控代码等，涉及结构化、半结构化和非结构化的数据类型，采用了通用数据库管理系统和 CAD/CAM 系统"联邦"集成的管理模式。

整个网络系统是由环形网和总线网组成的多级网络结构。第一级总线网络连接车身 CAD、模具 CAD 和模具 CAM 子系统的工作站；第二级总线网与第一级总线网互连，模具 CAPP 子系统所用的计算机连在二级总线网上。网络通信协议采用 TCP/IP。

（2）实施效果

车身与覆盖件模具 CAD/CAPP/CAM 系统的应用，显著提高了企业自主产品开发的能力，增强了企业的市场应变能力和竞争能力。使车身开发和覆盖件模具的设计制造周期比原来的传统方法缩短了 1.5 年，模具设计制造水平大大提高，加工出的模具和模型的质量已接近国外先进水平。

11.2　汽车用主要塑料制品及其成型工艺

塑料用来制造汽车的内饰件、外装件和功能件，尤其是近期采用工程塑料及合金、纤维增强复合材料制造外装件备受重视。在塑料品种的选用上，热塑性塑料的用量占塑料总用量的70%，其中聚丙烯（PP）的用量约占热塑性塑料总用量的40%。表11-2为汽车用塑料的主要应用场合。

表 11-2　汽车用塑料的主要应用场合

塑料	应用场合
PP	保险杠、蓄电池壳、仪表板、挡泥板、嵌板、采暖及冷却系统部件、发动机罩、空气滤清器、导管、容器、侧遮光板
PU	坐垫、仪表板垫及罩盖、挡泥板、车内地板、车顶篷、遮阳板、减振器、护板、防撞条、保险杠
ABS	收音机壳、仪表壳、制冷与采暖系统部件、工具箱、扶手、散热器格栅、内饰、车轮罩、变速器壳
PE	内护板、地板、燃油箱、行李厢、冲洗水水箱、挡泥板、扶手骨架、刮水器、自润滑耐磨机械零件
PET	纺织物、盖、皮带、轮胎帘、气囊、壳体
PBT	电子器件外壳、保险杠、车身覆盖件、刮水器杆、齿轮
PA	散热器水室、转向器衬套、各种齿轮、皮带轮、层面零件、顶盖、油箱、油管、进气管、车轮罩、插头、轮胎帘布、安全带
PVC	电线电缆包衬、驾驶室内饰、嵌材、地板、防撞系统、涂料
POM	燃油系统、电气设备系统、车身体系的零部件、线夹、杆塞连接件、支撑元件
PC	保险杠、前轮边防护罩、车门把手、车身覆盖件、挡泥板、前照灯、散光玻璃
PMMA	后挡板、灯罩及其他装饰品
PPO	嵌板、车轮盖罩、耐冲击格栅
PF	化油器

11.2.1　聚氨酯泡沫塑料在汽车上的应用

聚氨酯（PU）泡沫塑料具有一系列优异的性能而且其原料组分都是液体，生产操作方便，只要简单地改变其原料配方，便可得到极软到极硬范围的泡沫塑料，同其他软质泡沫塑料相比，还具有下述系列优点。

半硬质 PU 泡沫塑料可分为普通型和自结皮型两种。其中，普通型半硬质 PU 泡沫塑料的密度可根据需要由 $60\ kg/m^3$ 调整到 $150\ kg/m^3$，有利于汽车轻量化。由于半硬质 PU 泡沫塑料是开孔的，故其制品有良好的回弹性，使人接触后感觉舒服，并能吸收 50% ~70% 的冲击能量。而自结皮型半硬质 PU 泡沫塑料在发泡时能自行在产品外壁结成 0.5 ~3 mm 厚的表皮，其有较高的拉伸断裂强度和耐磨性，并能注塑发泡成具有不同花纹和颜色的制品。

1. PU 及 PU 泡沫塑料的制造

（1）PU

PU 是指分子结构中含有氨基甲酸酯基团（—NHCOO—）的一类聚合物，取决于组成的变化，其性能可从软质到硬质较宽范围内变化，其产品以泡沫塑料为主。

（2）PU 泡沫塑料的制造

PU 泡沫塑料是把含羟基的聚醚树脂或聚酯树脂与异氰酸酯反应构成聚氨酯主体，并用异氰酸酯与水反应生成的二氧化碳发泡而制成的泡沫塑料。

制造 PU 的主要原料有异氰酸酯（TDI、MDI），多元醇（聚醚多元醇、聚酯多元醇），催化剂及发泡剂、表面活性剂、阻燃剂、增塑剂、脱模剂等添加剂。

多元醇的相对分子质量为 200 ~ 100 000。用于软质泡沫塑料的多元醇官能团一般较少（2 ~ 3 个），羟值较低（40 ~ 60 mgKOH/g）、相对分子质量较大（2 000 ~ 4 000）。而硬质泡沫塑料用的多元醇官能团较多（3 ~ 8 个）、羟值较高（400 ~ 600 mgKOH/g）、相对分子质量较小。

我国制造汽车仪表板用的普通型半硬质 PU 泡沫塑料的典型配方和物理性能如表 11-3 所示。

表 11-3 普通型半硬质 PU 泡沫塑料的典型配方及物理性能

组分	配比/%	物理性能	
JS-2 型 801	100	密度/$(kg \cdot m^{-3})$	≤50
PAPI	75.4	抗拉强度/kPa	126
混合助剂	7	伸长率/%	38
		回弹率/%	32
		50%压缩强度/kPa	51

1）生产普通型半硬质 PU 泡沫塑料的主要工艺流程是：放入预制成型表皮→涂刷脱模剂→固定骨架→合模→浇注→开模。预制成型表皮系将聚氯乙烯（PVC）片材真空吸塑成型。用此工艺可生产汽车仪表板。

2）生产自结皮型半硬质 PU 泡沫塑料的主要工艺流程是：涂刷脱模剂→固定骨架→合模→浇注→开模。用此工艺可生产汽车转向盘。

2. PU 泡沫塑料在汽车上的应用

汽车轻量化推动了 PU 泡沫塑料的飞跃发展。在 20 世纪 70 年代之后，整体发泡自结皮技术和聚氨酯反应注射模塑法（PU-PIM）成型技术的开发成功，更加扩大了 PU 泡沫塑料在汽车上的应用范围。目前，PU 塑料制品用于汽车上的情况如表 11-4 所示。

表 11-4 PU 塑料制品用于汽车上的情况

塑料品种	汽车零件名称
块状软质泡沫塑料切片	遮阳板、顶篷衬里、门板内衬、中心支柱、装饰条、隔音板、三角窗装饰条
软质模压泡沫塑料	坐垫、靠背

续表

塑料品种	汽车零件名称
半硬质泡沫塑料	仪表板填料、门柱包皮、控制箱、喇叭坐垫、扶手、头枕、遮阳板、保险杠
硬质泡沫塑料	顶篷衬里、门板内衬
整体自结皮泡沫塑料	扶手、门柱、控制箱、喇叭坐垫、转向盆、空气阻流板
弹性 RIM 制品	保险杠、挡泥板、发动机罩、倒后支柱、车门把手、行李厢盖
刚性 RIM 制品	散热器格栅、暖风壳、前阻流板、挡泥板垫、挡泥板、门板、发动机罩、行李厢盖、小车地板
浇注型弹性体	防尘密封、滑动轴承套、转向节衬套、钢板弹簧吊耳衬套、锁头零件、门止块、电缆衬套
热塑性弹性体	减振垫块、钢板弹簧隔垫、弹簧线圈护套、齿轮传动装置罩、格栅、顶篷
涂料	坐垫套、隔音棉、吸振片、门内衬、保险杠、覆盖件、顶篷
复合结构材料	减振垫块、钢板弹簧隔垫、弹簧线圈护套、齿轮传动装置罩、格栅、顶篷

（1）PU 泡沫塑料汽车座椅

汽车座椅主要由骨架、弹性缓冲物（坐垫）和外包皮三大部分组成。国外自 1957 年开始用 PU 泡沫塑料取代钢丝弹簧和海绵胶制造汽车坐垫，我国也于 1983 年在解放牌汽车座椅生产中采用 PU 泡沫塑料弹性物。目前，国内汽车坐垫已全部采用 PU 泡沫塑料制成。

1）PU 泡沫塑料坐垫的制造方法。PU 泡沫塑料坐垫采用模压法制造，这样既可以镶嵌骨架，又可较容易得到形状较复杂的制品。模压法制造坐垫分为热硫化法和冷硫化法两种。其中，热硫化法是以甲苯二异氰酸酯（TDI）和相对分子质量为 3 000 ~ 3 500 的聚醚多元醇（聚醚 330）反应物为基础，再加入催化剂、发泡剂、稳定剂等，按图 11-18 所示的过程进行连续生产。该生产过程借助于 150 ~ 250 ℃ 的热风炉提供热能，在模具中完成聚合、发泡、硬化等工序，完成一个周期用时 10 ~ 15 min。目前，国内生产普通型软质 PU 泡沫塑料汽车坐垫的典型配方如表 11-5 所示。

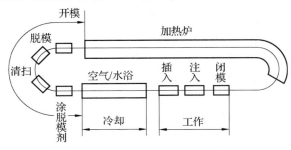

图 11-18　PU 热硫化模压法线路

表 11-5 普通型软质 PU 泡沫塑料汽车坐垫的典型配方及物理性能

组分	配比/%	物理性能	
聚醚 330	100	密度/(kg·m⁻³)	≤45
TDI	28 ~ 35	抗拉强度/kPa	≥15.68
		伸长率/%	≥88.2
		回弹率/%	≥35
		压缩 50% 永久变形/%	<5

制品成型的工艺条件如下：

①原料温度(23±2) ℃；

②模具温度(40±2) ℃；

③制品熟化温度 100 ~ 120 ℃；

④制品熟化时间 25 ~ 40 min。

为了满足耗能少、弹性高、难燃化的要求，冷硫化法应用越来越广泛。冷硫化法是在模压体系的原料中导入高反应活性的聚醚多元醇，二苯基甲烷-4,4′-二异氰酸酯（MDI）/TDI 混合物和改性异氰酸酯时，在模温 50 ℃的条件下（不需要热风炉，用热水即可）就起反应，而且在 10 min 内就脱模。

与热硫化法相比，用冷硫化法制造坐垫，除具有节能、省时间特点外，其产品衰减性能更大、阻燃性能较好。

2）PU 泡沫塑料坐垫的发展趋势。

近年来开发成功一种使用特殊 MDI 的新的快速硫化体系。按照此方法，坐垫和头枕分别在 2 min 和 1 min 内就能脱模。

根据人机工程原理，对坐垫的各部分物理性质和硬度的要求有所不同，如要求接触腿部的坐垫左右比中央部位的硬度要大一些。欧洲产的汽车坐垫的压缩硬度分布：中央部位为 5.0 kPa，而左右侧部位为 13.0 kPa。这种不同硬度的泡沫塑料垫可以用同时发泡不同品种的泡沫体的方法实现，即使用一个或几个混合头的设备，发泡不同的配方或者只是改变异氰酸酯指数来达到制造部分异硬度坐垫的目的。

（2）PU 泡沫塑料仪表板、扶手与头枕

仪表板、扶手、头枕是用半硬质 PU 泡沫的原液在聚氯乙烯等表皮里面发泡而成型的。

1）仪表板的制造工艺及所用材料。仪表板表皮材料大部分采用 ABS 改性的聚氯乙烯膜。要求表皮材料不产生使玻璃模糊的挥发物，有皮革的手感且表面花纹在成型过程中不应变形，并不反光。表皮是延压成带花纹的厚度为 0.7 ~ 1.0 mm 的片材。事先通过真空成型仪表板的表皮，之后将其放置在下模中。在上模中固定金属骨架，合模后在两者中间注入原液发泡，然后在炉中或直接加热发泡。

扶手、头枕也是在表皮内部放入镶嵌件，注入原液发泡而成的。

2）制造仪表板所用的其他材料。表 11-6 列出了仪表板用硬质塑料的特征。其中，玻璃纤维增强的聚丙烯（PPG）虽然对制动油的化学稳定性较好，但因受玻璃纤维排列方向的影响，会使收缩率不同而外观较差。聚苯醚（PPO）耐光性较差，需要在其表面上进行涂覆。而玻璃纤维增强的丙烯腈-苯乙烯共聚物（ASG）热稳定性较差，容易在成型过程中分解。

表 11-6　仪表板用硬质塑料的特征

项目	单位	PPG	PPO	ASG	超耐热 ABS
无机填料	%	25 ~ 30	0	15 ~ 20	0
相对密度	—	1.06 ~ 1.20	1.06	1.17 ~ 1.21	1.05
硬度	R	93 ~ 110	119	119 ~ 121	114
抗拉强度	MPa	29 ~ 49	49	96 ~ 103	47
伸长率	%	4 ~ 10	48	3	12
挠曲弹性模数	MPa	1 666 ~ 5 488	2 450	5 586 ~ 6 664	2 450
弯曲强度	MPa	49 117	94	117	83
Izod 冲击强度（带缺口）	J/m	35 ~ 98	137	59	127
热变形温度（1.8 MPa）	℃	110 ~ 115	110 ~ 115	103 ~ 105	110 ~ 115
成型收缩率	—	7/1 000 ~ 10/1 000	5/1 000 ~ 8/1 000	1/1 000 ~ 4/1 000	5/1 000 ~ 8/1 000

（3）PU 泡沫塑料转向盘

转向盘是汽车驾驶员在行驶中掌握行进方向的重要部件，从使用及功能等方面考虑要求其应在保证基本功能的前提下，手感舒适、外韧内软，在发生碰撞时能够起到缓冲作用，以保障驾驶员生命安全。为此，目前汽车转向盘多采用自结皮半硬质 PU 泡沫塑料制造。这种转向盘是在金属骨架外面用反应注射成型方法形成一层具有自结皮结构的 PU 泡沫塑料。

1）PU 泡沫塑料转向盘的结构。转向盘由金属骨架和塑料包覆材料构成，其包覆材料多采用低发泡自结皮 PU 泡沫塑料。而转向盘又由转向盘体和转向盘盖两部分组成，转向盘盖可以采用硬质塑料注塑件直接制成，也可用硬质塑料做出骨架再覆盖上自结皮 PU 泡沫塑料。

2）自结皮 PU 泡沫反应注射成型工艺。将加工合格的骨架作为镶嵌件放入模具中，采用反应注射成型工艺加工转向盘的 PU 发泡外层。其生产工艺如下：

①先将模具加热至规定的温度，之后将骨架准确地放入模具中定好位；

②合模浇注，保压、固化、成型；

③开模取出工件，修整飞边；

④喷漆、烘干、熟化。

各主要工艺参数如表 11-7 所示。整皮模塑与常规模塑工艺相比具有生产周期短、产量高、工序及设备较简单、投资较少、劳动生产率高、产品质量好等优点。但由于 PU 表皮比 PVC 表皮贵，故原材料费用略高一些。PU 模塑表皮与 PVC/ABS 表皮的物理性能对比如表 11-8 所示。

表 11-7　自结皮 PU 泡沫反应注射成型工艺参数

项目	工艺条件	项目	工艺条件
模温/℃	40 ~ 50	浇注时间/s	6 ~ 10
A 料温/℃	15 ~ 25	保压时间/s	30 ~ 90

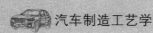

续表

项目	工艺条件	项目	工艺条件
B料温/℃	20 ~ 25	后熟化时间/h	48 ~ 72
模温倾角/(°)	15 ~ 30		

表 11-8　PU 模塑表皮和 PVC/ABS 表皮的物理性能对比

项目	PU 模塑表皮	PVC/ABS 表皮
抗拉强度/MPa	1.06	0.79
断裂伸长率/%	140	160
抗撕裂强度/MPa	0.41	0.48

反应注射成型与普通注射成型工艺相比，其最大优点是所采用的原料为黏度很低的液体，无须高压充模。反应注射成型模腔压力一般为 0.2 ~ 0.8 MPa，故能减小模具及载模装置设计和制造的难度，降低制作成本。

11.2.2　汽车结构件用通用塑料的注塑成型及其制品

由于通用塑料具有质量小、成型自由性好、电气绝缘性较好、原材料丰富、价格较便宜等优点，因此近年来汽车上的通用塑料制品用量急剧增加。通用塑料既可以制造汽车机能件，又可制造内饰件。汽车轻量化中应用最多的通用塑料有聚丙烯（PP）、聚乙烯（PE）、聚氯乙烯（PVC）和 ABS 四大类。它们主要采用注射成型制作汽车零部件，也可利用其片或膜作面料。

1. PP 在汽车上的应用

目前各种类型汽车上的 PP 零件品种已超过 70 种。在表 11-9 中列出了用 PP 制造的主要汽车零件的名称及质量。

表 11-9　用 PP 制造的主要汽车零件的名称及质量

汽车零件名称		质量/kg	数量
功能件及壳体	分电器盖	0.092	1
	仪表灯壳	0.021	1
	加速踏板	0.082	1
	后灯壳	0.423	2
	冷却风扇	0.380	1
	暖风壳	2.190	1
	风扇护圈	0.800	1
	刮水器电动机套	0.014	2
	转向盘	0.744	1
	杂物箱盖	0.207	1
	杂物箱	0.669	1
	空气滤清桥壳	1.800	1

续表

汽车零件名称		质量/kg	数量
配件及其他	后视镜框（外）	0.038	2
	后视镜框（内）	0.059	1
	千斤顶手柄	0.020	1
	安全腰带	0.023	2
	高压线夹	0.010	4
	打火机	0.003	1
	室内灯具	0.028	1
	清洗剂水池	0.016	1
	特殊信号灯	0.025	1
	天线柱	0.080	1
	减振器、防尘器	0.005	4
	其他灯具	0.012	2
	扶手	0.120	2

（1）PP 的改性及目的

由于通用 PP 材料收缩率较大（1.0%～2.5%），具有易产生内应力和各向异性，制品尺寸稳定性较差，易发生翘曲变形，低温时易脆断，耐光老化、耐热老化差等缺点，故无法满足汽车保险杠、仪表板、发动机风扇等部件的使用性能要求。为了改善 PP 的性能，满足汽车零件对某些特性的要求，必须对通用 PP 进行改性。通过对 PP 基体、增韧剂、填充剂三者间配比的协调，可制成一系列不同性能的改性 PP，以满足不同汽车零部件功能的要求。目前，国内汽车用改性 PP 主要有如下四大类。

1）增韧型：以弹性体为主增韧的改性 PP，具有很高的冲击强度与低温性能，主要用于制造汽车保险杠。

2）填充增韧型：即以无机物填充，弹性体增韧的改性 PP，具有模量高、刚性与耐热性好、尺寸稳定性好等优点，广泛用于制作汽车内外装饰件，如仪表板、车门内护板、水箱面罩。

3）填充型：即采用高含量无机物填充的改性 PP，可大大提高材料的刚性、耐热性及尺寸稳定性，主要用于制造耐高温的非受力构件，如暖风机壳件、护风圈。

4）增强型：用玻璃纤维增强的 PP 材料是聚烯烃塑料中强度最高，刚性、耐热性及尺寸稳定性最好的品种，主要用于制造发动机风扇等高强度、高耐热制品。

（2）PP 的成型加工

PP 的成型加工的要点如下。

1）高温下热稳定性且成型温度范围宽。

①热分解温度（真空中热分解速率达到 1% 时的温度）：380 ℃。

②热分解时单体生成量：0.17%。

③热分解微分峰顶温度：300 ℃。

④成型温度范围：180~380℃。

2）一次成型性优良——几乎所有的成型加工方法都可适用，但以注射成型（约55%）和挤出成型（约30%）为主。

3）注射成型的工艺条件如表11-10所示。

表11-10　PP注射成型的工艺条件

MFR/[g·(10 min)$^{-1}$]	成型温度/℃		注射压力/MPa		模具温度/℃	
	活塞式	螺杆式	活塞式	螺杆式	活塞式	螺杆式
3	220~260	200~250	100~200	40~70	40~60	40~60
1	240~280	220~260	100~200	40~70	40~60	40~60
0.3	260~300	240~280	100~200	40~70	40~60	40~60

注：MFR为熔体流动速率的英文缩写。

4）吸水率低且成型前不用干燥。

5）成型收缩率较大。其中，均聚PP和无规共聚PP的收缩率为1.6%~2.5%；抗冲击改性PP的收缩率为1.5%~1.8%。填充后会使收缩率减小，滑石粉填充的均聚PP收缩率为0.9%，玻璃纤维增强PP的收缩率为0.4%。

（3）PP在汽车工业中的应用实例

PP在汽车上被大量用来制作内饰件、外装件、与发动机有关的零部件和空调机件等，其应用量占汽车塑料总用量的30%以上，而且有取代作为刚性塑料件应用于汽车的ABS等塑料的趋势。

1）保险杠。

改性PP注射成型的保险杠具有成本低、质量小、可循环利用等优势，其数量已占保险杠总数的70%。

国内保险杠专用材料的成分与制备，大都采用均聚PP或共聚PP，然后加入过氧化物调节相对分子质量，制得烯烃热塑性弹性体EPDM共混挤出造粒，制得用于工业化生产的保险杠专用料。有的在采用EPDM作为增韧剂时，在原料中还加入二异丙苯类过氧化物，使橡胶形成微交联结构，同时橡胶相与塑料相之间形成一定程度的共交联结构，使材料的抗拉强度明显提高。另外，通过加入滑石粉、碳酸钙等无机填料，确保材料的弯曲强度、热变形强度和硬度等指标不下降。

保险杠采用注射成型工艺的优点是可成型形状比较复杂的产品、生产效率较高、能赋予制品必要的刚性等。同时，PP注射成型保险杠的成本要比PU反应注射保险杠成本下降约20%。其生产工艺过程如下。

选用EPDM塑炼成薄片，并切成粒状（长4~6 mm、厚2~3 mm）。在室温下混合机内先加入粒状的EPDM，再加入粉末状光稳定剂UV-327和抗氧剂1010，将三者充分搅拌分散均匀。最后加入PP和黑色母粒，常温下充分混合分散均匀。混好的料用双螺杆混炼挤出机挤出，温度为180~220℃，挤条冷却后切成粒状，经过烘干制成PP/EPDM共混热塑性弹性体粒料。粒料需干燥至水分含量小于6%，灰分不大于0.4%。在190~230℃的温度下用注塑机注射成型。

2）硬质仪表板。

汽车仪表板的结构和用材多种多样，但基本可分为硬质和软质仪表板两大类。硬质仪表板多用于商用车及客车，其结构简单，主体部分采用同一种材料直接注射成型。

改性 PP 仪表板材料的性能要求如下。

改性 PP 的主要成分是 PP、橡胶增韧剂和无机粉填充剂。这种材料价格便宜、综合性能好。用改性 PP 制造注射成型仪表板的工艺过程为：原料干燥→注射成型→修整→包装。生产工序简单、周期短、成本低，但需要大型注塑机（注塑量 10 000 g 以上）和大型注塑模具。相应的副仪表板也采用注射成型。注射成型加工条件如表 11-11 所示。

表 11-11　汽车仪表板注射成型加工条件

阶段	时间/s	温度/℃	压力/MPa	阶段	时间/s	温度/℃	压力/MPa
原料干燥	2 400	80±5		注射过程	10		120
第一段加热		230		保压过程	20		70
第二段加热		230		冷却过程	50		
第三段加热		220		模具温度		40 ~ 60	
第四段加热		210					

3）其他汽车零部件。

经过改性的 PP 既可制作汽车内饰件，又可制作结构件，如转向盘、后视镜框、嵌块式车门内饰件、侧面装饰件和转向柱套、发动机和取暖通风系统的有关零件。

2. PE 在汽车上的应用

PE 在汽车上的用量占汽车塑料总用量的 5% ~ 6%，次于 PVC、ABS、PP、PU，居第 5 位。PE 主要用于制造各种储罐和空气导管。

（1）PE 的种类

生产方式的不同，所得 PE 的分子结构、密度、结晶度、相对分子质量也不相同。PE 按其密度分为高密度聚乙烯（HDPE）、中密度聚乙烯（MDPE）和低密度聚乙烯（LDPE），如表 11-12 所示。汽车工业中所用的 PE 基本上属于 MDPE、LDPE，主要用途分为外装件、内饰件和底盘件三大类，如表 11-13 所示。

表 11-12　PE 分类及特点

名称	生产方式	密度/ (kg·cm⁻³)	结晶度/%	相对分子质量与分子结构	特点	投产年限
HDPE	低压法、中压法	941 ~ 965	85 ~ 90	一般控制在 350 000 以下，高者达 1 000 000 以上	机械强度较高，较刚硬，熔点也较高	1957 年
MDPE	中压法	926 ~ 940	90	线型 PE 的相对分子质量为 4 500 ~ 50 000	除兼有 HDPE、LDPE 性能外，还具有耐环境应力开裂性及强度的长期保持性	1970 年
LDPE	高压法	910 ~ 925	56 ~ 65	一般分子量为 25 000 左右，最高可达 50 000，支链型 PE	机械强度较低，较柔软，而且熔点也较低	1939 年

表 11-13　PE 主要用途

使用部位	使用零件名称	树脂
外装件	挡泥板、衬板、汽油箱、夹钩扣、弹簧衬垫、车轮罩、汽油过滤器套壳	MDPE、LDPE
内饰件	空气导管、扶手、覆盖板、承载地板、夹钩拍、柱套、风扇护罩、备胎夹箍、转向盘遮阳板、行李厢衬里（顶篷与门的减振材料）	HDPE、LDPE
底盘件	空气导管、蓄电池、制动液储罐、夹钩扣、清洗液罐	HDPE

（2）PE 的结构与性能以及特征

1）PE 的结构与性能。若聚合方法不同，则 PE 的分子结构、支链结构不同，且影响结晶性能和密度，使 PE 的性能也有较大变化。所以，在应用 PE 时对其品种与牌号的选择至关重要。

2）PE 的一般特征。PE 的熔体属于非牛顿型流体，其剪切速率与剪切应力之间呈非线性关系，且具有假弹性材料的特征，在所施加的应力释放后会有一定程度的弹性回复。其中，熔体流动速率 MFR 的值越小，树脂的相对分子质量越大，流动性能也越差，故注射成型用 PE，为保证制品具有一定的机械强度，通常选用 MFR 值较低的级别；对于强度要求不高的薄壁、长流程的制品，MFR 值可选择稍大些。

由于 PE 的流动性能随其密度不同而有所不同，故在选择制品壁厚时应充分考虑流动比：低密度 PE 的流动比为 280∶1；高密度 PE 的流动比为 230∶1。在选取制品壁厚时，还应考虑收缩率的影响。PE 制品壁厚与收缩率的关系如表 11-14 所示。

表 11-14　PE 制品壁厚与收缩率的关系

制品壁厚范围/mm	成型收缩率/%	制品壁厚范围/mm	成型收缩率/%
1~3	1.5~2.0	>7	2.5~3.5
3~6	2.0~2.5		

PE 具有来源丰富、生产工艺流程短、价格低廉、综合性能良好、介电性能优良、透湿率较低及耐化学药品性优良等特征。

（3）PE 的成型加工性能

PE 一次成型性优良，各种成型方法几乎均可适用，其成型加工的要点如下。

1）高温时热稳定性好且成型温度范围宽。

热分解温度：400℃。

热分解时单体生成量：0.03%。

成型温度范围：150~300℃。

2）吸水率小，成型前不需将物料干燥。

3）压缩成型和注射成型工艺条件如表 11-15 所示。

4）成型收缩率大（1.5%~5.0%）。熔点和结晶温度差小（仅 10~15℃）。

5）一次成型时 MFR 由小到大的顺序为：一次烧结成型<片材、管材挤出成型<中空成型<挤出涂布<薄膜吹塑<挤出复合<注射成型<粉末涂装。

表 11-15　PE 压缩成型和注射成型工艺条件

名称	压缩成型		注射成型	
	温度/℃	压力/MPa	温度/℃	压力/MPa
LDPE	135 ~ 177	0.7 ~ 5.5	149 ~ 371	55 ~ 206
MDPE	149 ~ 190	0.7 ~ 5.5	149 ~ 371	55 ~ 206
HDPE	149 ~ 232	3.5 ~ 5.5	149 ~ 315	69 ~ 138

6）PE 为非极性聚合物，表面能低，与此相关的二次加工成型困难。为适应涂装、印刷、黏合及金属喷镀等要求必须进行极性化处理。

7）发泡倍率高（10 ~ 80 倍），可制得高发泡制品，且柔软性、耐热性、耐化学药品性优良，环境问题少。表 11-16 为 PE 密度、MFR 与成型加工方法的关系。

表 11-16　PE 密度、MFR 与成型加工方法的关系

成型方法	密度/(g·cm^{-3})	MFR/[g·(10 min)$^{-1}$]
注射成型	0.914 ~ 0.970	1.5 ~ 70
中空成型	0.914 ~ 0.964	0.03 ~ 7
薄膜成型	0.916 ~ 0.960	0.04 ~ 8
管材成型	0.917 ~ 0.956	0.1 ~ 4
电线包覆	0.916 ~ 0.935	0.2 ~ 2
复合层压	0.915 ~ 0.936	2 ~ 12
拉伸成型	0.946 ~ 0.964	0.3 ~ 2
板材成型	0.918 ~ 0.960	0.1 ~ 4
粉末成型	0.914 ~ 0.955	4 ~ 200

（4）PE 在汽车工业中的应用实例

由于塑料燃油箱具有形状设计自由性大、轻量化效果显著、抗介质浸蚀性好、抗冲击性好及燃烧时不易引起爆炸等一系列优点，故逐渐取代金属燃油箱，广泛用于轿车中。

1）塑料燃油箱对原料树脂的要求。

用于挤出吹塑的汽车燃油箱用的 HDPE 树脂，其抗冲击强度及耐应力开裂性能是最重要的指标。另外，树脂还必须具备易加工和良好的熔体强度等特点。相对分子质量达（20 ~ 30）×10^4 的 HDPE 树脂能满足这些要求，此时的 MFR 值为 4 ~ 10 g/10 min。为了提高树脂的耐应力开裂性能，常采用乙烯作为第二单体进行共聚，并将树脂密度控制在 0.945 g/cm^3 左右，以降低其结晶度。目前，各国均采用 HMWHDPE 作为基材，辅以黏接和阻隔性材料（PA 或乙烯-乙烯醇共聚物，即 EVOH）。相对分子质量一般要在 25×10^4 以上的 HMWHDPE 才可适用于作汽车燃油箱。其相对分子质量愈大，抗冲击能力也愈大；密度愈高，刚性及防止汽油透过性也有提高的倾向。同时，这些原材料要具有作为挤出中空吹塑法的特性，即具有从机头挤出后，熔融型坯尚未拉伸时的耐压力特性和在模内用压缩空气吹胀时要容易拉伸等特性。表 11-17 列出了汽车燃油箱用 HDPE 的性能。

表 11-17　汽车燃油箱用 HDPE 的性能

项目	指标	项目	指标
熔体流动速率(210 ℃ ,21.6 kg)/[g·(10 min)$^{-1}$]	4.5	邵氏硬度	63
抗拉强度/MPa	23.4	维卡软化温度/℃	128
伸长率/%	880	脆化温度/℃	<-75
弯曲弹性模量/MPa	827	热变形温度(0.46MPa)/℃	67
冲击强度(缺口)/(J·m^{-1})	700		

2）塑料燃油箱制造用的气体阻隔性树脂与黏合树脂。

HDPE 的阻隔性能不够理想，需采用表面涂覆技术或在基材中辅以阻隔树脂与黏合树脂，以满足燃油箱碳氢化合物渗漏控制的要求。其中，气体阻隔性树脂与气体的亲和性越小，其分子结构越致密，气体的阻隔性越高。目前，国外高阻隔性燃油箱所用材料多是在 HDPE 中添加美国杜邦公司的 Selar RB 型不渗透树脂，该树脂系由一种特殊的改性聚酰胺（PA）与 HDPE 树脂混合而得。在加工成型过程中，PA 以一种微小的片状形态分布在基础树脂中，从而起到有效的阻隔作用。但是，多层塑料燃油箱的内外层使用 MEHMWPE（相对分子质量为 $5×10^4 ~ 8×10^4$）树脂，中间用改性 PA 作为阻隔层。由于 MEHMWPE 与 PA 的黏接性差，在跌落冲击试验时会沿界面破裂，故需使用对这两种树脂都具有亲和性的黏合树脂将这些不同材料黏接。实际生产中所用黏合材料是乙烯与马来酸共聚树脂等，或者是对 PE 分子链进行功能性改性赋予黏接性的官能团。表 11-18 为多层复合塑料燃油箱用材料实例。

表 11-18　多层复合塑料燃油箱用材料实例

原料名称	生产厂家	规格品级
阻隔 PA	日本 TORAY	TORAY CM6241
PE（用于清洗模头）	德国 BASF	BASF Lupolen 5021. D
PE（共挤原料）	德国 BASF	BASF Lupolen 4261AGQ404
黏合树脂	日本三井化学	Mitsui Admer L2100
阻隔 EVOH	日本 KURARAY	Kuraray EVAL F101À
黏合树脂	日本三井化学	Mitsui Admer GT-4

3）塑料燃油箱的中空吹塑成型工艺。

采用德国 Krupp-Kautex 公司的大型中空吹塑机 KB250，使用德国 BASF 公司的 Lupolen-4261A 牌号的 HDPE 树脂，生产塑料燃油箱的工艺参数如表 11-19 ~ 表 11-21 所示。

表 11-19　塑料燃油箱的工艺参数

项目	数值	项目	数值
螺杆转速/(r·min^{-1})	17	成型周期/s	168
熔化压力/MPa	25.8	挤出时间/s	10.5

表 11-20　塑料燃油箱的成型温度

区域号	0	1	2	3	4	10	11	30	31	32	33	34	35
设定温度/℃	70	190	195	200	205	205	205	200	200	200	200	195	190
实际温度/℃	75	191	195	201	206	206	206	200	201	201	200	196	190
加热部位	加料口	挤出机				凸缘		蓄料机头				口模	

表 11-21　塑料燃油箱的成型时间

项目	时间/s	项目	时间/s
预吹延迟	2.20	预吹持续	5.00
吹气延迟	10.0	吹气	85.0
空气吹洗	20.0	排气	8.50
气针返回	2.00	气针上升	1.50
挤回延迟	0.50	夹具前移	12.0

3. PVC 塑料在汽车工业中的应用

PVC 具有化学稳定性好、介电性能高、耐油且不易燃烧、价格便宜等优点，同时又有一定的机械强度，故广泛应用于化工、建筑、电子、轻工、农业及机械等国民经济部门中。

（1）PVC 在汽车上的应用

PVC 主要用于汽车内饰件和各种制品的表皮及盖、罩，如坐垫套、车门内衬、顶篷衬里表皮、软饰仪表板表皮、后盖板表皮、操纵杆盖板、转向盘表皮、货箱衬里、备胎罩盖、玻璃升降器盖、地板、地毯及电线包皮等。

（2）PVC 的分类、特性及其改性

PVC 是一种多组分塑料，根据加入增塑剂的不同，可将其分为硬质 PVC、软质 PVC 和 PVC 热塑性弹性体 3 种。其中，硬质 PVC 的增塑剂在 10 质量份以下，软质 PVC 的增塑剂用量大于 30 质量份，PVC 热塑性弹性体则采用高聚合度 PVC 树脂制造。

1）PVC 的结构与性能。PVC 的相对分子质量决定了其性能。相对分子质量越大，则力学性能越好、热稳定性越高、耐寒性越好。通常用特征黏度（或 K 值）表征 PVC 相对分子质量大小，特征黏度（或 K 值）高，相对分子质量就大。PVC 树脂是非结晶性聚合物，结晶度很低，一般为 5%。临界表面张力为 39 mN/cm。其优点是耐化学药品性优良、强度较高、难燃自熄、电绝缘性较好；其缺点是热稳定性差，分解温度与成型温度十分接近。通常 PVC 在 100 ℃时就会较快脱去 HCl，在 130 ℃时脱 HCl 速率加快，超过 150 ℃时就会变得较严重了。因此，稳定剂是 PVC 制品必不可少的组分。

2）PVC 改性。PVC 可以通过与其他单体共聚或与其他树脂合金化进行改性，如表 11-22 所示。

3）PVC 的工艺性能与成型加工。PVC 的热稳定性较其他热塑性塑料差，除添加热稳剂之外，还应严格控制成型温度。此外，为防物料之间、物料与料筒间摩擦生热，应加入润滑剂及工艺与功能需要的其他添加剂。

表 11-22 PVC 的改性

序号		PVC 以外的组分		用途	改变成效
		种类	含量/%		
共聚物	1	VAC	5~15	成型材料	成型加工性改善
	2	VAC	5~15	涂料	溶剂溶解性改善
	3	VAC-MAH	5~15	涂料	溶剂溶解性改善
	4	乙烯	~5	成型材料	成型加工性改善
	5	丙烯	~5	成型材料	成型加工性改善
	6	VDC	85~95	纤维、薄膜、涂料	PVDC 的成型加工性、溶剂溶解性改善
	7	PYA（接枝共聚物）	35~65	纤维	乳液的纺丝性
	8	AN	40~60	纤维	赋予乳液的纺丝性
	9	EVA（接枝共聚物）		成型材料	内增塑，使软质化
	10	PU（接枝共聚物）		成型材料	内增塑，使软质化（可并用增塑剂）
合金化	11	EVA		成型材料	成型加工性改善，软质化（有硬质和软质之分）
	12	ABS	40~50	成型材料	冲击韧性改善，ABS 耐燃化
	13	MBS	<10	成型材料	透明性、冲击韧性改善
	14	CPE	<20	成型材料	耐候性、冲击韧性改善
	15	丙烯酸酯共聚物	<20	成型材料	成型性加工、耐候性、冲击韧性改善
	16	ACR		成型材料（尤其片材）	高冲击韧性、真空吸塑性优秀
	17	PU		成型材料	软质化（可并用增塑剂）
	18	NBR		成型材料	软质化（可并用增塑剂）
后氯化	19	PVCC		成型材料	热变形温度提高

PVC 几乎可适应所有的成型加工方法。其中，挤出成型约占 65%，其次为压延成型（约 25%），注射成型等相对较少。压延成型尤其适用于软质 PVC 片材和人造革。图 11-19 为 PVC 的成型加工方法与制品。

挤出成型 —— 双螺杆挤出机 —— 管、平板、波纹扳、异型材
挤出成型 —— 平螺杆挤出机 —— 薄膜、发泡制品、异型材、电线被覆
压延成型 —— 片、人造革、薄膜
注射成型　拉手、管件、阀门
层压成型 —— 透明板、工业板吹
吹塑成型 —— 容器
糊状树脂成型加工 —— 地板、塑铜板、人造革

图 11-19 PVC 的成型加工方法与制品

（3）PVC 注射成型工艺性

1）因其热稳定性差，应严格控制成型温度。

2）制品壁厚应尽可能均匀，且不能太薄，因为 PVC 熔体的流动比较小（100∶1）。一般硬质 PVC 制品的壁厚不能小于 1.2 mm，应在 1.5 ~ 5.0 mm 之间。

3）PVC 的收缩率因添加剂用量不同而不同，在 0.6% ~ 1.5% 之间。脱模斜度为 1.0° ~ 1.5°，多孔制品应取较大角度。

4）模具应加设冷料井，以防止冷料堵塞浇口。

5）为预防成型时脱出 HCl 腐蚀模具，模具的流道、型腔应进行氮化、镀铬等表面处理。

6）硬质 PVC 的注射成型温度在 160 ~ 190 ℃ 之间，应取低值，切不可超过 200 ℃。

（4）PVC/ABS 合金用作仪表板表皮

因 PVC 的冲击强度较低，耐热性较差，故限制了其使用范围。而 ABS 树脂不仅具有优异的机械性能和良好的成型加工性能，而且与 PVC 有较好的相容性，于是便研究成功了 PVC/ABS 合金用以作为仪表板的表皮材料。

配方优选的 PVC/ABS 汽车内饰专用片材具有优良的综合性能，并能满足不同成型工艺和应用领域。它能满足真空吸塑成型变形较大、拉伸凸凹形状复杂的仪表板加工工艺的要求，特别是保证了吸塑成型后花纹的保持性和不破裂、不透亮。因此，真空吸塑成型仪表板表皮技术在世界上各种轿车中被普遍采用。

4. 改性聚苯乙烯及 ABS 塑料在汽车上的应用

改性聚苯乙烯是指苯乙烯的均聚物及其与其他单体共聚物、合金等一族树脂的总称。聚苯乙烯（PS）质脆且耐热性差，机械强度较低，为了改善其性能需将其与不同的单体共聚或是与其均聚物和共聚物共混，制成一系列改性聚苯乙烯。其中，一种由丙烯腈（A）、丁二烯（B）和苯乙烯（S）3 种单体共聚成的共聚物是兼有韧、硬、刚特性的性能优异的热塑性树脂，简称 ABS。表 11-23 为部分代表性的 ABS 树脂的基本性能。

表 11-23　部分代表性的 ABS 树脂的基本性能

项目		ASTN 标准	一般注射成型用			耐热注射成型用			挤出成型用		特殊成型用		
			MV	MH	MHK	K-2938	MTH	SHA	SR	SRE	AP-8	K-2540	AN-450
			超高抗冲	高抗冲流动	高刚性	超耐热	耐热	亚耐热	超高抗冲	高抗冲	电镀	PVC 共混	阻燃
相对密度		D792	1.02	1.04	1.05	1.06	1.05	1.05	1.04	1.04	1.05	1.01	1.08
悬臂梁冲击强度（缺口 $\delta = 6.35$ mm）/(kJ·m^{-1})	23 ℃	D256	0.30	0.23	0.13	0.18	0.22	0.17	0.33	0.27	0.25	0.43	0.13
	-30 ℃		0.22	0.11	0.66	0.98	0.12	0.09	0.21	0.14	0.098	0.29	0.13
抗拉强度/MPa		D638	35	42	52	48	47	49	43	45	43	30	42
伸长率/%		D638	28	18	15	18	21	17	25	20	15	35	10
弯曲强度/MPa		D790	49	60	69	65	63	67	54	59	62	39	59
弹性模量/MPa		D790	1 568	1 960	2 500	2 156	2 352	1 764	1 960	2 254	1 176	1 176	2 156
洛氏硬度		D785	96	107	115	113	108	112	104	106	111	82	105

续表

项目	ASTN 标准	一般注射成型用			耐热注射成型用			挤出成型用		特殊成型用		
		MV	MH	MHK	K-2938	MTH	SHA	SR	SRE	AP-8	K-2540	AN-450
		超高抗冲	高抗冲流动	高刚性	超耐热	耐热	亚耐热	超高抗冲	高抗冲	电镀	PVC共混	阻燃
热变形温度 (1.82 MPa, $\delta=6.35$ mm)/℃	D648	82.3	85.0	85.5	97.0	92.3	90.0	85.0	85.0	87.5	81.0	78.5
线膨胀系数/(10^{-5}℃)	D696	9.4	7.8	6.7	7.4	7.5	6.9	8.3	8.1	6.9	9.9	
成型收缩率/%	住友法	0.5~0.7	0.4~0.6	0.4~0.6	0.4~0.6	0.4~0.6	0.4~0.6	0.4~0.6	0.4~0.6	0.4~0.6	—	
流动特性 210℃, 2.9 MPa	高化式流动	0.06	0.18	0.10	0.18	0.04	0.07	0.01	0.05	0.09		0.50
流动特性 230℃, 5.9 MPa		0.06	0.18	0.10	0.18	0.50	0.07	0.01	0.05	0.09		
燃烧性	UL94		HB	HB	HB		HB	HB	HB	HB		

（1）ABS 的特征及种类

ABS 中的丙烯腈（A）能提高聚合物的耐化学药品性和表面硬度；丁二烯（B）使聚合物呈橡胶状，吸收外界冲击能量，能抑制裂纹扩展并提高抗冲击性能；苯乙烯（S）起改善聚合物刚性和流动性的作用。通常 A：B：S =（10% ~ 30%）：（5% ~ 30%）：（40% ~ 70%）。改变三种组分的比例，并引入第四种组分加以组合，即可得到品种较多，用途各异的 ABS 品种、牌号。

1）ABS 的物理性能。ABS 无毒无臭、不透明，除薄膜外均呈浅象牙色；相对密度为 1.05，略重于水；不透水但略透水蒸气；制品表面经抛光或用高精度模具成型，可得到高光泽度的制品。

2）ABS 的机械性能。ABS 具有良好的冲击强度，表 11-24 为不同型号 ABS 的冲击强度。ABS 具有较高的抗拉强度：大多数 ABS 塑料的抗拉强度可达到 34 ~ 39 MPa，特殊牌号 ABS 抗拉强度高达 62 MPa。另外，ABS 的压缩强度比其抗拉强度大。弯曲强度：半硬质 ABS 为 27 MPa，硬质 ABS 可达 62 ~ 69 MPa。ABS 塑料耐磨损性好：在潮湿状态下，其动摩擦因数为 0.19，静摩擦因数为 0.21；干燥状态下，动摩擦因数为 0.21，静摩擦因数为 0.24。高冲击型 ABS 的耐蠕变性也较好。

表 11-24 不同型号 ABS 的冲击强度

型号	冲击强度/$(J \cdot m^{-1})$		
	23 ℃	-20 ℃	-40 ℃
超高抗冲型	362.6 ~ 160.6	147 ~ 235.2	117.6 ~ 156.8
高抗冲型	284.6 ~ 333.2	117.6 ~ 147	98 ~ 117.6
抗冲型	186.2 ~ 215.6	68.6 ~ 78.4	39.2 ~ 58.8
自熄型	107.8	—	127.4
电镀型	254.8	117.6	73.5
挤出型	441	147	98

3）ABS 的电绝缘性能及耐环境性能。ABS 的电绝缘性能很少受温度、湿度的影响，并能在很宽的温度范围内保持恒定。ABS 耐化学试剂腐蚀，无机物、酸类对其几乎无影响。但 ABS 的耐候性较差，这是由于分子中丁二烯含有双键，在紫外光作用下易受氧化降解。

（2）ABS 的成型工艺特性及热性能

ABS 属于无定型聚合物，无明显熔点，因其牌号及品种繁多，在成型工艺中应按品级不同来制订合适的注射工艺参数。ABS 是热塑性塑料中线膨胀系数较小的一种。一般 ABS 的燃烧速率为 30～40 mm/min（无滴落）。自熄型 ABS 既不燃也不滴落，燃烧 2.25 mm 后则自熄。其注射成型要点如下。

1）ABS 制品的热变形温度为 93 ℃左右，在 270 ℃以上温度时即开始分解。

2）一般 ABS 制品的使用温度范围为 -40～100 ℃。

3）加工前需进行干燥处理，否则会因吸水性有差异影响成型，要在 80～85 ℃温度中干燥 2h 以上。

4）制品壁厚一般为 1.5～4.5 mm。

5）收缩率为 0.3%～0.6%，小且稳定，其脱模斜度对于型芯为 35′～1°，型腔为 40′～1°20′。

6）注射成型温度为 160～180 ℃。

（3）ABS 在汽车上的应用

ABS 因具有良好的性能，并能通过改性获得特殊性能，故广泛用于制作汽车内饰件和外装件。表 11-25 为 ABS 在汽车零部件中的应用情况。

表 11-25　ABS 在汽车零部件中的应用情况

零件名称	种类	型号
格栅	ABS	高抗冲（电镀）型
灯壳	ABS、AES	高抗冲型
上通风盖板	ABS、AAS	亚耐热型
车轮罩	ABS	高抗冲型
支架、百叶窗类	ABS	亚耐热型
标志装饰	AES、AAS	高光泽型
标牌、装饰件	ABS	一般电镀型
后护板	ABS	一般型
缓冲护板	AES	高光泽型
挡泥板、镜框	ABS、AAS、AES	高抗冲型
仪表板	ABS	超耐热抗冲型
装饰件	ABS、（改性 PPO）	超耐热型
仪表罩（仪表类）	ABS	超耐热型
收音机罩	ABS	耐热型
门立柱装饰	ABS	亚耐热型

零件名称	种类	型号
工具箱	ABS	耐热或亚耐热型
导管类	ABS	耐热或亚耐热型
空气排气口	ABS、PC/ABS（MPPO）	耐热抗冲型
控制箱、调节器手柄	ABS	一般型
装饰件类、开关、旋钮，转向柱套、转向盘喇叭盖	ABS	高刚型、耐热抗冲型

1）对制作汽车零部件 ABS 的性能要求。

表 11-26 为汽车零部件用 3 种 ABS 塑料的性能。除此之外，还应满足耐光老化性的要求。

表 11-26　汽车零部件用 3 种 ABS 塑料的性能

项目	高抗冲型	耐热型	超耐热型
MFR/$[g \cdot (10\ mim)^{-1}]$	2～3	2～3	1.5～2.5
冲击强度/$(kJ \cdot m^{-2})$	—	—	—
（缺口）	≥9	≥7	≥5
（无缺口）	不断	≥30	≥18
维卡软化温度/℃	≥95	≥100	≥106

制作仪表板、暖风机壳体、空调机壳体用 ABS 的技术要求如表 11-27 所示。

表 11-27　仪表板、暖风机壳体、空调机壳体用 ABS 的技术要求

项目		仪表板	暖风机壳体（左右两壳）	空调机壳体（上下两壳）
材料		ABS	ABS 或改性 PP	超耐热 ABS 或改性 PP
成型方法		注射成型	注射成型	注射成型
抗拉强度/MPa		34	45	42
拉伸弹性模量/MPa		—	2 200	2 200
弯曲强度/MPa		49	76	72
弯曲弹性模量/MPa		1 800	2 400	2 200
悬臂梁冲击强度(缺口)/$(J \cdot m^{-1})$	室温	196	>180	347
	−30 ℃	78	—	—
洛氏硬度		95～105	107	102
热变形温度/℃	0.45 MPa（压力下限）	95	—	—
	1.8 MPa（压力上限）	—	89	106
维卡软化温度/℃		—	101	99（不退火）

2）汽车发动机、散热器格栅用料及其技术要求。

表 11-25 中的格栅是发动机冷却通风用的格子状部件。发动机工作时，通过散热器向周围排放大量热量，以维持其连续正常工作。这些热量必须及时散发到空气中去。此处，散热器格栅就起透过空气并保护散热器的作用，同时亦具有装饰作用。因此要求制作格栅的材料具有强度高、刚性和韧性好、耐热、耐候、抗振、抗低温冲击等综合性能，依车型和耐热性要求不同，可采用电镀型 ABS、改性 PP 或 ABS/PC 合金等。我国轿车多采用 ABS、ABS/PC 成型后复合 PA 等材料，商用车则多采用改性 PP。其中，ABS 应是高抗冲型或电镀型。

11.3　纤维增强复合材料及其在汽车中的应用

纤维增强塑料基复合材料（FRP）因具有强度高、质量小、耐腐蚀、加工性好及可制造 A 级车身外覆盖件等特点，已被广泛应用于汽车车身部件。FRP 是今后取代金属材料制造汽车主要覆盖件及受力构件的最有前途的轻量化材料。目前，北美汽车制造业用 FRP 制造汽车零部件的用量已达 120 kg。通常，FRP 是指玻璃纤维和热固性树脂的复合材料，但是，除增强用的玻璃纤维之外，还有碳纤维和高强度纤维，基体树脂根据使用要求可用环氧树脂酚醛树脂、不饱和聚酯等。

11. 3. 1　SMC 在车身部件中的应用

SMC（Sheet Molding Compound）是玻璃纤维增强不饱和聚酯片状模压塑料基复合材料，是一种新型的制造车身件的复合材料。它是在不饱和聚酯树脂中加入引发剂、增稠剂、低收缩剂、填料及染料等成分，经过充分混合成树脂糊，再充分浸渍切短的玻璃纤维，经辊压而成的片状复合材料。它属于热固性塑料增强复合材料，能在一定的温度和压力下，交联固化而成型。

1. SMC 作为车身材料的优点

1）在产品设计上有较高的灵活性与自由度。设计工程师可根据需要方便地设计有关尺寸和形状，能尽量展现其想象力来造型，并以最短的时间体现在模型或样车上。

2）强度较高。根据不同的技术要求，可设计出不同的 SMC 配方，从而得到不同性能要求的制件，以适应不同部位、不同零件的需要，来替代钢板或型材。

3）实现轻量化。因 SMC 的相对密度一般为 1.3~2.0，故同体积的 SMC 比钢、铝等轻，能有效地降低汽车自重。

4）耐腐蚀。SMC 有较好的耐腐蚀性能，用它能克服钢铁易腐蚀的缺点。

5）可实现零部件整体化。SMC 模压件可使多个分散的和不同的部件根据需要组合设计在一起，在模具设计时考虑一次整体成型，从而简化加工工序和设备，缩短加工周期，节省投资。

6）尺寸稳定。通过在 SMC 配方中加入各种类型的低收缩剂，并采用收缩率低的树脂，以使 SMC 制品能在较宽的温度范围内保持稳定的尺寸稳定性和原有外形。

7）外观漂亮，易于涂装。

8）电绝缘性好。

9）冲击性能好，能在-40 ℃下使用。

10）热变形温度和耐老化性能均高于普通热塑性材料，其使用寿命高于 15 年。

2. SMC 的成型工艺

SMC 技术的开发成功，开创了现代汽车工业中大量应用 FRP 的新局面。由于 SMC 浸渍用的树脂含增稠剂，因此能够将黏度调整到成型时可以流动的程度。这种方法不采用混炼，而是直接把树脂浸到纤维垫中，故纤维不受破坏，强度比较高。另外，SMC 材料呈片状，有利于模压成型，可以提高生产效率。

（1）制造 SMC 的主要原料

SMC 的主要原料是有一定长度的玻璃纤维、粒状填充剂和聚酯树脂。其中，树脂含量应占 30% ～35%，以便充分地润湿玻璃纤维和填充剂，一般情况下玻璃纤维含量为 30%，填充剂含量为 35% ～40%。

1）不饱和聚酯树脂：SMC 材料的最基本的组成部分。汽车用 SMC 主要用低收缩性树脂体系。低收缩性树脂由不饱聚酯树脂（A 成分）和低收缩性添加剂（B 成分）组成。其中，A 成分是中等反应活性或高反应活性的不饱和聚酯。反应活性与不饱和聚酯的双键含量有关，双键含量高，反应活性高。双键含量通常用一个双键附随的聚酯的相对分子质量的大小表示，相对分子质量越小，表示不饱和度越高。一般使用的不饱和聚酯，一个双键随附的相对分子质量为 200～500。

低收缩性树脂的 B 成分一般使用热塑性树脂，如聚甲基丙烯酸甲酯、聚苯乙烯、聚醋酸乙烯等苯乙烯溶液，PE、PVC 的粉末。SMC 的低收缩性取决于 A、B 成分的种类和质量比，当 B 成分一定时，A 成分的双键附随的聚酯的相对分子质量越小，收缩率越小。SMC 配方和收缩率的关系如表 11-28 所示。

表 11-28　SMC 配方和收缩率的关系

项目	配方				
	1 号	2 号	3 号	4 号	5 号
聚合物 9802[1]	80	60	40	20	0
聚合物 6819[1]	0	20	40	60	80
聚合物 9965[2]	2	20	20	20	20
一个双键附随的聚酯的相对分子质量	156	176	205	230	270
收缩率/%	0.046	0.056	0.074	0.089	0.096

注：[1]聚合物 9802、6819 是 A 成分。

[2]聚合物 9965 是 B 成分。

汽车用低收缩性 SMC，其收缩率可达 0.1%，非收缩性 SMC 的收缩率为 0.3%。

2）填充剂：占三大组分的第二位，它不仅起增量的作用，而且夹在树脂和玻璃纤维之间增加成型流动性，改善产品的表面粗糙度。对于表面粗糙度要求较高的制品，填充剂是必不可缺的成分，一般采用碳酸钙作填充剂。

3）SMC 的增强材料：一般采用 5 cm 长的玻璃纤维，并且是用直径为 10～15 μm、100～200 根为一束的无碱丝。玻璃纤维的静电性能必须引起重视，因为在切断玻璃纤维时，依其使用条件、种类、环境湿度不同而产生不同的静电。这种静电会影响玻璃纤维丝的均匀分散及树脂的浸润效果。

除了上述三大成分之外，还应有添加剂，如硬化剂、增稠剂。为了便于脱模，内脱模剂大部分采用硬脂酸锌，其用量随模具的新旧程度增减，新模具时多加一些，旧模具时减少一些。

（2）SMC 的制造工艺

在制造 SMC 时，将上述原料分为两大类。除了玻璃纤维与增稠剂外，把其他组分均匀地混合成糊剂，为防止粒子二次凝集，最好使用高速透平式搅拌机。由 A、B 两个成分构成低收缩性的树脂时要保证两个成分的均匀分散。再把增稠剂加到混合物中，其黏度开始上升，如此填加增稠剂最好在 30 min 内完成。

1）SMC 的制造过程。SMC 片材加工如图 11-20 所示，在两张内侧涂有树脂的 PE 薄膜中间加入玻璃纤维，接着通过压辊把树脂复合物浸渍到玻璃纤维毡中去。为把树脂均匀地涂覆在薄膜上，备有刮板。制好的 SMC 片材厚度为 2 ~ 4 mm，单位面积质量为 3 ~ 5 kg/m^2。将浸渍好的 SMC 材卷成卷，经过一定的熟化后便可使用。

2）TMC（Thick Molding Compound）及其制造过程。TMC 即厚片状模塑压塑料复合材料。由于 SMC 的制造工艺限制了其厚度，且有些汽车零件又需要较厚的材料，此时若将 2 ~ 3 层 SMC 片材重叠起来模压成型又很不方便，于是就开发了 TMC。在制造 TMC 板材时，把玻璃纤维和树脂糊混合后夹到两层薄膜之间，再辊压成板材。TMC 片材加工如图 11-21 所示。

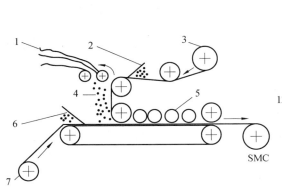

1—玻璃纤维；2—刮胶板；3、7—PE 薄膜；
4—短纤维；5—压辊；6—刮板。

图 11-20　SMC 片材加工

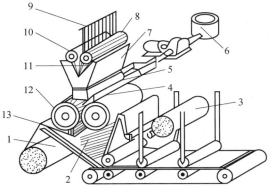

1、3—PE 薄膜；2—TMC 混合物；4—树脂混合物；
5—密封；6—储池；7—漏斗；8—刀具；9—玻璃纤维；
10—橡胶辊；11—短纤维；12—浸渍辊；13—离心刮辊。

图 11-21　TMC 片材加工

TMC 的制造过程比 SMC 多了一个混合树脂和玻璃纤维的浸渍。对于切断的纤维和树脂，首先通过浸渍辊将其均匀地混合，混合后的复合物被离心刮辊分散到下部托带上的塑料薄膜上，上面再盖上一层塑料薄膜之后，通过辊子压紧成一定规格的板材，其厚度取决于上面供给的料量和托带前进的速度。由于 TMC 是采用混合而不是浸渍的方法，因此可使用高黏度的树脂。TMC 可以使用黏度为 400 Pa·s 的高黏度胶，而 SMC 用胶的最高允许黏度为 100 ~ 150 Pa·s。

3. SMC 材料模压成型方法

SMC 材料在加热的模具中可以流动，因此便于制造带有筋板或局部凸起的不等厚的大型车身覆盖件。另外，高强度的 SMC 和普通的 SMC 还可以混合使用，如用 SMC 材料成型制造的添置车门，外表层用光洁性好的 SMCR-30，中间层用高强度型 SMCC30/R20，内层用美观的着色低收缩型 SMC。

对于表面精度要求较高的产品，成型模具应采用热作模具钢制造；对于表面精度要求不高的低压成型的大型件，成型模可用铸造工艺制成。一般情况下，应尽量避免在产品结构中设计成不等厚度。实在不行时，为避免在有筋的部位出现缩孔，其面部应稍微加厚一点。选择模具分型面时，要考虑到材料的流动性，尽量使流动的物料同时到达两个端面。当制品形状不对称时，最好是分两个件成型。

SMC 的成型温度为 130～150 ℃，成型汽车驾驶室的大件时，加压时间为 80 s，成型周期为 2 min 左右，产品的厚度为 2.5～3 mm。当产品的厚度比较均匀时，加压时间可缩短到 60 s，制品越厚，成型加压时间也越长。但是，成型时上模和下模的温度应有不同，要求光洁的一侧的模具温度应高出另一侧 10～15 ℃。

11.3.2　能冲压成型的 FRP 材料

由于 SMC 材料成型车身及其他汽车零部件的速度慢，为了使塑料基的复合材料的成型速度既接近金属材料的冲压加工，又能利用现成的金属冲压设备，以适应大批量生产的汽车工业，于是，能冲压的 FRP 塑料基板材应运而生。

1. 汽车用冲压成型热塑性塑料片材的种类及其性能

汽车用冲压成型热塑性塑料片材又称为 GMT，它是冲压成型的玻璃纤维毡增强的热塑性塑料片材，相当于热固性的 SMC 热塑性片材。其典型代表是美国 PPG 公司生产的 Azdel 和 STX 两种冲压成型片材，前者是用玻璃纤维毡增强的 PP 塑料复合材料，后者是一种玻璃纤维增强的尼龙（PA）塑料复合材料。不同牌号冲压成型 FRP 的物理性能如表 11-29 所示。

FRP 的优点如下。

1）有较高的韧性，冲击强度高。

2）密度低，即使玻璃纤维含量达到 40%，其相对密度仍小于 1.3，仅为钢材的 1/7～1/6。

3）耐热性好，在较大温度范围内能保持其物理性能。

4）具有优良的耐化学药品性和耐水性。

5）机械强度高。

6）热成型性能好，生产效率高，废料可再生利用。

7）能够成型大型车身件，设计自由性大。

表 11-29　不同牌号冲压成型 FRP 的物理功能

项目	冲压成型 FRP			
	STX250	STX363	STX504	Azdel
树脂	PA6	PA6	PE	PP
玻璃含量/%	—	—	—	40
相对密度	1.46	1.60	1.11	1.19

续表

项目	冲压成型 FRP			
	STX250	STX363	STX504	Azdel
抗拉强度/MPa	111	128 ~ 138	50	74 ~ 93
拉伸弹性模量/MPa	7 000	9 000 ~ 10 000	4 000	5 000
伸长率/%	2.25	—	—	—
弯曲强度/MPa	173	207 ~ 234	66	152
弯曲弹性模量/MPa	7 370	9 000 ~ 10 000	3 000	6 000
悬臂梁冲击强度(缺口)/ $(J \cdot m^{-1})$	56	304	960	533
热形温度(1.82 MPa)/℃	193	222	118	154
吸水率(24 h)/%	1.0	1.0	—	—
线膨胀系数(10^{-5}K)	—	—	—	2.7
成型收缩率/%	—	—	—	0.1 ~ 0.3

2. FRP 片材的成型工艺

目前，在工业中实用的 FRP 片材采用如下两种生产工艺。

(1) 熔融浸渍成型工艺

FRP 片材熔融浸渍成型工艺流程如图 11-22 所示，是将两层玻璃纤维毡压合在三层 PP 中，中间是熔融的 PP，最外层可以是薄膜，也可以是熔融的 PP。该夹层结构在高于 PP 熔融的温度条件下加压然后冷却，最后裁割。熔融时，玻璃纤维毡是最关键因素。若对流动性要求不高，则可用短切毡或连续毡；若有最佳的流动性要求，则需要采用一种用玻璃纤维粗纱特制的编织毡。采用该方法生产 FRP 时，玻璃纤维毡是关键性材料，若片材的性能需要各向同性，则玻璃纤维毡中纤维的取向是完全随意的；若片材的性能需要各向异性，则玻璃纤维毡中的纤维是按所需方向排列的。这种生产工艺又称为层压工艺。

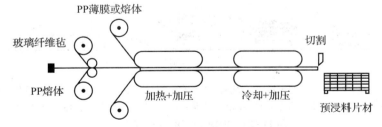

图 11-22　FRP 片材熔融浸渍成型工艺流程

(2) 湿法成型工艺

FRP 片材湿法成型工艺是在造纸技术基础上发展起来的，其流程如图 11-23 所示。它是把长度为 6 ~ 25 mm 的玻璃纤维先分散于水中，再加入 PP 粉末和一种乳液，这些组分悬浮于水中，待加入絮凝剂后，使树脂粉末和乳液凝结，在液压成型屏筛上分离出来，形成的毡在高于 PP 熔融的温度下紧实，最后熔合在一起。

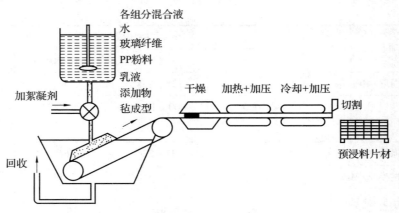

图 11-23　FRP 片材湿法成型工艺流程

　　用这种方法生产的 FRP 片材，玻璃纤维均匀地分布在片材中，树脂含量容易控制。并可通过选择增强材料与在混合料中加入各种不同的添加剂，使产品具有更高的刚度与硬度、更好的机械性能，以符合汽车所要求的表面外观、阻燃性或静电屏蔽性。例如，为了提高片材的纵向强度，选择单向纤维毡，使纵向强度比横向强度高 25% ~ 50%，这种片材适合制作保险杠或平板构件。用湿法成型工艺生产的 FRP，片材在加热后，纤维的流动性好，还可以模压出带金属嵌件或者是密度不同的构件。

　　3. 应用实例——FRP 汽车车门生产工艺

　　FRP 车门的生产工艺也有两种，既可采用熔融浸渍成型工艺生产的片材，经冲压成型，也可采用湿法成型工艺生产的片材经模塑成型。FRP 车门的冲压成型过程如图 11-24 所示，分为以下 3 个主要阶段。

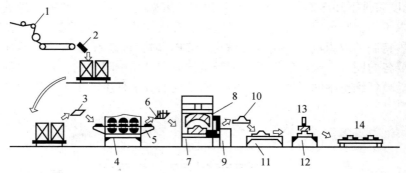

1—STX 片材生产终点；2—冲切后的坯料；3—坯料；4—红外加热炉；5—传送带；6—预热后的板材；7—压力机；
8—模具；9—热油交换机；10—制品；11—制品传送带；12—去毛边等后加工；13—后加工检查；14—包装。

图 11-24　FRP 车门的冲压成型过程

　　1）坯料准备。片材的切料，往往是根据制品的形状、体积，在片材生产线终点进行，以便节省时间和原材料。

　　2）坯料加热。采用有多个红外线加热元件的水平式烘炉，将炉温调节至 200 ~ 220 ℃，利用输送机构使坯料通过加热炉。将坯料加热至所需温度的时间要比一般的冲压周期长 1 ~ 2 倍，加热炉与压力机有联锁控制，即每次压力机开启模具后重新开始一个新的成型周期时，一块加热好的坯料即被推出烘炉送入压力机中。在加热过程中，树脂达到熔融状态时坯料开始膨胀，至达到为未被加热的冷坯料厚度的 2 ~ 3 倍时，这种现象即膨化。膨化的坯料变得柔软，但既不滴液也不会散开。坯料加热切忌温度太高，否则 PP 发生降解。

3）冲压成型。加热好的坯料送进预热好的成型模具中（模温约为 50 ℃）。虽然树脂处于熔融状态，但随着在其模具中被冷却，黏度很快增大，故压力机的闭合速度十分关键。在采用液压机时，最佳闭合速度为 1.5 m/min。从物料开始流动到压合的时间约为 3 s。根据制品厚度不同所需保压时间为 10 ~ 20 s，在此时间内制品固化。成型车门的总成型周期为 30 ~ 50 s，成型后将毛边修去。

成型压力取决于 FRP 片材的材质和制品的形状尺寸，以及所要求的表面粗糙度、预热温度及模温等，一般根据实际经验确定。

11.4　汽车制造中的黏接工艺

采用胶黏剂与密封胶黏接各种零件，不仅是解决和防止汽车"三漏"（漏油、漏水、漏气）的重要技术措施，而且还会减少零件数目（如弹簧垫圈、开口销、垫片等），降低零件加工精度，并会推动汽车产品结构设计方面的变革。

11.4.1　汽车用胶黏剂和密封胶

胶黏剂和密封胶在防止汽车"三漏"方面起着重要作用。为解决车身密封、发动机漏油、液体和气体管路系统的漏水与漏气问题，在汽车生产中必须使用各种胶黏剂和密封胶。

1. 汽车用胶黏剂的种类与特点

汽车用胶黏剂的种类繁多，按其材料组分可分以下种类。

1）天然胶黏剂：主要是动物胶和植物胶，多用于黏接木材与织物。

2）热固性树脂胶黏剂：如环氧树脂与酚醛树脂胶黏剂，其黏接强度高但耐冲击性差。

3）热塑性树脂胶黏剂：如聚乙烯醇与丙烯酸酯，其耐冲击性好，但黏接强度低。

4）橡胶类胶黏剂：富有柔软性，但耐热性较差。

5）混合型胶黏剂：如酚醛-丁腈等。

2. 环氧树脂胶黏剂

（1）环氧树脂胶黏剂的组成

环氧树脂胶黏剂由环氧树脂、固化剂、增塑剂填料和稀释剂构成。

1）环氧树脂。目前世界各国常用的液态环氧树脂的规格与型号如表 11-30 所示。

表 11-30　液态环氧树脂型号和规格

国家	型号	规格		
		黏度/(Pa·s)	平均相对分子质量	环氧值（当量/100 g）
中国	E-51（原 618）	—	350 ~ 400	<0.48
	E-44（原 6101）	软化点 12 ~ 20 ℃	350 ~ 450	0.40 ~ 0.47
	E-42（原 634）	软化点 21 ~ 27 ℃	350 ~ 600	0.38 ~ 0.45
	E-35（原 637）	软化点 20 ~ 35 ℃	550 ~ 700	0.30 ~ 0.40

续表

国家	型号	规格		
		黏度/(Pa·s)	平均相对 分子质量	环氧值 （当量/100 g）
美国 （壳牌化学公司）	Epon562	0.15~0.21	300	0.60~0.71
	Epon815	0.50~0.90	340~400	0.48~0.57
	Epon820	4.0~10.0	350~400	0.48~0.57
	Epon828	5.0~15.0	350~400	0.48~0.57
	Epon834	—	450	0.34~0.44
日本 （日本雪立化学公司）	环氧812	0.001~0.002	306	—
	环氧815	0.008~0.01	330	—
	环氧819	0.002~0.005	—	—
	环氧827	0.09~0.11	—	—
	环氧828	0.12~0.15	380	—
	环氧832	0.13~0.16	—	—
	环氧837	0.004~0.009	—	—

2）固化剂。加固化剂的目的是使某些线型高分子交联成体型结构。环氧树脂固化剂种类繁多，应按使用目的和作业条件进行选择。

3）添加剂。添加剂的作用是减少树脂固化后的收缩性和热膨胀，改善热传导性和固化产物的机械性能，降低产品价格。一般轻质添加剂如石棉、轻体二氧化硅等，用量为25份以下；中等重添加剂如滑石粉、铝粉，用量可达200份；重质添加剂如铁粉、铜粉，用量可达300份。

4）增韧剂和稀释剂。增韧剂的作用是增加韧性，提高抗弯抗冲击性。增韧剂有苯二甲酸酯类、磷酸酯类、氯化联苯类，用量为5~15份。为了便于操作并有良好的浸透性，用稀释剂来降低黏度。常用稀释剂有丙酮、甲苯、二甲苯、环氧丙烷等，用量一般为5~15份。

（2）环氧树脂胶黏剂应用实例

我国市场上常见的适用于机械工业的环氧树脂胶黏剂牌号有914、JW-1、SL-4等，其中：914胶黏剂由A、B组分组成，具有使用简便、固化速度快、黏接强度高的特点，并能在室温快速固化，可在±60 ℃下将金属和一些非金属部件小面积快速黏接；SL-4胶黏剂是多用途结构胶黏剂，它对钢、铝、铸铁、铜、巴氏合金、玻璃钢、陶瓷、工程塑料等均有极好的黏接强度。

3. 酚醛树脂胶黏剂

汽车生产中常用的酚醛树脂胶黏剂如表11-31所示。

表 11-31　汽车生产中常用的酚醛树脂胶黏剂

牌号	类型	备注
FS-2 FS-4 FN-301 FN-302	酚醛-聚乙烯缩丁醛	用于黏接金属、塑料、玻璃等,但不能用于黏接橡胶,使用温度不能高于 80 ℃
FSC-1	酚醛-聚乙烯醇缩甲醛型	用于黏接金属、非金属材料,具有良好的耐老化性能
J-01 J-02 J-03 J-04	酚醛-丁腈胶黏剂	用于黏接金属及非金属,J-04 可用于黏接制动片与离合器片等
JX-8	酚醛-丁腈胶黏剂	高弹性、高剥离的钣金胶黏剂,黏接金属、玻璃钢、工程塑料、陶瓷等
JX-10		高强度耐高温结构胶黏剂,可在 200 ℃下长期使用,250 ℃下短期使用,黏接范围同 JX-8,可用于蜂窝结构黏接
FN-303（仿苏 88 号胶）801 强力胶	酚醛-氯丁胶	用于黏接金属和橡胶,如车门密封条 801 强力胶黏接效果更佳
J-08	酚醛-缩醛-有机硅	耐热结构胶黏剂,耐热温度可达 350 ℃,在 250 ℃下,仍有较好的持久强度,但弹性不够高

4. 聚丙烯酸酯胶黏剂与密封胶

聚丙烯酸酯胶黏剂的特点是室温固化无溶剂、单组分、使用方便,除了聚乙烯、聚丙烯、氟塑料和有机硅树脂外,几乎能黏接各种同类或异种材料,并且具有良好的黏接性能。目前国内汽车工业常用的此类胶黏剂,有厌氧胶、501 胶、502 胶。

（1）厌氧胶

国产厌氧胶品种与性能如表 11-32 所示。

表 11-32　国产厌氧胶品种与性能

项目			品种			
			Y-150	XQ-1	铁锚 300	铁锚 350
外观			茶色液体	茶色液体	灰色透明液	深棕色透明液体
黏度/(Pa·s)			0.15 ~ 0.30	0.20 ~ 0.30	0.01 ~ C.015	0.70 ~ 1.0
固化速度 （25 ℃）	开始固化 时间/min	无促进剂	数十分钟	—	—	—
		有促进剂	数分钟	数分钟	60	15
	完成固化 时间/min	无促进剂	24 ~ 72	72 ~ 168	—	—
		有促进剂	1 ~ 2	1 ~ 2	8	24

续表

项目		品种			
		Y-150	XQ-1	铁锚300	铁锚350
胶接强度	破坏扭矩/(N·m)	30~37	—	>29	25
	拆卸扭矩/(N·m)	30~37	20	>29	>20
使用温度/℃		<150	<100	-30~120	-30~120
最大允许间隙/mm		0.3	0.3	<0.1	<0.1
主要用途		管接头、接合面的耐压密封防漏，各种螺纹件防松及密封，轴承和其他零件的装配固定及密封，不同材料间的黏接及密封	同Y-150	细牙螺纹密封及防松	粗细牙螺纹密封及防松

Y-150厌氧胶是以甲基丙烯酸酯为主体的胶液，将其注入连接螺纹间隙或结合面的缝隙中，由于隔绝空气，胶液在室温下即聚合硬化达到密封和紧固的目的。这种胶是单组分，不必现配用，使用方便，又能在室温下固化，并具有不含有机溶剂、浸润性好、毒性小等优点。

Y-150厌氧胶主要用于在振动冲击条件下工作的机器中，如不经常拆卸的螺钉、螺母及双头螺栓的紧固防松和防漏。亦可用于管路的螺纹连接、凸缘结合面的紧固与耐压密封、固定轴承、填充与堵塞漏缝和裂纹等，防松紧固和防漏。

在使用厌氧胶时，应先用丙酮或汽油除去零件上的油垢，之后涂上胶液再拧上零件，使胶液充满全部间隙，需在室温固化24 h以上。

（2）501胶和502胶

501胶和502胶也属于丙烯酸酯类胶黏剂，其性能用途如表11-33所示。

表11-33　501胶和502胶

种类	501胶	502胶
用途	黏接金属、非金属，如仪器仪表的密封	黏接各种金属、玻璃和一般橡胶（除PVC、氟塑料等）
性能	使用温度为-50~70 ℃，室温抗剪强度大于19.6 MPa，抗拉强度大于24.5 MPa，性能较脆，耐碱和耐水性差	使用温度为-40~70 ℃，黏接后24 h达最高强度，抗拉强度大于29.4 MPa
固化条件	在室温下几秒到几分钟就固化	在室温下几秒到几分钟就固化
主要成分	α-氰基丙烯酸酯	α-氰基丙烯酸酯

使用这两种胶时，先将被黏对象表面用细砂纸打磨去除氧化物，再用丙酮浸沾脱脂棉擦洗，以去除油污，涂液要均匀而薄地涂布在两面并在空气中暴露几秒至一分钟后，将黏接件对准并施加接触压力（约0.1~0.2 MPa），经半分钟到几分钟即可黏牢。除去压力，室温放置24 h即可使用。

5. 聚氨酯胶黏剂

（1）聚氨酯胶黏剂的特性

聚氨酯胶黏剂由异氰酸酯为主体加入固化剂和助固剂缩合而成。其特点是可以室温固化，起始黏接力高，有较好的冲击强度、剪切强度和剥离强度，能耐冷水、耐油、耐稀酸，价格较便宜，但耐热性差，多用于非金属之间、金属之间、金属与非金属之间（非结构件）的黏接。它由两个组分（A 组分——主体，B 组分——固化剂）组成，使用时需进行调配。常用的聚氨酯胶黏剂如表 11-34 所示。

表 11-34　常用的聚氨酯胶黏剂

牌号	固化条件与用途
乌利当胶黏剂（聚氨酯 101 胶黏剂、聚氨酯 404 胶黏剂）	双组分室温固化，适用于纸张、织物、木材、皮革和塑料的黏接，也可用于金属与非金属材料的黏接
熊猫牌 202 胶黏剂	双组分室温固化，可用于 -20 ～ 170 ℃的范围内皮革、橡胶织物、地毯软泡沫塑料、PVC 等非金属的黏接

（2）使用聚氨酯胶黏剂应注意的事项

1）表面处理。先清除被黏物表面的氧化皮，之后脱脂。黏接钢铁时用甲苯或三氯乙烯脱脂，再用 0 号砂纸打磨；黏接铝合金时用化学方法处理氧化膜；黏接塑料时可用丙酮擦洗，聚乙烯可用浓硫酸进行腐蚀；黏接纸张织物等物时不需要处理。

2）配胶。黏接不同的材料，要使用 A、B 两组分配比不同的胶液，如表 11-35 所示。

表 11-35　聚氨酯胶黏剂 A、B 组分配比

被黏接物	聚氨酯胶黏剂 A、B 组分配比
纸张、皮革、木材、织物	A/B = 100/（5 ～ 10）
金属	A/B = 100/（10 ～ 50）
一般的物件	A/B = 100/（10 ～ 20）

3）涂胶和固化。配制好的胶液可采用涂刷、喷涂或刮涂的方式。使用时，部件或物料两面均需涂胶，第一次涂胶后放置 5 min 后再涂第二次；放置 10 ～ 20 min，待手接触不黏时即可进行黏接，并在 0.03 ～ 0.05 MPa 压力下进行固化，加压时间为数分钟至几小时。在室温 25 ℃时需经 5 ～ 6 天方能完全固化。加温固化时，100 ℃下需 1.5 ～ 2 h，130 ℃下需 0.5 h。此胶未固化时切勿用于高温、高湿条件。

6. 聚硫橡胶密封胶

聚硫橡胶密封胶亦称作液态聚硫化物，此类橡胶在分子主链上都含有硫原子，其最大特点是在常温或低温（-10 ℃）下也能够硫化，硫化产品收缩率很小。硫化后耐油性很突出，对醇类也稳定。此硫化物可在 -54 ～ 150 ℃温度范围中使用，耐大气老化性优异，一般可用 25 年。在汽车工业中，该种胶多用于汽车风挡玻璃的密封，其优点如下。

1）密封胶呈液态，可用于不规则形状黏接和常温下硫化。

2）弹性好，可减小风窗玻璃的振动，能适应高速行驶和紧急制动。

3）风窗玻璃和车身窗框能连成一体，可提高车身强度。

4）适用于汽车生产过程的高速流水线作业。

国产聚硫橡胶密封胶的牌号与性能如表 11-36 所示。

表 11-36　国产聚硫橡胶密封胶的牌号与性能

性能	牌号					
	XM-1	XM-15	XM-16	XM-18	XM-32	XM-22-1
抗拉强度/MPa	≥2.9	≥2.9	≥2.5	≥2.9	≥2.9	≥2.0
相对伸长率/%	≥300	≥300	≥250	≥550	≥450	≥350
永久变形/%	≤10	≤10	≤10	≤15	≤10	≤10
脆性温度/℃	<-40	≤-40	≤-40	≤-40	≤-40	≤-40
使用温度/℃	-60~130	-55~130（在燃油箱中）	-60~130（在空气中）	-60~150	-50~130（在燃油箱中）	-55~110（在空气和燃油箱中）

7. 液体密封胶

液体密封胶是一种液体状态的密封材料，亦称为液体垫圈或液体密封垫料。该类胶在常温下是黏稠液体，涂在连接面上，干燥一定时间后便形成一种具有黏性、黏弹性或可剥离性的膜，通过这种膜的填充作用使连接部位得到密封。目前，液体密封胶已成为一种不可缺少的理想密封材料，既可代替垫片用于各种平面连接，也可代替铅油缠麻用于螺纹连接。此类胶按其涂布后成膜形态可分为以下几种。

1）不干性黏着型密封胶。这种密封胶可含有溶剂（呈液态）也可不含溶剂（呈膏状），成膜后长期不硬化，并保持黏性，故当其受到机械振动和冲击时，不发生龟裂和脱落现象，而且易于从连接面上去除，连接点也容易拆卸。非溶剂型不干胶不需干燥，涂布后就可以连接，适用于流水线组装或紧急修配场合。

国产不干性黏着型密封胶的种类和性能如表 11-37 所示。

表 11-37　国产不干性黏着型密封胶种类与性能

性能		种类				
		7320	W-1	W-4	G-1	MF-1
外观		棕黄色黏稠液	蓝色黏稠液	绿色黏稠液	灰色黏稠液	灰红色黏稠液
黏度/(Pa·s)		$(2.3~2.8)\times10^2$	$(4~4.2)\times10^2$	$(5.5~6.0)\times10^2$	$(2.5~3)\times10^2$	$(2~2.4)\times10^2$
黏接力/MPa		0.09	0.05	0.06	0.06	0.07
流动性/(cm·min^{-1})		9.7	0	0	0	0.05
热分解温度/℃		318	200	241	520	230
密封性能	温度/℃	120	160	160	300	200
	能泄漏压力/MPa	1.1	1.3	1.3	1.65	1.4
使用温度/℃		-40~200	-40~140	180	300	200
耐介质种类		各种油、水、酸	润滑油、汽油、机油	润滑油、汽油、机油	润滑油、汽油、机油	汽油、机油、植物油、润滑油
耐介质性能		较好	较好	较好	较好	好
可拆性		容易	容易	容易	容易	较易
储存期		长期	1 年	1 年	1 年	1 年

2）干性黏着型及干性可剥型密封胶。干性黏着型密封胶在涂布后溶剂挥发掉，干膜牢固地黏在连接面上，可拆性、耐振动性和耐冲击性差，但耐热性好，即在高温条件下具有良好的防漏效果。干性可剥型密封胶在涂布后溶剂挥发掉，形成具有橡胶那样的柔软而有弹性的膜，这种薄膜耐振动、黏着严密，具有良好的可剥离性。

国产干性黏着型及干性可剥型密封胶的种类与性能如表 11-38 所示。

表 11-38　国产干性黏着型及干性可剥型密封胶的种类与性能

性能		种类			
		干性黏着型	干性可剥型		
牌号		机床密封垫料	尼龙密封垫料	铁锚 609	4 号
外观		浅灰色黏稠液	乳白色黏稠液	灰色黏稠液	灰色黏稠液
黏度/(Pa·s)		2.6~2.8	1.5~1.6	3.0~7.9	5~7
黏接力/MPa		0.31	0.12	0.19	0.35
流动性/(cm·min⁻¹)		9.1	60	7.7	20
热分解温度/℃		219	317	370	291
密封性能	温度/℃	140	220	140	140
	能泄漏压力/MPa	1.2	1.5	1.5	1.2
使用温度/℃		140	−50~250	250	180
耐介质种类		各种油	各种油、液化气芳香烃、水	各种油、水	各种油
耐介质性能		好	好	稍差	好
可拆性		较困难	较易	较易	较易
储存期		—	1 年	1 年	—

11.4.2　胶黏剂在汽车上的应用技术

了解了胶黏剂的种类、特点及适用范围的基础后，使用胶黏剂时应分析黏接部位工作时所承受的负荷大小、方向及速度，并在此基础上正确地设计接缝状态，掌握黏接部位将遇到的环境条件（如温度、介质等），以正确地选择胶黏剂。此外，还应考虑所用胶黏剂的形态（粉状、液状膏状），涂布方式，用量，加热固化时间，压紧力与压紧时间等，使黏接工序适合汽车生产线的装配与速度要求。

1. 黏接设计

（1）接缝形状设计

要求接合面积尽量大，负荷均匀地分布在整个接合面上，受力方向和黏接强度方向一致。对此提出各种设计方案，接缝形状和黏接强度的关系如图 11-25 所示。接缝部位的特性，以被黏接物体厚度（t）的算术平方根和搭接长度（L）的比值（黏接指数）来表示。黏接因素和黏接强度间的关系如图 11-26 所示。

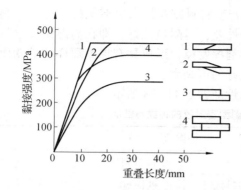

图 11-25　接缝形状和黏接强度的关系

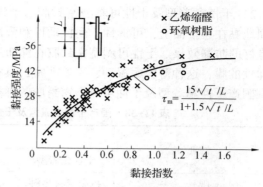

$$\tau_m = \frac{15\sqrt{t}\,/L}{1+1.5\sqrt{t}\,/L}$$

图 11-26　黏接因素和黏接强度间的关系

（2）被黏接材料种类及其表面形态

汽车制造中所用的材料主要是钢板，其他为铝合金、塑料及 FRP。在设计黏接时，应考虑各种材料和胶黏剂的浸润及相互作用的因素。同一品种的胶黏剂对不同材料，由于浸润及表面相互作用力不同，其黏接强度和耐久性会有很大差别。环氧树脂黏接铝合金及钢的黏接强度和耐久性如表 11-39 所示，而 PU 胶黏剂黏接的 FRP 材料的强度如表 11-40 所示。

表 11-39　环氧树脂黏接铝合金及钢的黏接强度和耐久性

合金	初期平均剪切强度/MPa	保留剪切强度百分数/%			平均保留百分数/%
		85%湿度，24℃，3个月	100%湿度，52℃，3个月	5%盐水喷洒3周	
2036	11.9	96	54	58	69
5020	14.0	89	48	72	70
6151	12.0	97	49	64	70
5085	9.9	82	74	75	78
钢	20.0	86	27	53	55

表 11-40　PU 胶黏剂黏接的 FRP 材料的强度

试验条件	强度/MPa				
	一般 FRP 与一般 FRP	低收缩 FRP 与低收缩 FRP	低收缩 FRP 与铁板（有底漆）	铁板与铁板	铝板与铝板
−40 ℃	8.2	4.4	6.9	20.6	11.2
20 ℃	8.8	5.2	3.8	17.5	11.3
80 ℃	3.8	3.3	4.5	5.5	4.8
120 ℃	2.1	2.1	3.0	3.6	4.0
90 ℃，14 天	8.6	5.8	6.8	17.3	—
20 ℃，水，14 天（浸渍）	8.7	5.7	7.3	16.5	11.2
40 ℃，98%湿度，14 天	8.5	4.2	6.4	14.9	11.0
盐水喷洒 240 h	8.6	—	6.7	13.2	10.1
老化试验 500 h	8.6	5.5	—	—	—

即使是同一种材料，不同的表面形态，其黏接强度也会有差异，因此应进行脱脂、擦亮、研磨等表面处理，以提高黏接强度。

　　（3）胶黏剂的使用条件

　　汽车所处的环境条件非常复杂，除了其暴露环境外，还需考虑使用部位可能受到的特殊热、化学药品、光照及外力等所产生的影响。因此，正确地选择胶黏剂是黏接设计的重要内容。

　　汽车生产中常用胶黏剂的种类与性能如表 11-41 所示，高温用胶黏剂与低温用胶黏剂的种类与性能分别如表 11-42、表 11-43 所示。

表 11-41　汽车生产中常用胶黏剂的种类与性能

组分	名称	制造公司	形态	黏接条件		剪切强度/MPa
				温度/℃	时间/min	
乙烯缩醛	Redux775	CIBA	L、P、F	155	30	33
酚醛	FM-47	ACC	L、F	177	120	34
橡胶/酚醛	Narmtape102	Whittaker	F	160	50	13
尼龙	FM-1000	ACC	F	177	60	13
尼龙/环氧	MB-406	Whittaker	F	—	—	—
尼龙/环氧	FS-175	东亚合成	F、P、S	180	10	34
环氧	AT-1	CIBA	P	180	60	28
环氧	FM-54	ACC	F	107	90	29
环氧	AP-500	东亚合成	P	180	5	39
NBR/环氧	EC-2214	3M	L	121	440	33
NBR/环氧	FM-132-2	ACC	F	107	901	33
聚酰亚胺	MB-840	Whittaker	F	260	20	19

　　注：L 表示液态；P 表示粉末；F 表示带状；S 表示溶液状。

表 11-42　高温用胶黏剂的种类与性能

胶黏剂种类		使用温度/℃		优点	缺点	状态
		短时间	连续			
聚芳烃	PBI	538	232	高温强度优异	需要特殊夹具，在高温下长时间硬化，硬化中产生挥发物，价格高	预浸
	PI	482	288	耐热性、耐氧化性好。149 ℃下开始硬化，不用夹具进行后硬化	高温下保持 7.0 MPa 以上压力有困难，成本高	预浸溶液带
硅树脂		482	232	硬化中不产生挥发物	强度低，高温硬化时间长，价格高	预浸石棉

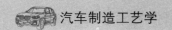汽车制造工艺学

续表

胶黏剂种类	使用温度/℃		优点	缺点	状态
	短时间	连续			
环氧酚醛	482	177	硬化到一定程度后，可得到较好的性能，价廉	硬化过程中产生挥发物，因此黏接时需要加压。在高温下曝晒200 h以上则老化	薄膜或膏剂
改性酚醛	177	121	丁腈-酚醛树脂具有良好的耐老化性及剥离强度	在转变温度内，具有一定的剪切强度	溶液涂敷在压延薄膜上
环氧树脂	260	149	应用较为普遍，硬化周期、物理形态多样，硬化中无副产物	不适用于比转变温度显著高的条件下	粉末液状膏状预浸

表11-43　低温用胶黏剂的种类与性能

胶黏剂	使用温度/℃	优点	缺点	形态
聚氨酯	−253～127	剥离强度大，可黏接多种材料，室温固化，价廉	只能在127 ℃以下使用，不耐潮湿的侵蚀	双组分膏状
环氧-尼龙	−253～82	在很低温度下强度高	剥离强度中等，高温下不能使用，价格高	薄膜
环氧-酚醛	−253～260	性能均一，价格适宜	剥离强度和耐冲击性能差，并需作特殊表面处理	带有支撑薄膜
橡胶-酚醛	−73～93	不能在过低温度下使用	使用温度范围小，极低温度下其剥离强度小	压延薄膜
乙烯缩醛-酚醛	−253～129	价廉，在极低温度下具有较好的性能，易于操作	极低温度下剥离强度小，硬化过程中需用夹具	薄膜溶液溶液+粉末
环氧-聚酰胺	−253～82	室温固化，易于操作，价廉	剥离强度小，高温下不能使用	双组分
有填料环氧树脂	−253～177	能黏接各种材料，易于操作	剥离强度极小	双组分

2．黏接方法

（1）胶黏剂的形态和施工方法

胶黏剂按形态可分为液状、膏状、薄膜状、固体、粉末状，按使用方法可分为双组分混合型、蜜月型、单组分热固化型、单组分室温固化型、溶液挥发型、热熔型等。应根据性能、施工方法、价格等来选择所需要的胶黏剂。下面介绍几种常用的胶黏剂。

1）液状胶黏剂。对于中黏度（0.5～2 Pa·s）的胶黏剂在平面上大量施工时，可采用滚压、刀刮等施工措施；对于低黏度（0.35～0.5Pa·s）的胶黏剂，可以采用喷射施工。少量涂敷低中黏度的胶黏剂时，亦可手工涂敷。双组分液状胶黏剂采用混合喷射方法。

2）膏状胶黏剂。对于此种形态的胶黏剂，使用专门的气流枪涂布。新近开发了可以靠模涂敷的光屏印刷机。

3）薄膜状胶黏剂。这种胶黏剂主要用于薄膜状层压制品的黏接，而对于其他制品则

难于实现生产自动化。

4）粉末状胶黏剂。这种胶黏剂可用多孔辊子、喷枪式或流动槽式静电涂敷机、靠模等方法涂敷。

5）热熔型胶黏剂。这种新型胶黏剂的特征是黏接时间短，可采用喷管式涂敷机涂敷成波纹状、带状或线状。亦可用旋转式涂敷机把熔融的胶黏剂靠旋转连续涂敷。但是，应注意胶黏剂储池中的热老化问题。

（2）黏接方法和汽车批量生产的适应性

黏接方法一直沿用紧固夹具冷压、热压、加热炉等常规手段。近年来新诞生的热固化技术应推广采用，具体如下。

1）高频感应加热。该方法适用于金属基材的黏接。当基材放置在高频线圈附近时，由于涡流效应使基材发热，几分钟内便把基材加热至很高的温度。该方法的特点是金属材料在连续生产线上不经过接触，便在短时间内达到加热目的。

2）高频介质加热。将被黏接的非金属材料物件夹在数兆赫兹高频电流的电极之间，由于被黏接物件的介电损失，在短时间内便可达到加热的目的。PVC、尼龙、PU 等塑料容易发热，采用这种方法可在短时间内加热绝缘件和不良导体件，即这种方法主要适用于非金属材料的黏接。

3）超声波加热。超声波黏接方法是将超声波传到被黏接的体系内，在黏接界面上摩擦发热来实现加热。当物件的一面或两面是金属时，热损失大，便达不到充分加热的目的。这种加热方法的特点是黏接深部比黏接表面更加有效。

3. 胶黏剂与密封胶在汽车上的应用实例

胶黏剂在汽车上的应用实例如表 11-44 所示，密封胶在汽车上的应用实例如表 11-45 所示。

表 11-44　胶黏剂在汽车上的应用实例

分类	零部件名称	被黏接物件	胶黏剂种类	使用方法
结构用胶黏剂	制动蹄片	摩擦蹄片-钢板	丁腈/酚醛	加热、加压
	离合器摩擦片	摩擦片-钢板	丁腈/酚醛	加热、加压
	盘式制动摩擦片	摩擦衬片-钢	丁腈/酚醛	加热、加压
	变速器摩擦带	摩擦带-钢	丁腈/酚醛	加热、加压
	电机磁铁	磁体-镀锌表面	环氧	加热
准结构用胶黏剂	前罩	钢板-钢板	PVC 系和橡胶	自动涂敷
	行李厢盖	钢板-钢板	PVC 系和橡胶	自动涂敷
	顶篷	钢板-钢板	PVC 系和橡胶	自动涂敷
	门板	钢板-钢板	PVC 系和橡胶	自动涂敷
	门玻璃	玻璃-不锈钢板	环氧树脂	高频热压
	后视镜	玻璃-锌	乙烯丁缩醛	热压
	半圆部	钢板-钢板	环氧系	自动涂敷
	风窗玻璃层合	玻璃-玻璃	乙烯基丁缩醛	热压
	风窗玻璃安装	玻璃-涂漆钢板	聚氨酯系或聚硫橡胶	涂敷
	尾灯（组）	丙烯系-聚丙烯	环氧系	热压

分类	零部件名称	被黏接物件	胶黏剂种类	使用方法
非结构用胶黏剂	风窗窗条	橡胶-玻璃、涂漆钢板	聚氨酯系	涂敷
	人造革顶篷	皮革-涂漆板	丁腈橡胶系	喷涂（压敏）
	树脂嵌条	ABS 树脂-不锈钢	丙烯酸酯/酚醛	热压
	侧保护条	PVC 系-涂漆板	丙烯酸酯	压敏
	侧装饰条	乙烯基板-涂漆板	丙烯酸酯	压敏
	行李厢盖密封条	橡胶-涂漆板	氯丁橡胶	喷枪
	门玻璃密封条	PVC-尼龙束	聚氨酯系	静电移植
	仪表板	发泡聚氨酯-ABS 树脂	氯丁橡胶	毛刷
	控制箱	乙烯基板-ABS 树脂	丙烯酸酯系	压敏
	车顶篷衬里	皮革-涂漆板	丙烯酸酯	压敏
	成型顶篷衬里	瓦菱-发泡 PUR	尼龙系	热熔
	成型顶篷衬里	PVC 表皮-发泡 PUR	聚氨酯系	滚子
	门辅助装置孔罩盖	PVC 薄膜-涂漆板	丁基胶系	黏接
	坐垫织物	绒布-织布	丁苯胶	滚子
	坐垫	发泡 PUR-绒布	丁苯胶	喷涂
	车顶篷隔音板	再生棉-涂漆板	氯丁胶	喷涂
	门柱衬里	发泡 PUR-涂漆板	丙烯酸酯	压敏
	成型地毯	地毯-再生布	聚乙烯系	热压
	三角窗装饰	PVC 片-发泡 PE	醋酸乙烯	热滚压
	行李厢装饰	PVC 薄膜-涂漆板	丙烯酸酯	压敏
	手套箱	发泡乙烯-基板柱	丙烯酸酯	静电

表 11-45　密封胶在汽车上的应用实例

种类	基本材料	形状	使用实例
点焊密封胶	异丁橡胶	糊状	护围板点焊部位
	异丁橡胶	糊状	护围板点焊部位
	乙烯基塑料溶胶	糊状	护围板点焊部位
	烷基系树脂	糊状	护围板点焊部位
车身密封胶	PVC 塑胶	糊状	车身接缝密封
	丁苯橡胶	糊状	车身接缝密封
	沥青质	糊状	车身接缝密封
	乙烯塑料溶液	糊状	车身接缝密封
窗玻璃密封胶	聚异戊二烯	糊状	窗玻璃密封垫
	再生胶	糊状	窗玻璃密封垫
	聚硫橡胶	糊状	窗玻璃密封垫
	聚氨酯	糊状	窗玻璃密封垫
	丁基橡胶	胶带	窗玻璃密封胶带

习　题

11-1　先进制造技术的含义是什么？

11-2　什么是柔性制造系统？

11-3　简述柔性制造系统的特点和使用场合。

11-4　什么是 CIMS？CIM 和 CIMS 的区别与联系是什么？

11-5　什么是 CAM？它的组成和分类是什么？

11-6　汽车用塑料包括哪几类？重点说明聚氨酯泡沫塑料的性能、应用与生产工艺流程。

11-7　分别说明 PP、PE、PVC 和 ABS 等汽车通用塑料的组分、性能及其在汽车制造中的应用。

11-8　纤维增强复合材料的特点是什么？在汽车上的应用都有哪些？

11-9　阐述汽车制造中的黏接工艺。

参 考 文 献

[1] 田国富. 汽车车身制造工艺基础 ［M］. 北京：机械工业出版社，2020.

[2] 王永伦. 汽车制造工艺基础 ［M］. 北京：机械工业出版社，2020.

[3] ［德］费舍尔·理查德. 汽车技术图表手册 ［M］. 周正安，黎亚龙，译. 长沙：湖南科学技术出版社，2012.

[4] 谢永东. 汽车制造工艺基础 ［M］. 北京：机械工业出版社，2020.

[5] 艾建军，高韶坤. 汽车制造工艺 ［M］. 2 版. 大连：大连理工大学出版社，2020.

[6] 宋新萍. 汽车制造工艺学 ［M］. 北京：机械工业出版社，2020.

[7] 胡正芳. 汽车车身制造工艺 ［M］. 重庆：重庆大学出版社，2020.

[8] 黄树涛. 汽车制造工艺学 ［M］. 北京：北京理工大学出版社，2015.

[9] 周述积，叶仲新. 汽车制造工艺学 ［M］. 北京：北京理工大学出版社，2013.

[10] 钟诗清. 汽车制造工艺学 ［M］. 广州：华南理工大学出版社，2011.

[11] ［美］汤和. 汽车装配制造系统与工艺开发 ［M］. 侯亮，王少杰，潘勇军，译. 北京：机械工业出版社，2020.

[12] 黄旭，杨德明，段少勇. 汽车车身制造工艺基础 ［M］. 镇江：江苏大学出版社，2017.

[13] 邢峰，黄超群. 汽车制造工艺 ［M］. 北京：机械工业出版社，2017.

[14] 李东兵，李起振. 汽车制造工艺 ［M］. 北京：外语教学与研究出版社，2015.

[15] 陈丁跃. 现代汽车设计制造工艺 ［M］. 西安：西安交通大学出版社，2015.

[16] 杜绍研，冯春军. 汽车制造工艺 ［M］. 北京：航空工业出版社，2015.

[17] 熊其兴，严义章. 汽车制造工艺 ［M］. 武汉：华中科技大学出版社，2016.

[18] 朱文峰. 车身密封系统设计优化 ［M］. 上海：上海科学技术出版社，2017.

[19] 邹平. 汽车车身制造工艺学 ［M］. 3 版. 北京：北京航空航天大学出版社，2017.

[20] 姚新改. 汽车制造工艺学 ［M］. 北京：机械工业出版社，2019.

[21] 何莉萍. 汽车轻量化车身新材料及其应用技术 ［M］. 长沙：湖南大学出版社，2016.

[22] 曹渡，苏忠. 汽车内外饰设计与实战手册 ［M］. 北京：机械工业出版社，2017.

[23] 世界汽车车身技术及轻量化技术发展研究编委会. 世界汽车车身技术及轻量化技术发展研究 ［M］. 北京：北京理工大学出版社，2019.

[24] 石美玉. 汽车制造工艺学 ［M］. 北京：人民交通出版社，2019.

[25] 贺曙新. 汽车制造工艺学 ［M］. 北京：机械工业出版社，2019.

[26] 黄金陵. 汽车车身设计 ［M］. 北京：机械工业出版社，2020.

[27] 刘璇. 汽车制造工艺学 ［M］. 北京：清华大学出版社，2021.